BECK'SCHE SONDERAUSGABEN

ALBERT SCHWEITZER

SELBSTZEUGNISSE

AUS MEINER KINDHEIT

UND JUGENDZEIT

ZWISCHEN WASSER UND URWALD

BRIEFE AUS LAMBARENE

VERLAG C. H. BECK MÜNCHEN

8., unveränderte Auflage dieser Ausgabe. 1988

ISBN 3 406 02537 4

© C. H. Beck'sche Verlagsbuchhandlung (Oscar Beck) München 1959
Druck- und Bindearbeiten: Franz Spiegel Buch GmbH, Ulm-Jungingen
Printed in Germany

INHALT

AUS MEINER KINDHEIT
UND JUGENDZEIT

Seite 9

ZWISCHEN WASSER UND URWALD

Seite 65

Wie ich dazu kam, Arzt im Urwald zu werden / Land und Leute
am Ogowe, Seite 67 · Die Fahrt, Seite 74 · Erste Eindrücke und
Erlebnisse, Seite 90 · Juli 1913 bis Januar 1914, Seite 98 · Januar
bis Juni 1914, Seite 122 · Holzfäller und Holzflößer im Urwald,
Seite 143 · Soziale Probleme im Urwald, Seite 157 · Weihnachten
1914, Seite 177 · Weihnachten 1915, Seite 181 · Von der
Mission, Seite 190 · Schluß, Seite 202

BRIEFE AUS LAMBARENE 1924–1927

Seite 211

Frühjahr bis Herbst 1924 / Die Reise, Seite 213 · Die ersten
Monate in Lambarene, Seite 231 · *Herbst 1924 bis Herbst 1925* /
Spätherbst und Weihnachten 1924, Seite 267 · Winter und Früh-
ling 1925, Seite 291 · Sommer 1925, Seite 317 · Herbst 1925,
Seite 331 · *Herbst 1925 bis Sommer 1927* / Spätherbst und Winter
1925. Auf dem Bauplatz, Seite 342 · Spätherbst und Winter 1925.
Im Spital, Seite 353 · Das Jahr 1926. Auf dem Bauplatz, Seite 357 ·
Das Jahr 1926. Im Spital, Seite 367 · Im neuen
Spital. 1927, Seite 390

Im Hinblick auf den 85. Geburtstag Albert Schweitzers am 14. Januar 1960 hat sich der Verlag entschlossen, drei seiner biographischen Schriften zu einem Band zu vereinigen. Denn nichts kann ein lebendigeres Bild von der Persönlichkeit Albert Schweitzers vermitteln als die eigenen schlichten Berichte, in denen er die Grundzüge seines Werkes und seiner Weltanschauung offenbart und von der Tätigkeit berichtet, auf die er sich durch lange Jahre vorbereitet hat und die er immer wieder als seine eigentliche Lebensaufgabe bezeichnet.

Das Buch „Aus meiner Kindheit und Jugendzeit" erschien zuerst 1924, „Zwischen Wasser und Urwald" 1921. Die „Briefe aus Lambarene" waren ursprünglich nur für den engeren Kreis der Freunde des Urwaldspitals bestimmt. Albert Schweitzer hatte sie in Afrika zwischen der Arbeit rasch niedergeschrieben und nicht die Absicht gehabt, sie im Buchhandel erscheinen zu lassen. Als seine Freunde sie als „Mitteilungen aus Lambarene" in drei Heften hatten drucken lassen, mußte er wohl oder übel aus Afrika nachträglich seine Zustimmung geben. Nun möchte Albert Schweitzer sie als eine Fortsetzung zu seinem Buch „Zwischen Wasser und Urwald" betrachtet wissen.

München, im Herbst 1959

AUS MEINER KINDHEIT
UND JUGENDZEIT

Ich wurde am 14. Januar 1875 in dem Städtchen Kaysersberg im Ober-Elsaß geboren, in dem Häuschen mit dem Türmchen links am oberen Ausgang des Ortes. Mein Vater bewohnte es als Pfarrverweser und als Lehrer der kleinen evangelischen Gemeinde des zum größten Teile katholischen Ortes. Seitdem das Elsaß französisch geworden ist, ist die kleine Pfarrei eingegangen. In dem Häuschen mit dem Türmchen ist nun die Gendarmerie untergebracht. Ich folgte als das zweite Kind auf eine um ein Jahr ältere Schwester.

Nach diesem Kaysersberg ist der berühmte mittelalterliche Prediger Geiler von Kaysersberg (1445–1510), der am Straßburger Münster predigte, benannt. In Schaffhausen in der Schweiz geboren, wuchs er nach dem Tode seines Vaters in Kaysersberg bei seinem Großvater auf. Das Jahr 1875 war ein ausgezeichnetes Weinjahr. Als Knabe habe ich mir sehr viel darauf eingebildet, in der Stadt Geilers von Kaysersberg und in einem berühmten Weinjahr geboren zu sein.

Ein halbes Jahr nach meiner Geburt siedelte mein Vater als Pfarrer nach Günsbach im Münstertal über. Meine Mutter war eine Münstertälerin. Sie war die Tochter des Pfarrers Schillinger zu Mühlbach, hinten im Tal.

Als wir nach Günsbach kamen, war ich ein sehr schwächliches Kind. Bei der Installation meines Vaters hatte mich meine Mutter, so schön sie es nur konnte, in einem weißen Kleidchen mit farbigen Bändern herausgeputzt. Aber keine der zur Feier gekommenen Pfarrfrauen der Umgebung wagte ihr ein Kompliment über das magere Kindchen mit dem gelben Gesichtchen zu machen. Alle ergingen sie sich in verlegenen Redensarten. Da konnte sich meine Mutter – sie hat es mir oft erzählt – nicht mehr beherrschen. Sie flüchtete mit mir in das Schlafzimmer und weinte heiße Tränen über mir.

Einmal hielt man mich gar für tot.

Aber die Milch der Kuh des Nachbars Leopold und die gute Luft Günsbachs taten Wunder an mir. Vom zweiten Jahre an gesundete ich und wurde ein kräftiger Knabe.

Im Pfarrhause von Günsbach verlebte ich mit drei Schwestern und einem Bruder eine schöne Kindheit. Ein sechstes Kind, ein Mädchen, Emma genannt, wurde meinen Eltern durch einen frühen Tod entrissen.

Meine erste Erinnerung ist der Teufel. Mit drei oder vier Jahren durfte ich schon alle Sonntage mit in die Kirche. Ich freute mich die ganze Woche darauf. Noch fühle ich auf meinen Lippen die Zwirnhandschuhe unserer Magd, die mir die Hand auf den Mund legte, wenn ich gähnte oder zu laut mitsang. Jeden Sonntag nun erlebte ich es, daß aus blitzendem Rahmen oben seitwärts von der Orgel herunter ein zottiges Antlitz sich hin- und herwendend in die Kirche herunterschaute. Es war sichtbar, solange die Orgel spielte und der Gesang dauerte, verschwand, sobald mein Vater am Altar betete, kam wieder, sowie wieder gespielt und gesungen wurde, verschwand wieder, sobald mein Vater predigte, um nachher zu Gesang und Orgelspiel noch einmal zu erscheinen. „Dies ist der Teufel, der in die Kirche hereinschaut", sagte ich mir. „Wenn dein Vater mit dem Worte Gottes anfängt, muß er sich davon machen." Diese allsonntäglich erlebte Theologie gab den bestimmenden Ton in meiner kindlichen Frömmigkeit an. Erst viel später, als ich schon längere Zeit in die Schule ging, wurde mir klar, daß das zottige Antlitz, das so merkwürdig kam und verschwand, dem Vater Iltis, dem Organisten, angehörte und in dem Spiegel erschien, der an der Orgel befestigt war, um den Organisten schauen zu lassen, wann mein Vater an den Altar oder auf die Kanzel trat.

Weiter erinnere ich mich aus meiner frühesten Kindheit noch, wie ich mich zum erstenmal mit Bewußtsein und vor mir geschämt habe. Ich hatte noch ein Röckchen an und saß auf einem Schemelchen im Hof, während mein Vater am Immenstock im Garten hantierte. Nun ließ sich ein schönes Tierchen auf meiner Hand nieder und ich freute mich, wie es darauf herumlief. Aber plötzlich fing ich an zu schreien. Das Tierchen war eine Biene, die mit Recht darüber erbost sein mochte, daß der Herr Pfarrer die gefüllten Waben aus dem Bienenstock nahm, und die dafür das Pfarrerssöhnchen stach. Auf mein Geschrei eilte das ganze Haus zusammen, jedermann bedauerte mich. Die Magd nahm mich in ihre Arme und suchte mich durch Küsse zu trösten. Die Mutter machte dem Vater Vorwürfe, daß er am Immenstock gearbeitet habe, ohne mich zuerst in Sicherheit zu bringen. Da ich durch mein Unglück so interessant geworden war, weinte ich mit Genugtuung, bis ich plötzlich bemerkte, daß ich Tränen vergoß, ohne mehr Schmerz zu verspüren. Mein Gewissen sagte mir, jetzt aufzuhören. Aber um weiter interessant zu sein, fuhr ich mit Jammern fort und nahm weiter Tröstungen entgegen, die ich nicht mehr brauchte. Dabei kam ich mir aber so schlecht vor, daß ich tagelang darüber unglücklich war. Wie oft hat mich dieses Erlebnis gewarnt, wenn ich als Erwachsener in Versuchung kam, mit dem, was mir widerfuhr, wichtig zu tun.

Der Schrecken meiner ersten Kindheit war der Sakristan und Totengräber Jägle. Wenn er am Sonntagmorgen nach dem Zeichenläuten ins Pfarrhaus kam, um die Nummern der zu singenden Lieder und das Taufgeschirr zu holen, griff er an meine Stirn und sagte: „Die Hörner wachsen." Die Hörner waren meine Sorge. Ich hatte nämlich ziemlich starke Höcker an der Stirn, die mir arg zu denken gaben, seitdem ich in der Bibel Moses mit Hörnern abgebildet gesehen hatte. Wie der Sakristan von meinen Sorgen erfahren hat, weiß ich nicht. Aber er kannte sie und schürte sie. Wenn er sich am Sonntag vor der Haustüre die Füße abputzte, ehe er schellte, wäre ich am liebsten davongelaufen. Aber er hatte mich in der Gewalt, wie die Schlange das Kaninchen. Ich konnte nicht anders, als ihm entgegentreten, seine Hand auf der Stirn fühlen und den fatalen Ausspruch entgegennehmen. Nachdem ich die Angst etwa ein Jahr mit mir herumgetragen hatte, brachte ich vor meinem Vater die Rede auf die Hörner des Moses und erfuhr

von ihm, daß Moses der einzige Mensch mit Hörnern gewesen
sei. Also hatte ich nichts mehr zu fürchten.

Als der Sakristan merkte, daß ich ihm entschlüpfte, erfand
er etwas Neues. Er redete mir vom Soldatsein. „Jetzt sind wir
preußisch", sagte er, „und bei den Preußen muß jeder Soldat
sein. Und die Soldaten tragen Kleider aus Eisen. In ein paar
Jahren mußt du dir dann die Kleider beim Schmied drüben an
der Straße anmessen lassen."

Daraufhin suchte ich jede Gelegenheit, vor der Werkstätte
des Schmieds stehen zu bleiben, um zu sehen, ob ein Soldat
käme, sich ein Kleid anmessen zu lassen. Es trafen aber immer
nur Pferde und Esel zum Beschlagen ein. Später, vor dem
Bilde eines Kürassiers, erforschte ich von meiner Mutter, was
es mit den eisernen Kleidern der Soldaten für eine Bewandtnis
habe. Zu meiner Beruhigung erfuhr ich, daß die gewöhnlichen
Soldaten Kleider aus Tuch trügen und daß ich ein gewöhnlicher Soldat werden würde.

Der Sakristan, ein alter Soldat, der den Krimkrieg mitge-
macht hatte, gehörte zu den trockenen Spaßmachern, an denen
es in Günsbach von jeher nie gefehlt hat. Er wollte mich erziehen, Spaß zu verstehen. Nur nahm er mich in eine etwas zu
harte Schule.

Als Sakristan und Totengräber war er äußerst würdevoll.
Mit majestätischem Anstand schritt er durch die Kirche. Im
übrigen aber hat er sich als Original einen Namen gemacht. Als
er eines Morgens im Heumachet mit dem Rechen gerade auf
die Wiesen wollte, und ein Mann kam, den Tod seines Vaters
anzuzeigen und das Grab zu bestellen, empfing er ihn mit den
Worten: „Da könnte jetzt jeder kommen und sagen, sein
Vater sei gestorben." Einmal, als wir an einem Sonntag abend,
im Hochsommer, an seinem Hause vorübergingen, kam er fast
mit Tränen in den Augen auf meinen Vater zu und vertraute
ihm die Geschichte von seinem Kalb an. Er hatte ein schönes
Kalb aufgezogen, das ihm nachlief wie ein Hund. Am Anfang
des Sommers hatte er es auf die Bergweide getan und an jenem
Sonntag war er gegangen, es zu besuchen. Aber das Kalb er-

kannte ihn nicht wieder. Er war für es nur noch ein Mensch wie andere Menschen. Diese Undankbarkeit hatte ihn tief verletzt. Das Kalb durfte ihm nicht wieder in den Stall zurück. Er verkaufte es alsbald.

Auf die Schulzeit habe ich mich nicht gefreut. Als mein Vater mir an einem schönen Oktobertage zum ersten Male die Schiefertafel unter den Arm gab und mich zur Lehrerin führte, weinte ich den ganzen Weg lang. Ich ahnte, daß es mit dem Träumen und der herrlichen Freiheit zu Ende sei.

Auch später hat sich mein Ahnen nie von dem schönen Schein, in dem sich das Neue darbot, blenden lassen. Immer bin ich ohne Illusionen in das Unbekannte hineingestiegen.

Einen großen Eindruck machte mir die erste Visitation des Schulinspektors, und zwar nicht nur deswegen, weil die Lehrerin vor Aufregung mit den Händen zitterte, als sie ihm das Klassenbuch reichte, und der Vater Iltis, der sonst so streng aussah, in einem fort lächelte und sich verbeugte. Nein, was mich so bewegte, war, daß ich zum ersten Male einen Mann von Angesicht sah, der ein Buch geschrieben hatte. Sein Name – er hieß Steinert – war es, der auf dem grünen Lesebuch der Mittelstufe und auf dem gelben Lesebuch der Oberstufe stand. Und nun hatte ich den Schreiber dieser zwei Bücher, die für mich gleich nach der Bibel kamen, leibhaftig vor mir. Sein Aussehen war nicht imposant. Er war klein, hatte einen Kahlkopf, eine rote Nase, ein dickes Bäuchlein und stak in einem grauen Anzug. Für mich aber war er von einem Glorienschein umflossen, denn es war eben der Mann, der ein Buch geschrieben hatte. Es schien mir unfaßlich, daß die Lehrerin und der Lehrer mit ihm wie mit einem gewöhnlichen Menschen redeten.

Auf das erste Zusammentreffen mit einem Bücherschreiber folgte bald ein zweites, noch größeres Erlebnis. Ein Jude aus einem Nachbardorfe, Mausche genannt, der Vieh- und Länderhandel trieb, kam mit seinem Eselskarren zuweilen durch

Günsbach. Da bei uns damals keine Juden wohnten, war dies jedesmal ein Ereignis für die Dorfjungen. Sie liefen ihm nach und verspotteten ihn. Um zu bekunden, daß ich anfing mich als erwachsen zu fühlen, konnte ich nicht anders, als eines Tages auch mitzumachen, obwohl ich eigentlich nicht verstand, was das sollte. So lief ich mit den andern hinter ihm und seinem Esel her und schrie wie sie „Mausche! Mausche!" Die Mutigsten falteten den Zipfel ihrer Schürze oder ihrer Jacke zu einem Schweinsohr zusammen und sprangen damit bis nahe an ihn heran. So verfolgten wir ihn vors Dorf hinaus bis an die Brücke. Mausche aber, mit seinen Sommersprossen und dem grauen Bart, ging so gelassen fürbaß wie sein Esel. Nur manchmal drehte er sich um und lächelte verlegen und gütig zu uns zurück. Dieses Lächeln überwältigte mich. Von Mausche habe ich zum ersten Male gelernt, was es heißt, in Verfolgung stille schweigen. Er ist ein großer Erzieher für mich geworden. Von da an grüßte ich ihn ehrerbietig. Später, als Gymnasiast, nahm ich die Gewohnheit an, ihm die Hand zu geben und ein Stückchen Wegs mit ihm zu gehen. Aber nie hat er erfahren, was er für mich bedeutete. Es ging das Gerücht, er sei ein Wucherer und Güterzerstückler. Ich habe es nie nachgeprüft. Für mich ist er der Mausche mit dem verzeihenden Lächeln geblieben, der mich noch heute zur Geduld zwingt, wo ich zürnen und toben möchte.

Ich war nicht händelsüchtig. Aber ich liebte in freundschaftlichem Raufen meine Körperkräfte mit andern zu messen. Eines Tages, auf dem Nachhausewege von der Schule, rang ich mit Georg Nitschelm – er ruht nun schon unter der Erde – der größer war und für stärker galt als ich, und bezwang ihn. Als er unter mir lag, stieß er hervor: „Ja, wenn ich alle Woche zweimal Fleischsuppe zu essen bekäme wie du, da wäre ich auch so stark wie du!" Erschrocken über dieses Ende des Spiels wankte ich nach Hause. Georg Nitschelm hatte mit böser Deutlichkeit ausgesprochen, was ich bei anderen Gelegenheiten schon zu fühlen bekommen hatte. Die Dorfknaben ließen mich nicht ganz als einen der ihrigen gelten. Ich war für sie der, der es besser hatte als sie, das Pfarrerssöhnle, das Herrenbüble. Ich litt darunter, denn ich wollte nichts anderes sein und es nicht besser haben als sie. Die Fleischsuppe wurde mir zum Ekel. Sowie sie auf dem Tisch dampfte, hörte ich Georg Nitschelms Stimme.

Nun wachte ich ängstlich darüber, mich in nichts von den andern zu unterscheiden. Auf den Winter hatte ich einen Mantel bekommen, aus einem alten meines Vaters gemacht. Aber kein Dorfknabe trug einen Mantel. Als der Schneider mir ihn anprobierte und gar noch sagte: „Potz Tausend, Albert, jetzt bist du bald ein Monsieur!" verbiß ich mit Mühe die Tränen. Am Tage aber, wo ich ihn zum erstenmal anziehen sollte – es war an einem Sonntag morgen zur Kirche – weigerte ich mich. Es gab einen üblen Auftritt. Mein Vater verabreichte mir eine Ohrfeige. Es half nichts. Man mußte mich ohne Mantel zur Kirche mitnehmen.

Jedesmal nun, wenn ich den Mantel anziehen sollte, gab es dieselbe Geschichte. Was habe ich wegen dieses Kleidungsstückes Schläge bekommen! Aber ich blieb standhaft.

In demselben Winter nahm mich meine Mutter mit nach Straßburg, einen alten Verwandten zu besuchen. Bei dieser Gelegenheit wollte sie mir eine Kappe kaufen. In einem schönen Laden probierte man mir etliche auf. Zuletzt einigten sich meine Mutter und die Verkäuferin auf eine schöne Matrosenmütze, die ich gleich aufbehalten sollte. Aber sie hatten die Rechnung ohne den Wirt gemacht. Die Mütze war für mich unannehmbar, denn kein Dorfknabe trug eine Matrosenmütze. Als man in mich drang, diese Mütze oder ein anderes von den aufprobierten Dingern zu nehmen, führte ich mich so auf, daß der ganze Laden zusammenlief. „Ja, was willst du denn für eine Kappe, du dummer Bub?" fuhr mich die Verkäuferin an. „Ich will keine von euren neumodischen, ich will eine, wie sie die Dorfknaben tragen." Also sandte man ein Ladenfräulein aus, die mir dann aus den Ladenhütern eine braune Kappe brachte, die man über die Ohren herunterklappen konnte. Freudestrahlend setzte ich sie auf, während meine arme Mutter ein paar schöne Bemerkungen und höhnische Blicke für ihren Tölpel einheimste.

Ich litt darunter, daß sie sich meinetwegen vor den Stadtleuten schämen mußte. Aber sie schalt mich nicht, als ahnte sie, daß etwas Ernstes dahinterstecke.

Dieser schwere Kampf dauerte so lange, als ich auf der Dorfschule war, und verbitterte nicht nur mir, sondern auch meinem Vater das Leben. Ich wollte nur Fausthandschuhe tragen, denn die Dorfjungen trugen keine andern. An Wochentagen wollte ich nur in Holzschuhen gehen, denn sie hatten die Lederschuhe auch nur am Sonntag an. Jeder Besuch, der kam, fachte den Konflikt aufs neue an, denn da sollte ich mich in „standesgemäßer" Kleidung präsentieren. Im Hause selbst machte ich alle Konzessionen. Aber sowie es sich darum handelte, als Herrenbüble gekleidet mit dem Besuch auch spazieren zu gehen, war ich wieder der unausstehliche Kerl, der seinen Vater erzürnte, und der mutige Held, der Ohrfeigen hinnahm und sich in den Keller sperren ließ. Und ich litt schwer darunter, gegen meine Eltern widerspenstig zu sein. Meine Schwester Luise, die ein Jahr älter war als ich, hatte Verständnis für das, was ich durchmachte, und war rührend für mich.

Die Dorfknaben wußten nicht, was ich ihretwegen ausstand. Sie nahmen alle meine Anstrengungen, in nichts anders zu sein als sie, gelassen hin . . . um mich dann, beim geringsten Zwist, mit dem furchtbaren Wort „Herrenbüble" zu verwunden.

Gleich in meiner ersten Schulzeit mußte ich mit einem der schwersten Erlebnisse, die die Schule des Lebens für uns bereit hält, fertig werden. Ein Freund verriet mich. Dies ging so zu. Als ich zum erstenmal das Wort „Krüppel" hörte, wußte ich nicht recht, was mir darunter vorstellen. Er erschien mir geeignet einem besonders starken Mißfallen Ausdruck zu geben. Als solches eignete ich es mir an. Die neugekommene Lehrerin,

Fräulein Goguel, hatte meine Gunst noch nicht erworben. Also wurde sie mit dem geheimnisvollen Worte bedacht. Darum, als ich mit meinem liebsten Kameraden die Kühe hütete, vertraute ich ihm mit geheimnisvoller Miene an: „Das Fräulein ist ein Krüppel. Aber du sagst es niemand." Er versprach es.

Kurze Zeit darauf hatten wir auf dem Wege zur Schule einen Disput miteinander. Auf der Treppe raunte er mir dann zu: „Gut, jetzt sag ich aber dem Fräulein, daß du es Krüppel geheißen hast." Ich nahm die Drohung nicht ernst, denn ich hielt solchen Verrat nicht für möglich. In der Pause aber ging er wirklich ans Pult und meldete: „Fräulein, der Albert hat gesagt, daß du ein Krüppel bist." Die Sache hatte keine Folgen, denn die Lehrerin verstand nicht, was die Anzeige bedeuten sollte. Ich aber konnte das Schreckliche nicht fassen. Das erste Erleben von Verrat schlug alles in Scherben, was ich bisher vom Leben gedacht und erwartet hatte. Ich brauchte Wochen, bis ich mich damit abgefunden hatte. Nun war ich wissend geworden über das Leben. Ich trug die bittere Wunde an mir, die es uns allen schlägt und die es durch immer neue Streiche offen hält. Von den Streichen, die ich seitdem empfangen habe, waren manche schwerer als der erste. Aber so geschmerzt wie jener hat keiner.

Schon vor meiner Schulzeit hatte mein Vater begonnen, mich auf einem alten Tafelklavier in Musik zu unterrichten. Von Noten spielte ich nicht viel ab. Meine Freude war, zu improvisieren und Lieder und Choralmelodien mit selbst erfundener Begleitung wiederzugeben. Als nun in der Gesangstunde die Lehrerin fortgesetzt den Choral Note für Note ohne Begleitung anschlug, empfand ich dies als nicht schön und frug sie in der Pause, warum sie ihn nicht richtig mit Begleitung spiele. Im Eifer setzte ich mich an das Harmonium und spielte ihr ihn schlecht und recht mehrstimmig aus dem Kopfe vor. Da wurde sie sehr freundlich zu mir, und schaute mich merkwürdig an. Aber selber tippte sie den Choral auch weiterhin immer nur mit einem Finger. Da ging mir auf, daß ich

2*

etwas konnte, was sie nicht konnte, und ich schämte mich, ihr mein Können, das ich für etwas ganz Selbstverständliches angesehen hatte, vorgemacht zu haben.

Im übrigen war ich ein stiller und verträumter Schüler, der Lesen und Schreiben nicht ohne Mühe erlernte.

Noch eins ist mir aus dem ersten Schuljahr erinnerlich. Ehe ich zur Schule ging, hatte mein Vater mir schon viele biblische Geschichten, auch die von der Sintflut, erzählt. Als nun ein sehr regnerischer Sommer war, überfiel ich ihn mit der Bemerkung: „Wohl hat es jetzt auch bei uns schon an die vierzig Tage und vierzig Nächte geregnet, und das Wasser kommt nicht einmal an die Häuser, geschweige denn bis hinauf über die Berge." „Ja, damals", antwortete er, „zu Beginn der Welt, hat es eben nicht in Tropfen geregnet, wie jetzt, sondern wie wenn man Wasser aus Kübeln ausschüttet." Diese Erklärung leuchtete mir ein. Als dann die Lehrerin in der Schule auch die Geschichte von der Sintflut erzählte, wartete ich darauf, daß sie ebenfalls den Unterschied zwischen dem damaligen und dem jetzigen Regnen erwähnen würde. Sie unterließ es aber. Da konnte ich nicht mehr an mich halten. „Fräulein Lehrerin", rief ich von meinem Platze aus, „du mußt die Geschichte auch richtig erzählen." Ohne mich zur Ruhe verweisen zu lassen, fuhr ich fort: „Du mußt sagen, daß es damals nicht in Tropfen regnete, sondern wie wenn man Wasser aus Kübeln ausschüttet." Als ich acht Jahre alt war, gab mir mein Vater, auf meine Bitten, ein neues Testament, in dem ich eifrig las. Zu den Geschichten, die mich am meisten beschäftigten, gehörte die von den Weisen aus dem Morgenland. Was haben die Eltern Jesu mit dem Gold und den Kostbarkeiten gemacht, die sie von diesen Männern bekamen? fragte ich mich. Wie konnten sie nachher wieder arm sein?

Ganz unbegreiflich war mir, daß die Weisen aus dem Morgenland sich später um das Jesuskind gar nicht mehr bekümmerten. Auch daß von den Hirten zu Bethlehem nicht erzählt wird, sie seien nachher Jünger Jesu geworden, gab mir schweren Anstoß.

Im zweiten Schuljahr hatten wir zweimal wöchentlich Schönschreibstunde beim Lehrer, der gerade vorher mit den Großen Singstunde abhielt. Da kam es vor, daß wir zu früh aus der kleinen Schule herübergekommen waren und vor dem Schulsaal der Großen warten mußten. Wenn dann der zweistimmige Gesang „Dort drunten in der Mühle saß ich in süßer Ruh" oder „Wer hat dich, du schöner Wald" einsetzte, mußte ich mich an der Wand halten, um nicht umzufallen. Die Wonne der zweistimmigen Musik lief mir über die Haut und durch den ganzen Körper. Auch als ich die ersten Male Blechmusik hörte, schwanden mir fast die Sinne. Den Ton der Violine aber empfand ich nicht als schön und gewöhnte mich erst nach und nach an ihn.

Auf der Dorfschule erlebte ich das Aufkommen des Fahrrades. Mehrmals schon hatten wir gehört, wie die Fuhrleute sich gegen Menschen ereiferten, die auf hohen Rädern einherrasten und die Pferde erschreckten. Eines Morgens aber, während wir in der Pause auf dem Schulhof spielten, wurde bekannt, daß im Wirtshaus an der Straße drüben ein „Geschwindläufer" eingekehrt sei. Die Schule und alles vergessend, rannten wir hin und bestaunten das hohe Rad, das draußen stand. Auch viele Erwachsene fanden sich ein und warteten mit uns, daß der Fahrer mit seinem Schöppele Wein fertig wäre. Endlich trat er heraus. Da lachte alles, daß ein erwachsener Mann kurze Hosen trug. Und schon saß er auf seinem Rad und fuhr auf und davon.

Neben den hohen Rädern kamen nachher, in der Mitte der achtziger Jahre, die halbhohen, die sogenannten Känguruhs auf. Bald darauf erblickte man auch schon die ersten Niederräder. Die Fahrer aber, die sich zuerst zeigten, wurden verspottet, daß sie nicht den Mut hätten, auf hohen Rädern zu sitzen.

Im vorletzten Jahr auf dem Gymnasium kam ich selber in den schon lange heißersehnten Besitz eines Rades. Die Mittel dazu hatte ich mir in anderthalb Jahren durch Mathematikstunden verdient, die ich zurückgebliebenen Schülern erteilte.

Es war ein schon gebrauchtes Rad und kostete zweihundert-
unddreißig Mark. Damals galt es aber noch für unziemlich,
daß Pfarrerssöhne Rad fuhren. Zum Glück setzte mein Vater
sich über diese Vorurteile hinweg. An Stimmen, die das „hoch-
mütige" Unternehmen seines Sohnes tadelten, hat es nicht
gefehlt.

Der bekannte Orientalist und Theologe Eduard Reuß in
Straßburg wollte nicht, daß die Studenten der Theologie rad-
führen. Als ich, 1893, als Student der Theologie mit meinem
Rade in das Thomasstift einzog, bemerkte der Stiftsdirektor
Erichson, daß er mir das nur gestatten könne, weil Professor
Reuß tot sei.

Die Jugend von heutzutage kann sich nicht mehr vorstellen,
was das Aufkommen des Rades für uns bedeutete. Eine bisher
ungeahnte Möglichkeit, in die Natur hinauszukommen, wurde
uns aufgetan. Ich habe sie reichlich und mit Wonne ausgenützt.

Wie an das erste Fahrrad erinnere ich mich auch der ersten
Tomaten. Ich mochte etwa sechs Jahre alt sein, als der Nachbar
Leopold uns als große Neuigkeit von den roten Dingern
brachte, die er in seinem Garten gepflanzt hatte. Das Geschenk
versetzte die Mutter etwas in Verlegenheit, denn sie wußte
nicht recht, wie es zubereiten. Als die rote Sauce auf den Tisch
kam, fand sie so wenig Anklang, daß das meiste davon in den
Abfalleimer kam. Erst Ende der achtziger Jahre bürgerte sich
die Tomate im Elsaß ein.

Der unheimlichste Ort war mir das Studierzimmer meines
Vaters. Nur wenn ich unbedingt mußte, setzte ich den Fuß
hinein. Der Büchergeruch, der darin herrschte, nahm mir den
Atem. Und daß mein Vater immer am Tisch saß und studierte
und schrieb, dünkte mir etwas furchtbar Unnatürliches. Ich
verstand nicht, wie er das aushalten könne, und gelobte mir,
nie so ein studierender und schreibender Mensch zu werden.

Etwas mehr Verständnis für das Sitzen und Schreiben meines Vaters bekam ich, als ich so weit war, daß ich den Reiz der

von ihm im „Kirchenboten" und in Kalendern erscheinenden Dorfgeschichten empfand. Sein literarisches Vorbild war Jeremias Gotthelf, der als Schriftsteller bekannte schweizerische Pfarrer. Nur war er rücksichtsvoller als dieser. Er vermied es, die Leute, die ihm zu den Personen der Geschichten Modell gesessen hatten, so deutlich zu zeichnen, daß sie erkennbar waren.

Einmal im Jahr mußte ich aber mit der Studierstube Bekanntschaft machen. Das war zwischen Weihnachten und Neujahr. Da kam der Tag, an welchem es nach dem Morgenessen aus dem Munde des Vaters hieß: „Heute aber werden die Briefe geschrieben! Die Weihnachtsgeschenke nehmt ihr an. Aber wenn's dann heißt, an die Dankbriefe gehen, da seid ihr zu faul. Darum dran! Und ich will keine verdrossenen Gesichter sehen!"

Oh diese Stunden, während deren ich mit meinen Schwestern im Studierzimmer saß, die Bücherluft einatmete, die Feder meines Vaters auf dem Papier kratzen hörte, im Geiste bei den Kameraden war, die auf ihren Schlitten den Weg hinter der Kirche heruntersausten ... und an Onkel, Tanten, Taufpaten und andere Geber von Weihnachtsgeschenken Briefe schreiben sollte! Und was für Briefe! So etwas Schweres für die Feder ist mir in meinem Leben überhaupt nicht mehr vorgekommen. Alle Briefe hatten naturgemäß drei Teile und denselben Inhalt: 1. Dank für das von dem Betreffenden gespendete Weihnachtsgeschenk nebst Versicherung, daß es von allen Geschenken mir am meisten Freude gemacht habe. 2. Aufzählung der sämtlichen Geschenke. 3. Neujahrswünsche. Bei gleichem Inhalte sollte doch jeder Brief von dem andern verschieden sein! Und in jedem türmte sich die furchtbare Schwierigkeit auf, einen guten Übergang von den erhaltenen Weihnachtsgeschenken zu den Neujahrswünschen zu finden. Von der Not zu guter Letzt jedesmal das gerade passende Schlußkompliment anzubringen, will ich gar nicht reden!

Jeder Brief sollte zuerst ins unreine geschrieben und dem Vater vorgelegt werden. Dann hieß es ihn verbessern oder neu bearbeiten und zuletzt auf einen schönen Briefbogen ohne Fehler und ohne Tintenklecks abschreiben.

Oft gings zum Mittagessen und ich hatte noch nicht einmal eines von den sechs oder sieben erforderlichen Schreiben entworfen! Jahrelang habe ich die Mahlzeiten zwischen Weihnachten und Neujahr mit meinen Tränen gesalzen. Einmal fing ich gleich nach der Bescherung am Christfest, im Hinblick auf die dadurch unvermeidlich gewordenen Briefe, zu weinen an! Meine Schwester Luise brachte es fertig, jeden Brief anders zu schreiben und immer neue Übergänge von den Weihnachtsgeschenken zu den Neujahrswünschen zu finden. Nie wieder hat mir jemand durch schriftstellerische Gewandtheit so imponiert wie sie.

Der Ekel vor Studierstuben und Briefschreiben, den ich mir mit diesen Dank- und Neujahrsbriefen in der Kindheit geholt habe, hat jahrelang angehalten. Unterdessen bin ich durch die Lebensumstände dahin geführt worden, eine außerordentlich umfangreiche Korrespondenz unterhalten zu müssen. Aber Briefe, in denen man in schöner Weise am Schluß in Neujahrswünsche hineingerät, habe ich noch nicht schreiben gelernt. Darum, wo ich als Onkel oder Taufpate Weihnachtsgeschenke zu stiften habe, verbiete ich immer, daß die Empfänger mir Dankesbriefe zukommen lassen. Sie sollen ihre Suppe zwischen Weihnachten und Neujahr nicht mit Tränen salzen, wie ich es tat.

Noch heute fühle ich mich in dem Studierzimmer meines Vaters nicht wohl.

Die Woche nach Weihnachten war die einzige, in der unser Vater streng zu uns war. Im übrigen ließ er uns so viel Freiheit, als Kinder sie ertragen können. Wir wußten seine Güte zu schätzen und waren ihm tief dankbar dafür. In den Sommerferien ging er zwei- oder dreimal in der Woche mit uns auf einen ganzen Tag in die Berge. So wuchsen wir auf wie die Heckenrosen.

Im dritten Schuljahr kam ich in die „große Schule" zum Vater Iltis. Er war ein sehr tüchtiger Lehrer. Ohne mich sehr anzustrengen, habe ich viel bei ihm gelernt.

Zeitlebens bin ich darum froh gewesen, in der Dorfschule begonnen zu haben. Es war gut für mich, daß ich mich im

Lernen mit den Dorfknaben messen und dabei feststellen mußte, daß sie mindestens so viel im Kopf hatten als ich. Der Dünkel, den so viele Knaben haben, die gleich auf das Gymnasium kommen, und dort miteinander meinen, die Kinder der Gebildeten hätten von sich aus mehr los als die Buben, die in geflickten Hosen und Holzschuhen gehen, ist mir immer fern geblieben. Noch heute, wenn ich meinen ehemaligen Schulkameraden im Dorf oder auf dem Feld begegne, ist mir alsbald gegenwärtig, in was ich nicht an sie heranreichte. Der konnte besser Kopfrechnen; der machte weniger Fehler im Diktat; der wußte immer alle Geschichtszahlen; der war der erste in Geographie; der, ich meine dich, Fritz Schöppeler, schrieb fast noch schöner als der Schulmeister. Noch heute sind sie für mich das, worin sie mir damals überlegen waren.

Mit neun Jahren kam ich auf die Realschule in Münster und hatte nun morgens und abends einen Weg von drei Kilometern am Berg entlang zurückzulegen. Meine Wonne war, ihn allein ohne die Kameraden, die ihn auch zu machen hatten, zu gehen und meinen Gedanken nachzuhängen. Wie habe ich in jenen Jahren auf meinen Wanderungen Herbst, Winter, Frühjahr und Sommer erlebt! Als im Jahre 1885 in den Ferien beschlossen wurde, daß ich nach Mülhausen im Ober-Elsaß auf das Gymnasium käme, weinte ich stundenlang heimlich für mich. Es war mir, als risse man mich von der Natur los.

Der Begeisterung über die schöne Natur, wie ich sie auf meinen Wanderungen nach Münster erlebte, versuchte ich in Gedichten Luft zu machen. Aber über die zwei oder drei ersten Reime kam ich nie hinaus. Einige Male unternahm ich auch, den Berg mit der alten Burg, der der Straße gegenüberlag, abzuzeichnen. Aber auch dies mißriet. Von da an ergab ich mich darein, das Schöne rein beschaulich zu genießen, ohne es zu Kunst zu verarbeiten. Bis auf den heutigen Tag habe ich nichts mehr abzubilden und nichts mehr in Verse zu bringen versucht. Nur im Improvisieren von Musik verhielt und verhalte ich mich schöpferisch.

Den Religionsunterricht auf der Realschule in Münster erteilte Pfarrer Schäffer, eine bedeutende religiöse Persönlichkeit und ein in seiner Art hervorragender Redner. Er konnte die biblischen Geschichten hinreißend erzählen. Noch erinnere ich mich, wie er auf dem Pulte weinte und wir in den Bänken schluchzten, als Joseph sich seinen Brüdern zu erkennen gab. Mir legte er den Übernamen Isaak, das heißt der Lacher, bei. Ich hatte nämlich die Schwäche, daß ich leicht zum Lachen zu bringen war, was die Schulkameraden in den Unterrichtsstunden mit Grausamkeit betrieben. Wie oft stand im Klassenbuch: „Schweitzer lacht." Dabei hatte ich gar keinen heiteren Charakter, sondern war schüchtern und verschlossen.

Das verschlossene Wesen hatte ich von meiner Mutter geerbt. Es war uns nicht gegeben, die Liebe, die wir füreinander hatten, in Worten auszudrücken. Ich kann die Stunden zählen, in denen wir uns wirklich miteinander ausgesprochen haben. Aber wir verstanden uns, ohne zu sprechen.

Von der Mutter her hatte ich auch eine tiefe Leidenschaftlichkeit, die sie ihrerseits wieder von ihrem Vater hatte, der sehr gut und zugleich jähzornig war. Zum Bewußtsein kam mir meine Leidenschaftlichkeit beim Spielen. Ich nahm jedes Spiel furchtbar ernst und erzürnte mich, wenn andere nicht ebenfalls mit ganzer Hingebung spielten. Mit neun oder zehn Jahren schlug ich einst meine Schwester Adele, weil sie in einem Spiele eine lässige Gegnerin war und mir durch ihre Gleichgültigkeit einen leichten Sieg zukommen ließ. Von jener Zeit an bekam ich Angst vor meiner Spielleidenschaft und gab nach und nach alles Spielen auf. Eine Karte habe ich nie anzurühren gewagt.

Auch auf das Rauchen verzichtete ich als Student, am 1. Januar 1899, für immer, weil es mir zur Leidenschaft geworden war.

Sehr schwer habe ich gegen Jähzorn anzukämpfen gehabt. Von meiner Kindheit her stehen viele Erinnerungen vor mir, die mich demütigen und in diesem Kampfe wachsam erhalten.

Mein Großvater Schillinger, den ich selber nicht mehr gekannt habe, war ein Eiferer für Aufklärung gewesen. Er hatte
noch ganz den Geist des achtzehnten Jahrhunderts an sich.
Nach der Kirche teilte er den Leuten, die ihn auf der Straße
erwarteten, die politischen Nachrichten mit und machte sie
auch mit den neuesten Entdeckungen des Menschengeistes
bekannt. War etwas am Himmel zu sehen, so stellte er abends
vor seinem Hause das Fernrohr auf und ließ jedermann hinein-
schauen.

Da der katholische Pfarrer auch noch von dem Geiste des
achtzehnten Jahrhunderts und von seiner Weitherzigkeit beherrscht war, lebten die beiden Geistlichen in den nachbarlichen
Pfarrhäusern in brüderlicher Eintracht zusammen. Hatte der
eine mehr Besuch als er logieren konnte, so brachte er ihn im
anderen Pfarrhaus unter. Ging einer auf Reisen, so kam es vor,
daß der andere auch die Kranken der andern Konfession besuchte, damit sie nicht ohne geistigen Zuspruch blieben.
Wenn am Ostermorgen der katholische Pfarrer aus der Messe
kam und zum Osterschmaus eilte, öffnete mein Großvater das
Fenster und rief ihm seinen Glückwunsch zum Ende der
Fastenzeit zu.

Eines Nachts war eine große Feuersbrunst im Dorfe. Als das
evangelische Pfarrhaus bedroht schien, räumte man es und
brachte die Sachen im katholischen unter. Dabei ereignete sich,
daß die Krinoline meiner Großmutter in das Schlafzimmer des
katholischen Vikars zu stehen kam und von dort am anderen
Morgen wieder in das andere Pfarrhaus heimgeholt werden
mußte.

Seine Predigten arbeitete der Großvater aufs genaueste aus.
Am Samstag mußte es ganz still im Hause sein. Kein Besuch
durfte sich an diesem Tage einfinden. Als sein Sohn Student
war, mußte er sich so einrichten, daß er ja nie an einem Samstag in Ferien kam.

Eine Herrschernatur scheint er gewesen zu sein, der gute
Pfarrer Schillinger. Er hielt die Leute in Respekt. Man wußte
nicht anders, als daß der Mann, der etwas mit dem Herrn

Pfarrer zu bereden hatte, im schwarzen Rock mit dem hohen Hut im Pfarrhause erschien.

Zahlreiche Anekdoten gehen hinten im Tal über ihn um. Zwei handeln von der „Türt", der klassischen Münstertäler Fleischpastete, die er bei den Hochzeits- und Taufessen, an denen er als Pfarrer den Vorsitz führte, zu zerlegen hatte. Einmal soll er gefragt haben, ob es gleich sei, wo er die Pastete anschneide, und als man dies bejahte, gesagt haben: „Dann werde ich sie zu Hause anschneiden." Ein andermal schnitt er aus Versehen ein Stück zu wenig. Als die Platte zu ihm zurückkam und nichts von der Pastete mehr für ihn drauf war, sagte er: „Ich esse sie zwar nicht gern", obwohl jedermann wußte, wie gern er sie aß. Diese und andere Anekdoten werden noch heute bei den Hochzeits- und Taufessen im Tal hinten vom Pfarrer Schillinger erzählt und belacht, wie es die Sitte erfordert.

Das Pfarrhaus, in dem er gewohnt, und die Kirche, in der er gepredigt, sind nicht mehr. Die Bomben haben sie zerschossen und zerwühlt. Ein großer Laufgraben führte mitten durch die Kirche hindurch. Aber die an der Kirche liegende Grabstätte des alten Pfarrers ist wie durch ein Wunder unversehrt geblieben.

Als ich noch so klein war, daß ich kaum verstand, was man mir sagte, erklärte mir meine Mutter, daß ich den Namen Albert zum Andenken an ihren verstorbenen Bruder führe. Dieser Bruder – es war eigentlich ein Halbbruder aus der ersten Ehe meines Großvaters – war Pfarrer an der Kirche St. Nicolai in Straßburg gewesen. Im Jahre siebenzig, nach der Schlacht von Weißenburg, war er nach Paris geschickt worden, um Medikamente im Hinblick auf die erwartete Belagerung Straßburgs zu holen. Dort, statt ihm die von den Ärzten Straßburgs flehentlich verlangten Medikamente zur Verfügung zu stellen, schickte man ihn von Büro zu Büro. Als er sich endlich mit einem kleinen Teil des Verlangten auf den Rückweg machen konnte, war die Festung bereits vollständig eingeschlossen. General von Werder, der die deutsche Belagerungsarmee kommandierte, ließ die Medikamente nach Straßburg gelangen, behielt aber meinen Onkel als Gefangenen zurück. So mußte er die Belagerung unter den Belagerern mitmachen und wurde von dem Gedanken gequält, seine Gemeinde könne meinen, er habe sie freiwillig in den schweren Zeiten im Stich gelassen. Die Folgen der Aufregungen jener Monate hat er – er war herzleidend – nicht überwunden. Im Sommer des Jahres 1872 brach er im Kreise seiner Freunde zu Straßburg tot zusammen.

Der Gedanke, die Existenz eines Menschen, der meiner Mutter so lieb gewesen war, fortzusetzen, beschäftigte mich sehr, besonders da mir von seiner Güte so viel erzählt wurde. Als nach der Belagerung von Straßburg die Milch eine Zeitlang sehr knapp war, brachte er jeden Morgen seine Milch einer alten, armen Frau. Nach seinem Tode erzählte diese meiner Mutter, auf welche Weise sie damals jeden Morgen ihre Milch gehabt hatte.

So lange ich zurückblicken kann, habe ich unter dem vielen Elend, das ich in der Welt sah, gelitten. Unbefangene, jugendliche Lebensfreude habe ich eigentlich nie gekannt und glaube, daß es vielen Kindern ebenso ergeht, wenn sie auch äußerlich ganz froh und ganz sorglos scheinen.

Insbesondere litt ich darunter, daß die armen Tiere so viel Schmerz und Not auszustehen haben. Der Anblick eines alten hinkenden Pferdes, das ein Mann hinter sich herzerrte, während ein anderer mit einem Stecken auf es einschlug – es wurde nach Kolmar ins Schlachthaus getrieben – hat mich wochenlang verfolgt.

Ganz unfaßbar erschien mir – dies war schon ehe ich in die Schule ging –, daß ich in meinem Abendgebete nur für Menschen beten sollte. Darum, wenn meine Mutter mit mir gebetet und mir den Gutenachtkuß gegeben hatte, betete ich heimlich noch ein von mir selbst verfaßtes Zusatzgebet für alle lebendigen Wesen. Es lautete: „Lieber Gott. Schütze und segne alles, was Odem hat, bewahre es vor allem Übel und laß es ruhig schlafen!"

Einen tiefen Eindruck machte mir ein Erlebnis aus meinem
siebenten oder achten Jahre. Heinrich Bräsch und ich hatten
uns Schleudern aus Gummischnüren gemacht, mit denen man
kleine Steine schleuderte. Es war im Frühjahr, in der Passionszeit. An einem Sonntagmorgen sagte er zu mir: „Komm, jetzt
gehen wir in den Rebberg und schießen Vögel." Dieser Vorschlag war mir schrecklich, aber ich wagte nicht zu widersprechen, aus Angst, er könnte mich auslachen. So kamen wir
in die Nähe eines kahlen Baumes, auf dem die Vögel, ohne sich
vor uns zu fürchten, lieblich in den Morgen hinaus sangen.
Sich wie ein jagender Indianer duckend, legte mein Begleiter
einen Kiesel in das Leder seiner Schleuder und spannte dieselbe.
Seinem gebieterischen Blick gehorchend, tat ich unter furchtbaren Gewissensbissen dasselbe, mir fest gelobend, daneben
zu schießen. In demselben Augenblicke fingen die Kirchen-
glocken an, in den Sonnenschein und in den Gesang der Vögel
hineinzuläuten. Es war das „Zeichen-Läuten", das dem Haupt-
läuten eine halbe Stunde voranging. Für mich war es eine
Stimme aus dem Himmel. Ich tat die Schleuder weg, scheuchte
die Vögel auf, daß sie wegflogen und vor der Schleuder meines
Begleiters sicher waren, und floh nach Hause. Und immer
wieder, wenn die Glocken der Passionszeit in Sonnenschein
und kahle Bäume hinausklingen, denke ich ergriffen und dankbar daran, wie sie mir damals das Gebot: „Du sollst nicht
töten" ins Herz geläutet haben.

Von jenem Tage an habe ich gewagt, mich von der Men-
schenfurcht zu befreien. Wo meine innerste Überzeugung mit
im Spiele war, gab ich jetzt auf die Meinung anderer weniger
als vorher. Die Scheu vor dem Ausgelachtwerden durch die
Kameraden suchte ich zu verlernen.

Die Art, wie das Gebot, daß wir nicht töten und quälen
sollen, an mir arbeitete, ist das große Erlebnis meiner Kindheit
und Jugend. Neben ihm verblassen alle anderen.

Als ich noch nicht in die Schule ging, hatten wir einen gelben
Hund namens Phylax. Wie manche Hunde konnte er keine
Uniformen leiden und ging immer auf den Briefträger los. Also

wurde ich angestellt, zur Stunde des Briefträgers Phylax, der bissig war und sich schon an einem Gendarmen vergangen hatte, in Zaum zu halten. Mit einer Gerte trieb ich ihn in einen Winkel des Hofs und ließ ihn nicht heraus, bis der Briefträger wieder fort war. Welch stolzes Gefühl, als Tierbändiger vor dem bellenden und zähnefletschenden Hund zu stehen und ihn mit Schlägen zu meistern, wenn er aus dem Winkel ausbrechen wollte! Aber das stolze Gefühl hielt nicht an. Wenn wir nachher wieder als Freunde beieinander saßen, klagte ich mich an, daß ich ihn geschlagen hatte. Ich wußte, daß ich ihn vom Briefträger auch abhalten könnte, wenn ich ihn beim Halsband faßte und streichelte. Wenn die fatale Stunde aber wieder kam, erlag ich wiederum dem Rausch, Tierbändiger zu sein. . . .

In den Ferien durfte ich beim Nachbar Fuhrmann sein. Sein Brauner war schon etwas alt und engbrüstig. Er sollte nicht viel traben. In der Fuhrmannsleidenschaft ließ ich mich aber immer wieder hinreißen, ihn mit der Peitsche zum Traben anzutreiben, auch wenn ich wußte und fühlte, daß er müde war. Der Stolz, ein trabendes Pferd zu leiten, betörte mich. Der Mann ließ es zu, „um mir die Freude nicht zu verderben". Aber was wurde aus der Freude, wenn wir nach Hause kamen und ich beim Ausschirren bemerkte, was ich auf dem Wagen nicht so gesehen hatte, wie die Flanken des Tieres arbeiteten! Was nützte es, daß ich ihm in die müden Augen schaute und es stumm um Verzeihung bat? . . .

Einmal, ich war damals schon auf dem Gymnasium und in den Weihnachtsferien zu Hause, kutschierte ich im Schlitten. Aus dem Hause des Nachbars Löscher heraus sprang kläffend sein als böse bekannter Hund dem Pferde entgegen. Ich glaubte im Recht zu sein, ihm einen gutgezielten Peitschenschlag zu versetzen, obwohl er sichtlich nur aus Mutwillen auf den Schlitten zukam. Zu gut hatte ich gezielt. Ins Auge getroffen, wälzte er sich heulend im Schnee. Seine klagende Stimme klang mir noch lange nach. Durch Wochen hindurch konnte ich sie nicht los werden.

Zweimal habe ich mit andern Knaben mit der Angel gefischt. Dann verbot mir das Grauen vor der Mißhandlung der
aufgespießten Würmer und vor dem Zerreißen der Mäuler der
gefangenen Fische weiter mitzumachen. Ja, ich fand sogar den
Mut, andere vom Fischen abzuhalten.

Aus solchen mir das Herz bewegenden und mich oft be-
schämenden Erlebnissen entstand in mir langsam die uner-
schütterliche Überzeugung, daß wir Tod und Leid über ein
anderes Wesen nur bringen dürfen, wenn eine unentrinnbare Notwendigkeit dafür vorliegt, und daß wir alle das Grausige empfinden müssen, das darin liegt, daß wir aus Gedankenlosigkeit
leiden machen und töten. Immer stärker hat mich diese Überzeugung beherrscht. Immer mehr wurde mir gewiß, daß wir
im Grunde alle so denken und es nur nicht zu bekennen und
zu bestätigen wagen, weil wir fürchten, von den andern als
„sentimental" belächelt zu werden, und auch weil wir uns ab-
stumpfen lassen. Ich aber gelobte mir, mich niemals abstump-
fen zu lassen und den Vorwurf der Sentimentalität niemals zu
fürchten.

In Mülhausen lebte ich beim Onkel Louis und der Tante
Sophie, einem kinderlosen alten Ehepaar. Onkel Louis war ein
Halbbruder meines Großvaters väterlicherseits und mein Taufpate. In dieser Eigenschaft hatte er sich erboten, mich umsonst
für die ganze Gymnasialzeit in seinem Hause zu haben. So er-
möglichte er es meinem Vater, mich auf das Gymnasium zu
tun. Anders hätte dieser nicht die Mittel dazu gehabt. Was mir
Onkel Louis und Tante Sophie, indem sie mich aufnahmen, für
eine Wohltat antaten, ermaß ich erst später. Anfangs empfand
ich nur die Strenge der Zucht, in die ich kam.

Mein Onkel war Direktor der Elementarschulen von Mülhausen und bewohnte eine etwas düstere Dienstwohnung in der
Zentralschule bei der Mariahilfkirche.

Früher, um 1855 herum, wenn ich nicht irre, war er längere
Zeit in Neapel gewesen. Dort leitete er die deutsch-französische

Schule, die die französische und die deutsche Kolonie damals gemeinsam unterhielten.

Das Leben in dem Hause des Großonkels verlief bis ins kleinste geregelt. Nach dem Mittagessen mußte ich Klavier üben, bis es Zeit war, wieder in die Schule zu gehen. Waren abends die Schulaufgaben gemacht, so mußte ich wieder ans Klavier. „Du weißt nicht, wozu dir die Musik einst im Leben gut sein wird", pflegte die Tante zu sagen, wenn sie mich ans Klavier jagen mußte. Freilich konnte sie nicht ahnen, daß die Musik mir einst mit dazu helfen würde, die Mittel zur Gründung eines Spitals im Urwald zusammenzubringen. Nur die Sonntagnachmittage waren eigentlich der Erholung gewidmet. An diesen machten wir einen Spaziergang. Nachher durfte ich bis zehn Uhr abends meine Lesewut befriedigen.

Meine Lesewut war grenzenlos. Sie geht mir heute noch nach. Ich bin nicht imstande, ein angefangenes Buch aus der Hand zu legen. Eher lese ich die ganze Nacht hindurch. Zum mindesten muß ich es bis zu Ende durchflogen haben. Gefällt es mir, so lese ich es dann gleich zwei oder drei Male hintereinander.

Meiner Tante war dieses „Verschlingen der Bücher", wie sie es nannte, ein Greuel. Sie selber hatte auch die Leseleidenschaft, aber auf eine andere Art. Als ehemalige Lehrerin las sie, wie sie sagte, „um den Stil zu genießen, der die Hauptsache ist". Drei Stunden jeden Abend hatte sie über dem Stricken oder dem Häkeln ein Buch vor, eine Stunde vor dem Abendessen, zwei danach. War der Stil gar zu schön, so verlangsamte sich die Bewegung der Nadeln wie der Gang der Pferde, wenn der Kutscher nicht auf sie achtet. Manchmal entfuhr es ihr: „Oh, dieser Daudet! O dieser Theuriet! Welch ein Stil! Oh, wie kann dieser Victor Hugo beschreiben!"

Bei der Lektüre von Julius Stindes „Familie Buchholtz" liefen ihr vor Lachen die Tränen die Backen herunter. Aber sie blieb darum keine Viertelstunde länger über dem Buche sitzen. Um halb elf Uhr legte sie das Lesezeichen hinein und klappte es zu.

So saßen wir mit unsern verschiedenartigen Leseleidenschaften an demselben Tisch und waren uns gegenseitig ein Rätsel. Ängstlich um meine Bildung besorgt, kontrollierte die Tante, wenn ich schon wieder zu schnell ein Buch zu Ende hatte. Bald mit Güte, bald mit Autorität, bald mit Sarkasmen suchte sie mich von meinem „Durchschnuppern" der Bücher abzubringen und zu einem mäßigen Lesetempo zu bekehren. Es half alles nichts. Gegen seine Natur kann da keiner etwas machen. Ihre Vorstellungen vermochten mich um so weniger zu erschüttern, als ich überzeugt war, daß man auch beim Verschlingen der Bücher auf den Stil achtet, ja gerade am besten zwischen gut und schlecht geschrieben unterscheiden kann. Erlag ich beim hastigen Lesen der Versuchung, viele Sätze und gar ganze Beschreibungen zu überspringen, so urteilte ich, daß das Buch schlecht geschrieben sei. Wurde ich aber so gefesselt, daß ich nicht anders konnte, als jeden Satz lesen, so dachte ich, der Stil müsse gut sein. So meine ich auch heute noch. Aber ich hütete mich, der Tante meine Weisheit vorzutragen. Ich mußte es vermeiden, sie in der Lesefrage zu irritieren. Sie hatte mich in dieser Sache ja ganz in ihrer Gewalt. Von ihr hing es ab, ob ich eine Viertelstunde mehr oder eine Viertelstunde weniger lesen durfte.

Besonders unsympathisch war ihr, daß ich mich von früh an auf die Zeitungen warf. Ich hatte dafür nur eine Viertelstunde zur Verfügung, nämlich die Zeit, wo der Tisch zum Abendessen gedeckt wurde und ich deshalb die Arbeit an meinen Schulaufgaben unterbrechen mußte. Da griff ich nach der „Straßburger Post", dem „Mülhauser Tagblatt" und der „Neuen Mülhauser Zeitung". Mit der Begründung, daß ich doch nur die Feuilletonromane und die Mordtaten läse, wollte die Tante es unternehmen, mir das Zeitungslesen zu verbieten. Ich aber beteuerte, daß ich mich besonders für die Politik, also für die zeitgenössische Geschichte interessierte. Die Frage – ich mochte etwa elf Jahre alt sein – kam vor den Onkel. „Das wollen wir gleich sehen", sagte er beim Abendessen, „ob der Bub wirklich Politik liest." Nun fing er an, mich zu examinie-

ren, welche Fürsten auf den Balkanthronen säßen und wie ihre
Ministerpräsidenten hießen. Dann mußte ich ihm die Zusam-
mensetzung der drei letzten französischen Ministerien angeben.
Zuletzt sollte ich ihm den Inhalt der letzten Reichstagsrede
Eugen Richters vortragen. Dieses Examen bei gebratenen Kartoffeln und Salat bestand ich glänzend. Daraufhin wurde der
Spruch gefällt, daß ich nicht nur während des Tischdeckens,
sondern auch noch nach dem Fertigstellen der Aufgaben in
den Zeitungen lesen dürfe, was ich natürlich auch benützte,
um mich an den Feuilletonromanen zu erlaben. Aber die Politik war mir wirklich die Hauptsache. Von da an begann der
Onkel, mich als Erwachsenen zu behandeln und über dem
Essen mit mir von Politik zu reden.

Das Interesse für die öffentlichen Angelegenheiten habe ich
von meiner Mutter geerbt. Sie war eine leidenschaftliche Zei-
tungsleserin. Daß am Tage nach Weihnachten, am Ostermontag und am Pfingstmontag keine Zeitungen gedruckt wurden,
hat sie immer verdrossen, obwohl sie eine fromme Frau war
und mit Eifer für Feiertagsruhe eintrat.

So habe ich wohl schon von meinem neunten Jahre an die
Zeitereignisse mit Eifer verfolgt und denkend miterlebt. Für
die frühere Zeit waren mir die Mitteilungen meines Onkels
sehr wertvoll.

In dem Hause meines Onkels lebte noch Fräulein Anna
Schäffer, die Tochter des Pfarrers von Münster. Sie war als
Lehrerin der höheren Töchterschule angestellt. Durch ihr
kluges und freundliches Wesen hat sie viel mehr an meiner
Erziehung mitgearbeitet als sie ahnte.

Viel Gutes erfuhr ich im Hause meines Schulkameraden
Eduard Ostier. Seine Mutter war eine hervorragende Frau.
Eine Reihe von Jahren verbrachte Ostier die Pfingstferien bei
uns in Günsbach.

Auch im Hause des Pfarrers Matthieu ging ich ein und aus.
Sein Sohn, eine eigenartige und bedeutende Persönlichkeit,
war mit mir in der Schule. Wie ich, studierte er später Theologie. Er wirkte als Religionslehrer an den höheren Knaben-

schulen in Zürich. Der Vater Matthieu war außerordentlich gelehrt und belesen.

Außer in diesen beiden Häusern verkehrte ich eigentlich nirgends. Meine Tante war nicht für das „Draußenherumlaufen".

In den ersten Jahren zu Mülhausen litt ich sehr darunter, von der Natur abgeschnitten zu sein. Einmal, an einem sonnigen Märztage, als der letzte Schnee schmolz, blickte ich von dem Tisch, auf welchem ich nach dem Vieruhrbrote meine Schulaufgaben zu erledigen begann, sehnsüchtig zum Fenster hinaus. Meine Tante, die gerade bügelte, muß empfunden haben, was in mir vorging. Ich meinte, nicht recht zu hören, als sie sagte: „Komm, ich führ' dich etwas spazieren!" Über die Brücke des Kanals, auf dem noch Eisblöcke schwammen, gings zum Rebberg hinauf. Die Tante drängte nicht zur Heimkehr. Erst als es ganz dunkel wurde, ging es nach Hause. Viel geredet haben wir nicht miteinander. Aber von jenem Tage an stand ich ganz anders zu ihr als vorher. Ich wußte jetzt, daß die Frau, die mich so streng, ja manchmal pedantisch streng erzog, Herz hatte und meine Sehnsucht verstand.

Als ich größer wurde, erlaubte man mir dann, an den schulfreien Mittwoch- und Samstagnachmittagen allein spazieren zu gehen. Immer ging ich auf die Höhen, die Mülhausen im Süden so schön umrahmen, und schaute sehnsüchtig nach den Bergen in der Gegend des Münstertales aus. Oft traf ich auf der Höhe einen Greis, der den Hut in der Hand trug und sein weißes Haar im Winde flattern ließ. Ich kannte ihn von der Kanzel her. Es war Adolf Stöber, der elsässische Dichter, der als Pfarrer in Mülhausen wirkte. Gewöhnlich trug er einen Strauß Feldblumen nach Hause. Mit der Zeit behandelte er mich als Bekannten und ließ mich ein Stückchen mit ihm gehen. Mit einem leibhaftigen Dichter zusammen zu sein, erfüllte mich mit Stolz.

Auf dem Rebberg hatte Frau Ostier, die Mutter meines Schulkameraden, einen großen Garten. Wieviel schöne Stunden habe ich darin erlebt!

Ein guter Schüler war ich anfänglich auch in Mülhausen nicht. Ich war noch zu sehr verträumt. Meine schlechten Zeugnisse bereiteten meinen Eltern viel Kummer, ohne daß ich die Energie fand, mich zu besseren Leistungen aufzuraffen. Die Freistelle, die ich als Pfarrerssohn hatte, sollte mir genommen werden. Mein Vater wurde zum Direktor geladen, der ihm sogar andeutete, daß es vielleicht am besten wäre, wenn er mich vom Gymnasium nähme. Und ich in meiner Verträumtheit gab mir keine Rechenschaft von der Sorge, die ich ihm bereitete! Nur wunderte ich mich, daß er mich eigentlich nicht schalt. Er war zu gut und zu traurig zum Schelten.

Da erschien mir ein Retter in der Gestalt eines neuen Klassenlehrers. Er hieß Dr. Wehmann. So viel wurde mir in meiner Verträumtheit gleich in den ersten Tagen klar: Dieser Lehrer hatte jede Stunde sorgfältig vorbereitet. Er wußte genau, wie viel er darin durchnehmen wollte und wurde immer gerade damit fertig. Und die Hefte mit den Reinarbeiten gab er immer pünktlich auf den fälligen Tag und zur fälligen Stunde zurück. Diese miterlebte Selbstdisziplin wirkte auf mich. Ich hätte mich geschämt, diesem Lehrer zu mißfallen. Er wurde mein Vorbild. Nach drei Monaten, beim Osterzeugnis in Quarta, gehörte ich schon zu den besseren Schülern, während das Weihnachtszeugnis noch so schlecht gewesen war, daß meine Mutter die ganzen Weihnachtsferien mit verweinten Augen herumgegangen war. Als Herr Wehmann später von Mülhausen nach Thann und nach Saargemünd und Straßburg kam, suchte ich ihn noch immer auf. Er wußte, wieviel ich ihm verdankte. Bei meiner Rückkehr aus Afrika am Ende des Krieges galt einer meiner ersten Gänge ihm. Ich traf ihn nicht mehr an. Durch das Hungern nervenkrank geworden, hatte er, wie man mir erzählte, sich das Leben genommen. Daß tiefes und bis ins kleinste gehendes Pflichtbewußtsein die große erzieherische Kraft ist und vollbringt, was keine Reden und keine Strafen ausrichten können, ist mir durch ihn eine Lehre geworden, die ich in meinem Wirken als Erzieher zu betätigen suchte.

Auch meinem Musiklehrer in Mülhausen habe ich anfangs wenig Freude gemacht. Es war der eben von der Berliner Hochschule für Musik gekommene Organist der reformierten Stephanskirche, Eugen Münch. „Albert Schweitzer ist meine Qual", pflegte er zu sagen. Dies kam einerseits daher, daß ich in den mir von der Tante auferlegten Übungsstunden vom Blatt spielte und improvisierte, statt die aufgegebenen Stücke zu studieren, andererseits aber auch daher, daß ich mich scheute, vor meinem Lehrer mit Empfindung zu spielen. Ich brachte es nicht über mich, ihm preiszugeben, was ich in einem schönen Musikstück erlebte. Vielen Musikschülern geht es wohl ebenso. So erzürnte ich ihn mit meinem „hölzernen Spiel". Als ich ihm in solcher Befangenheit wieder eine noch dazu schlecht geübte Sonate von Mozart heruntergeleiert hatte, schlug er mißmutig das kurze Lied ohne Worte in E-Dur von Mendelssohn-Bartholdy vor mir auf. „Eigentlich bist du nicht wert, daß man dir schöne Musik zu spielen gibt. So wirst du mir auch dieses Lied ohne Worte versudeln. Wenn einer halt kein Gefühl hat, so kann ich ihm auch keines geben." „Oho", dachte ich bei mir selber, „dir will ich doch zeigen, daß ich Gefühl habe." Die ganze Woche übte ich eifrig an dem Stück, das ich schon so oft vom Blatt gespielt hatte. Ich probierte sogar, wozu man mich bisher nie gebracht hatte, die besten Fingersätze aus und schrieb sie auf. In der nächsten Stunde, als ich die Fingerübungen und die Etüde glücklich hinter mir hatte, gab ich mir einen Ruck und spielte das Lied ohne Worte so, wie ich's im Herzen spürte. Mein Lehrer sagte nicht viel, sondern schlug mir nur fest auf die Schulter und spielte mir selber ein neues Lied ohne Worte vor. Dann bekam ich ein Stück von Beethoven auf. Nach einigen Stunden wurde ich würdig befunden, mit Bach anfangen zu dürfen. Und wieder einige Stunden später wurde mir eröffnet, nach meiner Konfirmation dürfte ich auf der großen schönen Orgel der Stephanskirche Orgelunterricht nehmen. Damit ging ein im stillen gehegter Traum in Erfüllung. Denn meine Sehnsucht war von jeher auf die Orgel gerichtet. Sie lag mir im Blute. Mein Großvater mütterlicherseits,

Pfarrer Schillinger aus Mühlbach, hatte sich viel mit der Orgel und Orgelbau beschäftigt. Kam er in eine fremde Stadt, so besah er zuerst die Orgeln. Als die berühmte Orgel in der Stiftskirche zu Luzern gebaut wurde, reiste er dorthin, und war ganze Tage lang auf der Empore, um den Bau zu verfolgen und das Meisterwerk des Orgelbauers Haas zu probieren. Er soll sehr schön improvisiert haben. Auch mein Vater besaß diese Gabe. Stundenlang habe ich ihm als Kind zugehört, wenn er abends in der Dämmerung auf dem alten Tafelklavier, das vom Großvater Schillinger stammte, phantasierte. Bachsche Musik hat er aber nie gemocht.

Durch die Freundlichkeit des Vaters Iltis, und weil er einen Ersatzmann gut brauchen konnte, war ich schon als Knabe auf die Orgel der Günsbacher Kirche gekommen. Bereits mit neun Jahren vertrat ich ihn im Gottesdienst. Nun aber, mit fünfzehn Jahren, durfte ich das kunstgerechte Pedalspiel auf einer Orgel von drei Klavieren und zweiundsechzig Registern bei einem großen Orgelmeister, denn ein solcher war Eugen Münch, erlernen! Fast konnte ich mein Glück nicht fassen. Mit sechzehn Jahren durfte ich dann Eugen Münch in den Gottesdiensten vertreten. Bald darauf saß ich zum erstenmal in einem Konzert vor der Orgel. Mein Lehrer vertraute mir die Orgelbegleitung des Brahmsschen Requiems an, das er mit dem Chor der Kirche aufführte. Damals kannte ich zum ersten Male die Wonne, die ich seither so oft durchgekostet habe, die Orgel in den Klang von Orchester und Chor hineinfluten zu lassen.

Leider ist die schöne alte Orgel der Stephanskirche zu Mülhausen nach dem Tode Eugen Münchs in einer so barbarischen Weise restauriert und modernisiert worden, daß ihr der wundervolle Klang, den sie damals besaß, vollständig verlorengegangen ist.

Für den Konfirmandenunterricht wurde ich zum alten Pfarrer Wennagel getan. Ich hatte große Ehrfurcht vor ihm. Aber auch ihm gegenüber verschloß ich mich. Ich war ein fleißiger Konfirmandenschüler. Nie jedoch hat der gute Pfarrer geahnt, was mein Herz bewegte. Und auf so vieles, was mein Gemüt beschäftigte, gab mir sein an sich gediegener Unterricht keine Antwort. Wie manche Frage hätte ich ihm gerne gestellt! Aber man durfte es nicht.

In einem Punkte, dies fühlte ich klar, dachte ich anders als er, bei aller Verehrung, die ich ihm entgegenbrachte. Er wollte uns begreiflich machen, daß vor dem Glauben alles Nachdenken verstummen müsse. Ich aber war überzeugt, und ich bin es noch, daß die Wahrheit der Grundgedanken des Christentums sich gerade im Nachdenken zu bewähren habe. Das Denken, sagte ich mir, ist uns gegeben, daß wir darin alle, auch die erhabensten Gedanken der Religion begreifen. Diese Gewißheit erfüllte mich mit Freude.

In den letzten Wochen des Unterrichts behielt Pfarrer Wennagel nach jeder Stunde einige von uns zurück, um mit jedem unter vier Augen über die Konfirmation zu reden. Als die Reihe an mich kam und er in liebevollem Fragen von mir erfahren wollte, mit welchen Gedanken und Entschlüssen ich der heiligen Stunde entgegenginge, fing ich an, zu stottern und ausweichend zu antworten. Es war mir unmöglich, so gern ich ihn hatte, ihn in mein Herz blicken zu lassen. Die Unterhaltung nahm ein trauriges Ende. Ich wurde kühl entlassen. Bekümmert sagte Pfarrer Wennagel nachher zu meiner Tante, daß ich als ein Gleichgültiger zur Konfirmation gehe. In Wirklichkeit aber war ich in jenen Wochen von der Heiligkeit der Zeit so bewegt, daß ich mich fast krank fühlte. Die Konfirmation war ein großes Erlebnis für mich. Als unsere Schar am Palmsonntag aus der Sakristei in die Kirche trat, spielte Eugen Münch auf der Orgel „Hoch tut euch auf" aus dem Messias von Händel. Wunderbar stimmte dies zu den Gedanken in meinem Herzen.

Als Vikar von St. Nicolai in Straßburg habe ich an die zehn Jahre lang Knaben Konfirmandenunterricht erteilt. Wie oft habe ich da, wenn mir einer gleichgültig schien, an den lieben Pfarrer Wennagel und an mich denken müssen und mir dann immer gesagt, daß in einem Kinderherzen viel mehr vorgeht, als es ahnen läßt! Auch suchte ich in meinem Unterricht dafür

Sorge zu tragen, daß die Knaben mit dem, was sie bewegte, an mich herankommen konnten. Zweimal im Monat war ein Teil der Stunde den Fragen gewidmet, die sie mir vorlegten.

Viel litt ich in den ersten Jahren in Mülhausen an Heimweh nach der Kirche zu Günsbach. Mir fehlten die Predigten meines Vaters und der mir von Kindheit her vertraute Gottesdienst. Die Predigten meines Vaters machten einen großen Eindruck auf mich, weil ich bemerkte, wie vieles von dem, was er auf der Kanzel sagte, mit seinem Erleben zusammenhing. Es ging mir auf, welche Anstrengung, ja welchen Kampf es für ihn bedeutete, den Leuten allsonntäglich sein Herz preiszugeben. Deutlich erinnere ich mich an Predigten, die ich von ihm gehört habe, während ich noch in die Dorfschule ging.

Am liebsten waren mir die Nachmittagsgottesdienste, von denen ich kaum je einen verfehlt habe, wenn ich in Günsbach war. In diesen intimen Andachten kam die schlichte Predigtweise meines Vaters so recht zur Geltung. Und die Wehmut, daß der Feiertag dem Ende zuging, gab diesen Gottesdiensten eine ganz eigenartige Weihe.

Aus den Gottesdiensten, an denen ich als Kind teilnahm, habe ich den Sinn für das Feierliche und das Bedürfnis nach Stille und Sammlung mit ins Leben genommen, ohne die ich mir mein Dasein nicht denken kann. Darum vermag ich der Meinung derer nicht beizutreten, die die Jugend am Gottesdienste der Erwachsenen nicht teilnehmen lassen wollen, ehe sie etwas davon versteht. Es kommt gar nicht auf ein Verstehen an, sondern auf das Erleben des Feierlichen. Daß das Kind die Erwachsenen andächtig sieht und von ihrer Andacht mit ergriffen wird: dies ist es, was für es bedeutungsvoll ist.

Auf die Nachmittagsgottesdienste zu Günsbach geht auch mein Interesse für Mission zurück. An jedem ersten Sonntag des Monats hielt mein Vater nachmittags einen Missionsgottesdienst ab. In diesem erzählte er von dem Leben und Wirken der Missionare. Eine Reihe von Sonntagen las er uns einmal die Memoiren des Bassutomissionars Casalis vor, die er zu diesem Zwecke aus dem Französischen übersetzt hatte. Sie machten mir einen großen Eindruck.

Neben Casalis war es der aus Colmar stammende Bildhauer Bartholdi, der Schöpfer der Freiheitsgöttin am Eingang des Hafens von New-York, der meinen kindlichen Gedanken die Richtung in die Ferne gab. An seinem Denkmal des Admirals Bruat, auf dem Marsfeld in Colmar, ist ein Neger in Stein gehauen, der wohl zu dem Eindrucksvollsten gehört, was sein Meißel geschaffen hat. Eine herkulische Gestalt mit einem sinnenden, traurigen Ausdruck im Gesicht. Dieser Neger beschäftigte mich sehr. So oft wir nach Colmar kamen, suchte ich Gelegenheit, ihn zu beschauen. Sein Antlitz sprach mir von dem Elend des dunklen Erdteils. Noch heute pilgere ich zu ihm hin, wenn ich in Colmar bin.

In dem Heimweh nach den Günsbacher Sonntagen, wie ich es zu Mülhausen erlebt, spielte auch der gottesdienstliche Raum eine Rolle. Die schöne neue Mülhauser Kirche kam mir furchtbar nüchtern vor, weil sie keinen Chorraum hatte. In der Günsbacher Kirche aber konnte sich mein andächtiges Träumen in einem katholischen Chor ergehen. Sie diente nämlich zugleich dem protestantischen und dem katholischen Kult.

Als das Elsaß durch Ludwig XIV. französisch wurde, bestimmte dieser, um die Protestanten zu demütigen, daß in den protestantischen Dörfern, in denen zum mindesten sieben katholische Familien wohnten, den Katholiken der Chor eingeräumt werden müßte. Allsonntäglich sollte ihnen die Kirche zu bestimmten Stunden für ihren Gottesdienst zur Verfügung stehen. So kommt es, daß eine Reihe von elsässischen Kirchen protestantisch und katholisch zugleich sind. In der zweiten Hälfte des neunzehnten Jahrhunderts ist ihre Zahl dadurch etwas zurückgegangen, daß manche Gemeinden sich entschlossen, den Katholiken eine besondere Kirche zu erbauen. Zu Günsbach aber und anderswo ist die protestantisch-katholische Kirche bis auf den heutigen Tag bestehen geblieben.

Der katholische Chor, in den ich hineinschaute, war für meine kindliche Phantasie der Inbegriff der Herrlichkeit. Ein goldfarben angestrichener Altar mit mächtigen Sträußen künstlicher Blumen darauf; große metallene Leuchter mit majestätischen Kerzen; an der Wand, über dem Altar, zwischen den beiden Fenstern, zwei große goldfarbene Statuen, die für mich Joseph und die Jungfrau Maria bedeuteten; dies alles umflutet von dem Lichte, das durch die Chorfenster kam; und durch die Chorfenster hindurch schaute man auf Bäume, Dächer, Wolken und Himmel hinaus, auf Welt, die den Chor der Kirche in die unendliche Ferne fortsetzte und mit dem Scheine der Verklärung umflossen war. So wanderte mein Blick aus der Endlichkeit in die Unendlichkeit. Stille und Friede überkamen meine Seele.

Mit diesen Jugenderinnerungen hängt es zusammen, daß ich den Bemühungen um einen protestantischen Kirchentypus kein Verständnis entgegenbringe. Wenn ich Kirchen sehe, in denen moderne Architekten das Ideal der „Predigtkirche" verwirklichen wollen, wird mir weh ums Herz. Eine Kirche ist viel mehr als ein Raum, in dem man eine Predigt anhört. Sie ist ein Ort der Andacht. An sich, als Raum, muß sie zur Andacht anhalten. Das kann sie aber nicht, wenn der Blick ringsum auf Mauern aufprallt. Das Auge bedarf stimmungsvoller Ferne, in der das äußerliche Schauen sich zum innerlichen wandelt. Der Chor ist also nicht etwas Katholisches, sondern er gehört zum Wesen der Kirche überhaupt. Ist der protestantische Gottesdienst naturgemäß nüchtern, so darf es der kirchliche Raum nicht auch noch sein. Er muß den Gottesdienst ergänzen und mit Wort, Gesang und Gebet der Seele zum Erlebnis werden.

Noch eins habe ich aus der zugleich protestantischen und katholischen Kirche mit ins Leben hinausgenommen: religiöse Versöhnlichkeit. Die aus einer Herrscherlaune Ludwigs XIV. entstandene protestantisch-katholische Kirche ist mir mehr als eine merkwürdig geschichtliche Erscheinung. Sie gilt mir als Symbol dafür, daß die konfessionellen Unterschiede etwas sind, das bestimmt ist, einmal zu verschwinden. Als Kind schon empfand ich es als etwas Schönes, daß in unserem Dorfe Katholiken und Protestanten in derselben Kirche Gottesdienst feierten. Noch heute erfüllt es mich mit Freude jedesmal, wenn ich den Fuß in sie hineinsetze. Ich möchte wünschen, daß alle noch beiden Konfessionen gemeinschaftlichen Kirchen des Elsasses als solche erhalten blieben, als eine Prophezeiung und eine Mahnung auf eine Zukunft der religiösen Eintracht, auf die wir den Sinn gerichtet halten müssen, wenn wir wahrhaft Christen sind.

Die Schwierigkeiten, die durch den gemeinsamen Besitz der Kirche gegeben sind, lassen sich, wie die Erfahrungen im Elsaß zeigen, bei einigem guten Willen von beiden Seiten in befriedigender Weise lösen. Freilich, wenn gerade zwei etwas hitzköpfige Seelenhirten sich in das Gotteshaus zu teilen haben, kann es geschehen, daß dieses Gemeinsame nicht zur Eintracht erzieht, sondern Stoff zu Unfrieden abgibt. So kam es im achtzehnten Jahrhundert in einem Dorfe des Unter-Elsasses einmal vor, daß an einem Pfingstmontag der protestantische Pfarrer seine Predigt hielt, während der katholische die Messe las. Sie hatten sich über die Stunden der Benutzung der Kirche nicht einigen können.

Der Altar, dessen goldene Pracht ich einst bestaunte, ist nicht mehr da. Auf die Initiative eines kunstverständigen katholischen Pfarrers von Münster hin hat er einem stilvollen Hochaltar weichen müssen. Maria und Joseph, weil sie durch ihn verdeckt worden wären, stehen nicht mehr lichtumflossen zwischen den Chorfenstern. Ihr Platz ist jetzt zwischen den Seitenwänden des Chors. Statt miteinander wie vordem segnend in die Kirche hineinzuschauen, stehen sie einander gegenüber und betrachten sich gegenseitig. Maria leuchtet nicht mehr in vornehmem Goldglanze, sondern hat sich, dem auferlegten Stil entsprechend, in rot und grün und blau kleiden müssen.

Wenn ich jetzt in der Kirche zu Günsbach sitze, schließe ich die Augen, um den Chor in der schlichten Herrlichkeit zu sehen, in der er mich einstens entzückte. Für meinen in der Vergangenheit weilenden Blick sind dann in der Kirche auch Gestalten gegenwärtig, die einstens da waren, jetzt aber nicht mehr da sind, weil man sie auf den Friedhof hinausgetragen hat. Die Erinnerung an die Toten, die einst mit uns Andacht hielten, gehört für mich zum Ergreifendsten an den Gottesdiensten in der heimatlichen Dorfkirche. Wie saßen sie da, die Männer alle in schwarz, die Frauen in der schlichten alten Münstertälertracht! Wie viel feierlicher waren sie in Kleidung, Haltung und Wesen als wir, das neue Geschlecht!

Einer von diesen Alten – Mitschi mit Namen – war so taub, daß er kein Wort von der Predigt verstehen konnte. Aber allsonntäglich saß er an seinem Platze. Als ihn mein Vater einst bedauerte, daß er ohne zu hören am Gottesdienst teilnehmen müsse, schüttelte er lächelnd den Kopf und sagte: „Gemeinschaft der Heiligen, Herr Pfarrer, Gemeinschaft der Heiligen."

Nachdem ich einmal durch das Verdienst von Doktor Wehmann meine Verträumtheit abgelegt hatte, blieb ich ein guter Schüler, ohne gerade immer unter den ersten zu sitzen. Wirkliche Begabung hatte ich eigentlich nur für Geschichte. In den Sprachen und in Mathematik leistete ich nur soviel, als dem von mir darauf verwandten Fleiß entsprach. Die Geschichte aber beherrschte ich ohne jegliche Anstrengung. Dabei tat mir meine Lesewut, die sich im Laufe der Zeiten auf geschichtliche Werke konzentriert hatte, große Dienste. Zum Glück für mich war Professor Kaufmann, der Geschichte unterrichtete, ein bedeutender Forscher in seinem Fach. In den höheren Klassen behandelte er mich mehr als Freund denn als Schüler. Bis zu seinem Tode bin ich in steter Verbindung mit ihm geblieben. Neben der Geschichte war es der naturwissenschaftliche Unterricht, der mich am meisten fesselte. Wir hatten darin einen sehr tüchtigen Lehrer, Doktor Förster. Zwar war er in Physik und Chemie keineswegs hervorragend. Sein Fach war Geologie. Einstmals erhielt er einen längeren Urlaub, um eine geologische Aufgabe auf Sumatra, wenn ich nicht irre, zu erledigen.

Wenn er an der Tafel chemische oder physikalische Formeln entwickelte, merkte man gut, daß er sie selber für diese Stunde eingelernt hatte. Aber das nahm ihm nichts von seiner Autorität. Sein Unterricht war gut, weil er gut vorbereitet war. Leider aber war die Zahl der den Naturwissenschaften gewidmeten Stunden auf dem Gymnasium damals viel zu klein.

Der naturwissenschaftliche Unterricht hatte für mich etwas eigentümlich Aufregendes. Ich wurde das Empfinden nicht los, daß man uns nicht genug sagte, wie wenig man von dem, was in der Natur vorgeht, auch wirklich versteht. Gegen die naturwissenschaftlichen Schulbücher hatte ich geradezu einen Haß. Ihre zuversichtlichen auf das Auswendiglernen zugeschnittenen Erklärungen – die, wie ich schon merkte, bereits auch etwas veraltet waren – befriedigten mich in keiner Weise. Es erschien mir lächerlich, daß der Wind, der Regen, der Schnee, der Hagel, die Entstehung der Wolken, die Selbstentzündung des Heues, die Passatwinde, der Golfstrom, Donner und Blitz ihre Erklärung gefunden haben sollten. Ein besonderes Rätsel war mir immer die Bildung des Regentropfens, der Schneeflocke und des Hagelkornes. Es verletzte mich, daß man das absolut Geheimnisvolle der Natur nicht anerkannte und zuversichtlich von Erklärung sprach, wo man es in Wirklichkeit nur zu tiefer eindringenden Beschreibungen gebracht hatte, die das Geheimnisvolle nur noch geheimnisvoller machten. Schon damals wurde mir klar, daß uns das, was wir als Kraft und als „Leben" bezeichnen, seinem eigentlichen Wesen nach immer unerklärlich bleibt.

So fing ich an, in ein Träumen über die tausend Wunder, die uns umgeben, zu geraten. Zum Glück hielt es mich nicht wie das frühere gedankenlose Träumen von der Schularbeit ab. Es beherrscht mich noch heute und nimmt immer zu. Wenn ich über dem Essen in einer Wasserkaraffe das in seine Farben gebrochene Licht erblicke, bin ich imstande, alles um mich herum zu vergessen. Ich komme von dem Anblick nicht mehr los.

So gingen die Liebe für die Geschichte und die für die Naturwissenschaft bei mir Hand in Hand. Nach und nach erkannte ich, daß auch das geschichtliche Geschehen voller Rätsel ist, und daß wir es für immer aufgeben müssen, die Vergangenheit wirklich zu verstehen. Auch hier ist uns nur ein mehr oder weniger eindringendes Beschreiben beschieden.

Unausstehlich waren mir vom ersten bis zum letzten Schuljahr die Stunden, in denen Gedichte „durchgenommen" wurden. Daß mir ein Gedicht nahegebracht werden sollte, indem man es erklärte, empfand ich als etwas Häßliches und Unsinniges. Mit dem, was man dazuredete, zerstörte man mir ja nur die Ergriffenheit, in die mich das Werk des Dichters versetzt hatte. An einem Gedicht, so meine ich auch heute noch, ist nichts zu erklären. Man muß es erleben. Darum war ich in diesen Stunden ein sehr unaufmerksamer, ja geradezu aufsässiger Schüler. Statt dem Unterricht zu folgen, las ich im Schulbuche herum und berauschte mich, ohne Führer, an den Gedichten und Lesestücken, die mich darin besonders anzogen. Ich hatte das Gefühl, die Fensterläden gegen den Straßenlärm geschlossen zu haben.

Homer ließ mich kalt. Vollends verekelte man ihn uns damit, daß man immer wissen sollte, wer die Eltern, Großeltern, Onkel, Tanten und Vettern der betreffenden Helden, Götter und Göttinnen gewesen waren. Genealogien und Verwandtschaften waren nie meine Sache.

Von meinem vierzehnten bis etwa zum sechzehnten Jahr machte ich eine üble Phase durch. Ich wurde allen Menschen, besonders aber meinem Vater, durch einen Drang zum Diskutieren unausstehlich. Mit jedem Menschen, der mir in den Weg geriet, wollte ich über die Fragen, die gerade berührt wurden, eingehende und vernunftgemäße Überlegungen anstellen, um dabei die Irrtümer der Gewohnheitsmeinungen aufzudecken und das Richtige zur Geltung zu bringen. Die Freude an dem Suchen nach dem Wahren und Zweckmäßigen war wie ein Rausch über mich gekommen. Jedes Gespräch, an dem ich beteiligt war, sollte auf den Grund der Dinge gehen. So trat ich aus meiner bisherigen Verschlossenheit heraus und wurde der Störenfried jeglicher Unterhaltung, die nur Unterhaltung sein wollte. Wie viele Tischgespräche zu Mülhausen und zu Günsbach habe ich in ein böses Fahrwasser gebracht! Die Tante schalt mich frech, weil ich mich mit den Erwachsenen auseinandersetzen wollte, als wären sie meine Altersgenossen. Gingen wir irgendwo auf Besuch, so mußte ich meinem Vater versprechen, ihm den Tag ja nicht durch „dummes Benehmen bei Gesprächen" zu verderben.

Tatsächlich war ich so unausstehlich, wie ein halbwegs gut erzogener Mensch nur sein kann. Aber es war keine einfache Rechthaberei, die mich so werden ließ, sondern ein leidenschaftliches Bedürfnis zu denken und mit andern Menschen nach dem Wahren und Zweckmäßigen zu suchen. Der Aufklärungsgeist des Großvaters Schillinger war in mir erwacht. Die Überzeugung, daß der Fortschritt der Menschheit nur dadurch möglich wird, daß das Vernunftgemäße an die Stelle der Meinungen und der Gedankenlosigkeit tritt, hatte von mir Besitz ergriffen und äußerte sich vorerst in stürmischer und unangenehmer Weise.

Nach dieser üblen Gärung klärte sich der Wein. Eigentlich bin ich geblieben, was ich damals wurde. Klar habe ich gefühlt, daß, wenn ich von meinem Enthusiasmus für das im Denken erkannte Wahre und Zweckmäßige abließe, ich damit mich selber aufgeben würde. So bin ich eigentlich noch so unausstehlich wie damals. Nur suche ich es, so gut ich kann, mit der im Umgang erforderlichen Gesittung zu vereinigen, um den Menschen nicht lästig zu fallen. Ich habe mich darunter gebeugt, an Gesprächen teilzunehmen, die nur Gespräche sind, und Gedankenlosigkeiten anzuhören, ohne mich dagegen aufzulehnen. Meine angeborene Verschlossenheit hat mitgeholfen, daß ich mir wieder dieses Verhalten des wohlerzogenen Menschen aneignete.

Aber wie oft bäume ich mich innerlich auf! Was leide ich darunter, daß wir Menschen so viele Zeit des Zusammenseins unnütz miteinander zubringen, statt uns in ernster Weise über ernste Dinge zu besprechen und uns einander als strebende, leidende, hoffende und glaubende Menschen zu erkennen zu geben! Oft empfinde ich es geradezu als schlecht, so in der Maske dazusitzen. Gar manchmal frage ich mich, wie weit man mit dieser Wohlerzogenheit gehen darf, ohne Schaden an der Wahrhaftigkeit zu nehmen.

Treffe ich auf Menschen, mit denen man sich als denkender Mensch auseinandersetzen darf, so genieße ich sie mit Leidenschaft, als wäre ich so jung wie damals. Kommt mir aber gar ein junger ernster Diskutierer in den Weg, so gebe ich mich zu fröhlichem Fechten her, bei dem der Altersunterschied im Guten wie im Bösen außer Geltung gesetzt ist.

Den tiefsten Eindruck auf dem Gymnasium empfing ich von dem Direktor Wilhelm Deecke, der nach Mülhausen kam, als ich in die höheren Klassen aufrückte. Seine etwas steife Art – er war Lübecker – mutete uns anfangs zwar fremdartig an. Aber wir gewöhnten uns bald daran.

Deecke war ein hervorragender Schulmann, ein universell gebildeter Philologe und ein tiefer Mensch. Man fühlte ihm an, daß er uns nicht nur Wissen beibringen, sondern uns auch zu Menschen erziehen wollte. Dunkel wußten wir, daß er sich durch freimütige Äußerungen das Mißfallen des Statthalters General von Manteuffel zugezogen hatte und dies mit Zurücksetzung büßen mußte. Die Stelle am Gymnasium zu Mülhausen war eigentlich eine Verbannung für ihn. Daß er dabei immer heiter war und sich in den Schulstunden ganz ausgab, wo er doch so viel höhere Sachen im Kopfe trug, erfüllte uns mit Bewunderung. Er war für uns ein Stoiker im modernen Gewande. Daß er mit dem Dichter Geibel, mit dem Historiker Mommsen und anderen Berühmtheiten befreundet war und als eine Autorität in altgriechischen Inschriften und in etruskischen Dingen galt, gab ihm noch besonderes Ansehen unter uns. Den Unterricht würzte er dadurch, daß er in Zwischenerörterungen Ausblicke auf alle möglichen Gegenstände und Fragen bot, die sich mit dem behandelten Stoff irgendwie berührten. Unvergeßlich sind mir die Stunden, in denen er mit uns Plato las und uns dabei mit der Philosophie überhaupt bekannt machte. Seine Vorliebe galt Arthur Schopenhauer.

Kurze Zeit nachdem wir das Gymnasium verlassen hatten, als man sich gerade anschickte, ihm Gerechtigkeit widerfahren zu lassen, starb er an einem Magenkrebs.

Längere Zeit lag ein Schatten auf meiner sonst so sonnigen Jugend. In dem Pfarrhaus mit den fünf Kindern herrschten Geldsorgen. Meine Mutter sparte an allen Ecken und Enden. Ich selber setzte meinen Stolz darein, in Mülhausen so wenig wie möglich zu brauchen. Als meine Mutter einmal im Herbst meinte, mein Winteranzug müsse mir zu klein geworden sein und ich brauche einen neuen, verneinte ich es. Da ich ihn aber wirklich nicht mehr tragen konnte, lief ich im Winter in meinem gelben Sommeranzug herum. Meine Tante ließ es geschehen, denn sie war für Abhärtung. Aber von den Schulkameraden unter die Hungerleider, die sich nichts leisten können, klassiert zu werden, war etwas, was ich in meiner knabenhaften Eitelkeit nur ertrug, um meiner Mutter Sorge abzunehmen.

Um zu sparen – sie hat es mir später erzählt – kochte meine Mutter statt mit Butter mit Pflanzenfett. Dieses wurde in den achtziger Jahren noch nicht so untadelig hergestellt wie später, sondern hatte oft einen unangenehmen Nachgeschmack. Der Verwendung des Pflanzenfettes schrieb meine Mutter es zu, daß mein Vater in jener Zeit magenleidend wurde. Ein Gelenkrheumatismus, den er sich in einem feuchten Bett in Straßburg holte, brachte ihn noch mehr herunter. So kamen traurige Wochen und Monate über unser Haus. Die verweinten Augen meiner Mutter aus jener Zeit bleiben mir immer in Erinnerung.

Zur Zeit meiner Konfirmation fing die Gesundheit meines Vaters an sich zu bessern. Viel trug dazu der Umstand bei, daß wir das alte, etwas feuchte, ringsum von Gebäuden eingeschlossene Pfarrhaus gegen ein neues, auf einen sonnigen Garten gehendes vertauschen durften. Dieses Haus, das wir Ende der achtziger Jahre bezogen, war ein altes Haus, das Herr Adolph Müller, der Sohn eines ehemaligen Günsbacher Pfar-

rers, als er sich aus der Ingenieurlaufbahn nach seinem Heimatdorfe zurückzog, für sich umgebaut und sehr wohnlich und
praktisch eingerichtet hatte. Bei seinem Tode überließ er es
der Gemeinde als Pfarrhaus. Im Kriege waren seine aus der
Mitte des neunzehnten Jahrhunderts stammenden, massiv ge-
mauerten Keller der ganzen Nachbarschaft eine Zufluchtsstätte
gegen Bomben.

Mit zunehmendem Alter ist mein Vater dann immer rüstiger
geworden. Als Siebenzigjähriger versorgte er seine Gemeinde
im Kriege unter dem Feuer der feindlichen Geschütze und ver-
sieht jetzt noch, hoch in den Siebenzigern, sein Pfarramt, nun
bald an die fünfzig Jahre in Günsbach wirkend. Meine Mutter
wurde während des Krieges auf der Straße von Günsbach nach
Weier im Tal von Militärpferden überrannt und getötet.

Auch die schwersten Geldsorgen wurden mit der Zeit von
uns genommen. Eine entfernte, kinderlose Verwandte meiner
Mutter, eine Frau Fabian aus Wasselnheim, hinterließ uns ihr
kleines Vermögen.

So lag in den letzten Jahren, in denen ich auf der Schule war,
wieder voller Sonnenschein über meinem Vaterhaus. Wir waren alle gesund und lebten in schönster Eintracht miteinander.
Das Verhältnis zwischen Eltern und Kindern war ein ideales,
dank dem großen Verständnis, das die Eltern uns in allen Dingen, selbst in unseren Torheiten, entgegenbrachten. Sie erzogen uns zur Freiheit. Niemals, seitdem ich das leidige Diskutieren aufgegeben hatte, war in unserem Hause etwas von der
Spannung zwischen dem Vater und dem erwachsenen Sohn,
die das Glück so mancher Familie stört. Der Vater war mir der
liebste Freund.

Als eine besondere Güte unserer Eltern empfanden wir, daß
sie uns erlaubten, von unseren Schulfreunden mit in die Ferien
zu bringen, bis das Haus voll war. Wie meine Mutter die Arbeit, die wir ihr dadurch verursachten, bewältigen konnte, ist
mir heute noch ein Rätsel.

Der Gedanke, daß ich eine so einzigartig glückliche Jugend
erleben durfte, beschäftigte mich fort und fort. Er erdrückte mich

geradezu. Immer deutlicher trat die Frage vor mich, ob ich dieses Glück denn als etwas Selbstverständliches hinnehmen dürfe.

So wurde die Frage nach dem Recht auf Glück das zweite große Erlebnis für mich. Als solches trat sie neben das andere, das mich schon von meiner Kindheit her begleitete, das Ergriffensein von dem Weh, das um uns herum in der Welt herrscht. Diese beiden Erlebnisse schoben sich langsam ineinander. Damit entschied sich meine Auffassung des Lebens und das Schicksal meines Lebens.

Immer klarer wurde mir, daß ich nicht das innerliche Recht habe, meine glückliche Jugend, meine Gesundheit und meine Arbeitskraft als etwas Selbstverständliches hinzunehmen. Aus dem tiefsten Glücksgefühl erwuchs mir nach und nach das Verständnis für das Wort Jesu, daß wir unser Leben nicht für uns behalten dürfen. Wer viel Schönes im Leben erhalten hat, muß entsprechend viel dafür hingeben. Wer von eigenem Leid verschont ist, hat sich berufen zu fühlen, zu helfen, das Leid der andern zu lindern. Alle müssen wir an der Last von Weh, die auf der Welt liegt, mittragen.

Dunkel und verworren arbeitete der Gedanke an mir. Manchmal ließ er mich auf einige Zeit los, daß ich ganz erleichtert aufatmete und meinte, wieder vollständig Herr meines Lebens zu werden. Eine kleine Wolke war am Horizont aufgestiegen. Ich konnte zeitweise von ihr wegblicken. Aber sie wuchs langsam und unaufhaltsam. Zuletzt bedeckte sie den ganzen Himmel.

Die Entscheidung fiel, als ich einundzwanzig Jahre alt war. Damals, als Student in den Pfingstferien beschloß ich bis zum dreißigsten Jahre dem Predigeramt, der Wissenschaft und der Musik zu leben. Dann, wenn ich in Wissenschaft und Kunst geleistet hätte, was ich darin vorhatte, wollte ich einen Weg des unmittelbaren Dienens als Mensch betreten. Welches dieser Weg sein sollte, gedachte ich in der Zwischenzeit aus den Umständen zu erfahren.

Der Entschluß, mich dem Werke des ärztlichen Helfens in den Kolonien zu weihen, kam nicht als erster. Er tauchte auf,

nachdem mich Pläne andersartigen Helfens vorher beschäftigt
hatten und aus den verschiedensten Gründen aufgegeben worden waren. Eine Verkettung von Umständen wies mir dann
den Weg zu den Schlafkranken und Aussätzigen Afrikas.

Als ich mich mit achtzehn Jahren, anno 1893, auf die Ab-
gangsprüfung vom Gymnasium vorbereitete, ahnte ich nur
erst dunkel, daß sich Gedanken in mir dachten, denen ich mich
einst zu unterwerfen hätte. Die Beschäftigung mit der unmittelbaren Zukunft behauptete ihre Rechte. Ich freute mich
auf die Studentenzeit. Kühn nahm ich mir vor Theologie,
Philosophie und Musik miteinander zu betreiben. Meine gute
Gesundheit, die mir die erforderliche Nachtarbeit erlaubte,
machte es mir möglich, diesen Vorsatz durchzuführen. Aber
es war doch viel schwieriger, als ich gedacht hatte.

Mein Abgangsexamen vom Gymnasium bestand ich befrie-
digend, aber nicht so gut, als man erwartet hatte. Das lag an
den Hosen, die ich an jenem Tage trug.

Ich besaß einen schwarzen Gehrock, den ich von einem
alten Verwandten meiner Mutter geerbt hatte, aber keine
schwarzen Hosen. Aus Sparsamkeit wollte ich mir auch noch
keine machen lassen und bat meinen Onkel, das Examen in
seinen Hosen bestehen zu dürfen. Er war zwar viel kleiner als
ich und beleibt, während ich damals aufgeschossen und
schmächtig war. Aber wir dachten, daß es für einmal doch
gehen würde.

Leider unterließ ich es, eine Probe mit den Hosen abzuhalten. Als ich sie am Morgen des Examens anzog, reichten sie
mir kaum bis an die Schuhe, obwohl ich die Hosenträger mit
Schnüren verlängert hatte. Über dem oberen Rande der Hosen
gähnte ein weißer Raum. Wie sie mir auf der Rückseite saßen,
beschreibe ich nicht.

Mein Erscheinen unter den Examensgenossen rief ausge-
lassene Lustigkeit hervor. Ich wurde nach allen Seiten gewen-
det und in Augenschein genommen. Unser feierlicher Eintritt

in das Prüfungszimmer mißlang, weil wir das Lachen nicht dämpfen konnten. Als die Lehrer am Prüfungstisch meine Hose sahen, wurden auch sie munter. Der gestrenge Herr Oberschulrat aus Straßburg aber – er hieß Albrecht –, der bei der Prüfung den Vorsitz führte, merkte nicht, um was es sich handelte. Er sah nur, daß ich der Anlaß der unzeitgemäßen Heiterkeit war und tat eine strenge Bemerkung über unser unfeierliches Benehmen im allgemeinen und über mich im besonderen. Um dem vermeintlichen Spaßvogel den Übermut auszutreiben, übernahm er es selber, mich in allen Fächern zu examinieren, außer in Mathematik, in der er anerkanntermaßen absolut unwissend war. Er setzte mir hart zu. Vom Direktor mit freundlichen Blicken ermutigt, behauptete ich mich, so gut ich konnte. Aber gar manche Antwort mußte ich dem Gestrengen schuldig bleiben und manches Schütteln des Kopfes hinnehmen.

Sehr entrüstet war er namentlich darüber, daß ich nicht imstande war, ihm über das Schiffslager, wie es bei Homer beschrieben ist, genau Bescheid zu geben. Als auch die anderen Kandidaten nicht viel mehr darüber wußten als ich, tadelte er dies als einen unverzeihlichen Mangel an Bildung. Ich aber sah es für einen noch viel größeren Mangel an Bildung an, daß wir das Gymnasium verließen, ohne etwas von Astronomie und Geologie zu wissen.

Zuguterletzt kam Geschichte daran, das spezielle Fach des Herrn Oberschulrats. Nach zehn Minuten war er wie umgewandelt. Sein Grimm schmolz dahin. Am Ende examinierte er mich nicht mehr, sondern unterhielt sich mit mir über den Unterschied zwischen den Kolonisationsunternehmungen der Griechen und denen der Römer.

In der Schlußrede, nach der Verkündung des Resultats der Prüfung, kam er nochmals auf die Freude zurück, die er mit mir in Geschichte erlebt hatte. Ein dahin gehendes, von ihm beantragtes Kompliment ziert mein sonst sehr mittelmäßiges Reifezeugnis. So endigte alles in Wohlgefallen.

Der Abschied vom Onkel und von der Tante wurde mir sehr schwer. Sie lebten noch eine Reihe von Jahren und ich durfte ihnen noch zeigen, wie lieb ich sie hatte. Als mein Onkel aus Altersrücksichten seine Stellung in Mülhausen aufgab, zogen sie nach Straßburg. Dort ruhen sie auf dem Kirchhof St. Gallen, auf dem auch mein Onkel Schillinger, der Prediger an St. Nikolai, begraben ist.

Blicke ich auf meine Jugend zurück, so bin ich vom Gedanken bewegt, wie vielen Menschen ich für das, was sie mir gaben und was sie mir waren, zu danken habe. Zugleich aber stellt sich das niederdrückende Bewußtsein ein, wie wenig ich jenen Menschen in meiner Jugend von diesem Danke wirklich erstattet habe. Wie viele von ihnen sind aus dem Leben geschieden, ohne daß ich ihnen ausgedrückt habe, was die Güte oder die Nachsicht, die ich von ihnen empfing, für mich bedeutete! Erschüttert habe ich manchmal auf Gräbern leise die Worte für mich gesagt, die mein Mund einst dem Lebenden hätte aussprechen sollen.

Dabei glaube ich sagen zu können, daß ich nicht undankbar war. Bei Zeiten bin ich aus der jugendlichen Gedankenlosigkeit erwacht, das, was ich an Güte und Nachsicht von Menschen erfuhr, als etwas Selbstverständliches hinzunehmen. Ich meine darüber so früh nachdenklich geworden zu sein, wie über das Weh in der Welt. Aber bis zu meinem zwanzigsten Jahr, und noch darüber hinaus, habe ich mich zu wenig dazu angehalten, die Dankbarkeit, die in mir war, auch zu bekunden. Ich ermaß zu wenig, was es für Menschen bedeutet, Dankbarkeit tatsächlich zu empfangen. Oft auch ließ ich mich durch Schüchternheit zurückhalten, Dankbarkeit auszusprechen.

Weil ich dies an mir erlebt habe, meine ich nicht, daß so viel Undankbarkeit in der Welt ist, wie man gewöhnlich behauptet. Nie habe ich die Geschichte von den zehn Aussätzigen so auslegen können, als ob nur einer dankbar gewesen sei. Ich glaube, daß alle zehn dankbar waren. Aber neun von ihnen begaben sich zuerst nach Hause, schnell die ihrigen zu begrüßen und nach ihren Angelegenheiten zu sehen, und nahmen sich vor,

nachher sogleich zu Jesus zu gehen und ihm ihren Dank zu erstatten. Nur kam es nicht dazu. Sie wurden zu Hause länger
festgehalten als sie dachten, und unterdessen starb Jesus. Einer
aber besaß die Gabe, seinem unmittelbaren Empfinden zu
folgen. Dieser suchte den, der ihm geholfen hatte, alsbald auf
und erquickte ihn durch Dankbarkeit.

So müssen wir alle uns anhalten, unmittelbar zu sein und die
unausgesprochene Dankbarkeit zur ausgesprochenen werden
zu lassen. Dann gibt es in der Welt mehr Sonne und mehr
Kraft zum Guten. Für sich aber muß sich ein jeder von uns
dagegen wehren, die bittern Sprüche von der Undankbarkeit
der Welt in seine Weltanschauung aufzunehmen. Es flutet viel
Wasser unter dem Erdboden, das nicht als Quelle heraus-
bricht. Dessen dürfen wir uns getrösten. Selber aber sollen wir
Wasser sein, das den Weg findet Quelle zu werden, an der
Menschen den Durst nach Dankbarkeit stillen können.

Noch ein anderes bewegt mich, wenn ich an meine Jugend
zurückdenke: die Tatsache, daß so viele Menschen mir etwas
gaben oder etwas waren, ohne daß sie es wußten. Solche, mit
denen ich nie ein Wort gewechselt habe, ja auch solche, von
denen ich nur erzählen hörte, haben einen bestimmten Einfluß
auf mich ausgeübt. Sie sind in mein Leben eingetreten und
Kräfte in mir geworden. Gar manches, was ich sonst nicht so
klar empfunden und so entschieden getan hätte, empfinde und
tue ich so, weil ich wie unter dem Zwang jener Menschen
stehe. Darum kommt es mir immer vor, als ob wir alle geistig
von dem lebten, was uns Menschen in bedeutungsvollen Stunden unseres Lebens gegeben haben. Diese bedeutungsvollen
Stunden kündigen sich nicht an, sondern kommen unerwartet.
Auch nehmen sie sich nicht großartig aus, sondern unschein-
bar. Ja, manchmal bekommen sie ihre Bedeutung für uns erst
in der Erinnerung, wie uns die Schönheit einer Musik oder
einer Landschaft manchmal erst in der Erinnerung aufgeht.
Vieles, was an Sanftmut, Gütigkeit, Kraft zum Verzeihen,
Wahrhaftigkeit, Treue, Ergebung in Leid unser geworden ist,
verdanken wir Menschen, an denen wir solches erlebt haben,

einmal in einem großen, einmal in einem kleinen Begebnis. Ein Leben gewordener Gedanke sprang wie ein Funke in uns hinein und zündete.

Ich glaube nicht, daß man in einen Menschen Gedanken hineinbringen kann, die nicht in ihm sind. Gewöhnlich sind in den Menschen alle guten Gedanken als Brennstoffe vorhanden. Aber vieles von diesem Brennstoff entzündet sich erst oder erst recht, wenn eine Flamme oder ein Flämmchen von draußen, von einem andern Menschen her, in ihn hineinschlägt. Manchmal auch will unser Licht erlöschen und wird durch ein Erlebnis an einem Menschen wieder neu angefacht.

So hat jeder von uns in tiefem Danke derer zu gedenken, die Flammen in ihm entzündet haben. Hätten wir sie vor uns, die uns zum Segen geworden sind, und könnten es ihnen erzählen, wodurch sie es geworden sind, sie würden staunen über das, was aus ihrem Leben in unseres übergriff.

So weiß auch keiner von uns, was er wirkt und was er Menschen gibt. Es ist für uns verborgen und soll es bleiben. Manchmal dürfen wir ein klein wenig davon sehen, um nicht mutlos zu werden. Das Wirken der Kraft ist geheimnisvoll.

Überhaupt, ist nicht in dem Verhältnis des Menschen zum Menschen viel mehr geheimnisvoll als wir es uns gewöhnlich eingestehen? Keiner von uns darf behaupten, daß er einen andern wirklich kenne, und wenn er seit Jahren täglich mit ihm zusammen lebt. Von dem was unser inneres Erleben ausmacht, können wir auch unseren Vertrautesten nur Bruchstücke mitteilen. Das Ganze vermögen wir weder von uns zu geben, noch wären sie imstande es zu fassen. Wir wandeln miteinander in einem Halbdunkel, in dem keiner die Züge des andern genau erkennen kann. Nur von Zeit zu Zeit, durch ein Erlebnis, das wir mit dem Weggenossen haben, oder durch ein Wort, das zwischen uns fällt, steht er für einen Augenblick neben uns, wie von einem Blitze beleuchtet. Da sehen wir ihn, wie er ist. Nachher gehen wir wieder, vielleicht für lange, im Dunkel nebeneinander her und suchen vergeblich, uns die Züge des andern vorzustellen.

In diese Tatsache, daß wir einer dem andern Geheimnis sind, haben wir uns zu ergeben. Sich kennen will nicht heißen, alles voneinander wissen, sondern Liebe und Vertrauen zueinander haben und einer an den andern glauben. Ein Mensch soll nicht in das Wesen des andern eindringen wollen. Andere zu analysieren – es sei denn, um geistig verwirrten Menschen wieder zurecht zu helfen – ist ein unvornehmes Benehmen. Es gibt nicht nur eine leibliche, sondern auch eine geistige Schamhaftigkeit, die wir zu achten haben. Auch die Seele hat ihre Hüllen, deren man sie nicht entkleiden soll. Keiner von uns darf zum andern sagen: Weil wir so und so zusammengehören, habe ich das Recht, alle deine Gedanken zu kennen. Nicht einmal die Mutter darf so gegen ihr Kind auftreten. Alles Fordern dieser Art ist töricht und unheilvoll. Hier gilt nur Geben, das Geben weckt. Teile von deinem geistigen Wesen denen, die mit dir auf dem Wege sind, so viel mit als du kannst, und nimm als etwas Kostbares hin, was dir von ihnen zurückkommt.

Es lag vielleicht an meiner ererbten Verschlossenheit, daß mir die Ehrfurcht vor dem geistigen Wesen des andern von meiner Jugend an etwas Selbstverständliches war. Nachher bin ich in dieser Anschauung immer mehr befestigt worden, weil ich sah, wie viel Leid und Weh und Entfremdung daher kommt, daß Menschen den Anspruch erheben, in der Seele der andern zu lesen wie in einem Buche, das ihnen gehört, und daß sie wissen und verstehen wollen, wo sie an den andern glauben sollten. Alle müssen wir uns hüten, denen, die wir lieben, Mangel an Vertrauen vorzuwerfen, wenn sie uns nicht jederzeit in alle Ecken ihres Herzens einblicken lassen. Es ist ja fast so, daß wir, je näher wir uns kennen, einander um so geheimnisvoller werden. Nur wer Ehrfurcht vor dem geistigen Wesen anderer hat, kann andern wirklich etwas sein.

Darum meine ich, daß sich auch keiner zwingen soll, mehr von seinem inneren Leben preiszugeben, als ihm natürlich ist. Wir können nicht mehr, als die andern unser geistiges Wesen ahnen lassen und das ihrige ahnen. Das Einzige, worauf es ankommt, ist, daß wir darum ringen, daß Licht in uns sei. Das

Ringen fühlt einer dem andern an, und wo Licht in Menschen ist, scheint es aus ihnen heraus. Dann kennen wir uns, im Dunkel nebeneinander hergehend, ohne daß einer das Gesicht des andern abzutasten und in sein Herz hineinzulangen braucht.

War mir die Ehrfurcht vor dem geistigen Wesen des andern von Jugend auf etwas Selbstverständliches, so hat mir dagegen die Frage viel zu schaffen gemacht, inwieweit wir in dem sonstigen Verkehr mit Menschen zurückhaltend sein sollen oder inwieweit wir uns unmittelbar geben dürfen. Beides lag in mir im Kampf. Bis in die letzten Jahre auf dem Gymnasium hatte die Zurückhaltung das Übergewicht. Meine Schüchternheit hielt mich davon ab, den Menschen so viel Anteilnahme kundzugeben, als ich empfand, und ihnen so viel Dienst und Helfen anzubieten, als es mich innerlich trieb. In diesem Verhalten wurde ich durch die Erziehung der Tante in Mülhausen bestärkt. Sie hat mir die Zurückhaltung als den Inbegriff der Wohlerzogenheit eingeprägt. Jede Art von „Vordringlichkeit" sollte ich als einen der größten Fehler ansehen lernen, und bemühte mich auch redlich darum. Mit der Zeit aber wagte ich mich von den Regeln der Zurückhaltung der Wohlerzogenheit etwas zu emanzipieren. Sie kamen mir vor wie Gesetze der Harmonie, die zwar im allgemeinen Gültigkeit haben, aber doch vielfach von dem lebendigen Fluß der Musik überflutet werden. Es ging mir immer mehr auf, wie viel Gutes wir versäumen, wenn wir uns sklavisch in die Zurückhaltung einschließen lassen, die uns die gewöhnliche Sitte des Umgangs auferlegt.

Sicherlich müssen wir uns dagegen anhalten, einer dem andern gegenüber taktvoll zu sein und nicht ungerufen an seinen Angelegenheiten teilzunehmen. Dabei haben wir uns auch der Gefahr bewußt zu bleiben, die in dieser durch das tägliche Leben gebotenen Zurückhaltung liegt. Es darf nicht sein, daß wir uns dem Unbekannten gegenüber in absolute Fremdheit bannen lassen. Kein Mensch ist jemals einem Menschen ein vollständig und dauernd Fremder. Mensch gehört zu Mensch. Mensch hat Recht auf Mensch. Große und kleine Umstände können eintreten, die die Fremdheit, die wir uns im täglichen Leben auferlegen müssen, außer Kraft setzen und uns als Mensch zu Mensch miteinander in Beziehung bringen. Das Gesetz der Zurückhaltung ist bestimmt, durch das Recht der Herzlichkeit durchbrochen zu werden. So kommen wir alle in die Lage, aus der Fremdheit herauszutreten und für einen Menschen Mensch zu werden. Zu oft versäumen wir es, weil die geltenden Anschauungen von Wohlerzogenheit, Höflichkeit und Takt uns unsere Unmittelbarkeit genommen haben. Dann versagen wir einer dem andern, was wir ihm geben möchten und wonach er Sehnsucht hat. Viel Kälte ist unter den Menschen, weil wir nicht wagen, uns so herzlich zu geben wie wir sind.

Ich hatte das Glück, in meiner Jugend einigen Menschen zu begegnen, die sich, bei aller Achtung der geltenden gesellschaftlichen Formen, ihre Unmittelbarkeit gewahrt hatten. Als ich sah, was sie den Menschen damit gaben, bekam ich Mut, selber zu versuchen, so natürlich und herzlich zu sein, wie ich es empfand. Die Erfahrungen, die ich dabei gemacht habe, haben es nicht zugelassen, daß ich mich jemals wieder ganz unter das Gesetz der Zurückhaltung begab. So gut ich kann, suche ich nun, die Herzenshöflichkeit mit der geltenden Höflichkeit zu vereinen. Ob ich es immer richtig mache, weiß ich nicht. Regeln darüber vermag ich ebensowenig aufzustellen als dafür, wann man sich in der Musik den überlieferten Gesetzen der Harmonie beugen soll und wann man dem Geiste der Musik, der über allen Gesetzen steht, folgen darf. Soviel aber habe ich erfahren dürfen, daß das Hinwegsetzen über die geltenden Regeln, das wirklich durch das Herz diktiert wird und aus Überlegung kommt, von den andern selten für gedankenlose Aufdringlichkeit genommen wird.

Die Ideen, die das Wesen und das Leben eines Menschen bestimmen, sind in ihm auf geheimnisvolle Weise gegeben. Wenn er aus der Kindheit heraustritt, fangen sie an, in ihm zu knospen. Wenn er von der Jugendbegeisterung für das Wahre und Gute ergriffen wird, blühen sie und setzen Frucht an. In der Entwicklung, die wir nachher durchmachen, handelt es sich eigentlich nur darum, wieviel von dem, was unser Lebensbaum in seinem Frühling an Frucht ansetzte, an ihm bleibt.

Die Überzeugung, daß wir im Leben darum zu ringen haben, so denkend und so empfindend zu bleiben, wie wir es in der Jugend waren, hat mich wie ein treuer Berater auf meinem Wege begleitet. Instinktiv habe ich mich dagegen gewehrt, das zu werden, was man gewöhnlich unter einem „reifen Menschen" versteht.

Der Ausdruck „reif" auf den Menschen angewandt, war mir und ist mir noch immer etwas Unheimliches. Ich höre dabei die Worte Verarmung, Verkümmerung, Abstumpfung als Dissonanzen miterklingen. Was wir gewöhnlich als Reife an einem Menschen zu sehen bekommen, ist eine resignierte Vernünftigkeit. Einer erwirbt sie sich nach dem Vorbilde anderer, indem er Stück um Stück die Gedanken und Überzeugungen preisgibt, die ihm in seiner Jugend teuer waren. Er glaubte an den Sieg der Wahrheit; jetzt nicht mehr. Er glaubte an die Menschen; jetzt nicht mehr. Er glaubte an das Gute; jetzt nicht mehr. Er eiferte für Gerechtigkeit; jetzt nicht mehr. Er vertraute in die Macht der Gütigkeit und der Friedfertigkeit; jetzt nicht mehr. Er konnte sich begeistern; jetzt nicht mehr. Um besser durch die Fährnisse und Stürme des Lebens zu schiffen, hat er sein Boot erleichtert. Er warf Güter aus, die er für entbehrlich hielt. Aber es war der Mundvorrat und der Wasservorrat, dessen er sich entledigte. Nun schifft er leichter dahin, aber als verschmachtender Mensch.

In meiner Jugend habe ich Unterhaltungen von Erwachsenen mitangehört, aus denen mir eine das Herz beklemmende Wehmut entgegenwehte. Sie schauten auf den Idealismus und die Begeisterungsfähigkeit ihrer Jugend als auf etwas Kostbares zurück, das man sich hätte festhalten sollen. Zugleich aber betrachten sie es als eine Art Naturgesetz, daß man das nicht könne.

Da bekam ich Angst, auch einmal so wehmütig auf mich selber zurückschauen zu müssen. Ich beschloß, mich diesem tragischen Vernünftigwerden nicht zu unterwerfen. Was ich mir in fast knabenhaftem Trotze gelobte, habe ich durchzuführen versucht.

Zu gern gefallen sich die Erwachsenen in dem traurigen Amt, die Jugend darauf vorzubereiten, daß sie einmal das meiste von dem, was ihr jetzt das Herz und den Sinn erhebt, als Illusion ansehen wird. Die tiefere Lebenserfahrung aber redet anders zu der Unerfahrenheit. Sie beschwört die Jugend, die Gedanken, die sie begeistern, durch das ganze Leben hindurch festzuhalten. Im Jugendidealismus erschaut der Mensch die Wahrheit. In ihm besitzt er einen Reichtum, den er gegen nichts eintauschen soll.

Wir alle müssen darauf vorbereitet sein, daß das Leben uns den Glauben an das Gute und Wahre und die Begeisterung dafür nehmen will. Aber wir brauchen sie ihm nicht preiszugeben. Daß die Ideale, wenn sie sich mit der Wirklichkeit auseinandersetzen, gewöhnlich von den Tatsachen erdrückt werden, bedeutet nicht, daß sie von vornherein vor den Tatsachen zu kapitulieren haben, sondern nur, daß unsere Ideale nicht stark genug sind. Nicht stark genug sind sie, weil sie nicht rein und stark und stetig genug in uns sind.

Die Macht des Ideals ist unberechenbar. Einem Wassertropfen sieht man keine Macht an. Wenn er aber in den Felsspalt gelangt und dort Eis wird, sprengt er den Fels; als Dampf treibt er den Kolben der mächtigen Maschine. Es ist dann etwas mit ihm vorgegangen, das die Macht, die in ihm ist, wirksam werden ließ.

So auch mit dem Ideal. Ideale sind Gedanken. Solange sie nur gedachte Gedanken sind, bleibt die Macht, die in ihnen ist, unwirksam, auch wenn sie mit größter Begeisterung und festester Überzeugung gedacht werden. Wirksam wird ihre

Macht erst, wenn mit ihnen dies vorgeht, daß das Wesen eines geläuterten Menschen sich mit ihnen verbindet. Die Reife, zu der wir uns zu entwickeln haben, ist die, daß wir an uns arbeiten müssen, immer schlichter, immer wahrhaftiger, immer lauterer, immer friedfertiger, immer sanftmütiger, immer gütiger, immer mitleidiger zu werden. In keine andere Ernüchterung als in diese haben wir uns zu ergeben. In ihr härtet sich das weiche Eisen des Jugendidealismus zum Stahl des unverlierbaren Lebensidealismus.

Das große Wissen ist, mit den Enttäuschungen fertig zu werden. Alle Tatsachen sind Wirkung von geistiger Kraft; die erfolgreichen von Kraft, die stark genug ist, die erfolglosen von Kraft, die nicht stark genug ist. Mein Verhalten der Liebe richtet nichts aus. Das ist, weil noch zu wenig Liebe in mir ist. Ich bin ohnmächtig gegen die Unwahrhaftigkeit und die Lüge, die um mich herum ihr Wesen haben. Das hat zum Grunde, daß ich selber noch nicht wahrhaftig genug bin. Ich muß zusehen, wie Mißgunst und Böswilligkeit weiter ihr trauriges Spiel treiben. Das heißt, daß ich selber Kleinlichkeit und Neid noch nicht ganz abgelegt habe. Meine Friedfertigkeit wird mißverstanden und gehöhnt. Das bedeutet, daß noch nicht genug Friedfertigkeit in mir ist.

Das große Geheimnis ist, als unverbrauchter Mensch durchs Leben zu gehen. Solches vermag, wer nicht mit den Menschen und Tatsachen rechnet, sondern in allen Erlebnissen auf sich selbst zurückgeworfen wird und den letzten Grund der Dinge in sich sucht.

Wer an seiner Läuterung arbeitet, dem kann nichts den Idealismus rauben. Er erlebt die Macht der Ideen des Wahren und Guten in sich. Wenn er von dem, was er nach außen hin dafür wirken will, gar zu wenig bemerkt, so weiß er dennoch, daß er soviel wirkt, als Läuterung in ihm ist. Nur ist der Erfolg noch nicht eingetreten oder er bleibt seinem Auge verborgen. Wo Kraft ist, ist Wirkung von Kraft. Kein Sonnenstrahl geht verloren. Aber das Grün, das er weckt, braucht Zeit zum Sprießen, und dem Sämann ist nicht immer beschieden, die

Ernte mitzuerleben. Alles wertvolle Wirken ist Tun auf Glauben.

Das Wissen vom Leben, das wir Erwachsene den Jugendlichen mitzuteilen haben, lautet also nicht: „Die Wirklichkeit wird schon unter euren Idealen aufräumen", sondern: „Wachset in eure Ideale hinein, daß das Leben sie euch nicht nehmen kann."

Wenn die Menschen das würden, was sie mit vierzehn Jahren sind, wie ganz anders wäre die Welt!

Als einer, der versucht in seinem Denken und Empfinden jugendlich zu bleiben, habe ich mit den Tatsachen und der Erfahrung um den Glauben an das Gute und Wahre gerungen. In dieser Zeit, wo Gewalttätigkeit in Lüge gekleidet so unheimlich wie noch nie auf dem Throne der Welt sitzt, bleibe ich dennoch überzeugt, daß Wahrheit, Liebe, Friedfertigkeit, Sanftmut und Gütigkeit die Gewalt sind, die über aller Gewalt ist. Ihnen wird die Welt gehören, wenn nur genug Menschen die Gedanken der Liebe, der Wahrheit, der Friedfertigkeit und der Sanftmut rein und stark und stetig genug denken und leben.

Alle gewöhnliche Gewalt beschränkt sich selber. Denn sie erzeugt Gegengewalt, die ihr früher oder später ebenbürtig oder überlegen wird. Die Gütigkeit aber wirkt einfach und stetig. Sie erzeugt keine Spannungen, die sie beeinträchtigen. Bestehende Spannungen entspannt sie, Mißtrauen und Mißverständnisse bringt sie zur Verflüchtigung, sie verstärkt sich selber, indem sie Gütigkeit hervorruft. Darum ist sie die zweckmäßigste und intensivste Kraft.

Was ein Mensch an Gütigkeit in die Welt hinausgibt, arbeitet an den Herzen und an dem Denken der Menschen. Unsere törichte Versäumnis ist, daß wir mit der Gütigkeit nicht ernst zu machen wagen. Wir wollen die große Last wälzen, ohne uns des die Kraft verhundertfachenden Hebels zu bedienen.

Eine unermeßlich tiefe Wahrheit liegt in dem phantastischen Worte Jesu: „Selig sind die Sanftmütigen, denn sie werden das Erdreich besitzen."

ZWISCHEN WASSER UND URWALD

ERLEBNISSE UND BEOBACHTUNGEN
EINES ARZTES IM URWALDE
ÄQUATORIALAFRIKAS

Den Freunden, die mir das Werk gründen halfen,
den toten und den lebenden,
in tiefer Dankbarkeit

I.

WIE ICH DAZU KAM, ARZT IM URWALD ZU WERDEN
LAND UND LEUTE AM OGOWE

Die Lehrtätigkeit an der Universität Straßburg, die Orgel-
kunst und die Schriftstellerei verließ ich, um als Arzt nach
Äquatorialafrika zu gehen. Wie kam ich dazu?

Ich hatte von dem körperlichen Elende der Eingeborenen
des Urwaldes gelesen und durch Missionare davon gehört. Je
mehr ich darüber nachdachte, desto unbegreiflicher kam es
mir vor, daß wir Europäer uns um die große humanitäre Aufgabe, die sich uns in der Ferne stellt, so wenig bekümmern.
Das Gleichnis vom reichen Mann und vom armen Lazarus
schien mir auf uns geredet zu sein. Wir sind der reiche Mann,
weil wir durch die Fortschritte der Medizin im Besitze vieler
Kenntnisse und Mittel gegen Krankheit und Schmerz sind.
Die unermeßlichen Vorteile dieses Reichtums nehmen wir als
etwas Selbstverständliches hin. Draußen in den Kolonien aber
sitzt der arme Lazarus, das Volk der Farbigen, das der Krankheit und dem Schmerz ebenso wie wir, ja noch mehr als wir
unterworfen ist und keine Mittel besitzt, um ihnen zu begegnen. Wie der Reiche sich aus Gedankenlosigkeit gegen den
Armen vor seiner Türe versündigte, weil er sich nicht in seine
Lage versetzte und sein Herz nicht reden ließ, also auch wir.

Die paar hundert Ärzte, die die europäischen Staaten als
Regierungsärzte in der kolonialen Welt unterhalten, können,
sagte ich mir, nur einen ganz geringen Teil der gewaltigen
Aufgabe in Angriff nehmen, besonders da die meisten von
ihnen in erster Linie für die weißen Kolonisten und für die
Truppen bestimmt sind. Unsere Gesellschaft als solche muß
die humanitäre Aufgabe als die ihre anerkennen. Es muß die
Zeit kommen, wo freiwillige Ärzte, von ihr gesandt und unter-
stützt, in bedeutender Zahl in die Welt hinausgehen und unter
den Eingeborenen Gutes tun. Erst dann haben wir die Ver-

antwortung, die uns als Kulturmenschheit den farbigen Menschen gegenüber zufällt, zu erkennen und zu erfüllen begonnen.

Von diesen Gedanken bewegt beschloß ich, bereits dreißig Jahre alt, Medizin zu studieren und draußen die Idee in der Wirklichkeit zu erproben. Anfang 1913 erwarb ich den medizinischen Doktorgrad. Im Frühling desselben Jahres fuhr ich mit meiner Frau, die die Krankenpflege erlernt hatte, an den Ogowe in Äquatorialafrika, um dort meine Wirksamkeit zu beginnen.

Ich hatte mir diese Gegend ausgesucht, weil elsässische, dort im Dienste der Pariser evangelischen Missionsgesellschaft stehende Missionare mir gesagt hatten, daß ein Arzt dort, besonders wegen der immer mehr um sich greifenden Schlafkrankheit, sehr notwendig sei. Diese Missionsgesellschaft erklärte sich bereit, mir auf ihrer Station Lambarene eines ihrer Häuser zur Verfügung zu stellen und mir zu erlauben, dort auf ihrem Grund und Boden ein Spital zu bauen, wozu sie mir auch ihre Hilfe in Aussicht stellte.

Die Mittel für mein Werk jedoch mußte ich selber aufbringen. Ich gab dazu, was ich durch mein in drei Sprachen erschienenes Buch über J. S. Bach und durch Orgelkonzerte verdient hatte. Der Thomaskantor aus Leipzig hat also mitgeholfen, das Spital für die Neger im Urwald zu bauen. Liebe Freunde aus Elsaß, Frankreich, Deutschland und der Schweiz halfen mir mit ihren Mitteln. Als ich Europa verließ, war mein Unternehmen für zwei Jahre gesichert. Ich hatte die Kosten – die Hin- und Rückreise nicht einbegriffen – auf etwa fünfzehntausend Franken für das Jahr veranschlagt, was sich ungefähr als richtig erwies.

Mein Werk lebte also – wie der naturwissenschaftliche Ausdruck lautet – in Symbiose mit der Pariser evangelischen Missionsgesellschaft. An sich aber war es überkonfessionell und international. Es war meine Überzeugung und ist es noch heute, daß die humanitären Aufgaben in der Welt dem Menschen als solchem, nicht als dem Angehörigen einer bestimmten Nation oder Konfession nähergebracht werden müssen.

Die Führung der Bücher und die Besorgung der Bestellungen hatten aufopfernde Freunde in Straßburg übernommen. Die gepackten Kisten wurden von der Pariser Missionsgesellschaft mit den ihrigen nach Afrika gesandt.

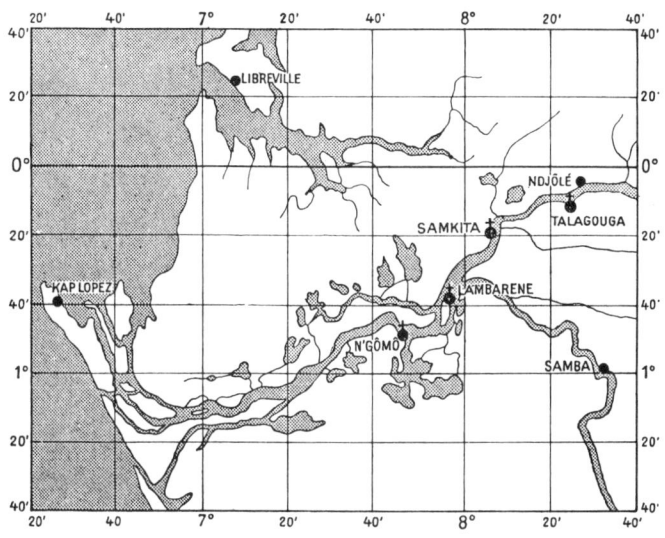

Der Unterlauf des Ogowe

Skizze nach einer Karte von Herrn Missionar Haug

Ein Wort über das Land, in dem ich wirkte. Das Gebiet des Ogowe gehört zur Kolonie Gabun. Der Ogowe ist ein etwa zwölfhundert Kilometer langer, nördlicher Parallelfluß des Kongo. Obwohl er viel kleiner ist als dieser, stellt er immer noch einen stattlichen Strom dar. In seinem Unterlauf ist er ein bis zwei Kilometer breit. In den letzten zweihundert Kilometern spaltet er sich in eine Reihe von Armen, die sich bei Kap Lopez in den Atlantischen Ozean ergießen. Schiffbar für größere Flußdampfer ist er von der Küste bis nach N'Djôle, etwas über 350 Kilometer weit. Dann beginnt das Hügel- und Bergland, das zum innerafrikanischen Hochplateau führt. Hier wechseln Serien von Stromschnellen mit langen Strecken guter Schiffbarkeit ab. Die Schiffahrt ist nur noch kleinen, eigens zum Überwinden der Stromschnellen gebauten Schrauben- dampfern und den Kanoes der Eingeborenen möglich.

Während in der Gegend des Mittel- und Oberlaufes Prärie und Wald abwechseln, gibt es im Unterlaufe, von N'Djôle abwärts, nur Wasser und Urwald.

Diese feuchte Niederung eignet sich vorzüglich für die Kul- tur von Kaffee, Pfeffer, Zimt, Vanille und Kakao. Auch die Ölpalme gedeiht gut. Aber die Haupttätigkeit der Europäer gilt nicht den Pflanzungen, auch nicht der Gewinnung des Kautschuks des Urwaldes, sondern dem Holzhandel. Der Ogowe bietet den großen Vorteil, daß er in eine Bucht mün- det, die eine vorzügliche Reede ohne Barre enthält. Es sind also für die Westküste Afrikas, die an guten Häfen und be- sonders an solchen, in die Ströme münden, so arm ist, selten günstige Voraussetzungen für die Verladung von Holz ge- geben. Die großen Flöße können neben den Dampfern, die sie aufnehmen sollen, anlegen, ohne durch die Barre oder durch schweren Wellengang zerrissen und zerstreut zu werden. Auf absehbare Zeit wird der Holzhandel also für diese Gegend die Hauptsache bleiben.

Kartoffeln und Getreide lassen sich leider nicht anbauen, weil das Wachstum in der warmen feuchten Luft zu rasch vor sich geht. Die Kartoffeln schießen empor, ohne Knollen anzu- setzen, und das Getreide bringt keine Frucht. Auch die Kultur des Reises ist aus verschiedenen Gründen nicht möglich. Kühe lassen sich am Unterlaufe des Ogowe nicht halten, weil sie das hier wachsende Gras nicht vertragen. Weiter nach dem Innern zu, auf dem zentralen Höhenplateau, gedeihen sie vorzüglich.

Mehl, Reis, Milch und Kartoffeln müssen also aus Europa bezogen werden, was die Lebensführung außerordentlich kompliziert und verteuert.

Lambarene liegt etwas südlich vom Äquator und hat die Jahreszeiten der südlichen Halbkugel. Es ist also dort Winter, wenn in Europa Sommer ist, und Sommer, wenn in Europa

Winter ist. Der dortige Winter ist durch die trockene Jahreszeit, die von Ende Mai bis Anfang Oktober dauert, gekennzeichnet. Der dortige Sommer ist die Regenzeit, die von Anfang Oktober bis Mitte Dezember und von Mitte Januar bis Ende Mai geht. Um Weihnachten herum setzt eine etwa drei bis vier Wochen andauernde trockene Jahreszeit ein, in der die Hitze ihren Höhepunkt erreicht.

Die Durchschnittstemperatur im Schatten in der Regenzeit ist etwa 28–35 Grad Celsius, in der winterlichen trockenen Jahreszeit 25–30 Grad. Die Nächte sind fast ebenso heiß wie die Tage. Dieser Umstand und die sehr große Feuchtigkeit der Luft sind schuld daran, daß der Europäer das Klima der Ogoweniederung so schwer erträgt. Nach einem Jahr bereits beginnen sich Ermüdung und Anämie bei ihm bemerkbar zu machen. Nach zwei bis drei Jahren ist er zu richtiger Arbeit untauglich und tut am besten daran, auf mindestens acht Monate zur Erholung nach Europa zurückzukehren.

Die Mortalität unter den Weißen betrug im Jahre 1903 in Libreville, der Hauptstadt Gabuns, fast vierzehn auf hundert.

Vor dem Kriege lebten in der Ogoweniederung etwa zweihundert Weiße: Pflanzer, Holzhändler, Kaufleute, Regierungsbeamte und Missionare. Die Zahl der Eingeborenen ist schwer anzugeben. Jedenfalls ist das Land nicht dicht bevölkert. Es sind nur noch die Trümmer von acht ehemals mächtigen Stämmen vorhanden. So furchtbar haben der Sklavenhandel und der Schnaps in drei Jahrhunderten unter ihnen aufgeräumt. Von dem Stamme der Orungu, die das Ogowedelta bewohnten, ist fast nichts mehr übrig. Von dem der Galoas, dem das Gebiet von Lambarene gehörte, sind höchstens noch achtzigtausend vorhanden. In die so geschaffene Leere drängen sich vom Innern her die von der Kultur noch unberührten anthropophagen Fan's, auf französisch Pahouins genannt. Ohne das rechtzeitige Dazwischentreten der Europäer hätte dieses Kriegervolk die alten Stämme der Ogoweniederung bereits aufgegessen. Lambarene bildet auf dem Flusse die Grenze zwischen den Pahouins und den alten Stämmen.

Gabun wurde am Ende des fünfzehnten Jahrhunderts von den Portugiesen entdeckt. Bereits 1521 siedelten sich katholische Missionare an der Küste zwischen der Mündung des Ogowe und der des Kongo an. Kap Lopez ist nach einem dieser Missionare, Odoardo Lopez, der 1578 dorthin kam, benannt. Im achtzehnten Jahrhundert hatten die Jesuiten an der Küste große Pflanzungen mit Tausenden von Sklaven. In das Innere des Landes aber drangen sie ebensowenig vor wie die weißen Händler.

Als die Franzosen mit den Engländern zusammen in der Mitte des neunzehnten Jahrhunderts den Sklavenhandel an der Westküste Afrikas bekämpften, wählten sie, 1849, die Bucht nördlich von der Bucht von Kap Lopez als Flottenstützpunkt und als Ansiedlungsort für die befreiten Sklaven. Daher der Name Libreville. Daß die schmalen Wasserläufe, die sich zerstreut in die Bucht von Kap Lopez ergießen, einem großen Fluß angehören, wußten die Weißen damals noch nicht. Die Neger der Küste hatten es ihnen verschwiegen, um den Handel mit dem Innern selbst in der Hand zu behalten. Erst 1862 entdeckte Leutnant Serval, zu Lande von Libreville nach Südosten vordringend, den Ogowe in der Gegend von Lambarene. Daraufhin wurde von Kap Lopez aus der Unterlauf des Flusses erkundet und die Häuptlinge zur Anerkennung des französischen Protektorates bewogen.

Als es sich in den achtziger Jahren darum handelte, von der Küste aus den für den Handel bequemsten Weg nach dem schiffbaren Teile des Kongostromes zu suchen, glaubte ihn De Brazza in dem Ogowe gefunden zu haben, da dieser nur zweihundert Kilometer nordwestlich von Stanley-Pool entspringt und von der Alima, einem schiffbaren Nebenflusse des Kongo, nur durch eine schmale Wasserscheide getrennt ist. Es gelang ihm auch, einen zerlegbaren Dampfer auf diesem Wege nach dem mittleren Kongo zu bringen. Für den Handel aber erwies sich dieser Weg als impraktikabel, der Schwierigkeiten wegen, die die Stromschnellen des Oberlaufes des Ogowe bieten. Durch den Bau der im Jahre 1898 fertiggestellten belgischen Kongobahn Matadi-Brazzaville kam der Ogowe als Weg nach dem mittleren Kongo definitiv außer Betracht. Heute vermittelt er nur noch den Verkehr nach seinem eigenen, noch ziemlich unerforschten Hinterland.

Die ersten protestantischen Missionare am Ogowe waren Amerikaner. Sie kamen um 1860 an den Strom. Da sie der Forderung der französischen Regierung, auf französisch zu unterrichten, nicht genügen konnten, traten sie später ihr Werk der Pariser Missionsgesellschaft ab. Heute zählt die protestantische Missionsgesellschaft vier Stationen: N'Gômô, Lambarene, Samkita und Talagouga. N'Gômô ist von der Küste etwa zweihundert Kilometer entfernt. Die anderen Stationen folgen aufeinander flußaufwärts in Abständen von etwa je fünfzig Kilometern. Talagouga liegt auf einer N'Djôle, dem Ende der Flußschiffahrt, vorgelagerten romantischen Flußinsel.

Auf jeder Station sind in der Regel zwei verheiratete und ein unverheirateter Missionar, wozu gewöhnlich noch eine Lehrerin kommt, was also, die Kinder nicht mitgerechnet, fünf oder sechs Personen macht.

Die katholische Mission besitzt für dasselbe Gebiet drei Stationen: eine in Lambarene, eine in N'Djôle und eine in der Nähe von Samba an der N'Gounje, dem größten Nebenflusse des Ogowe. Jede ist mit etwa zehn Weißen, gewöhnlich drei Priestern, zwei Laienbrüdern und fünf Schwestern besetzt.

Die Bezirkshauptleute der Regierung sitzen in Kap Lopez, in Lambarene, in Samba und N'Djôle. Etwa fünfhundert farbige Soldaten sind als Polizeitruppen über das Gebiet zerstreut.

Dies war das Land und dies waren die Menschen, unter denen ich an die viereinhalb Jahre als Urwalddoktor wirkte. Was ich dabei erlebt und beobachtet habe, erzähle ich für die Zeit bis zum Ausbruch des Krieges nach den Berichten, die ich alle sechs Monate in Lambarene schrieb und meinen Freun-

den und Gebern als gedruckte Briefe zusenden ließ. Während
des Krieges war diese Korrespondenz unmöglich. Für diese
Zeit und für die religiösen und sozialen Probleme, die ich
berühre, halte ich mich an Aufzeichnungen, die ich für mich
gemacht habe.

II. DIE FAHRT

Lambarene, Anfang Juli 1913

Die Glocken hatten soeben den Karfreitagnachmittags-
gottesdienst in meinem Heimatdorfe Günsbach in den Vogesen
ausgeläutet. Da erschien der Zug an der Biegung des Wald-
randes. Die Reise nach Afrika begann. Es galt Abschied zu
nehmen. Wir standen auf der Plattform des letzten Wagens.
Ein letztes Mal tauchte die Kirchturmspitze zwischen den
Bäumen auf. Wann werden wir sie wiedersehen?

Als am folgenden Tag das Straßburger Münster in der Ferne
versank, meinten wir schon in der Fremde zu sein.

Am Ostersonntag hörten wir noch einmal die liebe Orgel
von St. Sulpice in Paris und das wundervolle Spiel von Freund
Widor. Um zwei Uhr glitt der Zug nach Bordeaux aus dem
unterirdischen Bahnhof des Quai d'Orsay heraus. Die Fahrt
war herrlich. Überall feiertäglich gekleidete Menschen. Der
Frühlingswind trug dem dahineilenden Zug den Glocken-
klang der aus der Ferne grüßenden Dorfkirchen nach. Dazu
leuchtender Sonnenschein. Ein traumhaft schöner Ostersonntag.

Die Kongodampfer fahren nicht nach Bordeaux selbst, sondern von Pauillac ab, das anderthalb Stunden Bahnfahrt meer-
wärts liegt. Ich sollte mein als Fracht vorausgeschicktes großes
Gepäck aus dem Zoll in Bordeaux lösen. Dieser aber war am
Ostermontag geschlossen. Am Dienstag morgen hätte die

Zeit zur Erledigung der Sache nicht gereicht, wenn ein Beamter, den unsere Not rührte, uns nicht der vorgeschriebenen Formalitäten enthoben hätte. So wurde es mir ermöglicht, in den Besitz meiner Kisten zu kommen.

In letzter Minute bringen uns zwei Automobile mit unseren Sachen an den See-Bahnhof, auf dem der Zug, der die Passagiere für den Kongo nach Pauillac an das Schiff fahren soll, unter Dampf liegt. Das Gefühl, mit dem wir uns nach all der Aufregung und nach Entlohnung aller hilfreichen Hände im Abteil niederlassen, läßt sich nicht beschreiben.

Trompetensignale. – Die mitfahrenden Kolonialsoldaten nehmen ihre Plätze ein. Wir gleiten ins Freie. Blauer Himmel; milde Luft; Wasser; blühender Ginster; weidende Kühe. Anderthalb Stunden später hält der Zug zwischen Ballen, Kisten und Fässern. Wir sind auf dem Quai, zehn Schritt vom Schiffe entfernt, das auf den trüben Wassern der Gironde leicht hin und her schaukelt. Es führt den Namen „Europe". Drängen, Schreien, Winken nach Gepäckträgern. Man schiebt und wird geschoben, bis man über den engen Steg an Bord gekommen ist und auf Angabe des Namens die Nummer der Kabine erfährt, die einen drei Wochen lang beherbergen soll. Die unsrige ist geräumig, liegt nach vorn und weit von den Maschinen weg, was ein großer Vorteil ist.

Kaum daß man Zeit hat, sich die Hände zu waschen, so läutet es zum Mittagessen. Wir bilden einen Tisch mit etlichen Offizieren, dem Schiffsarzt, einem Militärarzt, zwei Damen von Kolonialbeamten, die sich, nach einem Erholungsurlaub, zu ihren Männern zurückbegeben. Unsere Tischgenossen sind, wie wir alsbald erfahren, schon alle in Afrika oder in anderen Kolonien gewesen. Wir fühlen uns als arme Neulinge und Stubenhocker. Ich muß an die Hühner denken, die meine Mutter jeden Sommer von dem italienischen Geflügelhändler zu den alten hinzukaufte und die dann einige Tage verschüchtert unter dem übrigen Volk einhergingen. Was mir an den Gesichtern der Mitreisenden auffällt, ist ein gewisser Ausdruck von Energie und Entschlossenheit.

Da das Schiff noch viel Ladung einzunehmen hat, fahren wir erst am Nachmittage des folgenden Tages ab. Unter trübem Himmel zieht es langsam die Gironde hinunter. Während das Dunkel anbricht, stellen sich die langen Wogen ein, die anzeigen, daß wir auf dem Ozean angelangt sind. Um neun Uhr verschwinden die letzten Schimmer der Blinkfeuer.

Vom Golf von Biscaya erzählten sich die Passagiere viel Böses. Hätten wir ihn nur schon im Rücken, sagte man an allen Tischen. Wir sollten seine Tücke erfahren. Am zweiten Tage nach der Ausfahrt setzte der Sturm ein. Das Schiff bewegte sich wie ein großes Schaukelpferd über die Fluten dahin und wälzte sich mit Behagen nach beiden Seiten. Die Kongodampfer rollen bei hohem Seegang mehr als andere Ozeanschiffe. Um den Kongo bei jedem Wasserstande bis Matadi hinauffahren zu können, sind sie für ihre Größe verhältnismäßig sehr flach gebaut.

Als Neuling im Reisen auf dem Meer hatte ich vergessen, die beiden Kabinenkoffer gut mit Stricken zu befestigen. In der Nacht fingen sie an, hintereinander herzujagen. Auch die große Hutschachtel mit den Tropenhelmen beteiligte sich an dem Spiel, ohne zu bedenken, wie schlecht es ihr dabei ergehen könnte. Als ich die Koffer einfangen wollte, wäre mir fast ein Fuß zwischen ihnen und der Kabinenwand zerquetscht worden. Ich überließ sie also ihrem Schicksal und begnügte mich damit, mich auf dem Lager festzuhalten und zu zählen, wie viel Zeit zwischen den einzelnen Schwankungen des Schiffes und dem Aufeinanderprallen meiner Gegenstände verging. Zuletzt kam zu dem entsprechenden Gepolter aus anderen Kabinen noch das Klirren des in der Küche und dem Eßsaal in Bewegung gekommenen Geschirrs. Am Morgen unterwies mich der Steward, wie man Kabinenkoffer kunstgerecht festmacht.

Drei Tage dauerte das Unwetter mit unverminderter Heftigkeit an. An Stehen oder Sitzen in den Kabinen oder in den Sälen war nicht zu denken. Man wurde in allen Ecken umhergeworfen, und mehrere Personen trugen ernstliche Verletzungen davon. Am Sonntag gab es nur kalte Speisen, weil die Köche die Herde nicht mehr bedienen konnten. Erst in der Nähe von Teneriffa kam der Sturm zur Ruhe.

Auf den ersten Anblick dieser Insel hatte ich mich sehr gefreut, da er als herrlich gerühmt wird. Ich verschlief ihn und erwachte erst, als das Schiff in den Hafen einfuhr. Kaum hatte es die Anker fallen lassen, als es auch schon von beiden Seiten von Kohlenbunkern umgeben war, aus denen die Säcke mit der Nahrung für die Maschine emporgehißt und durch große Luken in den Schiffsraum entleert wurden.

Teneriffa liegt auf einer Anhöhe, die ziemlich steil zum Meere abfällt. Es trägt ganz den Charakter einer spanischen Stadt. Die Insel ist vorzüglich bebaut und liefert die Kartoffeln für die ganze Westküste Afrikas und Frühlingskartoffeln, Frühgemüse und süße Bananen für Europa.

Gegen drei Uhr lichteten wir den Anker. Ich stand auf dem Vorderteil und beobachtete, wie er sich langsam losriß und durch das durchsichtige Wasser heraufkam. Dabei bewunderte ich einen bläulichen Vogel, der elegant über der Flut schwebte. Ein Matrose belehrte mich, daß es ein fliegender Fisch sei. Als wir uns von der Küste nach Süden zu entfernten, stieg langsam der schneebedeckte Gipfel des höchsten Berges, den man im Hafen nicht sehen konnte, über der Insel empor und verschwamm in den Abendwolken, während wir auf mäßig bewegten Wellen dahinfuhren und das zauberhafte Blau des Wassers bewunderten.

Erst auf dieser Strecke der Fahrt machten die Insassen des Schiffes miteinander Bekanntschaft. Vertreten waren hauptsächlich Offiziere, Militärärzte und Zivilbeamte. Überrascht hat mich die geringe Zahl der Kaufleute.

Die Beamten wissen gewöhnlich nur den Ort, an dem sie landen werden. Wohin sie kommen, erfahren sie erst dort.

Zu unseren näheren Bekannten gehören ein Leutnant und ein Verwaltungsbeamter. Der letztere geht nach dem mittleren

Kongo und muß für zwei Jahre Frau und Kinder verlassen. Der Leutnant ist in derselben Lage und kommt wahrscheinlich nach Abescher hinauf. Er war schon in Tonkin, in Madagaskar, am Senegal, am Niger und am Kongo und interessiert sich für alle Verhältnisse der Kolonien. Sein Urteil über den Mohammedanismus, wie er sich unter den Negern ausbreitet, ist nicht günstig. Er sieht in ihm eine große Gefahr für die Zukunft Afrikas. „Der mohammedanische Neger", sagte er zu mir, „ist zu nichts mehr zu gebrauchen. Sie können ihm Eisenbahnen schaffen, Kanäle graben, Hunderttausende für die Bewässerung der von ihm zu bebauenden Ländereien ausgeben: nichts macht ihm Eindruck, da er grundsätzlich gegen alles Europäische, mag es noch so vorteilhaft und segensvoll sein, indifferent ist. Aber lassen Sie einen Marabut – einen islamitischen Reiseprediger – auf tänzelndem Pferd, mit grellem Mantel behangen, ins Dorf kommen, dann wird die Gesellschaft lebendig. Alle drängen sich an ihn heran und bringen ihm ihr Erspartes, um für schweres Geld Amulette gegen Krankheit, Verwundung im Kampfe, Schlangenbiß, böse Geister und böse Nachbarn zu erstehen. Wo die Negerbevölkerung islamitisch geworden ist, gibt es keinen Fortschritt, weder in kultureller noch in wirtschaftlicher Hinsicht. Als wir in Madagaskar die erste Eisenbahn bauten, standen die Eingeborenen tagelang um die Lokomotive herum, staunten sie an, jubelten, wenn sie Dampf ausstieß, und suchten sich gegenseitig zu erklären, wie das Ding laufen könne. In einer afrikanischen Stadt mit mohammedanischer Negerbevölkerung hatte man die Wasserkraft benutzt, um die elektrische Beleuchtung anzulegen. Man erwartete, daß die Einwohner von der Helligkeit überrascht würden. Am ersten Abend, an dem die Lampen brannten, blieben sie aber auf Verabredung alle in ihren Häusern und Hütten, um ihre Gleichgültigkeit gegen die Neuerung zu bezeigen."

Sehr wertvoll ist mir die Bekanntschaft eines Militärarztes, der schon zwölf Jahre Äquatorialafrika hinter sich hat und nun als Leiter des bakteriologischen Instituts nach Grand-

Bassam geht. Auf meine Bitten widmet er mir jeden Morgen zwei Stunden, spricht die gesamte Tropenmedizin mit mir durch und berichtet mir von seinen Versuchen und Erfahrungen. Er hält es für sehr notwendig, daß unabhängige Ärzte in möglichst großer Zahl sich der Eingeborenenbevölkerung widmen.

Am Tage nach der Abfahrt von Teneriffa erhielten die Truppen Befehl, außerhalb der gedeckten Räume ständig den Tropenhelm zu tragen. Die Maßregel kam mir merkwürdig vor, da es noch ziemlich frisch war, kaum wärmer als bei uns im Juni. An demselben Tage wurde ich aber von einem „alten Afrikaner" gestellt, als ich ohne Kopfbedeckung die untergehende Sonne genoß. „Von heute an", sagte er mir, „haben Sie, und wenn es auch noch gar nicht warm ist, die Sonne als Ihren schlimmsten Feind zu betrachten, ob sie aufgeht, in Mittagshöhe steht oder untergeht, ob der Himmel klar oder bedeckt ist. Worauf ihre Wirkung beruht, kann ich Ihnen nicht erklären. Aber Sie dürfen mir glauben, daß gefährliche Sonnenstiche vorkommen, noch ehe man in die Nähe des Äquators gelangt ist, und daß die scheinbar so milde Morgen- und Abendsonne noch heimtückischer ist als das in Mittagsglut strahlende Gestirn."

Als wir uns das erste Mal ganz in Weiß kleideten und den Tropenhelm aufsetzten, kam es uns seltsam vor. Wir hatten zwei Tage lang das Gefühl, in Verkleidung umherzulaufen.

In Dakar, dem großen Hafen der Senegalkolonie, betraten meine Frau und ich zum ersten Mal die afrikanische Erde, der wir unser Leben widmen wollen. Es war uns feierlich zumute.

Ich werde Dakar kein gutes Andenken bewahren, weil ich immer an die Tierquälerei denken muß, die dort geübt wird. Die Stadt liegt auf einem großen Abhang, und die Straßen sind zum Teil noch in sehr üblem Zustande. Das Los der armen, den Negern ausgelieferten Zugtiere ist schrecklich. Ich habe nirgends so abgetriebene Pferde und Maultiere gesehen wie hier. Als ich dazukam, wie zwei Neger auf einem schwer mit Holz beladenen Wagen, der in der neubeschotterten Straße steckengeblieben war, mit Schreien auf ihr armes Tier einschlugen, brachte ich es nicht über mich weiterzugehen, sondern zwang sie abzusteigen und zu schieben, bis wir zu dritt den Wagen frei hatten. Sie waren sehr verdutzt, aber gehorchten, ohne zu widersprechen. „Wenn Sie keine Mißhandlung der Tiere mitansehen können, gehen Sie nicht nach Afrika", sagte mir der Leutnant auf dem Rückweg; „Sie werden hier in diesem Punkt viel Schreckliches schauen."

In diesem Hafen haben wir Schwarze, größtenteils senegalesische Tirailleure mit Weib und Kind, an Bord genommen. Sie liegen auf dem Vorderdeck und kriechen am Abend bis über den Kopf in große Säcke, da sie unter freiem Himmel schlafen. Weiber und Kinder sind schwer mit Amuletten, die in Lederbeutelchen eingeschlossen werden, behangen. Sogar das Kind an der Mutterbrust ist davon nicht verschont.

Ich hatte mir das Gestade von Afrika öde vorgestellt und war überrascht, als wir auf dem Wege nach Konakri, der auf Dakar folgenden Station, an der Küste dahinfuhren, lauter herrlich grünen, von den Wellen bespülten Wald zu sehen. Mit dem Fernglas erblickte man auch die spitzen Zelte der Negerdörfer. Der Wasserstaub der Barre stieg wie ein Rauch davor auf. Dabei war das Meer ziemlich ruhig und die Küste erschien mir flach.

„Der Hai! Der Hai!" Ich stürze aus dem Schreibzimmer und bekomme ein schwarzes Dreieck gezeigt, das etwa fünfzig Meter vom Schiff aus dem Wasser hervorragt und sich in der Richtung des Schiffes bewegt. Es ist die Flosse des gefürchteten Ungeheuers. Wer sie einmal gesehen, vergißt sie nicht mehr und verwechselt sie mit nichts anderem. Die Häfen Westafrikas wimmeln von Haien. In Kotonou sah ich einen, von den Küchenabfällen gelockt, bis auf zehn Meter an das Schiff herankommen. Da die Beleuchtung gut und das Meer durchsichtig war, konnte ich den grau und gelb schimmernden Leib auf einige Augenblicke in seiner ganzen Länge erschauen und beobachten, wie sich das Tier halb auf den Rücken legte, um, was ihm zuträglich schien, in den bekanntlich unterwärts des Kopfes gelegenen Mund zu bekommen.

Trotz der Haie tauchen die Neger in allen diesen Häfen nach Geldstücken. Unglücksfälle kommen ziemlich selten vor, weil der Lärm, den sie dabei vollführen, sogar den Hyänen des Meeres auf die Nerven geht. In Tabou erstaunte ich, einen der tauchenden Neger schweigsam zu sehen, während die anderen nach weiteren Geldstücken schrien. Nachher merkte ich, daß es der Geschickteste unter ihnen war und stumm bleiben mußte, weil er den Mund als Geldbeutel benutzte und ihn vor Sou- und Groschenstücken fast nicht mehr zubrachte.

Von Konakri an behält der Dampfer den Strand fast stets in Sicht, Pfefferküste, Elfenbeinküste, Goldküste, Sklavenküste – –. Wenn der bewaldete Streif am Horizont von allen Greueln, die er mit angesehen, erzählen könnte! Hier landeten die Sklavenhändler und nahmen die lebendige Ware an Bord, um sie nach Amerika zu bringen. „Auch heute ist noch nicht alles in Ordnung", sagte mir der Angestellte eines großen Handelshauses, der sich zum dritten Male auf seinen Posten nach dem Kongo begibt. „Man bringt den Negern Schnaps und Krankheiten, die sie nicht kannten. Wiegt das, was wir ihnen an Gütern dafür geben, das Übel auf?"

Mehr als einmal mußte ich über dem Essen die Gäste an den verschiedenen Tischen betrachten. Alle haben schon in Afrika gewirkt. In welchem Sinne haben sie es getan? Welche Ideale hatten sie? Wie sind sie, die sich hier nett und freundlich geben, draußen auf ihrem Posten? Wie denken sie über ihre Verantwortlichkeit?....

In wenigen Tagen sind wir, die dreihundert Menschen, die zusammen von Bordeaux abfuhren, allesamt am Lande, am Senegal, am Niger, am Ogowe, am Kongo und seinen Nebenflüssen bis hinauf zum Tschadsee, um unsere Posten einzunehmen und auf ihnen zwei bis drei Jahre zu weilen. Was werden wir ausrichten? Wenn man aufzeichnete, was alle, die wir hier

zusammen auf dem Schiff sind, in dieser Zeit tun, was gäbe es
für ein Buch! Wären keine Seiten, die man rasch umblättern
müßte? ...

Und das Schiff trägt uns weiter. Grand-Bassam ... Kotonou
... Jedesmal ein herzliches Abschiednehmen auch zwischen
denen, die sich wenig gesprochen haben. „Gute Gesundheit!"
Das Wort wird lächelnd, aber immer wieder und wieder ausgesprochen und hat unter diesem Himmel einen ernsten Klang.
Wie werden die, denen man es zuruft, aussehen, wenn sie wieder an Bord steigen? Und werden es noch alle sein? ... Die
Winden und Krane schreien; die Boote tanzen auf den Wellen;
die roten Dächer der Hafenstadt grüßen grell aus dem Grün
heraus; die Wogen der Barre stäuben am Sand empor ... und
dahinter liegt das unermeßliche Land, in welchem jeder von
denen, die uns jetzt verlassen, ein Herr und Herrscher sein und
für seine Zukunft etwas bedeuten wird. „Gute Gesundheit!
Gute Gesundheit!" Es ist mir, als wäre dieses Abschiednehmen
zu unfeierlich für alles, was dahinter steht.

In Grand-Bassam, Tabou, Kotonou ist auch bei gutem
Wetter der Wellenschlag so stark, daß die Passagiere nicht über
das Fallreep in die Boote hinuntersteigen können, sondern zu
je vier in hölzernen Kästen, wie man sie auf Jahrmarktschau-
keln sieht, heruntergelassen werden müssen. Sache der den
Kran bedienenden Maschinisten ist es, den guten Augenblick
abzupassen, um den Behälter mit den vier Menschen auf den
Boden des auf- und niedertanzenden Bootes niederzulassen;
Sache der Neger im Boote ist es, diese gerade unter dem her-
niederkommenden Kasten zu halten. Unglücksfälle sind nicht
selten. Das Ausschiffen der Waren ist auch mit großen Schwierigkeiten verbunden und überhaupt nur bei ruhigem Wetter
möglich. Ich fange an zu verstehen, was es bedeutet, daß West-
afrika an guten Häfen so arm ist.

In Tabou nimmt das Schiff, wie es dies auf jeder Fahrt tut,
etwa fünfzig Neger als Lademannschaft an Bord. Sie begleiten
es bis an den Kongo und werden auf dem Rückweg wieder an
Land gesetzt. Sie sollen beim Ausladen in Libreville, Kap Lo-

pez und Matadi, wohin die Hauptfrachten des Schiffes bestimmt sind, behilflich sein.

Ihre Arbeit besorgen sie perfekt, fast besser als die Arbeiter in Pauillac, aber gegen die mitreisenden Farbigen betragen sie sich brutal. Sowie diese ihnen in die Quere kommen, setzt es Püffe und Schläge.

Mit der Hitze habe ich mich nicht übel abgefunden und merke nichts von der Schlaflosigkeit, unter der die meisten anderen Passagiere, leider auch meine Frau, zu leiden beginnen.

Wunderbar ist abends das Leuchten des vom Schiffe gepflügten Meeres. Der Schaum ist phosphoreszent, und lichtgebende Quallen steigen in ihm wie glühende Kugeln auf.

Seit Konakri sieht man fast jede Nacht den Wetterschein der über das Land niedergehenden Gewitter. Das Schiff ging durch etliche heftige, von Wirbelsturm begleitete Regengüsse hindurch; sie brachten aber keine Abkühlung. An den Tagen, wo Wolken am Himmel sind, macht sich die Hitze viel stärker bemerkbar als an den andern. Auch die Sonne soll dann, obwohl sie nicht direkt strahlt, viel gefährlicher sein als sonst.

Am Morgen des dreizehnten April, einem Sonntag, kamen wir nach Libreville. Hier wurden wir von dem amerikanischen Missionar Ford begrüßt. Er brachte uns als erste Gabe Afrikas Blumen und Früchte aus dem Missionsgarten. Dankbar nahmen wir seine Einladung, die Missionsstation zu besuchen, an. Sie heißt Baraka und liegt auf einem Hügel, drei Kilometer von Libreville entfernt, am Strande.

Als wir durch die Reihen der schönen Bambushäuschen der Neger zum Hügel hinanstiegen, ging gerade die Kapelle aus. Wir wurden vorgestellt und hatten einige Dutzend schwarzer Hände zu schütteln. Welch ein Unterschied zwischen diesen sauber gekleideten und sittsamen Menschen und den Schwarzen, die wir bisher in den Hafenstädten gesehen hatten! Es sind überhaupt nicht mehr dieselben Gesichter. Sie haben etwas Freies und Bescheidenes zugleich, das mich von dem Frechen, Unterwürfigen und Gequälten, das mir bisher aus so vielen Negeraugen entgegengeschaut, geradezu erlöste.

Von Libreville bis Kap Lopez sind es nur acht Stunden. Als wir am Montag früh, den vierzehnten April, den Hafen in Sicht bekamen überfiel mich eine Bangigkeit, die mich in den letzten acht Tagen schon öfters heimgesucht hatte. Der Zoll! Der Zoll! Am Tische wurden seit der zweiten Hälfte der Reise Schauergeschichten über Kolonialzoll zum besten gegeben. „Zehn Prozent des Wertes der Dinge, die Sie mitführen, werden Sie wohl entrichten müssen", sagte mir ein alter Afrikaner. „Und ob die Sachen neu oder alt sind, darauf wird nicht geschaut", setzte ein anderer hinzu.

Aber der Zollbeamte ging ziemlich gnädig mit uns um. Vielleicht stimmten ihn die ängstlichen Gesichter, mit denen wir ihm die Inhaltsangabe unserer siebenzig Kisten vorlegten, zur Milde. Erleichtert kehrten wir zum Schiff zurück, um zum letzten Mal darauf zu schlafen. Es war eine ungemütliche Nacht. Waren wurden ausgeladen und Kohlen eingenommen, bis die Neger an den Ladekranen vor Müdigkeit umfielen.

Am Dienstag früh wurden wir auf das Flußboot „Alembe" verladen. Damit es den Fluß bei jedem Wasserstande befahren könne, ist es sehr flach und breit gebaut. Die beiden Räder stehen nicht seitwärts heraus, sondern liegen nebeneinander im hinteren Schiffskörper, um vor den treibenden Baumstämmen gesichert zu sein. Der „Alembe" nimmt nur die Passagiere und ihr Reisegepäck an Bord, da er schon Fracht geladen hat. Die Kisten sollen in vierzehn Tagen mit dem anderen Flußdampfer kommen.

Um neun Uhr morgens setzen wir uns in Bewegung, um bei höchster Flut sicher über die Sandbänke vor der Mündung des Ogowe zu kommen. Einige Passagiere, die sich am Lande verspätet haben, werden im Stich gelassen; sie holen uns abends in einem Motorboote ein.

Wasser und Urwald...! Wer vermöchte diese Eindrücke wiederzugeben? Es ist uns, als ob wir träumten. Vorsintflutliche Landschaften, die wir als Phantasiezeichnungen irgendwo gesehen, werden lebendig. Man kann nicht unterscheiden, wo der Strom aufhört und das Land anfängt. Ein gewaltiges Filzwerk von Wurzeln, von Lianen überkleidet, baut sich in den Fluß hinein. Palmstauden, Palmbäume, dazwischen Laubhölzer mit grünendem Gezweig und mächtigen Blättern, vereinzelte hochragende Bäume, weite Felder übermannshoher Papyrusstauden mit großen fächerartigen Blättern, in dem üppigen Grün erstorbene Bäume, vermodert zum Himmel emporragend ... Aus jeder Lichtung blitzen Wasserspiegel entgegen; an jeder Biegung tun sich neue Flußarme auf. Ein Reiher fliegt schwerfällig auf und läßt sich auf einem erstorbenen Baume nieder; blaue Vögelchen schweben über dem Wasser; in der Höhe kreist ein Fischadlerpaar. Da, ein Irrtum ist unmöglich! Vom Palmbaum hängt's herunter und bewegt sich: zwei Affenschwänze! Nun werden auch die dazu gehörigen Besitzer sichtbar. Jetzt ist's wirklich Afrika.

So geht es fort, Stunde um Stunde. Jede Ecke, jede Biegung gleicht der anderen. Immer nur derselbe Wald, dasselbe gelbe Wasser. Die Monotonie steigert die Gewalt dieser Natur ins Ungemessene. Man schließt die Augen eine Stunde, und wenn man sie öffnet, erblickt man wieder genau, was vorher schon da war. Der Ogowe ist hier kein Fluß, sondern ein System von Strömen. Drei oder vier Arme schlingen sich durcheinander. Dazwischen fügen sich große und kleine Seen ein. Wie der schwarze Steuermann sich in diesem Wirrsal von Wasserläufen zurechtfindet, ist mir ein Rätsel. Die Speichen des großen Rades in den Händen lenkt er das Schiff ohne Karte aus dem großen Strom in den engen Kanal, aus diesem in den See, von hier zurück in einen großen Lauf ... und so fort. Er fährt die Strecke seit sechzehn Jahren und findet sich selbst bei Mondenschein zurecht.

Die Strömung ist im Unterlauf träge, nimmt aber nach oben bedeutend zu. Unsichtbare Sandbänke und unter dem Wasser treibende Baumstämme erheischen große Vorsicht bei der Fahrt.

Nach einer längeren Fahrt halten wir an einem kleinen Negerdorf. Am Ufer sind einige hundert Holzscheite, so etwa wie sie
die Bäcker brauchen, aufgespeichert. Wir legen an, um sie einzunehmen, da der Dampfer mit Holzfeuerung läuft. Eine
Planke wird ans Ufer geschoben; die Neger bilden eine Kette
und laden ein. An Bord steht einer mit einem Papier. Sobald
zehn Scheite herüber sind, singt ihm einer vom Brett in einer
schönen Kadenz zu: „Mach' einen Strich!"; beim hundertsten
Stück heißt es auf dieselbe Musik: „Mach' ein Kreuz!"

Der Preis beträgt vier bis fünf Franken für hundert Scheite.

Der Kapitän macht dem Dorfältesten Vorhaltungen, daß er
zu wenig Scheite bereitgehalten habe. Dieser entschuldigt sich
mit pathetischen Worten und Gesten. Zuletzt läuft die Ausein-
andersetzung darauf hinaus, daß er lieber in Schnaps als in
Geld bezahlt sein möchte, weil er meint, daß die Weißen diesen
billiger bekommen als die Schwarzen und er so besser bestehen
würde ... Jedes Liter Alkohol zahlt zwei Franken Eingangszoll in die Kolonie. Ich muß denselben Preis für den in der
Medizin zur Desinfektion gebrauchten absoluten Alkohol entrichten.

Weiter geht die Fahrt. Am Ufer verlassene und zerfallene
Hütten. „Als ich vor zwanzig Jahren ins Land kam", sagt ein
Kaufmann neben mir, „waren dies alles blühende Dörfer." –
„Warum sind sie es nicht mehr?" frage ich. Er zuckt die Ach-
seln und sagt leise: „Schnaps ..."

Nach Sonnenuntergang legen wir an einer Faktorei an. Es
werden dreitausend Scheite eingenommen, was etwa zwei
Stunden dauert. „Wenn wir bei Tage hier gehalten hätten",
sagt mir der Kaufmann, „würden jetzt alle Negerpassagiere
(wir haben ihrer etwa sechzig) aussteigen und Schnaps kaufen.
Das meiste Geld, das durch den Holzhandel ins Land kommt,
wird in Schnaps umgesetzt. Ich bin in den Kolonien der verschiedensten Völker herumgekommen. Der Schnaps ist der
Feind aller Kulturarbeit."

In die erhabenen Eindrücke der Natur mischt sich Schmerz
und Bangen. Mit dem Dunkel des ersten Abends am Ogowe

breiten sich die Schatten des Elends Afrikas über mir aus. Dazwischen singt die monotone Stimme: „Mach' einen Strich! ... Mach' ein Kreuz!" Und es wird mir gewisser als je, daß dieses Land helfende Menschen braucht, die sich nicht entmutigen lassen.

Im Mondenschein geht es weiter. Bald sieht man den Urwald nur wie einen dunklen Saum am Ufer stehn, bald streift das Schiff an der dunkeln, unerträgliche Hitze ausströmenden Wand entlang. Mild liegt das Licht des Nachtgestirns über dem Wasser. In der Ferne Wetterleuchten. Nach Mitternacht wird das Schiff in einer stillen Bucht verankert. Die Passagiere kriechen unter ihre Moskitonetze. Manche schlafen in den Kabinen, andere im Eßsaal auf den Polstern, die sich an der Wand entlang ziehen und unter denen die Postsäcke liegen.

Gegen fünf fängt die Maschine wieder an zu arbeiten. Der Wald wird noch großartiger als im Unterlauf. Wir haben über zweihundert Kilometer zurückgelegt. In der Ferne erscheint ein Hügel, darauf einige rote Dächer: die Missionsstation N'Gômô. Da während zwei Stunden Holzscheite eingenommen werden, haben wir Zeit, die Station und ihre Sägerei zu besichtigen.

Nach etwa fünf Stunden Fahrt kommen in der Ferne die sanften Höhen von Lambarene in Sicht. Der Dampfer läßt die Sirene ertönen, obwohl wir erst in einer halben Stunde ankommen werden. Aber die Bewohner der weit auseinanderliegenden Faktoreien müssen beizeiten benachrichtigt werden, damit sie sich in ihren Kanoes am Landungsplatz einfinden können, um die für sie bestimmten Frachtstücke in Empfang zu nehmen.

Von der Missionsstation Lambarene bis zur Haltestelle ist es mehr denn eine halbe Stunde Kahnfahrt. Als das Schiff anlegte, konnte daher niemand zur Stelle sein, um uns zu begrüßen. Aber während des Ausladens – die Sonne brannte heiß, es war gegen vier Uhr – sehe ich plötzlich ein langes, schmales Kanoe, von lustig singenden Knaben gerudert, um das Schiff herumschießen, und zwar so schnell, daß der darin sitzende Weiße nur gerade noch Zeit hat, sich nach hinten zu werfen, um nicht mit dem Kopf an das Haltetau des Dampfers zu schlagen. Es ist Missionar Christol mit der Unterstufe der Knabenschule; dahinter kommt ein Boot mit Missionar Ellenberger, von der Oberstufe gerudert. Die Knaben waren miteinander um die Wette gefahren und die Kleinen hatten gesiegt, wohl weil ihnen das leichtere Boot zugestanden worden war. Sie dürfen die Doktorsleute fahren; die andern laden das Gepäck auf. Welch herrliche Kindergesichter! Gravitätisch spaziert ein Knirps mit meinem schweren Gewehr einher.

Bei der Fahrt im Kanoe war uns anfänglich etwas unbehaglich zumute. Da diese Boote nur aus einem ausgehöhlten Baumstamm bestehen und sehr flach und schmal gebaut sind, kommen sie bei der geringsten Bewegung aus dem Gleichgewicht. Die Ruderer sitzen nicht, sondern stehen, was der Stabilität des Bootes auch nicht zuträglich ist. Mit einer langen, schmalen, frei in der Hand geführten Schaufel, der Paddel, schlagen sie das Wasser und singen dazu, um im Takt zu bleiben. Die ungeschickte Bewegung eines einzigen Ruderers kann das Kanoe zum Umschlagen bringen.

Nach einer halben Stunde haben wir die Ängstlichkeit überwunden und genießen die herrliche Fahrt. Die Knaben fahren mit dem seinen Weg stromaufwärts fortsetzenden Dampfer um die Wette und rennen in ihrem Eifer beinahe ein Kanoe mit drei alten Negerweiblein um.

Vom Hauptstrom geht es nach einer halben Stunde, immer unter fröhlichem Gesang, in einen Nebenarm. Einige weiße Punkte auf der von der sinkenden Sonne umfluteten Anhöhe: die Häuser der Station. Je näher wir kommen, desto lauter wird der Gesang. Nun wird der von einem Gewitterwind bewegte Fluß überquert, das Boot gleitet in die kleine Bucht.

Zunächst heißt es, eine Reihe schwarzer Hände drücken. Dies sind wir nun schon gewohnt. Dann werden wir von Frau Missionar Christol, der Lehrerin Fräulein Humbert und dem Handwerkermissionar Herrn Kast den Hügel hinauf zu unserem Häuschen geleitet, das die Kinder in aller Eile mit Blumen und Palmzweigen geschmückt hatten. Ganz aus Holz gebaut, ruht es auf etwa vierzig eisernen Pfählen, die einen halben Meter aus dem Boden stehen. Eine Veranda läuft um die vier Zimmerchen herum. Die Aussicht ist entzückend: unten der Flußarm, der sich an einzelnen Stellen zu einem See ausdehnt; ringsum Wald; in der Ferne wird ein Streifen des Hauptstromes sichtbar; dahinter liegen blaue Berge.

Kaum daß wir Zeit haben, das Notwendigste auszupacken, ist die Nacht, die hier gleich nach sechs Uhr beginnt, hereingebrochen. Die Glocke ruft die Kinder zur Abendandacht in den Schulsaal. Ein Heer von Grillen fängt an zu zirpen und begleitet den Choral, der zu uns herüber dringt. Ich sitze auf einem Koffer und höre ergriffen zu. Da kriecht ein häßlicher Schatten an der Wand herunter. Ich schaue erschreckt auf und erblicke eine mächtige Spinne. Sie ist viel größer als die stattlichste, die ich je in Europa gesehen. Eine bewegte Jagd, und sie ist erschlagen.

Nach dem Abendessen bei Christols erscheinen die Schulkinder vor der mit etlichen Lampions geschmückten Veranda und singen zweistimmig, nach der Melodie eines schweizerischen Volksliedes, einige von Missionar Ellenberger auf die Ankunft des Doktors gedichtete Verse. Wir werden mit Laternen auf dem Pfad, der sich den Hügel entlangzieht, nach Hause geleitet. Aber ehe an Ruhe zu denken ist, muß noch ein Kampf mit Spinnen und großen fliegenden Schaben (Kakerlaken), die das lange unbewohnte Haus als ihr Eigentum betrachten, bestanden werden.

Um sechs Uhr morgens läutet die Glocke. Der Choral der Kinder in der Schule ertönt. Nun beginnt die neue Tätigkeit in der neuen Heimat.

III. ERSTE EINDRÜCKE UND ERLEBNISSE

Lambarene, Ende Juli 1913

Auf der Missionsstation war bekanntgegeben worden, daß man den Doktor außer in dringenden Fällen erst drei Wochen nach seiner Ankunft besuchen sollte, damit er Zeit hätte, sich einzurichten. Natürlich wurde das Gebot nicht beachtet. Zu jeder Tageszeit erschienen Kranke vor meinem Haus. Das Praktizieren war schwer, da ich immer auf einen zufällig des Weges kommenden Dolmetscher angewiesen war und überdies nur die wenigen Medikamente, Instrumente und Verbandstoffe besaß, die ich in meinem Reisegepäck mitgeführt hatte.

Ein Jahr vor meiner Ankunft hatte sich ein schwarzer Lehrer der Missionsschule in Samkita, N'Zeng mit Namen, als Übersetzer und Heilgehilfe des Doktors angeboten, und ich hatte ihm sagen lassen, er solle sogleich nach meinem Eintreffen nach Lambarene kommen. Er kam aber nicht, weil er in seinem Heimatdorfe, über hundert Kilometer von hier, noch ein Palaver in einer Erbschaftssache zu erledigen hatte. Nun mußte ich ihm ein Kanoe schicken und ihn auffordern, möglichst schnell einzutreffen. Er sagte zu; aber eine Woche nach der anderen verging, ohne daß er kam. Lächelnd schaute mich Missionar Ellenberger an. „Doktor", sagte er, „Ihre Lehrzeit in Afrika beginnt. Zum ersten Mal erleben Sie, was Sie dann jeden Tag als eine endlose Prüfung hinnehmen müssen: die Unzuverlässigkeit der Schwarzen."

In der Nacht vom sechsundzwanzigsten auf den siebenundzwanzigsten April hörten wir die Sirene des Flußdampfers. Unsere Kisten wurden auf der katholischen Mission, die am Hauptstrome liegt, abgeladen. Der Kapitän des Dampfers weigerte sich, aus Angst vor dem ihm unbekannten Fahrwasser des Nebenarmes, zu uns herüberzufahren. Herr Champel und Herr Pelot, die Handwerkermissionare von N'Gômô, waren

nach Lambarene gekommen, um uns mit zehn ihrer Neger-
arbeiter bei dem Transport unserer Sachen behilflich zu sein.
Große Sorge hatte ich mir um den Transport meines eigens
für die Tropen gebauten, mit Orgelpedal versehenen Klaviers
gemacht, das mir die Gesellschaft der Bachkonzerte in Paris
als ihrem langjährigen Organisten geschenkt hatte, damit ich
für die Zukunft gut in Übung bliebe. Es erschien mir unmöglich, dieses Klavier in seiner schweren, mit Zink ausgeschlage-
nen Kiste in einem ausgehöhlten Baumstamm – andere Boote
gibt es hier nicht – zu transportieren. Eine Faktorei besaß aber
ein solches aus einem gewaltigen Baumstamm gehauenes
Kanoe, das an die drei Tonnen tragen konnte. Sie lieh es mir.
Man hätte darauf fünf Klaviere transportieren können!

So brachten wir in heißer Arbeit die siebenzig Kisten über
den Strom nach der Station. Nun galt es, sie vom Ufer auf den
Hügel hinaufzuschaffen. Was auf der Station gesunde Gliedmaßen hatte, griff mit an. Mit Eifer taten sich die Schulkinder
hervor. Es war lustig anzuschauen, wie eine Kiste plötzlich ungezählte schwarze Beine unter sich bekam, während ihr gleichzeitig zwei Reihen Wollschädel seitwärts herauswuchsen, worauf sie mit Lärm und Geschrei den Hügel hinaufkroch. Nach
drei Tagen war alles oben, und die Helfer von N'Gômô konnten sich wieder nach Hause begeben. Wir wußten nicht, wie
ihnen für diese Güte zu danken. Ohne sie hätten wir den Transport nicht bewältigen können.

Das Auspacken war unerquicklich. Wir hatten Mühe, die
Sachen unterzubringen. Man hatte sich vorgenommen, mir eine
Wellblechbaracke als Spital zu bauen. Aber nicht einmal ihr
Gebälk konnte fertiggestellt werden, weil die Missionsstation
keine Arbeiter fand. Der Holzhandel geht seit einigen Monaten
sehr gut, und die Kaufleute zahlen den Arbeitern Löhne, mit
denen die Mission nicht konkurrieren kann. Damit ich wenigstens die notwendigsten Medikamente aufstellen konnte,
brachte mir Herr Kast, der Handwerkermissionar, Schäfte in
meinem Wohnzimmer an, für die er das Holz selber zurecht-
geschnitten und gehobelt hatte. Man muß Afrika kennen, um

zu ermessen, was ein Schaft an der Wand für einen Reichtum bedeutet.

Daß ich keinen Raum zum Untersuchen und Behandeln der Kranken hatte, bedrückte mich sehr. In meine Stube durfte ich, der Gefahr der Infektion wegen, die Patienten nicht nehmen. Man richtet sich, so belehrten mich die Missionare gleich von Anfang an, in Afrika so ein, daß die Schwarzen die Wohnräume der Weißen so wenig als möglich betreten. Das gehört zur Selbsterhaltung.

Ich behandelte und verband also im Freien vor dem Hause. Wenn aber das abendliche Gewitter einsetzte, mußte alles in Eile auf die Veranda zurückgetragen werden. Das Praktizieren in der Sonne war furchtbar ermüdend.

In der Not entschloß ich mich, den Raum, den mein Vorgänger im Hause, Missionar Morel, als Hühnerstall benutzt hatte, zum Spital zu erheben. Man brachte mir einige Schäfte an der Wand an, stellte eine alte Pritsche hinein und strich mit einer Kalklösung über den ärgsten Schmutz. Ich fühlte mich überglücklich. Zwar war es erdrückend schwül in dem kleinen, fensterlosen Raum, und den Tropenhelm mußte man des fehlerhaften Daches wegen den ganzen Tag aufbehalten. Aber beim Eintreten des Gewitters brauchte ich doch nicht alles zu bergen. Mit Wonne hörte ich den Regen zum ersten Mal auf das Dach herniederprasseln, und es kam mir als etwas Unbegreifliches vor, daß ich nun ruhig weiter verbinden durfte.

Zu derselben Zeit fand ich auch einen Dolmetscher und Gehilfen. Unter meinen Patienten war mir ein sehr intelligent aussehender und das Französische ausgezeichnet beherrschender Eingeborener aufgefallen. Er erzählte mir, daß er Koch sei, das Handwerk aber aufgeben müsse, weil es sich mit seiner Gesundheit nicht vertrüge. Ich bat ihn, aushilfsweise bei mir einzutreten, da wir keinen Koch finden konnten, und mir nebenbei als Dolmetscher und Heilgehilfe zu dienen. Er heißt Joseph und ist sehr anstellig. Daß er sich in der Anatomie aus alter Gewohnheit an die Küchensprache hält, ist nicht weiter verwunderlich. „Dieser Mann hat Weh im rechten Gigot." „Diese Frau hat Schmerzen in den oberen linken Koteletten und im Filet."

Ende Mai kam auch der zum voraus engagierte N'Zeng. Da er mir nicht zuverlässig erschien, behielt ich Joseph dennoch bei. Joseph ist ein Galoa, N'Zeng ein Pahouin.

Der Betrieb ist nun leidlich geregelt. Meine Frau hat die Instrumente unter sich und trifft die Vorbereitungen zu den chirurgischen Eingriffen, bei denen sie als Assistentin fungiert. Zugleich hat sie die Oberaufsicht über die Verbandstoffe und die Operationswäsche.

Die Konsultation beginnt gegen halb neun Uhr morgens. Die Kranken warten auf Bänken im Schatten meines Hauses vor dem Hühnerstall, in dem ich amtiere. Jeden Morgen trägt einer der Heilgehilfen die Hausordnung des Doktors vor. Sie lautet:

1. Es ist verboten, in der Nähe des Doktorhauses auf den Boden zu spucken.

2. Es ist den Wartenden untersagt, sich miteinander laut zu unterhalten.

3. Die Kranken und ihre Begleiter sollen für einen Tag Nahrung mitbringen, da nicht alle schon morgens behandelt werden können.

4. Wer ohne Erlaubnis des Doktors die Nacht auf dem Boden der Station verbringt, wird ohne Medikamente fortgeschickt. (Es kam nämlich nicht selten vor, daß von weit her gekommene Patienten nachts in den Schlafsaal der Schulknaben eindrangen, sie vor die Tür setzten und ihre Plätze einnahmen.)

5. Die Flaschen und die Blechschachteln, in denen man die Medikamente erhält, müssen wieder zurückgebracht werden.

6. Wenn das Schiff in der Mitte des Monats den Strom hinaufgefahren ist, soll man außer in dringenden Fällen den Doktor nicht aufsuchen, bis das Schiff wieder heruntergefahren ist, da er während jener Tage um die guten Medikamente nach

Europa schreibt. (Das Schiff der Mitte des Monats bringt die Post von Europa beim Herauffahren und nimmt später, auf dem Rückweg, die unsrige mit.)

Diese Gebote und Verbote werden auf galoanisch und pahouinisch sehr umständlich vorgetragen, so daß eine längere Aussprache daraus erwächst. Die Anwesenden begleiten jeden Absatz mit verständnisvollem Kopfnicken. Zum Schlusse kommt die Aufforderung, die Worte des Doktors in allen Dörfern am Flusse und an den Seen bekanntzumachen.

Um halb ein Uhr verkündet der Heilgehilfe: „Der Doktor will essen." Wieder verständnisvolles Kopfnicken. Die Patienten zerstreuen sich, um im Schatten ihre Bananen zu verzehren. Um zwei Uhr kommen sie wieder. Wenn die Dunkelheit um sechs Uhr einbricht, sind oft die letzten noch nicht erledigt und müssen auf den folgenden Tag vertröstet werden. An eine Behandlung bei Licht ist der Moskitos und der mit ihnen gegebenen Fiebergefahr wegen nicht zu denken.

Beim Weggang erhält jeder Kranke eine runde Scheibe aus Pappe, durch die ein Stück Bastschnur gezogen ist. Auf ihr ist die Nummer vermerkt, unter der sein Name, seine Krankheit und die Medikamente, die er erhalten hat, in meinem Krankenbuche verzeichnet sind. Kommt er wieder, so brauche ich dann nur die betreffende Seite aufzuschlagen, um über den Fall gleich orientiert und eines neuen zeitraubenden Ausfragens überhoben zu sein. In dem Buche ist auch aufgezeichnet, wieviel Flaschen, Blechschachteln und Verbandgegenstände der Patient mitbekam. Mit dieser Kontrolle ist es mir möglich, diese Gegenstände zurückzufordern und in etwa der Hälfte der Fälle auch zurückzubekommen. Was Flaschen und Blechdosen in der Wildnis für einen Wert haben, ermißt nur der, der in die Lage kam, im Urwald Medikamente zum Mitnehmen verpacken zu müssen.

Die Feuchtigkeit der Luft ist hier so groß, daß auch Medikamente, die in Europa in Papier eingewickelt sind oder in einer Pappschachtel verabreicht werden können, sich nur in einer verkorkten Flasche oder in einer gut schließenden Blechdose halten. Dies hatte ich nicht genug bedacht und bin deswegen so in Not, daß ich mich mit den Patienten um eine Blechschachtel, die sie behaupten vergessen oder verloren zu haben, zanken muß. Meine Freunde in Europa werden von mir mit jeder Post gebeten, Flaschen, Fläschchen, mit Kork verschlossene Glastuben und Blechbüchsen aller Größen im Bekanntenkreise für mich zu sammeln. Wie freue ich mich auf den Tag, wo ich an solchen Gegenständen genügend Vorrat haben werde.

Die runde Scheibe aus Pappe mit der Nummer tragen die meisten Kranken um den Hals neben dem durchlochten Blech, das anzeigt, daß sie der Regierung die fünf Franken Kopfsteuer für das laufende Jahr entrichtet haben. Es kommt selten vor, daß sie sie verlieren oder vergessen. Manche, besonders von den Pahouins, sehen sie wohl auch für eine Art Fetisch an.

Mein Name bei den Eingeborenen in der Galoasprache ist „Oganga", das heißt Fetischmann. Sie haben keine andere Bezeichnung für Arzt, weil die schwarzen Heilkünstler alle zugleich Fetischmänner sind. Meine Patienten nehmen als logisch an, daß der, der Krankheiten heilt, auch Macht besitze, sie hervorzurufen, und zwar auf Entfernung. Der Gedanke, für ein gutes und zugleich so gefährliches Wesen zu gelten, ist mir merkwürdig.

Daß die Krankheiten ihre natürliche Ursache haben, setzen meine Patienten nicht voraus. Sie führen sie auf böse Geister, auf Zauberei der Menschen und auf den „Wurm" zurück. Der Wurm ist für sie die Verkörperlichung des Schmerzes. Werden sie aufgefordert, über ihren Zustand zu berichten, so erzählen sie die Geschichte des Wurmes, wie er zuerst in den Beinen war, dann in den Kopf kam, von hier nach dem Herzen wanderte, aus diesem in die Lunge ging und sich zuletzt im Bauch festsetzte. Alle Medikamente sollen gegen ihn gerichtet sein. Habe ich mit Opiumtinktur das Grimmen gestillt, so kommt der Patient andern Tages freudestrahlend und verkündet, der Wurm wäre aus dem Leibe vertrieben, aber er säße jetzt im Kopf und fräße am Hirn und ich solle jetzt noch das Mittel gegen den Wurm im Kopfe geben.

Sehr viel Zeit verliere ich, ihnen begreiflich zu machen, wie sie das Medikament nehmen sollen. Immer und immer wieder wiederholt der Dolmetscher es ihnen; sie müssen es aufsagen; es wird auf die Flasche oder Schachtel geschrieben, damit es ihnen ein des Lesens Kundiger in ihrem Dorfe wiederholen kann: aber zuletzt bin ich doch nicht sicher, ob sie nicht die ganze Flasche in einem Male austrinken oder nicht die Salbe essen und das Pulver in die Haut einreiben.

Im Durchschnitt habe ich jeden Tag etwa dreißig bis vierzig Kranke zu behandeln.

Zu sehen bekomme ich hauptsächlich: Hautgeschwüre verschiedener Art, Malaria, Schlafkrankheit, Lepra, Elephantiasis, Herzkrankheiten, Knocheneiterungen und tropische Dysenterie.

Um dem Eiterfluß der Geschwüre Einhalt zu tun, streuen die Eingeborenen ein aus einer bestimmten Baumrinde hergestelltes Pulver auf die offene Stelle. Es entsteht dann ein erstarrender Teig, der den Ausfluß des Eiters hindert und die Sache nur noch schlimmer macht.

Bei der Aufzählung der hauptsächlich zur Behandlung kommenden Leiden sei die Krätze (Scabies) nicht vergessen. Sie schafft den Schwarzen sehr viel Not. Ich bekomme Patienten zu sehen, die seit Wochen nicht geschlafen haben, weil sie fortwährend vom Jucken gepeinigt werden. Manche haben sich den ganzen Körper wund gekratzt, so daß zur Krätze noch eiternde Geschwüre hinzutreten. Die Behandlung ist sehr einfach. Nachdem der Patient im Fluß gebadet hat, wird er, so lang er ist, mit einer Salbe angestrichen, die ich aus Schwefelpulver (Sulfur depuratum), rohem Palmöl, Ölresten aus Sardinenbüchsen und Schmierseife bereite. In einer Blechdose, in der sterilisierte Milch ankam, erhält er noch eine Portion mit, um sich zu Hause zweimal selber anzustreichen. Der Erfolg ist ausgezeichnet. Am zweiten Tag bereits läßt das Jucken nach. Meine Krätzsalbe hat mich in wenig Wochen weithin berühmt gemacht.

Die Eingeborenen haben sehr viel Vertrauen in die Medizin der Weißen. Dies rührt zum großen Teil daher, daß unsere

Missionare am Ogowe sie seit einem Menschenalter mit Aufopferung und zum Teil mit sehr guten Kenntnissen behandelt haben. Besonders zu nennen sind die im Jahre 1906 verstorbene Frau Missionar Lantz in Talagouga, eine Elsässerin, und Herr Missionar Robert in N'Gômô, ein Schweizer, der zurzeit schwer krank in Europa weilt.

Sehr erschwert wird mir die Tätigkeit dadurch, daß ich im Hühnerstall nur wenige Medikamente unterbringen kann. Fast für jeden Patienten muß ich über den Hof in mein Arbeitszimmer gehen, um dort das betreffende Mittel abzuwiegen oder zu bereiten, was sehr ermüdend und zeitraubend ist.

Wann wird die Blechbaracke für das Spital ernstlich in Angriff genommen werden können? Wird sie fertig werden, ehe die große Regenzeit im Herbst einsetzt? Was soll ich anfangen, wenn sie nicht fertig wird? In der heißen Zeit kann ich in dem Hühnerstall nicht arbeiten.

Sorge bereitet mir auch, daß ich fast keine Medikamente mehr habe. Die Klientel ist viel zahlreicher, als ich gedacht hatte. Mit der Junipost habe ich große Bestellungen gemacht. Sie können aber erst in drei oder vier Monaten ankommen. Chinin, Antipyrin, Bromkalium, Salol und Dermatol sind bis auf wenige Gramm aufgebraucht.

Aber was bedeuten alle diese vorübergehenden Widerwärtigkeiten im Vergleich zu der Freude: hier wirken und helfen zu dürfen! Mögen die Mittel noch so beschränkt sein: was man damit ausrichten kann, ist viel. Schon allein die Freude der mit Geschwüren Behafteten zu sehen, wenn sie endlich einmal sauber verbunden sind und mit ihren wunden Füßen nicht immer im Schmutz laufen müssen, wäre es wert, daß man hier arbeitete! Ich möchte, daß meine Geber an den Montagen und Donnerstagen, die für das regelmäßige Verbinden der Geschwüre aus der Umgegend angesetzt sind, die frisch verbundenen Patienten, die den Hügel heruntersteigen oder heruntergetragen werden, sehen könnten oder daß sie die beredten Gesten zu verfolgen vermöchten, mit denen mir eine herzkranke alte Frau beschreibt, wie sie auf Digitalis wieder zu atmen und zu schla-

7 A. S.

fen vermocht habe, weil der „Wurm" vor dem Medikament sich ganz unten in die Füße verkrochen hätte!

Überschaue ich die zweieinhalb Monate meines bisherigen Wirkens, so kann ich nur sagen, daß ein Arzt sehr, sehr notwendig ist, daß die Eingeborenen auf weithin im Umkreis seine Hilfe in Anspruch nehmen und daß er mit verhältnismäßig kleinen Mitteln unverhältnismäßig viel auszurichten vermag.

Die Not ist groß. „Bei uns ist jedermann krank", sagte mir dieser Tage ein junger Mann. „Dies Land frißt seine Menschen", bemerkte ein alter Häuptling . . .

IV. JULI 1913 BIS JANUAR 1914

Lambarene, Februar 1914

Die Missionsstation Lambarene ist auf drei Hügeln gebaut. Der am weitesten stromaufwärts gelegene trägt auf seinem Gipfel die Gebäulichkeiten der Knabenschule und auf seinem dem Flusse zugekehrten Hange das Magazin der Mission und das größte der Missionarshäuser. Auf dem mittleren Hügel steht das Häuschen des Doktors, auf dem stromabwärts gelegenen sind die Mädchenschule und das andere Missionshaus erbaut. Zwanzig Meter jenseits der Häuser zieht sich der Urwald hin. Wir leben also zwischen Wasser und Urwald auf drei Hügeln, die jedes Jahr aufs neue gegen die Wildnis, die ihr Eigentum zurückhaben will, verteidigt werden müssen. Um die Häuser herum sind die Kaffeesträucher, Kakao-, Zitronen-, Orangen-, Mandarinen- und Mangobäume, Ölpalmen und Papayabäume gepflanzt. Der Ort heißt bei den Negern von altersher Andende. Wie danken wir es den ersten Missionaren, daß sie mit so vieler Mühe Bäume großgezogen haben!

Die Missionsstation ist etwa sechshundert Meter lang und hundert bis zweihundert Meter tief. Beim abendlichen und beim sonntäglichen Spaziergang durchmißt man sie mehrmals nach allen Richtungen. Zu Spaziergängen auf den Urwaldpfaden, die zu den nächsten Dörfern führen, entschließt man sich schwer, weil die Hitze auf ihnen unerträglich ist. Als eine dreißig Meter hohe, undurchdringliche Mauer ragt der Urwald zu beiden Seiten des schmalen Weges empor. Kein Lüftchen bewegt sich. In der trockenen Jahreszeit ergeht man sich auf den dann trocken liegenden Sandbänken des Flusses und genießt die leichte Brise, die den Strom heraufzieht.

Bewegung und Luft fehlen einem in Lambarene in gleicher Weise. Man lebt wie in einem Gefängnis. Könnten wir eine Ecke des Urwaldes, der die Station stromabwärts einschließt, umhauen, so käme etwas von der Brise im Flußtale zu uns. Aber wir haben weder die Geldmittel noch die Leute, um so gegen den Urwald vorzugehen.

Für die Gebäulichkeiten des Spitals war ursprünglich der Höhenrücken, auf welchem die Knabenschule steht, in Aussicht genommen. Da mir der Platz aber zu abgelegen und zu klein ist, hatte ich mit den Missionaren der Station ausgemacht, daß mir ein Platz am Fuße des von mir bewohnten Hügels gegen den Fluß zu zugestanden würde. Dieser Beschluß mußte von der Konferenz der Missionare, die auf Ende Juli nach Samkita einberufen war, bestätigt werden. Ich fuhr also mit Herrn Ellenberger und Herrn Christol dorthin, um meine Sache zu vertreten. Es war meine erste längere Reise im Kanoe.

An einem nebligen Morgen, zwei Stunden vor Tag, fuhren wir ab. Im vorderen Teile saßen die zwei Missionare und ich hintereinander auf Liegestühlen. Der mittlere Raum wurde von unseren Blechkoffern, den zusammengelegten Feldbetten, den Schlafmatten und dem aus Bananen bestehenden Reiseproviant der Schwarzen eingenommen. Hinten standen die zwölf Ruderer in zwei Reihen zu sechsen hintereinander. Sie sangen, wohin die Reise ginge und wer an Bord sei. Zugleich flochten

7*

sie klagende Bemerkungen ein, daß sie so früh an die Arbeit müßten und einen so schweren Tag vor sich hätten.

Für die sechzig Kilometer stromaufwärts bis Samkita rechnet man gewöhnlich zehn bis zwölf Stunden. Da das Boot sehr schwer beladen war, mußten noch einige darüber hinaus in Anschlag gebracht werden.

Als wir aus dem Flußarm in den großen Strom kamen, wurde es Tag. Um die mächtigen Sandbänke herum, etwa dreihundert Meter vor uns, sah ich einige schwarze Striche sich im Wasser bewegen. Gleichzeitig verstummte der Gesang der Ruderer wie auf Kommando. Es waren Nilpferde, die ihr Morgenbad nahmen. Die Eingeborenen fürchten sie sehr und fahren in weitem Bogen um sie herum, da sie in ihrer Laune unberechenbar sind und schon manches Boot zertrümmert haben.

Ein früher in Lambarene stationierter Missionar pflegte sich über die Ängstlichkeit seiner Ruderer lustig zu machen und sie anzutreiben, näher an die Nilpferde heranzufahren. Als er einmal gerade wieder im Begriffe war, sie auszulachen, wurde das Boot von einem plötzlich auftauchenden Nilpferd in die Höhe geworfen, und er vermochte sich mit seiner Mannschaft nur mit Mühe zu retten. Sein ganzes Gepäck ging verloren. Das Loch, das das Tier in den dicken Boden des Bootes gestoßen hatte, ließ er umsägen und bewahrt es zum Andenken auf. Diese Geschichte, die sich vor einigen Jahren zutrug, wird jedem Weißen erzählt, der seine Ruderer ersucht, näher an die Nilpferde heranzufahren.

Die Eingeborenen halten sich immer ganz nahe am Ufer, weil hier die Strömung geringer ist; streckenweise trifft man sogar eine talaufwärts gehende Gegenströmung. Man kriecht also am Ufer entlang, möglichst im Schatten der überhängenden Bäume.

Das Kanoe hat kein Steuer. Der am hinteren Ende des Bootes stehende Ruderer regiert es im Einvernehmen mit dem vorne befindlichen, der nach Untiefen, Klippen und Baumstämmen Ausschau hält.

Das Unangenehmste bei diesen Fahrten sind Licht und Hitze, die vom Wasser zurückgeworfen werden. Man hat das Gefühl, aus dem flimmernden Spiegel mit feurigen Pfeilen beschossen zu werden.

Für den Durst hatten wir herrliche Ananas mit, drei für jeden.

Mit der Sonne waren die Tse-Tse-Fliegen aufgetaucht. Sie fliegen nur untertags. Mit ihnen verglichen sind die schlimmsten Moskitos harmlose Geschöpfe. Die Tse-Tse ist etwa anderthalbmal so groß wie unsere gewöhnliche Stubenfliege, der sie äußerlich gleicht, nur daß ihre Flügel nicht parallel zueinander liegen, sondern sich decken, wie die zwei Klingen einer Schere.

Um sich Blut zu verschaffen, sticht die Tse-Tse durch die dicksten Tuche. Dabei ist sie äußerst vorsichtig und schlau und weicht der schlagenden Hand geschickt aus. Sowie sie fühlt, daß der Körper, auf dem sie sich niedergelassen hat, eine auch noch so kleine Bewegung ausführt, fliegt sie auf und verbirgt sich an der Wand des Bootes.

Der Flug ist lautlos. Nur mit kleinen Besen kann man sich ihrer einigermaßen erwehren. Vorsichtig wie sie ist, vermeidet sie es, sich auf einen hellen Grund, auf dem sie gut sichtbar würde, niederzulassen. Darum sind weiße Kleider der beste Schutz gegen sie.

Auf unserer Fahrt fand ich diese Regel voll bestätigt. Zwei von uns trugen Weiß, der andere Gelb. Die zwei hatten fast keine Tse-Tse auf sich; der andere wurde dauernd belästigt. Am meisten hatten die Schwarzen zu leiden.

Bekanntlich gehört die Glossina palpalis, die Verbreiterin der Schlafkrankheit, zu den Tse-Tse.

Um zwölf Uhr wurde in einem Negerdorf haltgemacht. Während wir unser Mitgenommenes verzehrten, brieten die Ruderer ihre Bananen. Ich hätte ihnen für ihre angestrengte Arbeit eine kräftigere Kost gewünscht.

Erst spät in der Nacht kamen wir an.

Der Eindruck, den ich von der eine Woche tagenden Konferenz empfing, war ein sehr starker. Es war ein erhebendes

Gefühl für mich, mit Männern zusammen zu sein, die seit Jahren auf so vieles verzichtet hatten, um sich den Eingeborenen zu widmen. Ich genoß die wohltuende, herzerfrischende Atmosphäre.

Mein Vorschlag fand freundliche Aufnahme. An der von mir in Aussicht genommenen Stelle sollen die Wellblechbaracke und die andern Spitalbauten aufgeführt werden. Die Mission gibt etwa zweitausend Franken zu dem Bau.

Bei der Heimfahrt kreuzten wir zweimal den Fluß, um Nilpferden auszuweichen. Eines tauchte fünfzig Meter von uns entfernt auf.

Erst bei Einbruch der Dunkelheit gelangten wir an die Einfahrt in den kleinen Flußarm. Eine Stunde lang mußten wir den Weg zwischen Sandbänken suchen, wobei die Ruderer streckenweise ausstiegen und das Boot schleiften.

Endlich freies Wasser. Der Gesang steigert sich zum Gebrüll und macht in der Ferne Lichter lebendig, die sich im Zickzack nach unten bewegen und dort nebeneinander haltmachen. Es sind die Damen von Lambarene, die den Heimkehrenden mit Laternen an den Landungsplatz entgegenkommen.

Das Boot saust durch die Wellen und fährt dann mit einem Ruck das Gestade hinauf. Triumphgeheul der Ruderer! Ungezählte schwarze Hände strecken sich nach Kisten, Betten, Koffern und dem von Samkita mitgebrachten Gemüse aus. Dies zu Herrn Christol! Dies zu Herrn Ellenberger! Dies zum Doktor! Faßt's zu zweit, es ist zu schwer für einen! Nicht hinwerfen! Achtung auf das Gewehr! Halt, nicht hierher, dorthin!

Endlich ist die ganze Ladung richtig nach den verschiedenen Häusern dirigiert, und wir steigen froh den Hügel hinauf.

Zuerst galt es jetzt, den Bauplatz für das Spital einzuebnen und einige Kubikmeter Erde abzutragen. Mit Mühe und Not gelang es der Mission, dafür fünf Arbeiter zu gewinnen, die an Faulheit Großartiges leisteten. Zuletzt riß mir die Geduld. Ein mir bekannter Holzhändler, Herr Rapp, war mit einer Karawane zur Erkundung der umliegenden Wälder, in denen er

Konzessionen erwerben will, eingetroffen und rastete in der katholischen Mission, um seine Korrespondenz zu erledigen. Auf meine Bitten stellte er mir acht seiner stämmigen Träger zur Verfügung. Ich versprach ihnen schöne Belohnung und griff selber zur Schaufel, während der schwarze Aufseher der Karawane sich im Schatten eines Baumes niederließ und zuweilen ermunternde Rufe an uns richtete.

Als zwei Tage mit Eifer gearbeitet worden war, hatten wir den Erdhaufen abgetragen und den Platz geebnet. Die Arbeiter zogen mit ihrem Lohn ab. Leider setzten sie ihn, trotz meiner Vermahnung, unterwegs auf einer Faktorei ganz in Schnaps um, kamen erst in der Nacht total betrunken nach Hause und waren am anderen Tage zu nichts zu gebrauchen.

Nun kann mit dem Bau des Spitals begonnen werden.

Joseph und ich besorgen die Arbeit jetzt allein. N'Zeng ist im August auf Urlaub in sein Dorf gefahren und, da er nicht zur bestimmten Zeit zurückkehrte, abgesetzt worden. Joseph bekommt siebenzig Franken monatlich; als Koch in Kap Lopez hatte er hundertundzwanzig. Es fällt ihm schwer, sich dareinzufinden, daß die intellektuellen Berufe weniger gut bezahlt sind als die anderen.

Die Zahl der Herzkranken überrascht mich immer mehr. Sie ihrerseits sind erstaunt, daß ich ihre ganzen Leiden kenne, wenn ich sie mit dem Hörrohr behorcht habe. „Jetzt glaube ich, daß dies ein rechter Doktor ist!" rief letzthin eine herzkranke Frau Joseph zu. „Er weiß, daß ich nachts oft nicht atmen kann und vielmals geschwollene Füße habe, und ich habe ihm nichts davon gesagt, und er hat nicht einmal meine Füße angeschaut."

Bei mir selber muß ich denken, daß es doch etwas Herrliches um die Herzmittel der modernen Medizin ist.

Ich gebe Digitalis in alltäglichen Dosen von ein Zehntel Milligramm Digitalin durch Wochen und Monate hindurch und bin von den Erfolgen dieser Methode sehr befriedigt.

Freilich sind Herzkranke hier leichter zu behandeln als in Europa. Wenn ihnen auf Wochen hinaus Ruhe verordnet wird, so brauchen sie nicht einzuwenden, daß ihnen Verdienst und Stellung entgehen, sondern sie „setzen sich in ihrem Dorfe". Die Familie in weitestem Sinne erhält sie.

Geisteskranke gibt es hier relativ viel weniger als in Europa. Jedoch habe ich ihrer schon ein halbes Dutzend zu sehen bekommen. Sie sind eine große Sorge für mich, da ich nicht weiß, wo ich sie unterbringen soll. Behalte ich sie auf der Station, so lärmen sie die Nacht hindurch, und ich muß immer wieder aufstehen, um sie durch Einspritzungen unter die Haut zu beruhigen. Ich denke an einige schlimme Nächte zurück, die mich auf längere Zeit hinaus ermüdeten.

Während der trockenen Jahreszeit ist eine Lösung der Frage möglich. Ich lasse die Geisteskranken mit ihrer Begleitung auf einer etwa sechshundert Meter entfernten Sandbank kampieren.

Das Los dieser Armen ist hier schrecklich. Die Eingeborenen wissen sich ihrer nicht zu erwehren. Ein Einsperren gibt es nicht, da sie aus einer Bambushütte allzeit ausbrechen können. Darum werden sie mit Bastseilen gefesselt, was die Erregung nur noch steigert. Der Endausgang ist wohl immer der, daß man sich ihrer auf die eine oder die andere Weise entledigt.

Ein Missionar aus Samkita erzählte mir, daß er vor zwei Jahren eines Sonntags von seinem Hause aus in einem benachbarten Dorfe großes Geschrei gehört habe. Ein Eingeborener, dem er begegnete, sagte ihm, es geschehe nichts weiter, als daß einigen Kindern die Sandflöhe aus den Füßen herausgebohrt würden; er möge nur wieder ruhig nach Hause zurückkehren. Er tat es, erfuhr aber am anderen Tage, daß man einen Geisteskranken an Händen und Füßen gefesselt ins Wasser geworfen habe.

Meine erste Begegnung mit einem schwarzen Geisteskranken geschah nachts. Man hatte mich gerufen und zu einem Palmbaum geführt, an den eine ältere Frau gefesselt war. Vor ihr um ein Feuer herum saß die ganze Familie. Dahinter stand die dunkle Wand des Urwalds. Es war eine wundervolle afrikanische Nacht. Flimmernder Sternenhimmel beleuchtete die Szene. Ich befahl, die Bande zu lösen, was die Umstehenden nur ängstlich und zögernd taten. Kaum war die Frau frei, so sprang sie auf mich los, um meine Laterne zu ergreifen und fortzuwerfen. Die Eingeborenen flohen unter Geschrei nach allen Seiten und wagten auch nicht näherzutreten, als die Frau, von mir an der Hand gehalten, sich auf mein Zureden ruhig zu Boden ließ, den Arm zu einer Einspritzung von Morphium und Skopolamin bot und mir nachher in eine Hütte folgte, wo sie nach einiger Zeit ruhig einschlief.

Es handelte sich um einen Fall periodisch wiederkehrender manischer Erregung. Nach vierzehn Tagen war sie für diesmal geheilt. Daraufhin verbreitete sich das Gerücht, der Doktor sei ein großer Zauberer und könne alle Geisteskranken heilen.

Leider mußte ich kurz darauf erfahren, daß es hier manische Erregungen gibt, bei denen unsere Mittel fast nichts ausrichten. Auch hier wurde der Kranke, ein älterer Mann, gefesselt gebracht. Die Bande hatten ihm tief ins Fleisch geschnitten; Hände und Füße waren mit Blut und Geschwüren bedeckt. Ich war erstaunt, mit den stärksten Dosen Morphium, Skopolamin, Chloralhydrat und Bromkalium so wenig zu erreichen. Schon am zweiten Tage sagte mir Joseph: „Doktor, glaub' mir, der ist verrückt, weil er vergiftet worden ist. Mit dem ist nichts zu machen. Er wird immer schwächer und wilder werden und zuletzt sterben." Er behielt recht. Nach vierzehn Tagen war der Mann tot. Von einem Pater der katholischen Mission erfuhr ich, daß er seinerzeit Frauen geraubt habe und deshalb mit Gift verfolgt worden sei.

Einen ähnlichen Fall konnte ich von seinem Beginn an verfolgen. An einem Sonntagabend brachte ein Boot eine Frau, die sich in Krämpfen wand. Zunächst glaubte ich, es liege einfach Hysterie vor. Schon am anderen Tage aber trat manische Erregung zu den Krämpfen hinzu. In der Nacht fing die Frau an zu toben und zu schreien. Auch hier richteten die Beruhigungsmittel fast nichts aus; die Kräfte schwanden rasch. Unter den Eingeborenen wird Vergiftung angenommen. Ob dies zutrifft, vermag ich nicht zu entscheiden.

Daß hier viel mit Giften gearbeitet wird, muß nach allem, was ich höre, wohl richtig sein. Weiter südlich ist das noch viel mehr der Fall. Die zwischen dem Ogowe und dem Kongo wohnenden Stämme sind dafür berüchtigt. Freilich werden auch viele plötzliche und unerklärliche Todesfälle von den Eingeborenen zu Unrecht als Vergiftungen angesehen.

Jedenfalls muß es hier Pflanzensäfte geben, die eine eigentümlich erregende Wirkung besitzen. Von glaubwürdiger Seite wurde mir versichert, daß Eingeborene nach Genuß gewisser Blätter und Wurzeln einen ganzen Tag lang angestrengt zu rudern vermöchten, ohne Hunger, Durst und Ermüdung zu spüren, und dabei eine sich immer steigernde Lustigkeit und Ausgelassenheit zeigten.

Ich hoffe, mit der Zeit etwas Näheres über diese Medikamente zu erfahren, obwohl es nicht sehr leicht ist, da alles Geheimnis ist. Wer in den Verdacht kommt, etwas, und dies gar noch einem Weißen, verraten zu haben, darf mit Sicherheit erwarten, daß er dem Gift nicht entgeht.

Daß die Fetischmänner sich des Giftes bedienen, um ihre Autorität aufrechtzuerhalten, erfuhr ich auf eine eigentümliche Weise durch Joseph. Gegen Mitte der trockenen Jahreszeit zog sein Dorf zum Fischen auf eine drei Stunden stromabwärts von hier gelegene Sandbank. Diese Fischtage sind etwa mit den alttestamentlichen Erntefesten, an denen das Volk sich „vor Gott erfreute", zu vergleichen. Alt und jung lebt zwei Wochen lang unter Zelten von Baumzweigen auf der Sandbank und ißt frische Fische zu jeder Tageszeit, gesotten, gebacken und geschmort. Was übrigbleibt, wird gedörrt und geräuchert. Wenn es gut geht, bringt ein Dorf bis zu zehntausend Fische nach Hause. Da Josephs Augen, wenn von Fischen geredet wird, vor Wonne aus ihren Höhlen treten, wollte ich ihm erlauben, für den ersten Nachmittag mit seinem Dorfe hinunterzufahren, und stellte ihm auch einen Bottich zur Verfügung, in dem er dem Doktor etliche Fischlein mitbringen könnte. Er zeigte aber wenig Enthusiasmus. Nach einigen Fragen brachte ich die Gründe heraus. Am ersten Tage wird nicht gefischt, sondern der Platz wird geweiht. Die „Alten" gießen Schnaps ins Wasser und werfen Tabakblätter hinein, um die bösen Geister gut zu stimmen, damit sie die Fische ins Netz gehen lassen und niemandem Schaden zufügen. Als man diese Zeremonien vor einigen Jahren unterließ, verwickelte sich eine alte Frau in ein Netz und ertrank. „Aber die meisten von euch sind doch Christen", bemerkte ich, „ihr glaubt nicht an diese Dinge." „Gewiß", erwiderte er, „aber wer dagegen reden würde oder auch nur ein Lächeln hätte, während den Geistern Tabak und Schnaps gespendet wird, dem würde früher oder später das Gift sicher sein. Die Fetischmänner verzeihen nicht. Sie leben unter uns, ohne daß man sie kennt." Also blieb er am ersten Tage zu Haus. Dafür erlaubte ich ihm, an einem anderen Tage hinunterzufahren.

Zu der Angst vor dem Gift kommt also noch die vor der übernatürlichen bösen Macht, die ein Mensch gegen einen anderen ausüben kann. Die Eingeborenen glauben, daß es Mittel gibt, in den Besitz von Zauberkräften zu gelangen. Wer den richtigen Fetisch hat, vermag alles. Er hat Glück auf der Jagd, er wird reich und er kann dem, dem er schaden will, Unglück, Krankheit und Tod bringen.

Der Europäer wird nie begreifen können, wie grausig das Leben der armen Menschen ist, die ihre Tage in Furcht vor Fetischen, die gegen sie benutzt werden können, hinbringen. Nur wer dieses Elend aus der Nähe angesehen hat, wird verstehen, daß es Menschenpflicht ist, den primitiven Völkern eine neue Weltanschauung zu bringen, um sie von dem quälenden Wahne zu befreien. In dieser Hinsicht würden auch die größten Skeptiker, einmal an Ort und Stelle, Freunde der Mission werden.

Was ist Fetischismus? Der Fetischismus ist aus dem Angstgefühle des primitiven Menschen geboren. Dieser will einen

Zauber besitzen, der ihn gegen den bösen Geist der Natur, die bösen Geister der Gestorbenen und die böse Macht der Menschen beschützt. Diese schützende Macht legt er bestimmten Gegenständen bei, die er mit sich führt. Eigentliche Anbetung erweist er dem Fetisch nicht, sondern sieht in ihm eher ein Stück Besitz, das ihm mit seinen übernatürlichen Kräften dienstbar sein muß.

Was gehört zu einem Fetisch? Als zauberkräftig gilt das Fremdartige. Ein Fetisch besteht aus einer Reihe von Gegenständen, die in einem Säckchen, in einem Büffelhorn oder in einer Büchse vereinigt sind. Die gewöhnlichen Bestandteile sind: Rote Vogelfedern, Päckchen mit roter Erde, Leopardenklauen und Leopardenzähne und ... Schellen aus Europa, Schellen alten Formats, die noch aus dem Tauschhandel des achtzehnten Jahrhunderts stammen. Der Missionsstation gegenüber hat ein Neger eine kleine Kakaopflanzung angelegt. Der Fetisch, der sie beschützen soll, hängt in einer verkorkten Flasche an einem Baume. Wertvolle Fetische werden heutzutage in Blechbüchsen eingeschlossen, damit ihnen die Termiten, vor denen keine Holzbüchse dauernden Schutz gewährt, nicht gefährlich werden können.

Es gibt große und kleine Fetische. Zu einem großen gehört in der Regel ein Stück aus einer menschlichen Hirnschale. Der Mensch muß aber eigens zum Zwecke der Gewinnung eines Fetischs getötet worden sein.

Diesen Sommer wurde zwei Stunden unterhalb unserer Station ein älterer Mann im Boote erschlagen. Der Täter wurde entdeckt. Es gilt als ausgemacht, daß er den Mord beging, um sich einen Fetisch zu bereiten, kraft dessen er Leute, die ihm Waren und Geld schuldig waren, zur Erfüllung ihrer Verpflichtungen zu zwingen hoffte!

Ich selber besitze einen Fetisch. Die Hauptstücke desselben sind zwei länglich-ovale, in rotem Farbstoff getränkte Ausschnitte aus einem menschlichen Schädel, wie mir scheint, den Scheitelbeinen entnommen. Der Besitzer war mit seiner Frau seit Monaten krank. Sie litten an quälender Schlaflosigkeit. Im

Traume hörte der Mann mehrmals eine Stimme, die ihm offenbarte, sie könnten beide erst genesen, wenn er seinen von den Vätern ererbten Fetisch dem Missionar Haug in N'Gômô brächte und dessen Anordnung befolgte. Schließlich tat er, wie ihm befohlen war. Herr Haug wies ihn an mich und schenkte mir den Fetisch. Mann und Frau blieben mehrere Wochen bei mir in Behandlung und wurden bedeutend gebessert entlassen.

Die Idee, daß menschlichen, zu diesem Zwecke gewonnenen Schädelknochen Zauberkraft innewohnt, muß uralt sein. Ich las dieser Tage in einer medizinischen Zeitschrift, daß die Trepanationen, die nach den Funden in Gräbern aus prähistorischen Zeiten öfters vorgenommen wurden, gar nichts mit Versuchen zur Heilung von Hirntumoren und dergleichen zu tun hatten, wie bisher angenommen wurde, sondern nur der Gewinnung von Fetischstücken dienten. Der Verfasser der Abhandlung ist wohl im Recht.

In den neun Monaten meiner Wirksamkeit habe ich an die zweitausend verschiedene Patienten zu sehen bekommen. Dabei konnte ich feststellen, daß die meisten europäischen Krankheiten hier vertreten sind. Aber Krebs und Blinddarmentzündung habe ich noch nicht gesehen. Sie sollen unter den Negern Äquatorialafrikas nicht anzutreffen sein.

Die Erkältungen spielen hier eine große Rolle. An den Sonntagen zu Beginn der trockenen Jahreszeit war in der Kirche zu Lambarene ein Geschneuze und Gehuste wie in Europa bei einem Silvestergottesdienst.

Sehr viele Kinder sterben an verschleppter Pleuritis.

In der trockenen Jahreszeit sind die Nächte etwas frischer als sonst. Da es den Negern an Decken fehlt, frieren sie in ihren Hütten, so daß sie nicht schlafen können. Dabei ist es nach europäischen Begriffen noch recht warm. Das Thermometer zeigt auch in den kalten Nächten immer achtzehn Grad Celsius. Aber die Feuchtigkeit der Luft läßt die Menschen, die durch das reichliche Schwitzen untertags empfindlich geworden sind, frösteln und frieren. Auch die Weißen leiden fortgesetzt unter Erkältung und Schnupfen.

In einem Lehrbuch über Tropenmedizin fand ich den paradoxen Satz: „Unter der heißen Sonne muß man sich am allermeisten vor Erkältungen hüten." Er enthält viel Wahrheit.

Besonders verderblich wird den Eingeborenen das Kampieren auf den Sandbänken bei den sommerlichen Fischzügen. Die meisten alten Leute sterben an Pneumonien, die sie sich an diesen Freudentagen geholt haben.

Rheumatismus ist hier allgemeiner verbreitet als in Europa. Auch Gicht treffe ich ziemlich viel an. Und dabei führen die Eingeborenen wirklich kein schlemmerhaftes Dasein. Von einem Übermaß von Fleischnahrung kann bei ihnen keine Rede sein, da sie mit Ausnahme der Fischtage im Sommer fast nur von Bananen und Maniokwurzeln leben.

Daß ich in diesem Lande chronische Nikotinvergiftung zu behandeln haben würde, hätte ich nicht geglaubt. Zuerst wußte ich gar nicht, was ich von schweren Verstopfungen, die mit nervösen Störungen einhergingen und durch alle Abführmittel nur verschlimmert wurden, zu halten hätte. Bei einem schwer leidenden schwarzen Regierungsbeamten wurde mir durch genaues Beobachten und Erfragen klar, daß Tabakmißbrauch vorliegen müsse. Er genas rasch. Der Fall machte viel von sich reden, da der Patient seit Jahren leidend und fast arbeitsunfähig war. Nun fragte ich bei allen schweren Konstipationen alsbald: „Wieviel Pfeifen rauchst du im Tag?" und erkannte in wenigen Wochen, was Nikotin hier anrichtet.

Der Tabak kommt hier in Blättern an und vertritt gewissermaßen das Kleingeld. Für ein etwa fünf Pfennige wertes Blatt kauft man z. B. zwei Ananas. Alle kleineren Dienste werden mit Tabakblättern belohnt. Es handelt sich um ein Kraut, das furchtbar gemein und furchtbar stark ist. Sieben Blätter Tabak sind zu einem „Kopf Tabak" zusammengeschlungen, der etwa einen halben Franken gilt. In dieser Form kommt der Tabak in großen Kisten aus Amerika nach Äquatorialafrika. Geht man auf Reisen, so nimmt man, um unterwegs Lebensmittel für die

Ruderer einzuhandeln, nicht Geld mit, sondern eine Kiste mit Tabakblättern. Und damit die Neger diese wertvolle Kiste unterwegs nicht ausrauben, setzt man sich bei der Bootsfahrt darauf. Dieser „Tauschhandeltabak" ist viel stärker als der von den Weißen gerauchte.

Die meisten Nikotinvergiftungen finde ich bei den Weibern. Joseph erklärt mir, daß die Eingeborenen viel an Schlaflosigkeit leiden und dann die ganze Nacht hindurch rauchen, um sich zu betäuben. Bei den Bootsfahrten geht die Pfeife von Mund zu Mund. Wer gut fahren will, verspricht seiner Mannschaft zwei Blätter Tabak pro Kopf und ist sicher, dafür eine oder zwei Stunden früher anzukommen.

Auch die Zähne machen den Eingeborenen viel zu schaffen. Sehr viele meiner Patienten leiden an mit Eiterungen einhergehenden Lockerungen des Zahnfleisches, die von reichlichem Zahnstein herrühren. Mit der Zeit lockern sich dann alle Zähne und fallen aus. Merkwürdigerweise heilen diese Fälle hier viel besser als in Europa, wo oft die kompliziertesten Verfahren nicht zum Ziele führen. Mit regelmäßigen Bepinselungen mit einer alkoholischen Lösung von Thymol habe ich gute Erfolge. Nur darf der Patient von dieser Flüssigkeit nichts verschlucken, da sie bekanntlich sehr giftig ist.

Unglaublich erscheint es den Eingeborenen, daß ich Zähne zu ziehen vermag, die noch nicht locker sind. Noch haben nicht alle Vertrauen zu der blinkenden Zange. Ein von Zahnweh gepeinigter Häuptling wollte sich der Prozedur nicht unterziehen, ohne vorher nach Hause zu fahren und seine Weiber zu fragen. Der Familienrat muß zu einem verneinenden Beschluß gekommen sein, denn er erschien nicht wieder.

Andere hingegen verlangen von mir, daß ich ihnen alle Zähne ausziehe und frische aus Europa kommen lasse. Einige ältere Leute bekamen nämlich durch Vermittlung der Missionare Gebisse „von Weißen gemacht" und bilden nun einen Gegenstand des Neides für die andern.

Unterleibstumore bei Frauen sind hier sehr häufig. Hysterie habe ich schon in mehreren Fällen beobachtet.

Meine Hoffnung, vor Fertigstellung der Medizinbaracke keine größere Operation unternehmen zu müssen, ging nicht in Erfüllung. Am fünfzehnten August mußte ich eine abends zuvor eingelieferte inkarzerierte Hernie operieren. Der Mann, er heißt Ainda, flehte mich darum an, da er, wie alle Eingeborenen, die Gefahren eines solchen Zustandes zur Genüge kannte. Tatsächlich war keine Zeit zu verlieren. In aller Eile wurden die Instrumente aus den verschiedenen Kisten zusammengesucht. Herr Christol stellte mir den Schlafraum seiner Boys als Operationssaal zur Verfügung. Meine Frau übernahm die Narkose; ein Missionar fungierte als Assistent. Es ging alles über Erwarten gut. Mich aber hatte die Zuversicht, mit der der Neger sich auf den Operationstisch legte, ganz erschüttert.

Ein aus dem Innern kommender Militärarzt, der auf Urlaub nach Europa geht, beneidet mich darum, daß ich bei meiner ersten Bruchoperation so gut assistiert war. Er machte die seine, während ein Sträfling auf gut Glück Chloroform gab und ein anderer die Instrumente reichte. Bei jeder Bewegung klirrten die Ketten an den Füßen seiner Assistenten. Sein Heilgehilfe war unwohl geworden, und es war gerade niemand anders zur Stelle. Die Asepsis war natürlich keine vollkommene, aber der Patient genas.

Kaum hatte ich heute nachmittag, den zehnten Januar, die vorhergehenden Zeilen geschrieben, als ich an den Landungsplatz eilen mußte. Frau Missionar Faure aus N'Gômô kam mit schwerer Malaria im Motorboot an. Eben hatte ich ihr die erste intramuskuläre Chinin-Einspritzung gemacht, als ein Kanoe einen jungen Mann brachte, dem ein Nilpferd im See Sonange den rechten Oberschenkel gebrochen und in schrecklicher Weise zerfleischt hatte. Auch sonst ist der Ärmste übel zugerichtet.

Sie fuhren zu zweit vom Fischen nach Hause. In der Nähe des Landungsplatzes ihres Dorfes tauchte unverhofft ein Nil-

pferd auf und warf das Boot in die Höhe. Während der andere
Mann entkam, wurde dieser von dem wütenden Tier eine halbe
Stunde lang im Wasser verfolgt, konnte zuletzt aber, trotz des
gebrochenen Oberschenkels, das Land erreichen. Ich fürchtete
eine schwere Wundinfektion. Für die zwölfstündige Bootsfahrt hatte man ihm das zerfleischte Bein in schmutzige Tücher
eingewickelt.

Ich selbst habe ein Renkontre mit Nilpferden gehabt, das
zum Glück gut ablief.

Im Herbst wurde ich gegen Abend zu einem Pflanzer gerufen. Um zu ihm zu kommen, mußten wir einen engen, etwa
fünfzig Meter langen Kanal mit reißender Strömung passieren.
Am Ausgange sahen wir zwei Nilpferde in der Ferne. Für die
Rückfahrt – es war unterdessen Nacht geworden – rieten mir
die Herren der Faktorei, einen Umweg von zwei Stunden zu
machen, um die Nilpferde und den engen Kanal zu vermeiden.
Aber die Ruderer waren so müde, daß ich ihnen die große Anstrengung nicht zumuten wollte. Kaum waren wir am Eingang
des Kanals, als zwei Nilpferde dreißig Meter vor uns auftauch-
ten. Ihr Gebrüll klang, wie wenn Kinder in eine Gießkanne
trompeten, nur etwas stärker. Die Ruderer drängten sich an
das Ufer, wo die Strömung am wenigsten stark war; die Nilpferde begleiteten uns, am anderen Ufer entlang schwimmend.
Wir kamen nur zentimeterweise vorwärts. Es war wunderbar
schön und aufregend. In der Mitte der Strömung ragten einige
festgefahrene Palmstämme aus dem Wasser empor, die sich
wie Schilfhalme hin und her bewegten. Am Ufer stand der Urwald wie eine schwarze Mauer. Über dem Ganzen zauberhafter
Mondenschein. Die Ruderer keuchten und feuerten sich durch
leise Zurufe an; die Nilpferde hoben die unförmigen Köpfe
aus dem Wasser und äugten zornig zu uns herüber.

Nach einer Viertelstunde waren wir aus dem Kanal heraus
und fuhren den kleinen Flußarm hinunter. Die Nilpferde sand-
ten uns ein Abschiedsgebrüll nach. Ich aber gelobte mir, es
künftighin auf einen Umweg von zwei Stunden nicht mehr ankommen zu lassen, um den interessanten Tieren aus dem Wege

zu gehen. Aber die Erinnerung an die unheimlich schönen Augenblicke möchte ich nicht missen.

Am ersten November wurde ich gegen Abend wieder nach N'Gômô geholt. Frau Missionar Faure hatte aus Zerstreutheit einige Meter ohne Kopfbedeckung im Freien zurückgelegt und lag mit schwerem Fieber und anderen bedrohlichen Erscheinungen danieder.

Der Warner auf dem Schiff hatte recht, als er sagte, daß die Sonne der große Feind sei. Ein Weißer auf einer Faktorei ruhte nach Tisch und wurde auf einige Augenblicke durch ein kaum talergroßes Loch im Dache von der Sonne beschienen; die Folge war ein schweres Fieber mit Delirium.

Ein anderer verlor beim Umschlagen des Bootes den Tropenhelm; kaum saß er rittlings auf dem mit dem Boden nach oben dahintreibenden Fahrzeug, so zog er auch schon, die Gefahr ahnend, Rock und Hemd aus, um den Kopf zu bedecken. Aber schon war es zu spät; er trug einen schweren Sonnenstich davon.

Der Führer eines kleinen Kauffahrteidampfers hatte eine Reparatur am Kiel eines an Land gezogenen Schiffes auszuführen. Dabei beugte er den Kopf zu weit vor, so daß ihm die Sonne unter den Tropenhelm in den Nacken schien. Auch er war auf den Tod krank.

Der Führer des kleinen Dampfers, der selber einen Sonnenstich durchgemacht hatte, war so freundlich gewesen, der Station N'Gômô anzubieten, mich abzuholen. Meine Frau fuhr mit, um die Pflege zu übernehmen.

Dem Rate eines erfahrenen Kolonialarztes gehorchend, behandelte ich den Sonnenstich zugleich als Malaria und spritzte tüchtig Chininlösung in den Muskel ein. Es ist erwiesen, daß die Bestrahlung besonders den mit Malaria infizierten Menschen gefährlich wird; manche Ärzte behaupten sogar, daß die Hälfte der Symptome auf Rechnung des durch den Sonnenstich ausgelösten Malaria-Anfalles zu setzen sei.

Ferner handelt es sich in solchen Fällen darum, dem Patienten, der nichts zu sich nehmen kann oder alles bricht, Flüssigkeit zuzuführen, um der drohenden Gefahr einer das Leben gefährdenden Schädigung der Nieren vorzubeugen. Dies geschieht am besten dadurch, daß man ihm einen halben Liter destillierten und sterilisierten Wassers, in welchem viereinhalb Gramm reinsten Kochsalzes gelöst sind, mit einer Hohlnadel unter die Haut oder in eine Armvene einfließen läßt.

Bei der Heimkehr von N'Gômô wurden wir mit der Nachricht überrascht, daß die Wellblechbaracke des Spitals fertig sei. Vierzehn Tage später war auch die Inneneinrichtung in der Hauptsache vollendet. Joseph und ich zogen aus dem Hühnerstall aus und richteten uns unten ein, wobei uns meine Frau tüchtig half.

Den beiden Handwerkermissionaren, Herrn Kast und Herrn Ottmann, schulde ich für diesen Bau großen Dank. Herr Kast ist Schweizer, Herr Ottmann Argentinier. Sehr wertvoll war es, daß wir alle Einzelheiten miteinander besprechen konnten und daß die beiden Herren auf meine durch die Medizin diktierten Erwägungen eingingen. So ist die Baracke bei aller Einfachheit und Kleinheit außerordentlich zweckmäßig geraten. Jede Ecke ist ausgenützt.

Sie hat zwei Zimmer von je vier Meter auf vier Meter; das vordere dient als Konsultationsraum, das hintere als Operationssaal. Dazu kommen zwei unter dem weit vorspringenden Dach liegende, kleine Nebenräume. Der eine dient als Apotheke, der andere als Sterilisationsraum.

Die Fußböden sind aus Zement. Die Fenster sind sehr groß und gehen bis unter das Dach. Damit ist gegeben, daß die heiße Luft sich nicht unter dem Dach sammelt, sondern entweichen kann. Jedermann ist erstaunt, wie kühl es bei mir ist, obwohl Wellblechbaracken in den Tropen als unerträglich heiß verschrien sind.

Fenster aus Glas gibt es nicht, sondern nur feine Drahtgitter gegen Moskitos. Holzläden sind notwendig, der Gewitter wegen.

An den Wänden ziehen sich breite Schäfte entlang. Manche davon sind aus edelstem Holz. Wir hatten keine gewöhnlichen Bretter mehr; neue sägen zu lassen, wäre viel teurer gekommen, als die besten vorhandenen Sorten zu benutzen, und hätte uns um Wochen in der Arbeit zurückgebracht.

Unter dem Dach sind weiße Tücher prall als Decke gespannt; sie schützen vor den Moskitos, die sonst von oben her durch die Ritzen eindringen würden.

Im Laufe des Dezembers wurden die Wartehalle und eine Baracke zum Beherbergen der Kranken fertig. Beide Bauten sind als große Negerhütten aus unbehauenem Holz und Raphiablättern aufgeführt. Einen Teil der Bauarbeiten habe ich, von Missionar Christol beraten, selber geleitet. Der Schlafraum der Kranken mißt dreizehn auf sechs Meter. Eine große Hütte dient Joseph als Behausung.

Diese Gebäude liegen zu beiden Seiten eines etwa fünfundzwanzig Meter langen Weges, der von der Wellblechbaracke zu einer Bucht am Strome führt, in der die Kanoes der Kranken anlegen. Diese Bucht ist von einem herrlichen Mangobaume überschattet.

Als das Dach des Schlafraumes fertiggestellt war, zeichnete ich mit einem spitzen Stecken sechzehn große Rechtecke auf den Lehmboden. Jedes bedeutete ein Bett. Dazwischen waren Gänge vorgesehen.

Nun wurden die Kranken und ihre Angehörigen, die bisher, so gut es ging, unter einem Bootschuppen gehaust hatten, herbeigerufen. Je ein Kranker wurde in ein Rechteck gesetzt und erhielt so ein Bett zugesprochen. Die Angehörigen bekamen Beile, um die Bettstellen zu bauen. Ein Bastseil an einem Pflock zeigte die Höhe an, die diese haben sollten.

Eine Viertelstunde später fuhren Kanoes stromauf und stromab, um das Holz zu holen.

Am Abend waren die Betten fertig. Sie bestehen aus vier, in Gabeln auslaufenden, starken Pfählen, auf denen Längs- und Querhölzer mit Lianen zusammengebunden liegen. Getrocknetes Gras dient als Matratze.

Die Lager befinden sich über einen halben Meter hoch über der Erde, damit darunter Kisten, Kochgeschirre und Bananen aufgestapelt werden können. Ihre Breite erlaubt, daß zwei oder drei Personen nebeneinander liegen. Die Moskitonetze bringen die Patienten selber mit. Reichen die Betten nicht aus, so schlafen die Begleiter auf dem Boden.

Eine Trennung nach Geschlechtern findet in der großen Schlafbaracke nicht statt. Die Eingeborenen kampieren, wie sie es gewohnt sind. Ich kümmere mich nur darum, daß nicht Gesunde sich ein Bett anmaßen und Kranke auf dem Boden schlafen müssen.

Nun habe ich noch mehrere große Hütten zum Beherbergen der Eingeborenen zu bauen, da die eine Schlafbaracke nicht reicht. Ich muß auch Räume haben, in denen ich ansteckende Kranke, besonders die Dysenteriekranken, isolieren kann. An Arbeit neben der Medizin fehlt es also nicht.

Die Schlafkranken kann ich, weil sie die Missionsstation gefährden, nicht dauernd im Spital behalten. Ich werde später auf dem anderen Ufer des Flusses an einsamer Stelle eine Hütte für sie erbauen.

Die Medizinbaracke erlaubt der Frau Doktor endlich, ihre volle Tätigkeit zu entfalten. Im Hühnerstall hatten kaum Joseph und ich nebeneinander Platz.

Sie teilt sich mit mir in die Aufgabe, Joseph anzulernen, wie er die Instrumente reinigen und Operationen vorbereiten soll. Daneben hat sie die Wäsche unter sich. Viel Mühe macht ihr, daß die beschmutzten und infizierten Binden rechtzeitig gereinigt und genügend ausgekocht werden. Sie erscheint Punkt zehn Uhr morgens, bleibt bis zwölf und hält auf Ordnung.

Um zu ermessen, was es bedeutet, daß meine Frau sich neben dem Haushalt den größten Teil des Morgens der Medizin widmet, wozu noch so und so viel Nachmittage für die Operationen kommen, bei denen sie die Narkose übernimmt, muß man wissen, wie kompliziert der einfachste afrikanische Haushalt ist. Diese Kompliziertheit hat zwei Gründe: die strenge Trennung zwischen den Funktionen der eingeborenen Diener und ihre Unzuverlässigkeit. Wir müssen, wie üblich, drei Angestellte halten: Boy, Koch und Wäscher. Die Arbeit des Wäschers dem Boy oder Koch zuzuteilen, wie es manchmal in kleinen Haushalten möglich ist, verbietet bei uns die zahlreiche, zu der des Hauses hinzukommende Wäsche des Spitals. Von dieser abgesehen, könnte ein einigermaßen tüchtiges europäisches Dienstmädchen die Arbeit gut allein bewältigen. Der Koch arbeitet nur, was zur Küchenhantierung gehört, der Wäscher tut nichts als waschen und bügeln, der Boy besorgt nur die Zimmer und die Hühner. Wer mit seiner Sache fertig ist, „ruht".

Die Arbeit, die nicht einer genau umgrenzten Profession angehört, muß man selber tun. Weibliche Dienstboten sind in diesem Lande nicht zu haben. Frau Missionar Christol hat für ihr anderthalb Jahre altes Mädchen einen vierzehnjährigen Negerjungen, M'buru mit Namen, als Kindsmagd. Alle Angestellten, auch die besten, sind so unzuverlässig, daß sie auch nicht der geringsten Versuchung ausgesetzt werden dürfen. Dies will heißen, daß sie niemals allein im Hause sein sollen. Solange sie darin arbeiten, muß meine Frau dabei sein. Ferner muß alles, was ihre Unehrlichkeit reizen könnte, immer abgeschlossen sein. Morgens bekommt der Koch ausgeteilt, was er gerade zur Bereitung unseres Essens braucht: so und so viel Reis, so und so viel Fett, so und so viel Kartoffeln. In der Küche hat er nur einen kleinen Vorrat von Salz, Mehl und Gewürzen. Vergißt er etwas, so muß meine Frau nachher vom Spital wieder den Berg hinauf zur Wohnung steigen und es ihm herausgeben.

Daß man sie nicht allein in einem Zimmer läßt, alles vor ihnen abschließt und ihnen keine Vorräte anvertraut, fassen die schwarzen Bedienten nicht als Beleidigung auf. Sie selber halten einen an, diese Vorsichtsmaßregeln genau zu beobachten, damit sie für einen etwaigen Diebstahl nicht verantwortlich gemacht werden können. Joseph verlangt, daß ich die Apotheke abschließe, wenn ich auch nur für zwei Minuten aus der Wellblechbaracke der Kranken gehe und ihn im Behandlungszimmer, von dem man in die Apotheke gelangt, allein lasse. Setzt sich der Europäer über die Vorsichtsmaßregeln hinaus, so stehlen seine Schwarzen mit gutem Gewissen. Was nicht abgeschlossen ist, „fährt herum", um mit Joseph zu reden. Einem so „unordentlichen" Menschen darf man alles nehmen. Dabei nimmt der Neger nicht nur, was für ihn Wert hat, sondern auch, was ihn gerade reizt. Herrn Missionar Rambaud von Samkita wurden einige Bände aus einem wertvollen Sammelwerk gestohlen. Auf meinem Bücherschaft verschwanden der Klavierauszug der Meistersinger von Wagner und das Exemplar der Matthäuspassion von Bach, in das ich die von mir sorgfältig ausgearbeitete Orgelbegleitung eingetragen hatte! Dieses Gefühl, niemals gegen den stupidesten Diebstahl gesichert zu sein, bringt einen manchmal zur Verzweiflung. Und immer alles abgeschlossen halten zu müssen und ein wandernder Schlüsselbund zu sein, macht das Leben furchtbar beschwerlich.

Wenn es nach den Schwarzen ginge, müßten wir jetzt jeden Tag operieren. Die Leute mit Hernien streiten sich darum, wer sich zuerst dem Messer ausliefern darf. Aber wir bringen es vorläufig auf nicht mehr als zwei oder drei Operationen in der Woche. Meine Frau vermöchte sonst die Vorbereitungen und das darauffolgende Reinigen und Aufräumen der Instrumente nicht zu bewältigen. Auch ich wäre der Arbeit nicht gewachsen. Oft muß ich nachmittags operieren, nachdem ich morgens bis gegen oder nach ein Uhr Verbände gemacht und Konsultationen gehalten. Und in diesem Lande darf man sich nicht so viel zumuten wie unter einer anderen Sonne.

Daß Joseph sich dazu herbeiläßt, die blutigen Tupfer nach einer Operation zusammenzulesen und die blutigen Instrumente zu waschen, ist ein Zeichen von höchster Aufgeklärtheit. Ein gewöhnlicher Neger rührt nichts an, was mit Blut oder Eiter besudelt ist, weil er dadurch im religiösen Sinne unrein wird.

In manchen Gegenden Äquatorialafrikas lassen sich die Neger nur schwer oder gar nicht dazu bewegen, sich operieren zu lassen. Wie es kommt, daß sie sich am Ogowe geradezu dazu drängen, weiß ich nicht. Es hängt wohl damit zusammen, daß vor einigen Jahren ein Militärarzt namens Jorryguibert, der sich einige Zeit beim Bezirkshauptmann in Lambarene aufhielt, eine Reihe von gelungenen Operationen machte. Ich ernte, was er gesät hat.

Letzthin bekam ich eine Rarität zu operieren, um die mich mancher berühmte Chirurg beneiden könnte. Es handelte sich um eine inkarzerierte, hinten unter den Rippen heraustretende Hernie, eine sogenannte Lumbalhernie. Der Fall wies alle nur denkbaren Komplikationen auf. Als der Abend hereinbrach, war ich noch nicht fertig. Für die letzten Nähte mußte Joseph mit der Lampe leuchten. Der Kranke genaß.

Großes Aufsehen erregte die Operation eines Knaben, dem seit anderthalb Jahren ein handlanges eiterndes Knochenstück aus dem Unterschenkel hervorragte. Das jauchige Sekret stank so abscheulich, daß niemand es in seiner Nähe aushalten konnte. Der Knabe selbst war zum Skelett abgemagert. Nun ist er rund und gesund und wagt bereits wieder die ersten Schritte.

Bisher verliefen alle Operationen glücklich. Dies steigert das Zutrauen der Eingeborenen in einer für mich erschreckenden Weise.

Am meisten imponiert ihnen die Narkose. Sie unterhalten sich viel darüber. Die Mädchen der Schule stehen mit einer europäischen Sonntagsschule in Korrespondenz. In einem dieser Briefe ist zu lesen: „Seit der Doktor hier ist, erleben wir merkwürdige Sachen. Zuerst tötet er die Kranken, dann heilt er sie; nachher weckt er sie wieder auf."

Eine Narkose ist für die Eingeborenen eben ein Totsein. Will mir einer mitteilen, daß er einen Schlaganfall erlitten hat, so sagt er: „Ich war tot".

Es gibt Operierte, die ihre Dankbarkeit in Taten bezeugen. Der Mann, der am fünfzehnten August von einer inkarzerierten Hernie befreit wurde, brachte in seiner Verwandtschaft zwanzig Franken zusammen, „um dem Doktor den teuren Faden, mit dem er den Bauch zunäht, zu bezahlen". Der Onkel des Knaben mit dem Fußleiden, ein Schreiner von Beruf, arbeitete vierzehn Tage für mich, um mir Schränke aus alten Kisten zu zimmern.

Ein schwarzer Händler bot mir seine Arbeiter an, damit das Dach meines Wohnhauses noch rechtzeitig vor dem Regen umgedeckt werden könnte.

Ein anderer besuchte mich, um mir zu danken, daß ich für die Eingeborenen gekommen sei. Beim Abschied schenkte er mir zwanzig Franken für die Medizinkasse.

Ein anderer Patient schenkte meiner Frau eine Nilpferdpeitsche. Was ist eine Nilpferdpeitsche? Ist ein Nilpferd erlegt worden, so wird die ein bis zwei Zentimeter dicke Haut in Streifen von vier Zentimeter Breite und anderthalb Meter Länge geschnitten. Dann werden die einzelnen Streifen so auf ein Brett gespannt, daß sie zugleich in Spirale gewunden sind. Sind sie getrocknet, so ist das gefürchtete, anderthalb Meter lange, elastische und scharfkantige Marterinstrument fertig.

In diesen Wochen bin ich mit dem Einräumen der im Oktober und November angekommenen Medikamente beschäftigt. Die Reserven werden in der kleinen Wellblechbaracke auf dem Berg untergebracht, die mir, seit der Abreise von Herrn Missionar Ellenberger, zur Verfügung steht. Der Onkel des operierten Knaben hat sie mit den erforderlichen Schränken und Schäften ausgestattet. Schön nehmen sich die aus Kisten zusammengenagelten, noch die Reisesignatur tragenden Bretter allerdings nicht aus. Aber ich kann alles unterbringen. Das ist die Hauptsache. In Afrika wird man anspruchslos.

Als ich mir Sorge um die Kosten dieser bedeutenden Sendungen von Arzneien, Verbandgaze und Verbandwatte machte, kam mit der Dezemberpost Nachricht von neuen Gaben, worauf mir wieder etwas leichter ums Herz wurde. Wie können wir all den lieben Freunden und Bekannten genug danken? . . .

Bis ein Gegenstand in Lambarene ankommt, stellt er sich etwa auf das Dreifache seines Einkaufspreises in Europa. So summieren sich die Kosten der Verpackung, die eine sehr sorgfältige sein muß, die Bahnfahrt, die Verladespesen, die Seefracht, der Kolonialzoll, die Flußfracht und die großen Verluste, die durch Hitze, Wasser im Frachtraum oder rohe Behandlung der Kisten beim Ein- und Ausladen entstehen.

Unsere Gesundheit ist fortgesetzt gut. Von Fieber keine Spur; aber einige Tage Ruhe täten uns not.

Soeben im Momente, in dem ich abschließe, trifft ein alter Mann mit Lepra ein. Er ist mit seiner Frau von der Lagune Fernand Vaz, die südlich von Kap Lopez liegt und mit dem Ogowe durch einen kleinen Flußarm in Verbindung steht, hergekommen. Die beiden armen Menschen sind über dreihundert Kilometer gegen den Strom gerudert und können sich vor Entkräftung kaum noch aufrechthalten.

V. JANUAR BIS JUNI 1914

Lambarene, Ende Juni 1914

Ende Januar und Anfang Februar war ich mit meiner Frau in Talagouga zur Pflege von Herrn Missionar Herrmann, der an allgemeiner Furunkulose mit starkem Fieber litt. Zugleich besorgte ich die Kranken der Umgegend.

Unter den Kranken befand sich ein Knäblein, das sich mit allen Zeichen des Entsetzens sträubte, ins Zimmer zu kommen und mit Gewalt hereingeschleppt werden mußte. Nachher stellte sich heraus, daß es gemeint hatte, der Doktor wollte es schlachten und essen.

Das arme Bübchen kannte die Menschenfresserei nicht aus Kinderstubengeschichten, sondern aus der furchtbaren Wirklichkeit, da sie bei den Pahouins bis auf den heutigen Tag nicht ganz ausgerottet ist. Über den Umfang, in dem sie noch geübt wird, lassen sich schwer Feststellungen machen, weil die Eingeborenen, aus Furcht vor den schweren Strafen, alle Fälle geheimhalten. Vor einiger Zeit ging ein Mann aus der Nähe von Lambarene in entlegene Dörfer, um säumige Schuldner zu mahnen. Er kam nicht wieder. Ebenso verschwand ein Arbeiter aus der Nähe von Samkita. Kenner des Landes behaupten, daß hier „verschollen" manchmal gleichbedeutend ist mit „aufgegessen". Auch das Halten von Sklaven von seiten der Eingeborenen ist trotz des Kampfes, den Regierung und Mission dagegen führen, noch nicht ganz außer Brauch gekommen. Aber es wird nicht als solches eingestanden. Manchmal bemerke ich unter den Begleitern eines Kranken Gestalten, die nicht die Züge hier ansässiger oder umwohnender Stämme tragen. Wenn ich dann frage, ob dies ein Sklave sei, wird mir mit einem eigentümlichen Lächeln versichert, es sei nur ein „Diener".

Das Los dieser uneingestandenen Sklaven ist kein hartes. Mißhandlungen haben sie kaum zu erdulden. Auch denken sie nicht daran, zu entfliehen und sich unter den Schutz der Regierung zu stellen. Wird eine Untersuchung veranstaltet, so leugnen sie gewöhnlich mit Hartnäckigkeit, Sklaven zu sein. Sehr oft werden sie nach einer Reihe von Jahren in die Stammesangehörigkeit aufgenommen und sind dadurch frei und haben wieder irgendwo Heimatrecht. Auf das letztere kommt es ihnen in erster Linie an.

Der Grund dafür, daß die Haussklaverei am untern Ogowe im geheimen immer noch besteht, ist in der Hungersnot im Innern zu suchen. Es ist das furchtbare Schicksal Äquatorialafrikas, von Hause aus keine Fruchtpflanzen und keine Fruchtbäume zu besitzen. Die Bananenstaude, der Maniok, der Yam, die Patate und die Ölpalme sind hier nicht heimisch, sondern von den Portugiesen aus den westindischen Inseln eingeführt. Sie waren die großen Wohltäter Äquatorialafrikas. In den Landstrichen, wo diese Nutzpflanzen noch nicht hingekommen sind, oder wo sie nicht gut geraten, herrscht ständig Hungersnot. Dann verkaufen die Eltern ihre Kinder den Fluß hinunter, damit diese wenigstens zu essen haben.

Im Oberlauf der N'Gounje, des Nebenflusses des Ogowe, muß ein solches Hungergebiet sein. Von dort stammen die meisten Haussklaven des Ogowe. Von dort habe ich auch Kranke, die zu den „Erdessern" gehören, bekommen. Aus Hunger gewöhnen sich nämlich jene Eingeborenen daran, Erde zu essen, und behalten dann diese Gewohnheit bei, auch wenn sie genügend Nahrung haben.

Daß die Ölpalme am Ogowe importiert ist, kann man noch heute beobachten. Um den Fluß und die Seen herum, wo ehemals Dörfer standen oder noch stehen, finden sich ganze Wälder von Ölpalmen. Ist man aber auf dem Landweg in den Urwald gegangen, in Gegenden, wo keine menschlichen Siedlungen waren, trifft man keine einzige an.

Auf der Heimfahrt von Talagouga weilten wir zwei Tage in Samkita bei dem elsässischen Missionar Morel und seiner Frau.

Samkita ist die Station der Leoparden. Einer dieser Räuber war im Herbst des Nachts in den Hühnerstall von Frau Morel eingebrochen. Auf das Geschrei des lieben Federviehs eilte ihr Mann, Leute zu Hilfe zu holen, während sie im Dunkel Wache stand. Sie meinten, ein Eingeborener sei eingebrochen, um sich einen Braten zu stehlen. Als Frau Morel auf dem Dache Lärm hörte, ging sie nahe an den Hühnerstall heran, um den Ausreißer womöglich zu erkennen. Er war aber schon mit einem mächtigen Satze in der Dunkelheit entkommen. Beim Öffnen der Türe lagen zweiundzwanzig Hühner mit aufgerissener Brust tot auf dem Boden. So mordet nur der Leopard. Er will zuerst Blut trinken. Die Opfer wurden weggeschafft. Eines, mit Strychnin gefüllt, ließ man vor der Türe liegen. Zwei

Stunden später kam der Leopard wieder und verschlang es. Während er sich in Krämpfen wand, wurde er von Herrn Morel erschossen.

Kurz vor unserer Ankunft war ein anderer Leopard bei Samkita erschienen und hatte etliche Ziegen zerrissen.

Bei Herrn Missionar Cadier aßen wir zum ersten Mal Affenfleisch. Herr Cadier ist ein großer Jäger. Mit mir sind die Schwarzen etwas unzufrieden, weil ich wenig Gebrauch von meinem Gewehr mache. Als wir auf einer Fahrt an einem Kaiman vorbeikamen, der auf einem aus dem Wasser hervorragenden Baumstumpf schlief, und ich ihn betrachtete, statt auf ihn zu schießen, war mein Maß voll. „Mit dir ist auch gar nichts los", ließen mir die Ruderer durch ihren Sprecher ererklären. „Wären wir mit Herrn Cadier, so hätte er uns schon längst ein oder zwei Affen und einige Vögel geschossen, daß wir Fleisch hätten. Du aber fährst gar am Kaiman vorüber und läßt dein Gewehr ruhig neben dir!"

Ich lasse den Vorwurf auf mir ruhen. Vögel, die über dem Wasser ihre Kreise ziehen, mag ich nicht schießen. Die Affen vollends sind vor meinem Gewehr sicher. Oft kann man drei oder vier nacheinander erlegen oder verwunden, ohne in ihren Besitz zu kommen. Sie bleiben im dichten Geäste des Baumes hängen oder fallen in Buschwerk, das in unbetretbarem Sumpf steht. Und findet man den Leichnam, so findet man oft zugleich ein armes kleines Äffchen, das sich mit Geschrei an die erkaltende Mutter klammert.

In der Hauptsache habe ich mein Gewehr nur, um Schlangen zu schießen, von denen es in Lambarene im Grase um mein Haus herum eine Unzahl gibt, und um die Raubvögel zu töten, die die Nester der Webervögel in den Palmen vor meinem Hause plündern.

Auf der Rückkehr von Samkita begegneten wir einer Herde von fünfzehn Nilpferden. Ein ganz junges erging sich auf der Sandbank, als die Herde sich schon ins Wasser gestürzt hatte, und wollte der Mutter, die es ängstlich zu sich rief, nicht gehorchen.

Joseph hatte seine Obliegenheiten gut erfüllt und sich der Operierten mit Verständnis angenommen. Aus eigener Initiative hatte er den eiternden Armstumpf eines Mannes mit Wasserstoffsuperoxydlösung – die er erst aus Natrium perboricum gewinnen mußte – verbunden!

Den vom Nilpferd verletzten jungen Mann traf ich in schlechtem Zustand an. Durch die dreiwöchige Abwesenheit war ich verhindert worden, ihn rechtzeitig zu operieren. Er starb während der Amputation des Oberschenkels, die ich nun in Eile unternahm.

Als er die letzten Züge tat, schaute sein Bruder den Mann, der damals mit ihm auf dem verhängnisvollen Fischzug gewesen war und zur Hilfeleistung bei seiner Pflege mitgekommen war, mit drohenden Blicken an und sprach leise auf ihn ein. Während der Tote erkaltete, kam es zu erregten Worten zwischen beiden. Joseph nahm mich beiseite und erklärte mir den Auftritt. N'Kendju, der Begleiter, war mit dem Unglücklichen zusammen auf dem Fischfang gewesen, als sie vom Nilpferd angegriffen wurden, und zwar hatte er ihn an jenem Tage zum gemeinsamen Fischen aufgefordert. Also war er, nach dem Rechte der Eingeborenen, für ihn verantwortlich und haftbar. Darum hatte er sein Dorf im Stiche lassen müssen, um die ganzen Wochen beim Verletzten zu weilen. Und nun, da sie den Toten den Fluß hinunter ins Dorf brachten, sollte er mit, damit der Rechtsfall gleich erledigt würde. Er aber wollte nicht, da er wußte, daß es seinen Tod bedeuten würde. Ich erklärte dem Bruder, daß ich N'Kendju als in meinem Dienst stehend betrachte und nicht ziehen lasse. Darüber kam es zwischen ihm und mir zu erregten Auseinandersetzungen, während der Tote in das Kanoe gebettet wurde und die Mütter und die Tanten die Totenklage anstimmten. Er behauptete, man wolle N'Kendju nicht töten, sondern ihn nur mit Geldbuße belegen. Joseph aber sagte mir, daß auf solche Versicherungen nichts zu geben sei. Ich mußte bis zur Abfahrt am Strande bleiben, da sie sonst den Mann mit Gewalt heimlich ins Boot gezerrt hätten.

Meine Frau war erschüttert, daß der Neger, während sein Bruder in den letzten Zügen lag, nichts von Schmerz zeigte, sondern nur an den Austrag des Rechtsfalles dachte, und empörte sich über seine Gefühllosigkeit. Damit tat sie ihm wohl unrecht. Er erfüllte nur eine heilige Pflicht, indem er alsbald darauf sann, daß derjenige, der nach seiner Ansicht für das Leben des Bruders verantwortlich war, sich der Vergeltung nicht entzöge.

Für den Neger ist es eine undenkbare Vorstellung, daß eine Tat ungesühnt bleiben könne. Er denkt hierin ganz hegelianisch. Die juristische Seite einer Angelegenheit steht für ihn immer im Vordergrund. Darum nimmt die Diskussion der Rechtsfälle einen großen Teil seiner Zeit in Anspruch. Der schlimmste europäische Prozessierer ist ein Unschuldsknabe dem Neger gegenüber. Aber bei dem letzteren ist es eben nicht die Prozessiersucht, die ihn treibt, sondern nur der ganz ungebrochene Gerechtigkeitssinn, wie ihn der Europäer überhaupt nicht mehr besitzt.

Als ich bei einem an schwerer Bauchwassersucht leidenden Pahouin die Punktion vornahm, sagte er mir: „Doktor, mach schnell, daß alles Wasser herausläuft, damit ich wieder atmen und laufen kann. Als mein Leib so dick wurde, hat mich mein Weib verlassen. Nun muß ich schnell auf Rückgabe des Geldes, das ich bei der Heirat für sie bezahlt habe, drängen."

Ein Kind wurde in trostlosem Zustande gebracht. Das rechte Bein war bis auf die Hälfte von einem Geschwür zerfressen. „Warum seid ihr nicht eher gekommen?" „Doktor, wir konnten nicht; es war noch ein Palaver zu erledigen." Palaver heißt jeder zu gerichtlichem Austrag kommende Streitfall. Die großen und die kleinen Angelegenheiten werden mit demselben Ernste und der gleichen Umständlichkeit erledigt. Um eines Huhnes willen wird ein ganzer Nachmittag vor den Dorfältesten verhandelt. Jeder Neger ist in der Juristerei bewandert.

Das Rechtsleben wird dadurch sehr kompliziert, daß die Grenzen der Verantwortlichkeit nach unseren Begriffen außerordentlich weit gezogen sind. Für die Schulden eines Negers ist seine ganze Familie bis in die entferntesten Grade haftbar. Auch sind die Bußen außerordentlich hart. Hat ein Mann einen Tag lang widerrechtlich das Kanoe eines anderen benutzt, so muß er den dritten Teil des Wertes desselben als Strafe zahlen.

Mit dem ungebrochenen Gerechtigkeitsgefühl hängt zusammen, daß der Eingeborene die Strafe als etwas ganz Selbstverständliches hinnimmt, auch wenn sie für das Vergehen, nach unseren Begriffen, viel zu hoch ist. Würde er nicht bestraft werden, so fände er dafür nur die Erklärung, daß die Geschädigten merkwürdig töricht seien. Jedoch bringt ihn die geringste ungerechte Verurteilung in große Erregung. Er verzeiht sie nie.

Als gerecht empfindet er die Strafe aber nur, wenn er wirklich überführt ist und bekennen muß. Solange er noch mit irgendeinem Scheine von Glaubwürdigkeit leugnen kann, entrüstet er sich in ehrlichster Weise über die Verurteilung, auch wenn er tatsächlich schuldig ist. Diesem Zug an dem primitiven Menschen muß jeder, der mit ihm zu tun hat, Rechnung tragen.

Daß N'Kendju der Familie des Genossen auf dem unglücklichen Fischzuge eine Entschädigung zahlen muß, obwohl er an dem Tode nur ganz mittelbar schuldig ist, ist selbstverständlich; aber sie sollen die Sache gegen ihn in ordnungsgemäßer Weise auf dem Bezirksgericht in Lambarene zum Austrag bringen. – Bis auf weiteres steht er als zweiter Heilgehilfe in meinem Dienst. Er ist ein wirklicher Wilder, aber ganz anstellig.

Mit Joseph bin ich immer zufrieden. Zwar kann er weder lesen noch schreiben. Trotzdem irrt er sich nicht, wenn er eine Arznei vom Schafte der Apotheke herunterlangen soll. Er erinnert sich des Wortbildes der Inschrift und liest diese, ohne die Buchstaben zu kennen. Sein Gedächtnis ist großartig, seine Begabung für Sprachen hervorragend. Er beherrscht acht Negerdialekte und spricht nicht übel französisch und englisch.

Zur Zeit ist er unverheiratet, da seine Frau ihn, als er Koch an der Küste war, verlassen hat, um mit einem Weißen zusammenzuleben. Der Kaufpreis für eine neue Lebensgefährtin würde etwa sechshundert Franken betragen. Man kann das Heiratsgeld auch in Raten bezahlen. Aber Joseph will keine Frau auf Abzahlung, da er dies für „eine üble Sache" hält. „Wenn einer von uns", sagte er mir, „seine Frau nicht ganz bezahlt hat, hat er ein böses Leben. Sie gehorcht ihm nicht und wirft ihm bei jedem Anlaß vor, daß er ihr nichts zu sagen habe, weil sie noch nicht bezahlt sei."

Da Joseph nicht besser zu sparen versteht als die anderen Eingeborenen, habe ich ihm eine Sparbüchse zum Kaufe einer Frau angelegt. In diese fließen alle Gratifikationen für Nachtwachen und für außerordentliche Dienstleistungen und die Trinkgelder der weißen Patienten.

Wie verschwenderisch der „erste Heilgehilfe des Doktors von Lambarene" – wie er sich selber nennt – ist, erlebte ich dieser Tage. Er begleitete mich, als ich in einer Faktorei Nägel und Schrauben kaufte. Dabei stachen ihm ein Paar Lackschuhe in die Augen, die fast so viel kosten sollten, als er im Monat verdient. Es waren Lackschuhe, die vom langen Stehen in einem Pariser Schaufenster von der Sonne verbrannt und rissig geworden waren und daraufhin, wie so viele Ramschware, den Weg nach Afrika gefunden hatten. Warnende Blicke halfen nichts. Ihm vom Kaufe abraten durfte ich nicht, da es mir der weiße Händler, der froh war, die Schuhe loszuwerden, übelgenommen hätte. Ein paar sanfte Rippenstöße, die ich ihm heimlich versetzte, während wir am Ladentisch zwischen gaffenden Negern eingekeilt waren, nützten auch nichts. Zuletzt kniff ich ihn unbemerkt, so stark ich konnte, von hinten in die Schenkel, bis er den Schmerz nicht mehr aushielt und die Verhandlung mit dem Weißen abbrach. Als wir im Kanoe saßen, hielt ich ihm eine lange Rede über seinen kindischen Hang zur Verschwendung mit dem Erfolge, daß er am anderen Tage heimlich auf die Faktorei fuhr und die Lackschuhe kaufte. Gut die Hälfte von dem, was er bei mir verdient, gibt er für Kleider, Schuhe, Krawatten und Zucker aus. Er ist viel eleganter gekleidet als ich.

Die Arbeit ist in den letzten Monaten noch stetig gewachsen. Mein Spital liegt ausgezeichnet. Von stromaufwärts und stromabwärts können die Kranken Hunderte von Kilometern weit her im Kanoe auf dem Ogowe und seinen Nebenflüssen zu mir gebracht werden. Daß ihre Begleiter mit ihnen bei mir logieren können, trägt auch viel dazu bei, daß das Spital stark benützt wird. Dazu kommt noch eines: ich bin immer zu Hause, es sei denn, daß ich, was bisher nur zwei- oder dreimal der Fall war, auf eine der anderen Missionsstationen mußte, um einen schwerkranken Missionar oder jemand von seiner Familie zu pflegen. Der Eingeborene, der sich also von ferne her aufmacht, um zu mir zu kommen, und die Mühe und die Kosten der Fahrt aufwendet, ist sicher, mich auch wirklich anzutreffen. Das ist der große Vorteil, den der freie Arzt dem von der Regierung angestellten gegenüber voraus hat. Der letztere wird von der Behörde öfters hierhin und dorthin beordert, oder muß sich auf längere Zeit mit Militärkolonnen auf den Weg machen. „Und daß Sie nicht so viele Zeit mit Schreibereien, Berichten und Statistiken verlieren müssen, wie die andern, das ist ein Vorteil, den Sie noch gar nicht ermessen", sagte mir letzthin ein Militärarzt, der mich bei der Durchreise begrüßte.

Die Schlafkrankenhütte auf dem gegenüberliegenden Ufer ist augenblicklich im Bau. Sie kostet mich nicht nur viel Geld sondern auch viel Zeit. Wenn ich die zum Ausroden des Waldes und zum Errichten der Hütte geworbenen Arbeiter nicht selbst überwache, wird nichts geleistet. Ganze Nachmittage muß ich die Kranken vernachlässigen, um drüben den Aufseher zu spielen.

Die Schlafkrankheit ist hier noch mehr verbreitet als ich anfänglich annahm. Ihr Hauptherd liegt im Gebiet der N'Gounje, des Nebenflusses des Ogowe, etwa hundertundfünfzig Kilometer von hier. Vereinzelte Herde finden sich um Lambarene herum und an den Seen hinter N'Gômô.

Was ist die Schlafkrankheit? Wie verbreitet sie sich? Sie scheint von jeher in Äquatorialafrika gewesen zu sein. Aber sie blieb auf ihre Herde beschränkt, da kein Verkehr herrschte. Der Handel unter den Eingeborenen ging nämlich so vor sich, daß jeder Stamm die Waren vom Meer nach dem Innern und vom Innern nach dem Meer bis an die Grenze seines Gebietes brachte, wo sie von den Händlern des anderen Stammes übernommen wurden. Von meinem Fenster aus sehe ich die Stelle, wo die N'Gounje in den Ogowe mündet. Bis dorthin konnten die Galoas, die um Lambarene wohnen, reisen. Wer diesen Punkt überschritt und weiter nach dem Innern ging, wurde aufgegessen.

Als die Europäer kamen, führten sie in ihren Rudermannschaften und Trägerkarawanen Schwarze aus einer Gegend in die andere. Waren unter diesen Schlafkranke, so brachten sie die Krankheit in neue Gegenden. Am Ogowe war sie früher unbekannt. Sie wurde vor etwa dreißig Jahren durch Träger aus Loango eingeschleppt.

Kommt die Schlafkrankheit in ein neues Gebiet, so richtet sie zunächst ungeheure Verheerungen an. Im ersten Ansturm kann sie ein Drittel der Bevölkerung dahinraffen. So zum Beispiel brachte sie im Bezirke von Uganda in sechs Jahren die Einwohnerzahl von dreihunderttausend auf hunderttausend herunter. Ein Offizier erzählte mir, daß er im Oberlauf des Ogowe ein Dorf mit etwa zweitausend Einwohnern angetroffen habe. Als er zwei Jahre später wieder dort vorüberkam, zählte er noch fünfhundert. Die anderen waren unterdessen an der Schlafkrankheit gestorben.

Nach einiger Zeit verliert die Schlafkrankheit, ohne daß wir diese Tatsache zu erklären vermöchten, an Heftigkeit, fordert aber fortgesetzt regelmäßige Opfer. Plötzlich kann sie dann wieder verheerend auftreten.

Das Leiden beginnt mit unregelmäßigen, bald stärkeren, bald leichteren Fiebern. Diese können monatelang kommen und gehen, ohne daß der Mensch sich eigentlich krank fühlt. Es gibt Patienten, die fast aus dem gesunden Zustand ins Schlafen kommen. Gewöhnlich aber treten im Verlaufe der Fieberperiode schwere Kopfschmerzen auf. Wie manchen Kranken habe ich vor mich treten sehen: „Doktor, mein Kopf, mein Kopf! Ich kann nicht mehr leben." Auch quälende Schlaflosigkeit geht dem Schlafstadium voraus. Es gibt auch Kranke, die in diesem Stadium geisteskrank werden. Manche verfallen der Melancholie, andere der Tobsucht. Einer meiner ersten Schlafkranken war ein junger Mann, den man zu mir brachte, weil er sich das Leben nehmen wollte.

Auch rheumatische Schmerzen treten in der Regel neben dem Fieber auf. Ein Weißer aus dem Seengebiet bei N'Gômô kam mit einer Ischias zu mir. Ich untersuchte genauer. Es war beginnende Schlafkrankheit. Ich schickte ihn sogleich ins Institut Pasteur nach Paris, in dem die französischen Schlafkranken gepflegt werden.

Sehr oft bemerken die Kranken einen beängstigenden Schwund des Gedächtnisses. Nicht selten ist dies das erste Symptom ihrer Krankheit, das ihrer Umgebung auffällt.

Mit der Zeit, manchmal erst zwei oder drei Jahre nach den ersten Fiebern, setzt das Schlafen ein. Zuerst ist es gewöhnlich nur ein größeres Schlafbedürfnis. Der Kranke nickt ein, wenn er irgendwo ruhig sitzt oder wenn er eben gegessen hat.

Vor kurzem suchte mich ein weißer Unteroffizier aus Mouila, sechs Tagereisen von hier, auf, weil er sich beim Reinigen des Revolvers eine Kugel in die Hand gejagt hatte. Er wohnte auf der katholischen Mission. Sein schwarzer Bursche begleitete ihn jedesmal, wenn er zum Verbinden kam, und wartete draußen. Wenn der Patient mich verließ, gab es fast immer ein Gesuche und Gerufe nach dem Begleiter, bis er zuletzt mit verschlafenem Blick aus einem Winkel hervortrat. Sein Herr beklagte sich bei mir, daß er ihn schon mehrmals verloren habe, weil er irgendwo, wo er sich gerade befand, ein ausgedehntes Schlummerstündchen gehalten habe. Ich untersuchte daraufhin sein Blut und entdeckte Schlafkrankheit.

Zuletzt wird der Schlaf immer fester und geht endlich in Koma über. Die Kranken liegen dann gefühl- und teilnahmslos da, lassen Wasser und Kot abgehen, ohne es zu bemerken, und magern immer mehr ab. Vom Liegen werden der Rücken und die Seiten von immer weiter um sich greifenden Geschwüren bedeckt. Die Knie sind an den Hals gezogen. Das Bild ist entsetzlich.

Der erlösende Tod läßt oft lange auf sich warten. Zuweilen tritt sogar länger anhaltende Besserung auf.

Im Dezember hatte ich einen Kranken in diesem letzten Stadium behandelt. Nach vier Wochen zogen die Seinen mit ihm eilends davon, damit er wenigstens in seinem Dorfe sterbe. Ich selber erwartete das Ende in nächster Zeit. Dieser Tage bekam ich Nachricht, daß er nachher wieder gegessen, gesprochen und aufrecht gesessen habe und erst im April gestorben sei.

Meistens führt eine Pneumonie das Ende herbei.

Die Kenntnis des Wesens der Schlafkrankheit ist eine der jüngsten Errungenschaften der Medizin. Sie knüpft sich an die Namen Ford, Castellani, Bruce, Dutton, Koch, Martin und Leboeuf.

Zum ersten Male wurde die Schlafkrankheit Anno 1803 nach unter den Eingeborenen von Sierra-Leone beobachteten Fällen beschrieben. Nachher wurde sie an Negern studiert, die aus Afrika nach den Antillen und nach Martinique gebracht worden waren. Erst in den sechziger Jahren stellte man umfangreiche Beobachtungen über sie in Afrika selbst an. Sie führten zunächst nur zur näheren Beschreibung der letzten Phase der Krankheit. Daß dieser eine andere vorangehe, wußte man nicht. Niemand konnte auf den Gedanken kommen, Fieberzustände, die sich über längere Jahre hinzogen, mit Schlafkrankheit in Verbindung zu bringen. Dies war erst möglich, als man bei beiden Erkrankungen denselben Erreger entdeckte.

Anno 1901 fanden die englischen Ärzte Ford und Dutton bei der mikroskopischen Untersuchung des Blutes von Fieberkranken in Gambia nicht die erwarteten Parasiten der Malaria, sondern bewegliche kleine Lebewesen, die sie ihrer Form nach mit sich drehenden Bohrern verglichen und daher Trypanosomen (Bohrerkörper) benannten. Zwei Jahre später entdeckten

die Leiter der englischen Expedition zur Erforschung der
Schlafkrankheit im Ugandagebiete bei einer Reihe von Patien-
ten ebenfalls bewegliche kleine Lebewesen. In Kenntnis der
Veröffentlichungen von Ford und Dutton legten sie sich die
Frage vor, ob diese nicht mit den bei Fieberkranken aus dem
Gebiete des Gambia gefundenen identisch wären, und unter-
suchten nun ihrerseits Fieberkranke, wobei sie denselben Erre-
ger fanden, wie bei den Schlafkranken. Damit war bewiesen,
daß das „Gambienische Fieber" nur ein Vorstadium der
Schlafkrankheit ist.

Übertragen wird die Schlafkrankheit hauptsächlich durch die
Glossina palpalis, eine Art von Tse-Tse-Fliege. Hat sie sich
einmal an einem Schlafkranken infiziert, so verbreitet sie die
Krankheit auf lange Zeit, vielleicht ihr ganzes Leben hindurch.
Die mit dem Blute des Kranken aufgenommenen Trypanoso-
men erhalten und vermehren sich in ihr und gelangen durch
ihren Speichel in das Blut der Menschen, die von ihr in der
Folge gestochen werden. Die Glossinen fliegen nur am Tage.

Bei näherem Studium der Schlafkrankheit stellte sich heraus,
daß sie auch durch Moskitos übertragen werden kann, wenn
diese sich auf einem Gesunden sättigen, nachdem sie unmittelbar zuvor einen Schlafkranken gestochen haben und davon
noch Trypanosomen im Speichel haben. Das Heer der Moskitos
setzt also das Werk, das die Glossinen tagsüber betreiben, bei
Nacht fort. Armes Afrika!

Aber die Moskitos beherbergen die Trypanosomen nie dauernd in sich. Ihr Speichel ist nur für eine kurze Zeit, nachdem
sie ihn auf einem Schlafkranken verunreinigt haben, gefährlich.

Ihrem eigentlichen Wesen nach ist die Schlafkrankheit eine
chronische, wohl sicher immer zum Tode führende Entzün-
dung der Hirnhäute und des Gehirns. Diese wird dadurch hervorgerufen, daß die anfangs nur im Blute vorhandenen Trypanosomen später auch in die Flüssigkeit der Hirn- und
Rückenmarkshäute (Liquor cerebro-spinalis) übergehen.

Bei der Bekämpfung der Schlafkrankheit handelt es sich
darum, die Trypanosomen zu vernichten, solange sie nur im

Blute sind und noch nicht in die Flüssigkeit der Gehirn- und Rückenmarkshäute gekommen sind. Nur im Blute entfaltet das Atoxyl, das einzige Mittel, das uns bisher gegen die Schlafkrankheit zu Gebote steht, eine einigermaßen sichere Wirkung. Im Gehirn und Rückenmark sind die Trypanosomen mehr oder weniger in Sicherheit vor ihm. Atoxyl ist eine Arsen-Anilin-Verbindung (Metaarsensäureanilid).

Der Arzt muß also die Schlafkrankheit festzustellen suchen in dem Stadium, wo sie die ersten Fieber verursacht. Gelingt ihm dies, so ist Aussicht auf Heilung.

In einer Gegend, wo Schlafkrankheit in Frage kommt, ist die Konsultation also sehr kompliziert, weil bei jedem Fieber, bei jedem anhaltenden Kopfschmerz, bei jeder dauernden Schlaf-losigkeit und bei allen rheumatischen Schmerzen das Mikro-skop zu Rate gezogen werden muß. Und das Unglück will noch, daß die Untersuchung des Blutes auf Trypanosomen nicht einfach, sondern äußerst zeitraubend ist. Es ist nämlich sehr selten, daß diese blassen, etwa achtzehn Tausendstel Millimeter langen und sehr schmalen Parasiten in größerer Zahl im Blute vorhanden sind. Ich selber habe bisher nur einen Fall gesehen, in dem man drei oder vier miteinander im Mikroskop zu Ge-sicht bekam. Gewöhnlich kann man auch da, wo die Krankheit sicher vorliegt, mehrere Tropfen Blut nacheinander durch-suchen, bis man endlich ein Trypanosoma entdeckt. Dabei müssen für das richtige Durchmustern eines Blutstropfens min-destens zehn Minuten angesetzt werden. Habe ich also eine Stunde über dem Blute eines verdächtigen Patienten gesessen und vier oder fünf Tropfen untersucht, ohne etwas zu finden, so darf ich nicht sagen, daß keine Schlafkrankheit vorliegt, son-dern ich muß nun ein noch langwierigeres Verfahren anwen-den. Dies besteht darin, daß ich ihm zehn Kubikzentimeter Blut aus einer Vene des Armes entnehme und es nach be-stimmten Regeln eine Stunde lang zentrifugiere, wobei ich die obersten Schichten immer abgieße, um dann die letzten Tropfen, in denen sich die Trypanosomen der ganzen zehn Kubikzentimeter niedergeschlagen haben sollen, unter das

Mikroskop zu bringen. Ist auch jetzt das Resultat negativ, so
darf ich immer noch nicht behaupten, daß Schlafkrankheit
nicht vorliege. Sind heute keine Trypanosomen im Blute zu
entdecken, so treffe ich sie vielleicht in zehn Tagen darin an,
und habe ich sie heute darin entdeckt, so sind in drei Tagen für
einige Zeit keine mehr darin zu finden! Ein weißer Beamter,
bei dem ich Trypanosomen festgestellt hatte, wurde nachher
in Libreville wochenlang beobachtet, ohne daß wieder welche
gefunden wurden. Erst im Schlafkranken-Institut in Brazzaville
wurden sie aufs neue festgestellt.

Zwei Patienten mit verdächtigem Fieber oder Kopfschmerz
bannen mich, wenn ich gewissenhaft verfahren will, also den
ganzen Morgen ans Mikroskop. Draußen aber sitzen zwanzig
Kranke, die vor Mittag erledigt sein wollen! Die Operierten
sollen verbunden werden! Ich muß Wasser destillieren, Medikamente bereiten, Geschwüre auskratzen, Zähne ziehen! Von
diesem Gehetztsein und von der Ungeduld der Patienten werde
ich oft so nervös, daß ich mich selber nicht mehr kenne.

Habe ich Trypanosomen entdeckt, so spritze ich Atoxyl, in
destilliertem Wasser gelöst, unter die Haut ein, und zwar am
ersten Tage 0,5 Gramm, am dritten 0,75 Gramm, am fünften
Tage 1,0 Gramm und von da an 0,5 Gramm alle fünf Tage. Bei
Frauen und Kindern werden die Dosen entsprechend vermin-
dert. Die bei hundertundzehn Grad sterilisierten Lösungen sind
wirksamer als die einfach bereiteten.

Atoxyl ist ein sehr gefährliches Medikament. Steht die Lösung einige Zeit im Licht, so zersetzt sie sich wie die des Sal-
varsans und wirkt als Gift. Aber auch wenn sie tadellos bereitet und unverdorben ist, kann sie Erblindungen durch Schädigung der Sehnerven hervorrufen. Das liegt nicht an zu großen
Dosen. Kleine sind oft gefährlicher als große. Außerdem
führen sie zu nichts. Fängt man mit zu kleinen Dosen an,
um zu erproben, wie der Patient das Mittel verträgt, so
gewöhnen sich die Trypanosomen an dasselbe. Sie werden,
wie man sagt, „atoxylfest" und trotzen dann auch den stärksten Dosen.

Alle fünf Tage kommen meine Schlafkranken zur Einspritzung. Ehe ich beginne, frage ich mit Bangen, ob keiner bemerkt, daß er weniger gut sieht. Glücklicherweise habe ich bisher nur eine Erblindung, und zwar bei einem schon schwer erkrankten Schlafkranken, zu verzeichnen,

Zur Zeit hat sich die Schlafkrankheit von der Ostküste Afrikas bis zur Westküste und vom Niger im Norden bis zum Zambesi im Süden ausgebreitet. Werden wir ihrer Herr werden? Ihre systematische Bekämpfung in diesem weiten Gebiet würde viele Ärzte und viel, viel Geld erfordern . . . Und wo der Tod schon als Sieger einherschreitet, knausern die europäischen Staaten mit den Mitteln, ihm Einhalt zu tun, um dafür in sinnlosen Rüstungen ihm die Möglichkeit einer neuen Ernte in Europa selbst zu schaffen.

Neben der Schlafkrankheit nimmt mir die Behandlung der Geschwüre am meisten Zeit. Geschwüre sind hier viel, viel häufiger als in Europa. Unter den Kindern der hiesigen Schule hat ein Viertel ständig Geschwüre. Welches ist ihr Ursprung?

Viele Geschwüre rühren vom Sandfloh (Rhynchoprion penetrans) her, der viel kleiner als der gewöhnliche Floh ist. Sein Weibchen bohrt sich in die weichste Stelle der Zehe, mit Vorliebe unter dem Nagel ein und erreicht unter der Haut die Größe einer kleinen Linse. Die Entfernung des Schmarotzers verursacht kleine Wunden. Kommt Infektion durch Schmutz hinzu, so tritt eine Art Gangrän ein, der oft die Zehe oder ein Glied derselben zum Opfer fällt. Hier sind die Neger, die alle zehn Zehen vollständig haben, fast seltener als die, bei denen eine oder mehrere verstümmelt sind. Interessant ist, daß der Sandfloh, der jetzt eine wahre Plage Zentralafrikas bildet, hier nicht von jeher heimisch war, sondern erst 1872 von Südamerika eingeschleppt wurde. In einem Jahrzehnte durchwanderte er dann den schwarzen Kontinent vom Atlantischen zum Indischen Ozean. Auch eine der übelsten Ameisen, die wir hier haben, die sogenannte Sangunagenta, wurde durch Kisten, die von Südamerika übers Meer kamen, hier heimisch.

Zu den durch den Sandfloh verursachten Geschwüren kommen die des sogenannten Craw-Craw. Sie treten gewöhnlich in der Mehrzahl auf und befallen mit Vorliebe den Fuß und den Unterschenkel und schmerzen furchtbar. Ihr Erreger ist unbekannt. Die Behandlung besteht darin, daß man das Geschwür mit einem Wattepfropfen ausbohrt, bis es richtig blutet. Dann wird es mit Sublimat ausgewaschen und mit Borsäure, die bekanntlich ein Pulver ist, ausgefüllt. Darüber kommt ein Verband, den man zehn Tage liegen läßt.

Andere Geschwüre werden durch die sogenannte Framboesia (Himbeerkrankheit) verursacht. Sie können auf dem ganzen Körper auftreten. Die Framboesia hat ihren Namen davon, daß sie sich in ihrem ersten Auftreten in erhabenen, von einer gelben Kruste bedeckten Ausschlägen kundgibt. Entfernt man die Kruste, so kommt eine leicht blutende Oberfläche zum Vorschein, und der Ausschlag sieht dann wirklich wie eine auf die Haut geklebte Himbeere aus. Einmal wurde mir ein Säugling gebracht, der sich an der Brust seiner Mutter infiziert hatte. Er sah aus, als wäre er mit einer klebrigen Masse bestrichen und mit Himbeeren besetzt worden. Sind diese ersten Ausschläge abgelaufen, so treten durch Jahre hindurch flache Geschwüre an den verschiedensten Stellen des Körpers auf.

Diese in allen tropischen Gegenden verbreitete Krankheit ist sehr ansteckend. Fast alle Neger machen sie hier durch. Die alte Behandlung bestand darin, daß man die Geschwüre mit einer Lösung von Kupfersulfat (Cuprum sulfuricum) betupfte und dem Kranken täglich zwei Gramm Jodkali (Kalium jodatum), in Wasser gelöst, gab. Neuerdings hat sich gezeigt, daß Einspritzungen von Arsenobenzol in die Armvenen schnelle und dauernde Heilung bringen. Wie durch Zauber verschwinden die Geschwüre.

Die übelsten Geschwüre sind die sogenannten phagedänischen – das heißt weiterfressenden – tropischen Geschwüre

(Ulcus phagedaenicum tropicum). Sie breiten sich nach allen
Richtungen aus. Nicht selten ist das ganze Bein eine einzige
wunde Fläche, in der die Sehnen und Knochen wie weiße
Inseln liegen. Die Schmerzen sind furchtbar. Der Gestank ist
derart, daß es niemand in der Nähe dieser Kranken aushalten
kann. Sie liegen in irgendeiner Hütte und bekommen das Essen
gebracht. Nach und nach magern sie ab und sterben, nachdem
sie furchtbar gelitten haben. Diese schrecklichsten der Geschwüre sind am Ogowe sehr verbreitet. Mit Desinfizieren und
Verbinden ist nichts geschehen. Der Kranke muß eingeschlä-
fert und das Geschwür sorgfältigst bis auf das gesunde Gewebe ausgekratzt werden. Ist diese Arbeit, bei der das Blut in
Strömen fließt, getan, so wird es mit einer Lösung von Kalium
permanganicum ausgewaschen. Nun muß man Tag für Tag
nachsehen, ob sich nicht irgendwo wiederum ein eitriger Fleck
zeigt, und an jener Stelle sogleich wieder von neuem auskratzen. Bis das Geschwür ausgeheilt ist, kann es Wochen, ja Monate dauern. Eine halbe Kiste von Verbandstoffen geht drauf.
Und was kostet es mich, den Kranken so lange zu ernähren!
Aber welche Freude, wenn er, zwar hinkend – weil der Fuß
durch die Narben verkrümmt wird –, aber so glücklich, von
dem schmerzenden und stinkenden Elend befreit zu sein, zur
Heimfahrt ins Kanoe steigt!

Viele Arbeit machen mir auch die Aussätzigen. Der Aussatz,
mit seinem lateinischen Namen Lepra, rührt von einem mit
dem Tuberkelbazillus nahe verwandten Bazillus her, den der
norwegische Arzt Hansen im Jahre 1871 entdeckte. An eine
Isolierung der Aussätzigen ist hier nicht zu denken. In
meinem Spital sind manchmal vier oder fünf unter den andern
Kranken.

Das Merkwürdigste ist, daß wir wohl annehmen müssen,
daß sich die Lepra von Mensch zu Mensch überträgt, daß es
aber noch nicht gelungen ist, die Art, wie dies geschieht, nach-
zuweisen oder Übertragungen im Experiment zu verwirk-

lichen. Das einzige Medikament, das uns gegen die Lepra zur Verfügung steht, ist das sogenannte Chaulmoograöl (Oleum Gynocardiae), das aus dem Samen eines Baumes in Hinterindien gewonnen wird. Es ist sehr teuer und kommt gewöhnlich leider verfälscht in den Handel. Ich beziehe meines durch den emeritierten Missionar Delord aus der französischen Schweiz, der sich, als er in Neukaledonien wirkte, sehr viel mit Leprakranken abgegeben hat und eine sichere direkte Bezugsquelle besitzt. Nach seiner Anweisung auch verabreiche ich das widerwärtig schmeckende Medikament in einem Gemisch von Sesamöl und Erdnußöl, wodurch es leichter ertragen wird. Neuerdings wird auch empfohlen, Chaulmoograöl unter die Haut zu spritzen.

Ob sichere, dauernde Heilungen bei der Lepra zu erzielen sind, ist fraglich. Aber in jedem Falle lassen sich Besserungen und lange anhaltender Stillstand erreichen, die manchmal praktisch einer Heilung fast gleichkommen. Die in den letzten Jahren gemachten Versuche, die Krankheit mit einem aus Leprabazillen gewonnenen, „Nastin" genannten Stoffe zu heilen, lassen Hoffnung aufkommen, daß es einmal gelingen wird, sie auf diese Weise wirksam zu bekämpfen.

Mit dem Sumpffieber, der tropischen Malaria, habe ich, wie jeder Tropenarzt, leider viel zu tun. Die Eingeborenen finden es ganz natürlich, daß jeder von ihnen von Zeit zu Zeit Fieber mit Schüttelfrösten hat. Übel sind die Kinder davon mitgenommen. Die Milz, die infolge dieser Fieber bekanntlich anschwillt und hart und schmerzhaft wird, ragt bei ihnen manchmal wie ein harter Stein unter den linken Rippen in den Leib hinein und geht nicht selten fast bis zum Nabel. Lege ich diese Kinder auf den Tisch, um sie zu untersuchen, so decken sie instinktiv die Gegend der Milz mit den Armen und Händen zu, weil sie Angst haben, ich könnte den schmerzenden Stein aus Versehen berühren. Der malariakranke Neger ist ein müder, zerschlagener, von Kopfschmerzen geplagter Mensch, dem jede Arbeit schwer fällt. Anhaltende Malaria ist bekanntlich immer von Anämie begleitet. Als Medikamente kommen Arsen und Chinin in Betracht. Unser Koch, unser Wäscher und unser Boy bekommen zweimal in der Woche ein halbes Gramm Chinin. Ein Arsenpräparat, „Arrhenal" genannt, hat die Eigenschaft, daß es die Wirksamkeit des Chinins sehr stark erhöht. Ich verwende es in subkutanen Einspritzungen sehr viel bei weißen und schwarzen Kranken.

Unter den Plagen Afrikas darf auch die tropische Dysenterie nicht vergessen werden. Sie wird auch durch eine besondere Art von Amöben – das heißt Lebewesen, die aus einer Zelle bestehen – hervorgerufen. Diese siedeln sich im Dickdarm an und verletzen die Darmwand. Die Schmerzen sind furchtbar. Fort und fort, Tag und Nacht hindurch hat der Kranke das Bedürfnis, den Darm zu entleeren, wobei aber nichts kommt als Blut. Früher war die Behandlung dieser hier sehr häufigen Dysenterie sehr langwierig und im Grunde wenig erfolgreich. Das einzige Mittel, die in Pulver zerriebene Ipecacuanha-Wurzel, konnte nicht in genügend wirksamen Dosen verabreicht werden, weil sie, durch den Mund eingenommen, Erbrechen bewirkt. Seit einigen Jahren verwendet man nun das aus dieser Wurzel gewonnene wirksame Prinzip, das salzsaure Emetin (Emetinum chlorhydricum). Spritzt man es in einer einprozentigen Lösung an mehreren Tagen hintereinander – sechs bis acht Kubikzentimeter im Tag – unter die Haut, so tritt alsbald Besserung und gewöhnlich dauernde Heilung ein. Die Erfolge grenzen ans Wunderbare. Auf Diät braucht man dabei nicht zu achten. Der Kranke darf essen, wonach er Lust hat, Nilpferdfleisch, wenn es ein Schwarzer, Kartoffelsalat, wenn es ein Weißer ist! Wenn ein Arzt in den Tropen nur das ausrichten könnte, was ihm die beiden neuentdeckten Mittel, Arsenobenzol und Emetin, an Heilungen ermöglichen, so wäre dies allein es schon wert, daß er herkäme!

Daß ein großer Teil der Arbeit des Tropenarztes der Bekämpfung häßlicher und häßlichster Krankheiten gilt, die die Europäer zu den Naturkindern gebracht haben, kann ich hier nur andeuten. Welches Elend aber steht hinter dieser Andeutung!

An Operationen unternimmt man im Urwald natürlich nur die, die dringlich sind und sicheren Erfolg versprechen. Am häufigsten habe ich es mit Brüchen (Hernien) zu tun. Die Neger Zentralafrikas sind viel mehr mit Brüchen behaftet als die Weißen. Woher dies kommt, wissen wir nicht. Eingeklemmte Brüche (inkarzerierte Hernien) sind bei ihnen also auch viel häufiger als bei den Weißen. In dem eingeklemmten Bruch wird der Darm undurchgängig. Er kann sich also nicht mehr entleeren und wird durch die sich bildenden Gase aufgetrieben. Von dieser Auftreibung rühren die furchtbaren Schmerzen her. Nach einer Reihe qualvoller Tage tritt, wenn es nicht gelingt, den Darm aus dem Bruch in den Leib zurückzubringen, der Tod ein. Unsere Voreltern kannten dieses furchtbare Sterben. Heute bekommen wir es in Europa nicht mehr zu sehen, weil bei uns jede inkarzerierte Hernie, kaum daß der Arzt sie festgestellt hat, sogleich operiert wird. „Laßt die Sonne nicht über einer inkarzerierten Hernie untergehen", bekommen die Studenten der Medizin fort und fort eingeschärft. In Afrika ist dieses grausige Sterben aber etwas Gewöhnliches. Schon als Knabe war der Neger dabei, wenn ein Mann sich tagelang heulend im Sande der Hütte wälzte, bis der Tod als Erlöser kam. Kaum fühlt also ein Mann, daß sein Bruch eingeklemmt ist – Hernien bei Frauen sind viel seltener als bei Männern –, so fleht er die Seinen an, ihn ins Kanoe zu legen und zu mir zu führen.

Wie meine Gefühle beschreiben, wenn solch ein Armer gebracht wird! Ich bin ja der einzige, der hier helfen kann, auf Hunderte von Kilometern. Weil ich hier bin, weil meine Freunde mir die Mittel geben, ist er wie die, die in demselben Falle vor ihm kamen und nach ihm kommen werden, zu retten, während er anders der Qual verfallen wäre. Ich rede nicht davon, daß ich ihm das Leben retten kann. Sterben müssen wir alle. Aber daß ich die Tage der Qual von ihm nehmen darf, das ist es, was ich als die große, immer neue Gnade empfinde. Der Schmerz ist ein furchtbarerer Herr als der Tod.

So lege ich dem jammernden Menschen die Hand auf die Stirne und sage ihm: „Sei ruhig. In einer Stunde wirst du schlafen, und wenn du wieder erwachst, ist kein Schmerz mehr." Darauf bekommt er eine subkutane Injektion von Pantopon. Die Frau Doktor wird ins Spital gerufen und bereitet mit Joseph alles zur Operation vor. Bei der Operation übernimmt sie die Narkose. Joseph, mit langen Gummihandschuhen, fungiert als Assistent.

Die Operation ist vorüber. Unter der dunklen Schlafbaracke überwache ich das Aufwachen des Patienten. Kaum ist er bei Besinnung, so schaut er erstaunt umher und wiederholt fort und fort: „Ich habe ja nicht mehr weh, ich habe ja nicht mehr weh!" Seine Hand sucht die meine und will sie nicht mehr loslassen. Dann fange ich an, ihm und denen, die dabeisitzen, zu erzählen, daß es der Herr Jesus ist, der dem Doktor und seiner Frau geboten hat, hier an den Ogowe zu kommen, und daß weiße Menschen in Europa uns die Mittel geben, um hier für die Kranken zu leben. Nun muß ich auf die Fragen, wer jene Menschen sind, wo sie wohnen, woher sie wissen, daß die Eingeborenen so viel unter Krankheiten leiden, Antwort geben. Durch die Kaffeesträucher hindurch scheint die afrikanische Sonne in die dunkle Hütte. Wir aber, Schwarz und Weiß, sitzen untereinander und erleben es: „Ihr aber seid alle Brüder." Ach, könnten die gebenden Freunde in Europa in einer solchen Stunde dabei sein! ...

VI. HOLZFÄLLER UND HOLZFLÖSSER IM URWALD

Kap Lopez, 25.–29. Juli 1914

Ein Abszeß, zu dessen Eröffnung ich die Hilfe des Militärarztes in Kap Lopez nötig zu haben glaubte, zwang mich dieser Tage plötzlich, nach Kap Lopez ans Meer herunterzukommen.

Zum Glück öffnete er sich, kaum daß wir hier waren, von selbst, so daß weitere Komplikationen ausgeschlossen sind. Meine Frau und ich sind freundlich in dem Hause eines Faktoreiangestellten namens Fourier aufgenommen, dessen Frau diesen Sommer über zwei Monate bei uns in Lambarene war und bei uns ihre Niederkunft erwartete. Herr Fourier ist der Enkel des französischen Philosophen Fourier (1772–1837), mit dessen sozialen Theorien ich mich als Student beschäftigte. Nun ist sein Urenkel bei mir im Urwald auf die Welt gekommen.

Ich kann mich noch nicht bewegen und verbringe den ganzen Tag in einem Liegestuhl auf der Veranda, mit meiner Frau auf das Meer hinausschauend und mit Behagen die frische Seeluft atmend. Schon daß die Luft überhaupt bewegt ist, ist für uns eine Wonne. In Lambarene gibt es nie Wind, außer in den kurzen Gewitterstürmen, den Tornados.

Ich benutze die freie Zeit, um etwas von dem Leben der Holzhauer und Holzflößer am Ogowe zu erzählen.

Erst seit etwa dreißig Jahren beginnt man die großen Wälder Westafrikas und Äquatorialafrikas auszubeuten. Die Aufgabe ist nicht so leicht, wie sie scheint. Herrliches Holz ist da die Menge. Wie es aber schlagen und transportieren?

Wert hat am Ogowe vorläufig im allgemeinen nur das Holz, das in der Nähe des Wassers steht. Der herrlichste Baum, einen Kilometer vom Fluß oder vom See entfernt, ist vor der Axt sicher. Was nützt es, ihn zu schlagen, wenn man ihn nicht transportieren kann?

Warum baut man nicht Feldbahnen, um die Blöcke ans Wasser zu transportieren? So kann nur der fragen, der nicht weiß, was der Urwald Äquatorialafrikas ist. Der Boden des Urwaldes besteht aus gigantischen Wurzeln und aus Sumpf. Die Arbeit, um nur für zweihundert Meter Feldbahn den Weg freizumachen – das heißt, die Bäume umzuhauen, die Wurzeln zu entfernen und den Sumpf auszufüllen – würde mehr kosten, als hundert Tonnen des schönsten Holzes in Kap Lopez gelten. Darum können hier Feldbahnen nur auf besonders günstigem

Gelände ohne zu große Kosten gebaut werden. Im Urwald lernt man, wie ohnmächtig der Mensch der Natur gegenüber ist.

Es heißt also in der Regel, auf primitive Weise arbeiten. Das ist auch schon darum nötig, weil man nur primitive Menschen zum Arbeiten hat ... und diese nicht einmal in genügender Anzahl. Man hat davon gesprochen, Anamiten und Chinesen hierher zu verpflanzen. Die Versuche sind aussichtslos. Fremde können im Urwald Afrikas nichts leisten, weil sie die Hitze und das Kampieren im Walde nicht ertragen und sich mit den Mitteln, die das Land bietet, nicht ernähren lassen.

Zuerst heißt es, den richtigen Platz entdecken. Im Urwald wachsen die Bäume der verschiedensten Arten durcheinander. Das Holzschlagen lohnt sich nur da, wo eine größere Anzahl von Bäumen der gesuchten Art in der Nähe des Wassers zusammenstehen. Solche Plätze sind den Eingeborenen bekannt. Gewöhnlich liegen sie weit im Wald drin, stehen aber bei Hochwasser mit dem Fluß durch einen schmalen Wasserlauf oder durch einen Teich, der dann zum See wird, in Verbindung. Die Eingeborenen behalten die Kenntnis solcher Plätze für sich und legen es darauf an, den Weißen, der in ihrer Gegend danach sucht, irrezuführen. Ein Europäer erzählte mir, daß die Männer eines Dorfes über zwei Monate reiche Geschenke in Tabak, Schnaps und Tuch von ihm annahmen und dafür jeden Tag mit ihm auf die Suche nach guten Plätzen gingen. Er fand aber keine, die wirklich gute Ausbeute versprachen. Zuletzt erfuhr er durch ein zufällig belauschtes Gespräch, daß sie ihn an den guten Stellen absichtlich vorbeiführten, worauf die Freundschaft ein Ende hatte.

Das unmittelbar am Fluß stehende Holz ist schon zum großen Teil geschlagen.

Etwa die Hälfte der Wälder ist europäischen Gesellschaften in Konzession überlassen. Die andern sind frei. Jedermann, ob Weißer, ob Neger, kann darin Holz schlagen, wo es ihm beliebt. Auch in den konzessionierten Waldungen lassen die Gesellschaften die Neger oft nach Belieben Bäume fällen, als wären es freie Waldungen, nur unter der Bedingung, daß sie das Holz

der Gesellschaft selber und nicht anderen Holzhändlern verkaufen.

Die große Sache hier ist eben nicht, Wälder zu besitzen, sondern gefälltes Holz zu haben. Das Holz, das die Neger auf eigene
Rechnung fällen und zum Verkauf anbieten, kommt an sich
billiger als das, das der Europäer mit gedungenen Arbeitern
schlägt. Aber die Lieferungen der Neger sind so ungewiß, daß
man sich im Handel nicht darauf verlassen kann. Vielleicht fällt
es ihnen ein, Feste zu feiern oder Fischzüge zu unternehmen,
während gerade größte Nachfrage nach Holz ist. Jede Firma
kauft also Holz bei den Eingeborenen und schlägt zugleich
Bäume mit gedungenen Arbeitern.

Ist ein günstiger Holzplatz entdeckt, so kommen die Männer eines Dorfes, die sich zu seiner Ausbeutung zusammengetan haben, oder der Weiße mit seinen Arbeitern und errichten zunächst Hütten zum Kampieren. Die große Schwierigkeit ist die Verpflegung. Woher in der Wildnis wochen- und
monatelang die Nahrung für sechzig oder hundert Männer
schaffen? Das nächste Dorf und die nächsten Pflanzungen
liegen vielleicht vierzig Kilometer weit weg und sind nur in
mühseliger Wanderung durch Morast und Sumpf zu erreichen.
Nun sind aber Bananen und Maniok, die gewöhnlichen Nahrungsmittel, weil sie viel Platz einnehmen, schwer zu transportieren. Dazu kommt noch, daß sie sich nur wenige Tage halten.
Das große Unglück Äquatorialafrikas ist ja, daß hier nichts
Eßbares wächst, das sich längere Zeit konservieren läßt. Die
Natur bringt das ganze Jahr hindurch, je nach der Zeit, bald
spärlicher, bald reichlicher, Bananen und Maniok hervor.
Aber Bananen faulen sechs Tage, nachdem sie gepflückt sind,
und das Maniokbrot zehn Tage, nachdem es bereitet ist.

Die Maniokwurzel als solche ist ungenießbar, da es giftige,
Cyansäure enthaltende Arten derselben gibt. Um das Gift zu
entfernen, legt man die Wurzeln mehrere Tage lang in flie-
ßendes Wasser. Stanley verlor einmal dreihundert Träger, die

in der Eile Maniok, der nicht genügend gewässert war, gegessen hatten. Ist die Wurzel lange genug im Wasser gelegen, so wird sie zerrieben und macht eine Gärung durch. Es entsteht dann eine Art zähen, dunklen Teiges, der in Form von schmalen Stangen in Blätter eingewickelt und aufbewahrt wird. Diese Maniokstangen sind für den Europäer schwer zu genießen. Bekanntlich ist der Sago, den wir in Suppen essen, aus Maniok bereitet.

Da die regelmäßige Versorgung mit einheimischen Lebensmitteln so schwer ist, müssen sich die schwarzen Holzhändler oft dazu entschließen, von Reis und ... europäischen Konserven zu leben! Von den letzteren kommen hauptsächlich billige, extra für den Export nach dem Innern Afrikas bestimmte Sardinenbüchsen in Betracht, von denen die Faktoreien immer einen großen Stock vorrätig haben. Gekauft werden aber auch, der Abwechslung halber: Hummerkonserven, Spargelkonserven, kalifornische Früchte! Teuerste Konserven, die sich der wohlhabende Europäer als Luxus versagt, ißt der Neger als Holzhauer aus Not.

Ja – und die Jagd? Im eigentlichen Urwald ist die Jagd unergiebig. Wohl gibt es Wild. Aber wie will es der Jäger in dem dichten Gestrüpp sehen und verfolgen? Gute Jagd ist nur da, wo waldlose Sümpfe oder Grassteppen mit Urwald abwechseln. Aber dort ist gewöhnlich kein Holz zu schlagen. So paradox es klingt: man kann nirgends so leicht verhungern als in der üppigen Vegetation des wildreichen Urwalds Äquatorialafrikas.

Was die Holzarbeiter bei Tage unter der Tse-Tse, bei Nacht unter den Moskitos ausstehen, läßt sich nicht sagen. Auch müssen sie tagelang bis zu den Hüften im Sumpfe stehen. Alle haben sie häufig Fieber und Rheumatismus.

Das Fällen der Bäume ist sehr mühselig, der Dicke der Stämme wegen. Und die Urwaldriesen wachsen nicht rund und glatt aus der Erde empor, sondern sind durch eine Reihe von gewaltigen, kantigen Vorsprüngen, die Strebepfeilern gleich aus dem Stamme in die Hauptwurzeln übergehen, in den Boden

verankert. Als hätte die Natur von den besten Baumeistern gelernt, gibt sie diesen gewaltigen Bäumen den einzig zweckmäßigen Schutz gegen die Gewalt der Tornados.

In vielen Fällen ist an ein Abhauen des Baumes am Boden
gar nicht zu denken. Die Axt kann ihre Arbeit erst in Kopf-
höhe beginnen, oder es muß gar ein Gerüst gebaut werden, auf
dem die Holzhauer stehen.

Nachdem einige Männer sich tagelang abgemüht haben, hat
die Axt ihr Werk getan. Oft aber fällt der Baum dann noch
nicht. Er ist mit den Nachbarbäumen durch gewaltige Lianen
verwachsen. Erst wenn auch diese umgehauen sind, stürzt er
selber mit ihnen zu Boden.

Liegen die Stämme, so beginnt das Zerlegen. Man zersägt
oder zerhaut sie mit der Axt in vier bis fünf Meter lange
Stücke. Kommt man an die Stelle, wo der Durchmesser nur
noch sechzig Zentimeter beträgt, so hört man auf. Der Rest
bleibt liegen und verfault. Auch die zu dicken Stücke werden
liegengelassen, weil sie zu schwer zu handhaben sind. Die
Händler wollen nur, was zwischen hundertfünfzig und sechzig
Zentimeter Durchmesser mißt.

Das Fällen und Zerlegen der Bäume geschieht gewöhnlich
in der trockenen Jahreszeit, also zwischen Juni und Oktober.
Dann wird der Weg, auf dem die mächtigen, oft an die drei
Tonnen schweren Stücke nach dem nächsten Teich gerollt werden sollen, ausgehauen. Es beginnt ein Kampf mit stehen-
gebliebenen Wurzelstücken und den gewaltigen, auf dem Boden liegenden Baumkronen. Manchmal sind beim Fallen die
gesplitterten mächtigen Äste metertief in die Erde eingedrungen! Endlich ist der Weg einigermaßen hergestellt. Die Strek-
ken durch den Morast sind mit Holz ausgefüllt. Nun werden
die Stücke eins nach dem andern auf diesen Weg gerollt. An
jedem drücken und schieben dreißig Menschen in rhythmi-
schem Geschrei und drehen es in langsamen Rucken um seine
Achse. Ist es sehr groß oder nicht ganz rund, so reichen Men-
schenkräfte nicht aus. Die Drehung muß durch untergesetzte,
sich ablösende Winden erreicht werden. Oder es gilt eine An-

höhe zu überwinden! Oder das untergelegte Holz im Morast gibt nach! In einem Nachmittag bringen die dreißig Mann unter Umständen nicht mehr fertig, als daß ein einziges Stück achtzig Meter vorangekommen ist.

Und die Zeit drängt! Für das Hochwasser zu Ende November und Anfang Dezember muß alles Holz in den Teich gerollt sein. Nur in jener Periode steht dieses Wasser mit dem Strom in Verbindung. Was diesen Anschluß nicht erreicht, bleibt im Walde und wird durch die tierischen Holzparasiten – besonders durch eine Art von Borkenkäfern (Bostrichidae) – so zugerichtet, daß es nicht mehr verkauft werden kann. Höchstens ist es vielleicht noch beim Frühjahrshochwasser zu retten. Aber dieses ist oft nicht hoch genug, um alle Teiche mit dem Fluß zu verbinden. Muß das Holz aber ein Jahr bis zum nächsten Herbsthochwasser liegen, so ist es sicher verloren.

Manchmal – ungefähr einmal alle zehn Jahre – erreicht aber nicht einmal das Herbsthochwasser die notwendige Höhe. Dann war auf den vielen Holzplätzen die ganze Arbeit umsonst. Letzten Herbst war dies der Fall. Mittlere und kleinere Holzhändler sollen dadurch dem Ruine nahe sein. Mannschaften ganzer Dörfer haben Monate gearbeitet und können nicht einmal die Schulden decken, die sie für den Kauf von Reis und Konserven machen mußten.

Endlich liegt das Holz in fließendem Wasser, am Ufergebüsch mit Lianen festgemacht. Nun kommt der weiße Holzhändler und kauft, was die Neger der verschiedenen Dörfer ihm anzubieten haben. Dabei tut Vorsicht not. Ist es wirklich Holz von der gewünschten Art, oder haben die Neger nicht Stücke eines Baumes mit ähnlicher Rinde und ähnlicher Faserung, der verlockend in der Nähe des Wassers stand, daruntergeschmuggelt? Ist alles Holz auch frisch oder sind nicht alte Stücke vom vergangenen oder vorvergangenen Jahr darunter, die man an den Enden frisch abgesägt hat, damit sie neu aussehen? Die Erfindungsgabe der Neger, um beim Holzhandel zu betrügen, grenzt ans Unglaubliche. Wehe dem Neuling!

In der Bucht von Libreville sollte ein junger englischer Kaufmann für seine Firma Ebenholz einkaufen. Dieses sehr schwere Holz kommt in kurzen Scheiten in den Handel. Zufrieden berichtete der Engländer nach Hause, es würde ihm massenhaft schönstes Ebenholz geliefert. Kaum aber war seine erste Sendung in England angekommen, so lief bei ihm ein Telegramm ein, daß das, was er als Ebenholz gekauft und geschickt habe, ja gar keines sei. Der teuer erworbene Vorrat war wertlos und er selber für den Schaden haftbar. Die Neger hatten ihm irgendein hartes Holz, das sie einige Monate im schwarzen Morast eingeweicht hatten, verkauft. Im Morast hatte es schwarze Farbe in sich eingesogen, so daß es an den Schnittenden und in den oberflächlichen Schichten das herrlichste Ebenholz vortäuschte. Inwendig aber war es rötlich. Der unerfahrene Weiße hatte verabsäumt, zur Probe einige Scheite durchzusägen.

Der weiße Holzhändler hat das Holz vermessen und gekauft. Das Vermessen ist eine schwere Arbeit, da er dabei immer auf den sich im Wasser drehenden Stämmen herumspringen muß. Nun bezahlt er die Hälfte des Kaufpreises. Den Rest entrichtet er, wenn das Holz, dem jetzt das Zeichen seiner Firma eingehauen wird, glücklich zum Meer hinuntergebracht worden ist. Manchmal kommt es vor, daß Neger dasselbe Holz vier- oder fünfmal verkaufen, jedesmal das Angeld einstreichen und zuletzt irgendwo im Urwald verschwinden, bis der Handel vergessen ist oder der Weiße es müde geworden ist, Zeit und Geld daranzuwenden, den Betrügern nachzugehen, an denen er sich ja, da sie das Geld, bis er sie findet, längst in Tabak und anderen Dingen umgesetzt haben, doch nicht mehr schadlos halten kann.

Jetzt geht es an das Binden der Flöße. Dazu braucht man weder Seil noch Drahtseil. Die biegsamen Lianen des Urwaldes sind besser und billiger. Er liefert sie von Fingerdicke bis zu Armdicke. Sechzig bis hundert der vier oder fünf Meter langen

Baumstämme werden in zwei Reihen hintereinander gelegt und untereinander verbunden. Das Floß ist also acht bis zehn Meter breit und etwa vierzig lang. Sein Gewicht beträgt manchmal an die zweihundert Tonnen. Dünne, lange Hölzer, die in bestimmter Anordnung darüber gebunden sind, geben ihm die nötige Festigkeit. Nun werden noch Hütten aus Bambusrohr und Raphiablättern daraufgebaut. Auf zusammengebundene Holzscheite wird Lehm aufgelegt und so eine Feuerstelle zum Kochen geschaffen. Gewaltige Ruder werden vorn und hinten in mächtigen Gabeln befestigt, damit das Floß einigermaßen regiert werden kann. Jedes wird von mindestens sechs Mann gehandhabt. Die Besatzung eines solchen Floßes zählt also zwischen fünfzehn und zwanzig Köpfen.

Nun werden noch Bananen und Maniokstangen, soviel man bekommen kann, eingekauft. Die Fahrt geht los.

Die Mannschaft muß genau die Lage der sich fortgesetzt verschiebenden Sandbänke wissen, um sie nach Möglichkeit zu vermeiden. Leicht mit dem braunen Wasser bedeckt, sind sie sehr schwer von weitem zu erkennen. Fährt das Floß auf eine derselben auf, so gibt es kein anderes Mittel, es wieder flott zu machen, als die Stämme, die sich in den Sand eingebohrt haben, einen nach dem andern aus dem Floß zu lösen und sie nachher wieder in dasselbe einzufügen. Manchmal müssen sie das ganze Floß auseinandernehmen und wieder zusammensetzen, was unter Umständen acht Tage dauert und den Verlust von so und so viel Baumstämmen, die der Fluß während der Arbeit mitnimmt, nach sich zieht. Und die Zeit ist kostbar, denn die Lebensmittel sind gewöhnlich knapp, und je tiefer man den Ogowe hinunterkommt, desto schwerer wird es, sich neue zu verschaffen. Für einige armselige Bananen heischen die Leute der Dörfer am unteren Ogowe von den hungernden Flößern ein bis anderthalb Franken, wenn sie ihnen überhaupt etwas abgeben.

Auf der Fahrt kommt es nicht selten vor, daß die Neger gute Baumstämme aus dem Floße an andere Eingeborene verkaufen und dafür minderwertige von ganz genau denselben

Dimensionen einfügen und auf diesen dann das Zeichen der Firma täuschend gut nachmachen. Solche minderwertigen, im Walde verworfenen Stücke liegen zu Dutzenden vom letzten Hochwasser her auf den Sandbänken oder in den Buchten des Flusses. Man behauptet, daß es Dörfer gibt, die davon alle Größen vorrätig haben. Das aus dem Floße entfernte gute Holz wird nachher unkenntlich gemacht und wieder an einen Weißen verkauft.

Auch aus anderen Gründen noch muß der Weiße um seine auf der Fahrt befindlichen Flöße in Sorge sein. In so und so viel Tagen soll das Schiff, das sie laden wird, in Kap Lopez einlaufen. Die Flößer können gut bis dahin angekommen sein. Man hat ihnen ein schönes Geschenk für das rechtzeitige Eintreffen versprochen. Aber wenn das Tam-Tam in einem Dorfe am Flusse geschlagen wird, erliegen sie oft der Versuchung, das Floß festzubinden und mitzufeiern ... zwei, drei, vier, fünf, sechs Tage lang. Unterdes wartet das Schiff in Kap Lopez, und der Weiße muß für die Wartetage Strafsummen bezahlen, die das gute Geschäft zu einem verlustreichen machen!

Für die zweihundertfünfzig Kilometer von Lambarene bis nach Kap Lopez soll das Floß normalerweise etwa vierzehn Tage brauchen. Die anfangs rasche Fahrt verlangsamt sich gegen Ende. Achtzig Kilometer oberhalb der Mündung beginnen nämlich Ebbe und Flut des Ozeans sich im Flusse bemerkbar zu machen.

Jetzt wird das dem Floße angehängte Kanoe mit Wasser gefüllt, weil weiter abwärts das Wasser des Flusses nicht mehr trinkbar ist und es keine Quellen gibt. Man kommt nur noch mit der Ebbe vorwärts. Sowie die Flut einsetzt, wird das Floß mit einer mächtigen, armdicken Liane am Ufer festgebunden, damit es nicht stromaufwärts zurücktreibt.

Nun gilt es, das Floß in einen schmalen, gewundenen, etwa dreißig Kilometer langen Flußarm zu leiten, der gerade auf dem südlichen Rand der Bucht von Kap Lopez mündet.

Kommt es durch einen andern, mehr in der Mitte der Bucht mündenden Arm ins Meer, so ist es verloren. Die starke Strömung – der gestaute Fluß drängt der Ebbe nach – trägt es mit einer Schnelligkeit von acht Kilometern in der Stunde auf die hohe See hinaus. Fährt es aber durch den südlichsten Arm aus, so kommt es in einen Streifen flachen Wassers, das sich dem Strande entlang fortsetzt, und kann nun mit langen Stangen regiert und dem Strande entlang bis nach Kap Lopez gebracht werden. Sowie es auch nur einige Meter weit vom Strande abkommt und die Stangen den Boden verlieren, ist es nicht mehr zu regieren und treibt ins Meer hinaus. Auf diesen fünfzehn Kilometern entspinnen sich furchtbare Kämpfe zwischen der Mannschaft und den Elementen. Macht sich ein Wind vom Lande gegen das Meer zu auf, so ist oft nichts zu machen. Wird die Not des Floßes von Kap Lopez aus bemerkt, so versucht man, ihm in einem Boot einen Anker mit einer Kette zu senden, und vermag es so zu retten, wenn der Wellengang nicht so stark ist, daß er die Baumstämme auseinanderreißt. Im letzteren Falle bleibt der Mannschaft, wenn sie nicht selber zugrunde gehen will, nichts anderes übrig, als das Floß rechtzeitig im angehängten Kanoe zu verlassen. Ist einmal der Ausgang der Bucht erreicht, so kommt kein Kanoe gegen die Ebbe und die sich im Meere fortsetzende Strömung des Flusses nach Kap Lopez zurück. Die flachen, kiellosen Fahrzeuge, wie sie im Flusse gebraucht werden, können sich überhaupt nicht gegen die Wellen behaupten.

So gehen zuweilen Flöße verloren. Auch Mannschaften sind schon im Meer verschwunden. Einer meiner weißen Patienten befand sich einmal auf einem solchen Unglücksfloß. Sie trieben in der Nacht durch die Schuld einer unerwartet einsetzenden Brise ins Meer hinaus. An eine Rettung im Kanoe war des Wellenganges wegen nicht zu denken. Schon fingen die Wogen des Ozeans an, das Floß in Stücke zu zerreißen, da kam eine Dampfbarkasse zur Rettung herbei. Jemand am Strande hatte die Laterne, die die verzweifelnden Menschen beim Vorbeitreiben hin und her schwenkten, bemerkt und dem bewegten Licht das zufällig unter Dampf stehende Boot nachgesandt.

Glücklich in Kap Lopez angelangt, wird das Floß zerlegt, und die Baumstämme kommen in den „Park". An den geschützten Stellen der Bucht werden zwei Reihen von Baumstämmen untereinander zu einer Art doppelter Kette verbunden. Dies geschieht so, daß in das Holz eiserne Keile, die in Ringen endigen, eingeschlagen und durch die Ringe starke Drahtseile gezogen werden. Diese Doppelkette aus Holz schließt das Wasser gegen das Meer ab. Innerhalb dieser Sperre liegen nun so viel Stämme, als Platz haben, nebeneinander. Zudem sind auch sie noch untereinander durch Drahtseile, die durch eingeschlagene eiserne Ringe laufen, befestigt. Alle paar Stunden kontrolliert ein Wächter, ob an der Sperre noch alles in Ordnung ist, ob die eingeschlagenen Ringe noch festsitzen und ob die Drahtseile durch das fortgesetzte Reiben in den Ringen und das stetige Abgeknicktwerden nicht mürbe geworden sind. Oft nützt alle Vorsicht nichts. Es kommt vor, daß ein Drahtseil der Sperre unbemerkt in der Nacht reißt und die Hölzer des Parkes auf Nimmerwiedersehen die Spazierfahrt auf das Meer angetreten haben, wenn der Besitzer morgens herzueilt. Einer englischen Firma ging vor einigen Monaten auf diese Weise in einer Nacht Holz für an die vierzigtausend Franken verloren. Kommt gar der Tornado, so gibt es kein Halten. Wie übermütige Delphine springen die mächtigen Stämme in dem Park herum und setzen in elegantem Sprung über die Sperre hinweg.

Jeder Tag, den das Holz in der Bucht von Kap Lopez liegt, kann ihm also gefährlich werden. Mit Sehnsucht wird das Schiff, auf das die Stämme verladen werden sollen, erwartet. Kaum ist es da, so schleppen ihm die Dampfbarkassen Floß um Floß an seine dem Lande zugekehrte Seite. Die zum Verladen bestimmten Flöße sind so hergestellt, daß Drahtseile durch in beide Enden der Stämme eingeschlagene Ringe laufen. Einige Neger tanzen auf dem schwankenden Floß herum und schlagen jedesmal die Ringe aus dem Stamme, der verladen werden soll, heraus, so daß er aus dem Floß frei wird. Dann legen sie ihm die Kette um, in der er an Bord gehißt werden soll. Dies erfordert eine ungeheure Geschicklichkeit. Gleiten die Arbeiter auf den durch die Nässe glatten, sich im Wasser drehenden Stämmen aus, so werden ihnen die Beine zwischen den zwei bis drei Tonnen schweren, fortwährend gegeneinanderschlagenden Blöcken zermalmt.

Von der Veranda aus schaue ich durch das Fernrohr einigen Negern bei dieser durch die schöne Brise äußerst erschwerten Arbeit zu. Kommt der Tornado oder auch nur ein steifer Wind, so sind die Flöße, die längs der Schiffe liegen, ernstlich gefährdet.

Die Verluste von dem Platze an, wo die Bäume gefällt werden, bis zur erfolgten Verladung nach Europa sind also bedeutend. Viele der gehauenen Stämme gehen auf die eine oder andere Weise zugrunde. Die Lagunen in der Nähe der Mündungen des Ogowe sind wahre Holzkirchhöfe. Zahlreich ragen aus ihrem Schlamm riesenhafte Baumstämme hervor, die das Meer hier bestattet hat. Es sind hauptsächlich Baumstämme, die nicht rechtzeitig aus dem Wald ins Wasser gebracht werden konnten und am Platze, wo sie geschlagen worden waren, verdarben, bis einmal großes Hochwasser kam und sie in den Fluß hinaustrug. In der Bucht trieben sie dann der Wind und die Flut in die Lagune hinein, aus der sie nicht mehr herauskamen. Mit dem Fernrohre zähle ich eben an die vierzig Stämme, die in der Bucht umherirrten. Ebbe und Flut werden mit ihnen spielen, bis sie ihr Grab im Ozean oder in der Lagune gefunden haben. Aber der Holzreichtum des Urwaldes von Gabun ist so groß, daß diese Verluste keine Rolle spielen.

Ist das Floß glücklich abgeliefert, so beeilt sich die Mannschaft, die es hergebracht hat, sei es in ihrem Kanoe, sei es auf einem Dampfer, wieder den Fluß hinaufzukommen ... um nicht in Kap Lopez Hunger zu leiden. Alle frischen Lebensmittel des Hafenortes müssen nämlich aus dem Innern mehr als hundert Kilometer weit den Fluß heruntergeschafft werden, da im Küstensande und in den Sümpfen des Mündungsgebietes nichts Eßbares gedeiht.

Sind die zurückgekehrten Flößer vom Käufer des Holzes entlohnt, so werden Tabak, Schnaps und Waren aller Art in einer Faktorei in Menge eingekauft. Als nach Negerbegriff reiche Leute kehren sie in ihr Dorf heim. Nach einigen Wochen, wenn nicht schon früher, ist ihnen das ganze Gut unter den Händen zerronnen. Von neuem suchen sie einen günstigen Holzplatz, von neuem beginnt die schwere Arbeit.

Der Holzexport von Kap Lopez steigt fortgesetzt. Augenblicklich beträgt er an die hundertundfünfzigtausend Tonnen im Jahre. Zur Versendung kommen hauptsächlich Mahagoni, das von den Eingeborenen Ombega genannt wird, und Okoume (Aucoumea Kleineana), das sogenannte falsche Mahagoni.

Das Okoumeholz ist weicher als Mahagoni und dient besonders zur Herstellung von Zigarrenkisten. Auch in der Möbelindustrie findet es Verwendung. Es hat eine große Zukunft. Manche Arten des falschen Mahagoni sind fast schöner als das echte Mahagoni.

Liegt das Holz längere Zeit im Meere, so wird es von dem Schiffsbohrwurm (Teredo navalis) angebohrt. Der Schiffsbohrwurm ist eine wurmartig gestaltete kleine Muschel, die in geradem Wege von außen nach dem Mittelpunkt des Stammes vordringt. Muß das Holz längere Zeit auf Schiffe warten, so wird es deshalb ans Land gerollt. Gewöhnlich wird dann auch der Splint mit Äxten abgehauen, so daß der Stamm zu einem vierkantigen Block wird.

Außer dem Mahagoni und dem Okoume gibt es noch viele wertvolle Holzarten am Ogowe. Ich nenne das Ekewasengo (Rosenholz) und das Korallenholz, die beide eine wundervolle rote Farbe haben, und das „Eisenholz", das so hart ist, daß in der Sägerei von N'Gômô Zahnräder, die daraus gemacht sind, verwendet werden. Es wächst hier auch ein Holz, das gehobelt wie weißer, moirierter Satin aussieht.

Die schönsten Hölzer kommen nicht zur Ausfuhr, weil sie auf dem europäischen Markte noch nicht bekannt sind und daher nicht begehrt werden. Werden sie einmal bekannt und begehrt sein, so wird der Holzhandel im Ogowe noch viel bedeutender werden als heute. Als einer der besten Kenner der Hölzer des Ogowe gilt Herr Missionar Haug in N'Gômô. Er besitzt eine wertvolle Sammlung aller Arten.

Am Anfang verstand ich nicht, wie alle Menschen hier, auch die, die mit dem Holzhandel nichts zu tun haben, sich für die Qualitäten der verschiedenen Hölzer so interessieren könnten. Mit der Zeit aber bin ich durch den fortwährenden Verkehr mit Holzhändlern, wie meine Frau sagt, ein Holznarr geworden.

VII. SOZIALE PROBLEME IM URWALD

Auf dem Strom, 30. Juli bis 9. August 1914

Ich bin wieder arbeitsfähig. Der Führer eines kleinen, einer Handelsgesellschaft von N'Djôle gehörenden Flußdampfers hat die Freundlichkeit, uns nach Lambarene mitzunehmen. Wir kommen nur langsam vorwärts, da wir eine schwere Ladung haben. Sie besteht aus Petroleum. Dieses kommt in je achtzehn Liter haltenden viereckigen Kannen von Amerika direkt an den Ogowe. Die Eingeborenen fangen an, viel Petroleum zu brennen.

Ich benütze die lange Fahrt, um mir selber einmal die sozialen Probleme, die ich zu meinem Erstaunen im Urwalde angetroffen habe, zu vergegenwärtigen. Wir reden in Europa so viel von Kolonisation und kolonialer Kulturarbeit, ohne uns über den Inhalt dieser Worte klar zu sein.

Aber gibt es wirklich soziale Probleme im Urwald? Ja. Man braucht nur zehn Minuten lang die Unterhaltung zweier Weißer hier anzuhören, und schon ist sicher das schwerste dieser Probleme, das Arbeiterproblem, berührt. In Europa stellt man sich gerne vor, daß unter den Wilden für sehr mäßigen Lohn sich so viele Arbeiter anbieten, als gewünscht werden. Das Gegenteil ist der Fall. Arbeiter sind nirgends schwerer zu finden als unter den primitiven Völkern, und werden im Verhältnis zur Arbeitsleistung nirgends so teuer bezahlt wie hier.

Dies kommt von der Faulheit der Neger, sagt man. Aber ist der Neger wirklich so faul? Liegt das Problem nicht tiefer?

Wer einmal die Leute eines Negerdorfes gesehen hat, wenn sie ein Stück Urwald ausroden, um eine neue Pflanzung anzulegen, der weiß, daß sie imstande sind, wochenlang mit Eifer und unter Anspannung aller Kräfte zu arbeiten. Zu dieser härtesten aller Arbeiten – um dies nebenbei zu sagen – ist jedes Dorf alle drei Jahre genötigt. Die hohen Stauden, an denen die Bananen wachsen, verbrauchen den Boden außerordentlich schnell. Darum muß alle drei Jahre eine neue, durch die Asche des abgehauenen und verbrannten Urwaldes gedüngte Pflanzung angelegt werden.

Was mich angeht, so wage ich nicht mehr, unbefangen von der Faulheit der Neger zu reden, seitdem mir fünfzehn Schwarze in fast ununterbrochenem, sechsunddreißigstündigem Rudern einen schwerkranken Weißen den Strom heraufbrachten.

Der Neger arbeitet unter Umständen also sehr gut . . . aber er arbeitet nur so viel, als die Umstände von ihm verlangen. Das Naturkind, und dies ist des Rätsels Lösung, ist immer nur Gelegenheitsarbeiter.

Bei geringer Arbeit liefert die Natur dem Eingeborenen so ziemlich alles, was er zu seinem Unterhalt im Dorfe braucht. Der Wald bietet ihm Holz, Bambus, Raphia und Bast zum Herstellen einer Hütte, die ihn gegen Sonne und Regen schützt. Er braucht nur noch etwas Bananen und Maniok zu pflanzen, zu fischen und auf die Jagd zu gehen, so hat er das Notwendige beisammen, ohne sich als Arbeiter verdingen und regelmäßig verdienen zu müssen. Tritt er eine Stelle an, so ist es, weil er zu einem bestimmten Zweck Geld braucht. Er will eine Frau kaufen; sein Weib oder seine Weiber haben Lust auf schöne Stoffe, auf Zucker, auf Tabak; er selber braucht eine neue Axt, möchte gern Schnaps trinken, einen Khakianzug und Schuhe tragen.

Es sind also mehr oder weniger Bedürfnisse, die außerhalb des eigentlichen Kampfes ums Dasein liegen, die das Naturkind dazu bringen, sich zur Arbeit zu verdingen. Liegt ein bestimmter Zweck zum Gelderwerb nicht vor, so bleibt es in seinem Dorfe. Steht es irgendwo in Arbeit und hat es so viel verdient, daß es sich leisten kann, wonach ihm das Herz stand, so hat es keine Ursache, sich weiter zu mühen, und kehrt in sein Dorf zurück, wo es immer Wohnung und Nahrung findet.

Der Neger ist nicht faul, sondern er ist ein Freier. Darum ist er immer nur ein Gelegenheitsarbeiter, mit dem kein geordneter Betrieb möglich ist. Dies erlebt der Missionar auf der Station und in seinem Hause im kleinen und der Pflanzer oder der Kaufmann im großen. Wenn mein Koch Geld genug beisammen hat, um die Wünsche seiner Frau und seiner Schwiegermutter zu befriedigen, geht er davon, ohne Rücksicht darauf, ob wir ihn notwendig brauchen. Der Plantagenbesitzer wird von seinen Arbeitern gerade in der kritischen Zeit verlassen, wo es gilt, die dem Kakao schädlichen Insekten zu bekämpfen. Wenn gerade aus Europa Depesche auf Depesche um Holz kommt, findet der Holzhändler keine Leute zum Holzhauen, weil das Dorf sich zur Zeit auf den Fischfang begibt oder eine neue Pflanzung anlegt. Alle werden wir von Ingrimm gegen die faulen Schwarzen erfüllt. In Wirklichkeit liegt aber nur vor, daß wir sie nicht in der Hand haben, weil sie nicht auf den Verdienst bei uns angewiesen sind.

Es besteht also ein furchtbarer Konflikt zwischen den Bedürfnissen des Handels und der Tatsache, daß das Naturkind ein Freier ist. Der Reichtum des Landes kann nicht ausgebeutet werden, weil der Neger nur ein geringes Interesse daran hat. Wie ihn zur Arbeit erziehen? Wie ihn zur Arbeit zwingen?

„Schaffen wir ihm möglichst viel Bedürfnisse, so wird er möglichst viel arbeiten", sagen der Staat und der Handel miteinander. Der Staat gibt ihm unfreiwillige Bedürfnisse in Gestalt von Steuern. Hier zahlt jeder Erwachsene über vierzehn Jahre eine Kopfsteuer von fünf Franken, und man redet davon, dieselbe auf das Doppelte zu erhöhen. Ein Mann, der zwei Frauen und sieben über vierzehn Jahre alte Kinder hat, wird dann hundert Franken im Jahr zusammenbringen und dafür dem Handel entsprechend viel Arbeit leisten oder Produkte liefern müssen. Der Kaufmann schafft dem Neger Bedürfnisse, indem er ihm Waren anbietet: nützliche wie Stoffe, Werkzeuge, unnötige wie Tabak und Toilettenartikel, schädliche wie Alkohol. Die nützlichen Dinge würden niemals hinreichen, eine nennenswerte Arbeitsleistung zu erzielen. Der Tand und der Schnaps tun fast mehr dazu. Man schaue sich an, was im Urwald zum Verkauf angeboten wird. Unlängst ließ ich mir von einem Neger, der an einem weltverlorenen kleinen See einen kleinen Laden für einen Weißen hält, die Waren zeigen. Hinter dem Ladentisch thronte das schön weiß angestrichene Schnapsfaß. Daneben standen die Kisten mit Tabakblättern und die Kannen mit Petroleum. Weiter waren vorhanden: Messer, Beile, Sägen, Nägel, Schrauben, Nähmaschinen, Bügeleisen, Schnur zum Flechten von Fischnetzen, Teller, Gläser, Emailschüsseln aller Größen, Lampen, Reis, Konservenbüchsen aller Art, Salz, Zucker, Decken, Kleiderstoffe, Stoffe für Moskitonetze ... Gilletsche Sicherheits-Rasierapparate, Kragen und Krawatten in reicher Auswahl, Damenhemden mit Spitzen, Unterröcke mit Spitzen, Korsetts, elegante Schuhe, durchbrochene Strümpfe, Grammophone, Ziehharmonikas und Phantasiewaren aller Art. Unter den letzteren war ein Teller, der auf einem Untersatz stand, in mehreren Dutzenden vorhanden. „Was ist das?" fragte ich. Der Neger verschob einen Hebel am Untersatz, und alsbald ließ sich eine kleine Spieldose hören! „Mit diesem Gegenstand mache ich die besten Geschäfte", sagte er mir. „Alle Frauen in der Umgegend wollen einen solchen Teller haben und plagen ihren Mann, bis er das Geld dazu verdient hat."

Gewiß können Steuern und gesteigerte Bedürfnisse die Neger mehr zum Arbeiten bringen, als sie es sonst täten, aber eine wirkliche Erziehung zur Arbeit findet dadurch nicht oder nur in geringem Maße statt. Der Neger wird geldgierig und genußsüchtig, aber nicht zuverlässig und gewissenhaft. Wo er in Dienst geht, denkt er nur daran, mit einem Mindestmaß von Arbeit möglichst viel Geld zu holen. Er leistet nur etwas, solange der Arbeitgeber dabei steht.

Letzthin hatte ich Tagelöhner, um eine neue Hütte beim Spital zu bauen. Kam ich am Abend, so war nichts geschafft. Als ich mich am dritten oder vierten Tag erzürnte, sagte mir einer der Schwarzen, der nicht einmal einer der Schlechtesten war: „Doktor, schrei nicht so mit uns. Du bist ja selber schuld daran. Bleib bei uns, dann schaffen wir. Aber wenn du im Spital bei den Kranken bist, sind wir allein und tun nichts." Jetzt komme ich zu dem System, daß ich mich an dem Tage, wo ich Tagelöhner habe, für zwei bis drei Stunden freimache. Während dieser Zeit stehe ich neben ihnen und mache sie schaffen, daß ihnen der Schweiß auf der braunen Haut steht. Dann ist doch wenigstens soviel geleistet.

Mit der Steigerung der Bedürfnisse ist etwas, aber nicht viel erreicht. Ständiger Arbeiter wird das Naturkind nur in dem Maße, als es aus einem Freien zu einem Unfreien wird. Dies kann von verschiedenen Seiten versucht werden. Zunächst kommt es darauf an, dem Neger für einige Zeit die Rückkehr ins Dorf abzuschneiden. Die Pflanzer und die Waldbesitzer dingen grundsätzlich keine Arbeiter aus der Umgegend, sondern werben von weither, aus fremden Stämmen junge Leute auf ein Jahr an und bringen sie zu Wasser hierher. Diese Verträge sind von der Regierung ausgearbeitet und, wie vieles in der hiesigen Kolonialverwaltung, zweckmäßig und human gedacht. Am Ende der Woche soll der Arbeiter immer nur die Hälfte des Lohnes ausgezahlt bekommen. Der Rest wird zurückgelegt und ihm ausgehändigt, wenn das Jahr herum ist und der Weiße ihn wieder heimbefördern muß. Damit soll vermieden werden, daß er das Verdiente so schnell verausgabt, als er es erwirbt, und dann mit leeren Händen in die Heimat zurückkommt. Die meisten dieser Männer verdin-

gen sich, um das Geld zum Kaufe einer Frau zusammenzubekommen.

Und das Resultat? Die Leute müssen das Jahr aushalten,
weil sie keine Möglichkeit haben, in ihr Dorf zurückzukehren.
Aber wirklich brauchbare Arbeiter sind wenige von ihnen.
Viele leiden an Heimweh. Andere können die ungewohnte
Kost – sie müssen, da frische Lebensmittel fehlen, oft mit Reis
genährt werden – nicht ertragen. Die meisten von ihnen ergeben sich dem Schnapsgenuß. Geschwüre und Krankheiten
verbreiten sich leicht unter den in Hütten kasernierten, eng
aufeinanderwohnenden Menschen. Trotz aller Vorsichtsmaßregeln vertun sie ihren Lohn, sowie der Kontrakt abgelaufen
ist, und kommen gewöhnlich so arm nach Hause, als sie gegangen sind.

Der Neger taugt nur etwas, solange er in seinem Dorfe ist
und an seiner Familie und seiner Sippe moralischen Halt hat.
Aus seiner Umgebung herausgenommen, geht er leicht sittlich
und auch körperlich zugrunde. Agglomerationen von familien-
losen Negerarbeitern sind Stätten der Demoralisation. Aber
der Handel und die Plantagen müssen solche Agglomerationen
fordern, da sie ohne sie nicht bestehen können.

Das Tragische ist eben, daß die Interessen der Kultur und
der Kolonisation sich nicht decken, sondern in vielem in
Antagonismus zueinander stehen. Der Kultur wäre damit gedient, daß die Männer des Urwaldes in ihren Dörfern belassen
und erzogen würden, hier Handwerke auszuüben, Pflanzungen
anzulegen, etwas Kaffee und Kakao für sich wie zum Verkauf
zu bauen, in Häusern aus Brettern oder Ziegeln statt in Hütten
aus Bambus zu wohnen, und so ein gediegenes und ruhiges
Leben zu führen. Aber die Kolonisation muß verlangen, daß
möglichst viele Leute auf jede mögliche Weise zu der höchst-
möglichen Nutzbarmachung der Schätze des Landes mobil gemacht werden. Höchstmögliche Produktion lautet ihre Parole,
damit die in die Kolonie gesteckten Kapitalien rentieren und

das Mutterland, was es braucht, aus der eigenen Kolonie beziehen kann. An diesen sich hier ungeahnt auftuenden Gegensätzen ist kein Mensch schuld. Sie sind in den Umständen gegeben. Und sie sind um so schwerer, je tiefer die Völker stehen und je dünner das Land bevölkert ist. Im Zululande zum Beispiel, wo Ackerbau und Viehzucht möglich sind, der Neger sich von selbst zum seßhaften Bauern und zum kleinen Gewerbetreibenden entwickelt und die Bevölkerung so dicht ist, daß der Handel der Europäer noch immer die nötigen Arbeitskräfte findet, sind die Probleme, die den Menschenbestand des Landes und die Schaffung der Eingeborenenkultur betreffen, lange nicht so schwer als in den Kolonien mit Urwald und primitiven Völkern. Hier aber kann der Fall eintreten, daß die wirtschaftliche Kolonisation auf Kosten der Kultur und des Bestandes an Menschen geht.

Wie sieht es mit der erzieherischen Wirkung des viel diskutierten Arbeitszwanges von seiten der Regierung aus? Was versteht man unter Arbeitszwang?

Jeder Eingeborene, der nicht ein dauerndes, eigenes Gewerbe ausübt, soll sich, auf Befehl des Staates, so und so viele Tage im Jahr in den Dienst eines Kaufmanns oder Pflanzers stellen müssen. Am Ogowe haben wir keinen Arbeitszwang. Das Prinzip der Kolonialverwaltung von Gabun ist, möglichst ohne solche Maßnahmen auszukommen. In Deutschafrika, wo der Arbeitszwang in humaner und zugleich zielbewußter Art gehandhabt wird, soll er nach den einen gute, nach den andern schlechte Resultate geben.

Ich halte den Arbeitszwang nicht für prinzipiell falsch, aber für praktisch undurchführbar. Ohne Arbeitszwang im kleinen kommt man in der Kolonie nicht aus. Wäre ich Beamter und ein Pflanzer meldete mir, daß seine Arbeiter ihm bei der Kakaoernte davongelaufen sind und daß die Männer der umliegenden Dörfer sich weigern, in diesem kritischen Momente auszuhelfen, so würde ich es für mein Recht und meine Pflicht halten, ihm die letzteren, solange er sie zur Rettung seiner Ernte braucht, natürlich gegen den landesüblichen Tagelohn, zur Verfügung zu stellen. Aber der allgemein durchgeführte Arbeitszwang kompliziert sich dadurch, daß die Männer, um diese Tage beim Weißen zu arbeiten, eventuell ihr Dorf und ihre Familie verlassen und sich viele Kilometer fortbegeben müssen. Wer ernährt sie auf der Reise? Was wird aus ihnen, wenn sie krank sind? Wer steht mir dafür, daß der Weiße sie nicht gerade einberuft, wenn ihr Dorf die Pflanzung bestellen muß oder es die gute Zeit zu den großen Fischzügen ist? Wird er sie nicht länger, als er darf, behalten unter dem Vorwande, daß sie nichts arbeiteten? Wird er sie gut behandeln? Die Gefahr ist da, daß der Arbeitszwang unter der Hand zu einer Art Sklaverei wird.

Mit dem Problem des Arbeitszwanges verwandt ist das der Bewirtschaftung der Kolonien in „Konzessionen". Was versteht man unter „Konzession"? Eine mit reichen Mitteln ausgestattete Gesellschaft erhält ein großes Gebiet auf eine Reihe von Jahrzehnten zur Bewirtschaftung zugesprochen. Kein anderer Kaufmann darf sich dort niederlassen. Da jede Konkurrenz ausgeschaltet ist, kommen die Eingeborenen in eine sehr starke Abhängigkeit von der Gesellschaft und ihren Angestellten. Wenn auch die Hoheitsrechte des Staates auf dem Papier gewahrt sind, so tritt doch die kaufmännische Gesellschaft praktisch in viele derselben mehr oder weniger ein, besonders wenn ihr noch die dem Staate geschuldeten Steuern in Gestalt von Landesprodukten oder Arbeit geleistet werden müssen, die sie dann dem Staate in Form von Geld zukommen läßt. Die Frage wurde seinerzeit viel besprochen, weil das System der großen „Konzessionen" im belgischen Kongo zu ernsten Mißständen geführt hat. Ich verkenne seine Gefahren nicht. Es kann, schlecht gehandhabt, dazu führen, daß der Eingeborene dem weißen Kaufmann und Pflanzer als ein rechtloses Ding angehört. Aber es hat auch seine guten Seiten. Der Oberlauf des Ogowe ist als Konzession an die „Gesellschaft des oberen Ogowe" vergeben. Mit Angestellten derselben, die längere Zeit bei mir zur Pflege weilten, habe ich die Frage nach allen Richtungen besprochen und dabei die Sache auch von der anderen Seite kennengelernt. Da die Gesellschaft nicht mit der Konkurrenz zu rechnen hat, kann sie, wie es die „Gesellschaft des oberen Ogowe" tut, den Schnaps aus ihrem Gebiete fernhalten und nur gediegene Waren, keinen Tand, in ihren Faktoreien ausbieten. Von einsichtigen Männern geleitet, vermag sie erzieherisch zu wirken. Und da ihr das Land auf lange Zeit allein gehört, hat sie ein Interesse daran, es rationell zu bewirtschaften, und kommt nicht so leicht in Versuchung, Raubbau zu treiben.

Im allgemeinen ist also das Prinzip des Arbeitszwanges in dem Sinne, daß der Staat den weißen Privatleuten die Eingeborenen zur Verfügung stellt, zu verwerfen. Er kommt noch genug in die Lage, den Schwarzen Arbeit für gemeinnützige Aufgaben aufzuerlegen. Er muß Ruderer und Träger für die reisenden Beamten ausheben, Frone für den Bau und die Unterhaltung von Wegen auferlegen und unter Umständen auch Requisitionen von Lebensmitteln vornehmen, um seine Truppen und sein Personal zu ernähren.

Zwei Dinge sind in Afrika furchtbar schwer: einen größeren Ort regelmäßig mit frischer Nahrung zu versehen und durch den Urwald führende Wege zu unterhalten. Beides wird noch in dem Maße schwieriger, als die Bevölkerung dünn gesät ist und die Distanzen groß sind. Ich rede aus Erfahrung. Welche Mühe habe ich, um die Lebensmittel für meine beiden Heilgehilfen und für diejenigen Kranken in meinem Spital zusammenzubringen, die zu weit von hier weg wohnen, um aus dem Heimatdorfe das Nötige regelmäßig zugeführt zu bekommen! Es gibt Zeiten, wo ich zu Zwangsmaßregeln meine Zuflucht nehmen und verordnen muß, daß jeder, der zur Behandlung herkommt, mir zuerst so und so viel Bananen oder Maniokstangen abliefere. Dies führt zu endlosen Diskussionen mit den Patienten, die behaupten, es nicht gewußt zu haben, oder selber nicht genügend Nahrungsmittel zu besitzen. Die Schwerkranken oder die von weit Hergekommenen behandle ich natürlich, auch wenn sie den bescheidenen Tribut nicht abgeliefert haben. Mag ich aber noch so streng auf die Lieferung dringen, so kommt es mir dennoch vor, daß ich Kranke entlassen muß, weil ich sie nicht mehr ernähren kann. In ähnlicher Lage befindet sich der Leiter der Missionsstation, der Nahrung für die hundert oder hundertfünfzig Kinder der Missionsschule beschaffen muß. Es kommt vor, daß die Schule geschlossen und die Kinder nach der Heimat entlassen werden müssen, weil wir sie nicht erhalten können.

Für die Frone und Requisitionen kommen naturgemäß am meisten die Dörfer in Betracht, die den Ansiedelungen der Weißen am nächsten liegen. Mag die Regierung auch noch so schonend und gerecht vorgehen, so empfinden diese Eingeborenen es als Last und haben das Bestreben, nach entfernteren Gegenden, in denen man seine Ruhe hat, auszuwandern. So bildet sich in den Gegenden mit Naturvölkern und geringer Bevölkerungsdichte leicht nach und nach eine Leere um die Niederlassung der Weißen. Daraufhin muß der Zwang nun noch in einer anderen Form in Kraft treten. Es wird den Eingeborenen verboten, ihre Dörfer zu verlegen, und ferne Dörfer erhalten den Befehl, sich in der Nähe der weißen Niederlassung oder an einem bestimmten Punkte des Karawanenweges oder des Flusses anzusiedeln. . . . Es muß so sein, aber es ist tragisch, daß es so sein muß. Und in allem haben die Regierenden darauf zu sehen, daß nur das unumgänglich Nötige von Zwang angewandt wird.

In Kamerun ist der Urwald durch ein ausgezeichnet unterhaltenes Wegenetz durchzogen, das dem Handel sehr zugute kommt und die Bewunderung aller fremden Kolonisten bildet. Geht diese große Arbeit aber nicht auf Kosten der Bevölkerung und ihrer vitalen Interessen? Daß man dort schon so weit ist, Weiber zur Fronarbeit für die Unterhaltung der Wege heranzuziehen, gibt mir zu denken. Es darf nicht sein, wie es in vielen Fällen vorkommt, daß die Kolonie prosperiert und die Eingeborenenbevölkerung von Jahr zu Jahr abnimmt. Dann lebt man in der Gegenwart auf Kosten der Zukunft, und das fatale Endresultat ist nur eine Frage der Zeit. Die Erhaltung der Eingeborenenbevölkerung muß das erste Ziel einer gesunden Kolonialpolitik sein.

Neben dem Arbeiterproblem gibt es noch das Problem der Emanzipation. An sich wäre es nach meiner Meinung unnötig, daß Eingeborene aus den primitiven Völkern eine weitgehende Schulbildung erhalten. Der Anfang der Kultur ist hier nicht das Wissen, sondern das Handwerk und der Landbau, durch die erst die wirtschaftlichen Bedingungen für die höhere Kultur geschaffen werden können. Aber die Regierung und der Handel brauchen auch Eingeborene mit ausgedehnten Kenntnissen, um sie in der Verwaltung und den Faktoreien zu verwenden. Also müssen die Schulen ihre Ziele viel höher stecken, als normal ist, und Leute heranbilden, die das kompliziertere Rechnen verstehen und tadellos in der Sprache der Weißen schreiben können. Bei der hervorragenden Intelligenz mancher Eingeborenen sind die Resultate, was die Kenntnisse angeht, hervorragend. Letzthin kam ein schwarzer Schreiber von der Regierung zu mir, während gerade ein Missionar bei mir war. Nach seinem Weggang sagten der Missionar und ich zueinander: „Mit dem möchten wir im Aufsatzschreiben nicht konkurrieren." Sein Vorgesetzter gibt ihm die schwersten Schriftstücke zu redigieren und komplizierte Statistiken auszuarbeiten und erhält immer tadellose Arbeiten abgeliefert.

Aber was wird aus diesen Menschen? Sie sind aus dem Dorfe entwurzelt, genau wie die andern, die in die Fremde in Arbeit gehen. Sie leben auf den Faktoreien, fortgesetzt der für Eingeborene so naheliegenden Gefahr des Betrügens und des Alkoholtrinkens ausgesetzt. Wohl verdienen sie viel. Aber da sie alle Lebensmittel um teures Geld kaufen müssen und zudem noch mit der gewöhnlichen Verschwendungssucht der Schwarzen behaftet sind, so befinden sie sich immer in Geldverlegenheit und oft in Not. Sie gehören nicht mehr zu den gewöhnlichen Negern und doch nicht zu den Weißen, sondern bilden ein Mittelding zwischen beiden. Letzthin sagte der eben erwähnte schwarze Schreiber der Regierung zu einer Missionarsfrau: „Ach, wir Intellektuellen unter den Eingeborenen sind doch übel dran. Die Frauen von hier sind zu ungebildet, um Lebensgefährtinnen für uns abzugeben. Man sollte für uns

Frauen aus den vornehmen Ständen von Madagaskar importieren." Die Deklassierung nach aufwärts ist das Unglück vieler von den besten der Eingeborenen.

Die Emanzipation durch Reichwerden spielt hier keine Rolle, wohl aber in anderen Kolonien. Sie ist noch gefährlicher als die durch Bildung.

Soziale Probleme werden auch durch die europäische Einfuhr geschaffen. Früher übten die Neger eine Reihe von Handwerken aus: sie schnitzten gediegene Hausgeräte aus Holz, sie verfertigten vorzügliche Schnüre aus Rindenfasern und was dergleichen mehr ist. Am Meer gewannen sie Salz. Diese und andere primitive Handwerke sind durch die Waren, die der europäische Handel in den Urwald einführt, vernichtet. Der billige Emailtopf hat den gediegenen, selbstverfertigten Holzeimer verdrängt. Um jedes Negerdorf herum liegen Haufen solchen verrosteten Geschirrs im Gras. Viele Fertigkeiten sind schon halb in Vergessenheit geraten. Nur die alten Negerfrauen verstehen noch Schnüre aus Rindenfasern und Nähzwirn aus den Fibern des Blattes der Ananasstaude zu bereiten. Selbst die Kunst, Kanoes zu verfertigen, kommt in Abgang. So geht das einheimische Handwerk zurück, wo doch das Aufkommen eines tüchtigen Handwerkerstandes der eigentliche Weg zur Kultur wäre.

Die soziale Gefahr, die die Einfuhr von Schnaps bedeutet, ermißt man erst, wenn man liest, wieviel Schnaps in manchen Hafenorten Afrikas im Jahre auf den Kopf der Bevölkerung kommt, und wenn man in den Dörfern gesehen hat, wie die kleinen Kinder sich mit den Alten betrinken. Hier am Ogowe sind Beamte, Kaufleute, Missionare und Häuptlinge darüber einig, daß die Schnapseinfuhr verboten werden sollte. Warum wird sie aber nicht verboten? Weil der Schnaps ein guter Zollartikel ist. Was er jährlich als Eingangszoll einbringt, ist eine der größten Einnahmen der Kolonie. Fiele sie weg, so wäre Defizit im Budget. Bekanntlich sind die Finanzen der afri-

kanischen Kolonien aller Staaten nichts weniger als glänzend.
Der Zoll auf Schnaps hat zudem noch die gute Eigenschaft,
daß man ihn jedes Jahr erhöhen kann, ohne daß darum ein
Liter weniger getrunken wird. Die Sache steht also hier wie in
anderen Kolonien so, daß die Verwaltung sagt: „Den Schnaps
abschaffen? Sehr gerne. Lieber heute wie morgen. Nur gebt
mir zuerst an, mit was ich den damit entstehenden Ausfall im
Budget decken soll." In dieser Hinsicht aber können ihr auch
die größten Alkoholgegner keinen brauchbaren Vorschlag
machen. Wann wird ein Ausweg aus diesem sinnlosen Di-
lemma gefunden werden? Die einzige Hoffnung ist, daß einmal ein Gouverneur kommt, der die Zukunft der Kolonie über
die Finanzsorgen der Gegenwart setzt, es wagt, einige Jahre
mit Defizit zu wirtschaften und den Schnaps zu verbieten.*

Ich begehe keine Indiskretion, wenn ich angebe, daß der
meiste Schnaps für Afrika . . . durch den Handel Nordamerikas
eingeführt wird.

Manchmal wird behauptet, daß der Alkoholismus unter den
Eingeborenen auch ohne Schnapseinfuhr herrschen würde.
Dies ist Gerede. An im Lande selber bereitetem Alkohol kommt
für den Urwald nur der Palmwein in Betracht. Dieser aber ist
keine große Gefahr. Palmwein ist der in Gärung kommende
Saft des Palmbaums. Die Bäume anzubohren und die Gefäße
herbeizutragen, kostet aber Arbeit, da die Sache fern vom
Dorf im Walde vor sich gehen muß. Das Anbohren der
Bäume ist nämlich gesetzlich verboten. Ferner hält sich der
Palmwein nicht. Wohl kann er also dazu dienen, daß sich die
Leute eines Dorfes mehrmals im Jahr bei großen Festen betrinken. Eine dauernde Gefahr, wie der in der Faktorei käuf-
liche Schnaps bildet er aber nicht. Frischer Palmwein schmeckt
wie gärender Traubenmost. An sich macht er nicht mehr trun-
ken als dieser. Aber die Eingeborenen haben die Gewohnheit,
gewisse Arten von Baumrinden in ihn einzulegen, wodurch er
dann furchtbare Rauschzustände erzeugt.

* Im Jahre 1919 ist dieser Versuch von dem Gouverneur gemacht
worden zur Freude der Kolonie.

Eine schwere soziale Frage bildet die Polygamie. Wir kommen hierher mit dem Ideal der Monogamie. Die Missionare kämpfen mit allen Mitteln gegen die Polygamie und verlangen mancherorts von der Regierung, daß sie sie durch Gesetze verbiete. Andererseits müssen wir uns alle hier eingestehen, daß sie auf das innigste mit den gegebenen wirtschaftlichen und sozialen Zuständen zusammenhängt. Wo die Menschen in Bambushütten hausen und die Gesellschaft noch nicht so organisiert ist, daß eine Frau ihr Leben durch selbständige Arbeit verdienen kann, ist für die unverheiratete Frau kein Platz. Voraussetzung aber für die Verheiratung aller Frauen ist die Polygamie.

Weiter: im Urwald gibt es keine Kühe und keine Milchziegen. Also muß die Mutter ihr Kind lange an der Brust nähren, wenn es nicht zugrunde gehen soll. Die Polygamie wahrt das Recht des Kindes. Nach der Geburt hat die Frau das Recht und die Pflicht, drei Jahre lang nur ihrem Kinde zu leben. Sie ist vorerst nicht mehr Gattin, sondern nur Mutter. Oft verbringt sie diese Zeit zum großen Teil bei ihren Eltern. Nach drei Jahren findet das Fest der Entwöhnung statt, und sie kehrt wieder als Gattin in die Hütte ihres Mannes zurück. Dieses Leben für das Kind ist aber nur denkbar, wenn der Mann unterdessen eine andere Frau oder andere Frauen hatte, um den Haushalt und die Pflanzungen zu versorgen.

Noch eins. Es gibt bei den Naturvölkern keine unversorgten Witwen und keine verlassenen Waisen. Der nächste Verwandte erbt die Frau des Verstorbenen und muß sie und ihre Kinder erhalten. Sie tritt in die Rechte seiner Frau ein, wenn sie auch nachher mit seiner Genehmigung einen anderen heiraten kann.

Bei primitiven Völkern an der Polygamie rütteln heißt also, den ganzen sozialen Aufbau ihrer Gesellschaft ins Wanken bringen. Dürfen wir dies, ohne zugleich imstande zu sein, eine neue, in die Verhältnisse passende soziale Ordnung zu schaffen? Wird nicht die Polygamie tatsächlich fortbestehen, nur daß die Nebenfrauen dann nicht mehr legitim, sondern illegitim sind? Diese Fragen machen den Missionaren viel zu schaffen.

Je weiter die wirtschaftlichen Zustände gediehen sind, desto leichter ist der Kampf gegen die Polygamie. Sowie die Menschen in festen Häusern mit getrennten Zimmern wohnen, Viehzucht und Ackerbau treiben, verschwindet sie von selbst, da sie nicht mehr von den Verhältnissen gefordert ist und nicht mehr zu ihnen paßt. Im Volke Israel setzte sich mit den Fortschritten der Kultur die Monogamie gegen die Polygamie kampflos durch. Zur Zeit der Propheten bestanden beide noch nebeneinander; bei Jesus wird die Polygamie nicht mehr vorausgesetzt.

Sicherlich soll die Mission die Monogamie als Ideal und als Forderung des Christentums hinstellen. Aber verfehlt wäre es, wenn der Staat sie gesetzlich erzwingen wollte. Verfehlt ist es auch, soweit ich bis jetzt zu urteilen vermag, den Kampf gegen die Unsittlichkeit mit dem gegen die Polygamie zu identifizieren.

Das Verhältnis zwischen den Frauen ist gewöhnlich ein gutes. Eine Negerin ist nicht gern die einzige Gattin, weil ihr dann die Unterhaltung der Pflanzung, die Sache der Frau ist, allein zufällt. Die Unterhaltung der Pflanzungen ist sehr mühevoll, weil sie gewöhnlich weit vom Dorfe an irgendeiner versteckten Stelle angelegt werden.

Was ich von der Vielweiberei in meinem Spital gesehen habe, hat sie mir nicht von ihrer häßlichen Seite gezeigt. Einst kam ein kranker, schon älterer Häuptling mit zwei jungen Frauen. Als sein Befinden besorgniserregend wurde, erschien plötzlich eine dritte, die bedeutend älter war als die anderen. Es war die erste Gattin. Von jenem Tage an saß sie auf seinem Bett, hielt sein Haupt in ihrem Schoß und reichte ihm zu trinken. Die beiden jüngeren begegneten ihr mit Ehrerbietung, nahmen ihre Befehle entgegen und besorgten die Küche.

Es kann einem in diesem Lande vorkommen, daß ein vierzehnjähriger Knabe sich als „Familienvater" präsentiert. Dies geht so zu. Er hat von einem verstorbenen Verwandten eine Frau mit Kindern geerbt. Die Frau ist mit einem Mann eine neue Ehe eingegangen. Aber damit werden die Rechte des Knaben auf die Kinder und seine Pflichten gegen sie nicht berührt. Sind es Knaben, so muß er ihnen später eine Frau kaufen; sind es Mädchen, so müssen die, die sie heiraten wollen, ihm den Kaufpreis bezahlen.

Soll man gegen den Frauenkauf eifern oder ihn dulden? Handelt es sich darum, daß ein Mädchen, ohne befragt zu werden, dem Meistbietenden als Frau zugesprochen wird, so ist selbstverständlich zu protestieren. Liegt die Sache aber so, daß nach der Landessitte der Mann, der um ein Mädchen freit, der Familie, wenn es einwilligt, ihn zu heiraten, eine bestimmte Summe erlegen muß, so ist dagegen im Grunde ebensowenig einzuwenden, wie gegen die in Europa übliche Mitgift. Ob der Mann der Familie bei der Heirat Geld entrichtet oder Geld von ihr bekommt, ist im Prinzip dasselbe. Beide Male spielt sich ein in den sozialen Anschauungen begründetes Geldgeschäft neben der Ehe ab. Worauf zu dringen ist, ist bei uns wie bei den Naturvölkern, daß es nur ein Begleitumstand bleibe und die Wahl selber nicht so bestimme, daß in Afrika die Frau und in Europa der Mann gekauft werde. Wir haben also nicht den Frauenkauf an sich zu bekämpfen, sondern nur erzieherisch auf die Eingeborenen zu wirken, daß sie das Mädchen nicht an den Meistbietenden geben, sondern an den, der es glücklich machen kann und für den es Zuneigung empfindet.

Gewöhnlich sind die Negermädchen auch gar nicht so unselbständig, daß die sich an den ersten besten verkaufen lassen. Freilich spielt die Liebe hier nicht dieselbe Rolle bei der Eheschließung wie bei uns. Das Naturkind kennt keine Romantik. Gewöhnlich werden die Ehen im Familienrat beschlossen. Im allgemeinen sind sie glücklich.

Die meisten Mädchen heiraten mit fünfzehn Jahren. Fast alle Schülerinnen der Mädchenschule der Mission sind schon einem Manne bestimmt und heiraten, sowie sie aus der Schule entlassen werden.

Daß Mädchen auch vor ihrer Geburt versprochen werden können, erfuhr ich aus der Geschichte eines nicht zu billigenden

Frauenkaufs, der sich einmal bei Samkita zutrug und mir von einem Missionar erzählt wurde. Ein Mann war einem andern vierhundert Franken schuldig, dachte aber nicht daran, sie zurückzubezahlen, sondern kaufte eine Frau und machte Hochzeit. Als sie beim Festmahle saßen, kam der Gläubiger und überhäufte ihn mit Vorwürfen, daß er sich eine Frau gekauft hätte, statt mit dem Gelde erst seine Schulden zu bezahlen. Das Palaver begann. Zuletzt einigten sie sich dahin, daß der Schuldner dem Gläubiger die erste Tochter versprach, die aus seiner Ehe geboren würde, worauf dieser sich zu den Gästen setzte und mitfeierte. Nach sechzehn Jahren kam er und freite. So wurde die Schuld bezahlt.

Die Meinung, daß wir die vorgefundenen Rechte und Sitten veredeln und an dem Bestehenden ohne Not nichts ändern sollen, habe ich mir in Unterhaltungen mit den tüchtigsten und erfahrensten Weißen dieser Gegend gebildet.

Ein Wort zum Schluß über die Beziehungen von Weiß und Farbig. In welcher Art mit dem Farbigen verkehren? Soll ich ihn als gleich, soll ich ihn als unter mir stehend behandeln?

Ich soll ihm zeigen, daß ich die Menschenwürde in jedem Menschen achte. Diese Gesinnung soll er an mir spüren. Aber die Hauptsache ist, daß die Brüderlichkeit geistig vorhanden ist. Wieviel sich davon in den Formeln des täglichen Verkehrs auszudrücken hat, ist eine Frage der Zweckmäßigkeit. Der Neger ist ein Kind. Ohne Autorität ist bei einem Kinde nichts auszurichten. Also muß ich die Verkehrsformel so aufstellen, daß darin meine natürliche Autorität zum Ausdruck kommt. Den Negern gegenüber habe ich dafür das Wort geprägt: „Ich bin dein Bruder; aber dein älterer Bruder.“

Freundlichkeit mit Autorität zu paaren, ist das große Geheimnis des richtigen Verkehrs mit den Eingeborenen. Einer der Missionare, Herr Robert, schied vor einigen Jahren aus dem Verbande der Mission aus, um unter den Negern ganz als Bruder zu leben. Er baute sich ein kleines Haus bei einem

Negerdorfe zwischen Lambarene und N'Gômô und wollte als
zum Dorf gehörig betrachtet sein. Von jenem Tage an war sein
Leben ein Martyrium. Mit der Aufgabe der Distanz zwischen
Weiß und Farbig hatte er den Einfluß verloren. Sein Wort galt
nicht mehr als „Wort des Weißen", sondern er mußte mit den
Negern über alles lange diskutieren, als wäre er ihresgleichen.

Wenn mir Missionare und Kaufleute, ehe ich nach Afrika
kam, davon sprachen, daß man hier sehr auf die äußerliche
Aufrechterhaltung der Autoritätsstellung des Weißen bedacht
sein müsse, kam mir dies kalt und unnatürlich vor, wie jedem,
der in Europa davon hört und liest. Hier aber habe ich eingesehen, daß die größte Herzlichkeit sich mit dieser Wertlegung
auf Formen verbinden könne, ja mit ihr erst möglich wird.

Ein lediger Missionar in N'Gômô – die Geschichte liegt
einige Jahre zurück – duldete es, daß sein Koch ziemlich form-
los mit ihm verkehrte. Einmal legte dort der Flußdampfer mit
dem Gouverneur an Bord an. Der Missionar machte dem hohen
Herrn seine Aufwartung auf Deck und stand elegant in Weiß
gekleidet zwischen den Beamten und Offizieren, als ein Neger,
die Mütze auf dem Kopf und die Pfeife im Mund, sich in die
Gruppe hineindrängte und ihn fragte: „Du, was kochen wir
heute zu Abend?" Der Koch wollte zeigen, wie gut er mit
seinem Herrn stände.

Die Abwehr unzweckmäßiger Vertraulichkeit ist aber nur
das Technische an der Lösung des Autoritätsproblems. Wirkliche Autorität hat der Weiße erst, wenn der Eingeborene ihn
respektiert. Man bilde sich nicht ein, daß das Naturkind Achtung vor uns hat, weil wir mehr wissen oder können als er
selber. Diese Überlegenheit ist ihm so selbstverständlich, daß
sie weiter nicht in Betracht kommt. Es ist nicht so, daß der
einzelne Weiße draußen den Negern schon deswegen imponiert, weil die Weißen Eisenbahnen und Dampfschiffe haben
und sogar in der Luft herumfliegen und unter dem Wasser
fahren können. „Die Weißen sind schlau, sie können alles",
sagt Joseph. Was diese technischen Errungenschaften für eine
geistige Leistung bedeuten, kann der Neger nicht ermessen.

Für eines aber hat er ein untrügliches Empfinden, ob nämlich der Weiße, mit dem er es zu tun hat, Persönlichkeit, sittliche Persönlichkeit ist. Fühlt er diese, so ist die geistige Autorität möglich, fühlt er sie nicht, so ist sie auf keine Weise zu schaffen. Das Naturkind, weil es nicht verbildet ist wie wir, kennt nur elementare Maßstäbe und mißt mit dem elementarsten von allen, dem moralischen. Wo es Güte, Gerechtigkeit und Wahrhaftigkeit, die innere Würde hinter der äußerlich gewahrten antrifft, beugt es sich und erkennt den Meister an; wo es sie nicht findet, bleibt es in aller äußeren Unterwürfigkeit trotzig; es sagt sich: „Dieser Weiße ist nicht mehr als ich, denn er ist nicht besser als ich."

Ich rede nicht davon, daß in die Kolonien aller Völker viele untaugliche und auch nicht wenige unwürdige Menschen hinausgehen, sondern komme auf die Tatsache zu sprechen, daß auch die sittlich Tüchtigen und die Idealisten Mühe haben, hier das zu sein, was sie sein wollen. Wir alle verbrauchen uns hier in dem furchtbaren Konflikte zwischen dem europäischen Arbeitsmenschen, der Verantwortungen trägt und nie Zeit hat, und dem Naturkinde, das Verantwortlichkeit nicht kennt und immer Zeit hat. Der Regierungsbeamte soll am Ende des Jahres mit den Eingeborenen so und so viel Leistung an Bau und Unterhaltung von Wegen, an Träger- und Ruderdiensten und an abgelieferten Steuern erzielt haben. Der Kaufmann und der Pflanzer müssen der Gesellschaft so und so viel Gewinn für das in den Unternehmen steckende Kapital herauswirtschaften. Dabei haben sie es immer und immer mit Menschen zu tun, die an der auf ihnen lastenden Verantwortung nicht teilnehmen, sondern nur gerade so viel leisten, als der andere aus ihnen herauszuholen vermag, und beim geringsten Nachlassen seiner Aufmerksamkeit nach ihrer Laune handeln, ohne Rücksicht auf den Schaden, der ihm erwachsen kann. In diesem täglichen, stündlichen Konflikt mit dem Naturkind läuft jeder Weiße Gefahr, nach und nach geistig zugrunde zu gehen.

An einem neuangekommenen Holzhändler hier hatten meine Frau und ich große Freude, weil er in den Gesprächen, die wir führten, immer für die Humanität den Eingeborenen gegenüber eintrat und nicht die geringste Mißhandlung seiner Arbeiter durch die Aufseher duldete. Im Frühjahr aber passierte ihm folgendes: Er hatte viel geschlagenes Mahagoniholz in einem Teich etwa hundert Kilometer von hier liegen und wurde durch eine Depesche seiner Firma nach Lambarene zur Erledigung dringender Korrespondenz gerufen, gerade als die Wasser zu steigen anfingen. Er bat Aufseher und Arbeiter, die paar Tage der hohen Flut recht zu benutzen, um womöglich alles Holz in den Fluß zu schaffen. Als die Wasser fielen und er zurückkehrte, war nichts getan. Man hatte geraucht, getrunken und getanzt. Das Holz, das bereits schon zu lange im Teich gelegen hatte, war größtenteils verloren, und er trug seiner Gesellschaft gegenüber die Verantwortung für den Schaden. Man war leichtsinnig gewesen, weil man ihn nicht genug gefürchtet hatte. Diese Erfahrung hat ihn ganz verändert. Jetzt spottet er über die, die meinen, man könne mit den Eingeborenen ohne unnachsichtige Härte etwas erreichen.

Letzthin waren mir Termiten in eine Kiste gekommen, die auf der Veranda meines Hauses stand. Ich leerte sie, zerschlug sie und gab die Stücke dem Neger, der mir dabei geholfen hatte. „Du siehst, die Termiten sind drin", sagte ich, „dieses Holz darfst du also nicht zum anderen Brennholz unten im Spital tragen, sonst kommen uns die Termiten ins Gebälk der Baracken. Geh bis an den Fluß und wirf es ins Wasser. Hast du verstanden?" „Ja, ja, du kannst ruhig sein." Es war Abend. Ich war zu müde, noch einmal den Hügel hinunterzugehen, und daher geneigt, mich ausnahmsweise auf einen Schwarzen – und dieser war sonst nicht unanstellig – zu verlassen. Um zehn Uhr nachts wurde ich aber so unruhig, daß ich die Laterne nahm und zum Spital hinunterstieg. Das von den Termiten bewohnte Holz lag unter dem Brennholz! Um nicht die zehn Meter bis an den Fluß gehen zu müssen, hatte der Neger meine Bauten in Gefahr gebracht! . . .

Je größer die Verantwortungen, die auf einem Weißen lasten, desto größer die Gefahr, daß er den Eingeborenen gegenüber hart wird. Wir von der Mission sind zu leicht geneigt, den anderen Weißen gegenüber in Selbstgerechtigkeit zu verfallen. Weil wir am Ende des Jahres nicht die und die materiellen Resultate mit den Eingeborenen erreicht haben müssen, wie Beamte und Kaufleute, ist der Kampf, in dem der Mensch sich verbraucht, für uns weniger schwer als für sie. Ich wage nicht mehr zu richten, seitdem ich die Psyche des Weißen, der hier materiell etwas ausrichten muß, an solchen, die bei mir krank lagen, kennenlernte und mir ein Ahnen davon aufging, daß Männer, die jetzt lieblos über den Eingeborenen reden, einst als Idealisten nach Afrika kamen und in den alltäglichen Konflikten dann müde und mutlos wurden und das, was sie geistig besaßen, Stück um Stück verloren.

Daß es hier so schwer ist, sich die reine, humane Persönlichkeit und damit das Vermögen, Kulturträger zu sein, zu wahren, ist die große Tragik des Problems von Weiß und Farbig, wie es sich im Urwalde stellt.

VIII. WEIHNACHTEN 1914

Kriegsweihnachten im Urwald! Als die Lichtlein der kleinen Palme, die uns als Weihnachtsbaum diente, halb herabgebrannt waren, blies ich sie aus. „Was tust du?" fragte meine Frau. „Es sind unsere einzigen", sagte ich, „und sie müssen noch für nächstes Jahr halten." „Für nächstes Jahr?" . . . Sie schüttelte den Kopf.

Am vierten August, zwei Tage nach unserer Rückkehr von Kap Lopez, hatte ich einige Medikamente für eine kranke Dame in Kap Lopez bereitet und sandte Joseph nach einer Faktorei, um zu fragen, ob ihr kleiner Dampfer bei seiner nächsten Fahrt das Paket mit hinunternehmen könnte. Er brachte mir einen Zettel des Weißen: „In Europa ist Mobilmachung und wahrscheinlich schon Krieg. Wir müssen unsern Dampfer der Behörde zur Verfügung stellen und wissen nicht, wann er nach Kap Lopez fährt."

Wir brauchten Tage, bis wir die Tatsache, daß in Europa Krieg sei, wirklich realisierten. Seit Anfang Juli hatten wir keine Nachrichten aus Europa und wußten nichts von den Verwicklungen, die das unselige Ereignis heraufführten.

Die Neger begriffen zuerst wenig von dem, was vorging. Die Katholischen unter ihnen interessierten sich im Herbst eigentlich mehr für die Papstwahl als für den Krieg. „Doktor", sagte mir Joseph bei einer Bootsfahrt, „wie wählen die Kardinäle eigentlich den Papst? Nehmen sie den Ältesten oder den Frömmsten oder den Klügsten?" „Je nach den Umständen, bald diesen, bald jenen", antwortete ich.

Anfangs empfanden die schwarzen Arbeiter den Krieg nicht als ein Unglück. Mehrere Wochen lang wurde wenig von ihnen verlangt. Die Weißen saßen immer zusammen und besprachen die Nachrichten und Gerüchte aus Europa. Jetzt aber erfahren die Farbigen, daß die Sache ihre Folgen auch für sie hat. Weil vorläufig aus Mangel an Schiffen kein Holz exportiert werden kann, werden die auf ein Jahr gedungenen fremden Arbeiter von den Faktoreien entlassen; und da auch keine Schiffe fahren, um sie zurückzutransportieren, tun sie sich zu Haufen zusammen und suchen zu Fuß die Küste von Loango, woher die meisten gekommen sind, zu erreichen.

Auch daß Tabak, Zucker, Reis, Petroleum und Schnaps auf einmal so teuer werden, bringt den Schwarzen zu Bewußtsein, daß Krieg herrscht. Dies ist es, was sie vorläufig an den Ereignissen am meisten beschäftigt. Letzthin, während wir miteinander Geschwüre verbanden, fing Joseph, wie schon öfters, wieder an, über den Krieg als die Ursache der Teuerung zu lamentieren. „Joseph", sagte ich zu ihm, „du mußt nicht so reden. Siehst du nicht, wie bekümmert die Gesichter der Missionare und das der Frau Doktor und des Doktors sind? Für uns ist der Krieg noch mehr als eine unangenehme Teuerung. Jeder von uns bangt für das Leben so und so viel lieber Menschen, und wir hören aus der Ferne das Stöhnen der Verwundeten und das

Röcheln der Sterbenden." Darauf schaute er mich erstaunt an. Seither merke ich, daß ihm damals etwas aufging, was ihm verborgen war.

Daß viele Eingeborene die Frage in sich bewegen, wie es möglich sei, daß die Weißen, die ihnen das Evangelium der Liebe bringen, sich jetzt gegenseitig morden und sich damit über die Gebote des Herrn Jesu hinwegsetzen, fühlen wir alle. Wenn sie uns die Frage stellen, sind wir hilflos. Wo ich von denkenden Negern daraufhin angeredet werde, versuche ich nichts zu erklären, nichts zu beschönigen, sondern sage, daß wir vor etwas Unbegreiflichem und Furchtbarem stehen. Wie viel die ethische und religiöse Autorität der Weißen bei den Naturkindern durch diesen Krieg leidet, wird man erst später ermessen können. Ich fürchte, daß der Schaden gewaltig sein wird.

In meinem Hause achte ich darauf, daß die Schwarzen möglichst wenig von den Greueln des Krieges erfahren. Was wir an illustrierten Blättern bekommen – die Post fängt wieder an, einigermaßen regelmäßig zu funktionieren – darf nicht herumliegen, damit die Boys, die lesen können, sich nicht in den Text und in die Bilder vertiefen und davon erzählen.

Die medizinische Arbeit geht wieder ihren gewohnten Gang. Jeden Tag, wenn ich morgens zum Spital hinuntergehe, kommt es mir als eine unbegreifliche Gnade vor, daß ich, wo jetzt so viele Menschen aus Pflicht Weh und Tod über andere Menschen bringen müssen, an Menschen Gutes tun und Menschenleben erhalten darf. Dieses Gefühl hebt mich über alle Müdigkeit hinaus.

Das letzte Schiff, das im Frieden von Europa abfuhr, brachte mir einige Kisten mit Medikamenten und zwei Kisten mit Verbandzeug. Die letzteren sind ein Geschenk einer Gönnerin meines Werks. So bin ich für Monate hinaus mit dem Nötigsten zum Betriebe des Spitals versehen. Die Waren für Afrika, die nicht mit diesem Schiff ankamen, liegen noch auf den Quais von Le Havre und Antwerpen. Wer weiß, wann sie ankommen und ob sie überhaupt ankommen.

Sorge macht mir die Beschaffung der Lebensmittel für die Kranken. Es herrscht hier fast Hungersnot ... der Elefanten wegen. In Europa bildet man sich gewöhnlich ein, daß die wilden Tiere, wo die „Kultur" hinkommt, auszusterben beginnen. Dies mag in manchen Gegenden der Fall sein, in anderen trifft fast das Gegenteil zu. Warum? Aus drei Gründen. Geht die Eingeborenenbevölkerung, wie es vielerorts der Fall ist, zurück, so wird weniger gejagt. Es wird aber auch weniger gut gejagt. Die Eingeborenen haben verlernt, den Tieren auf die primitive und oft doch so raffinierte Art ihrer Vorfahren nachzustellen. Sie sind daran gewöhnt, mit dem Gewehr zu jagen. Im Hinblick auf eventuelle Aufstände wird aber seit Jahren in ganz Äquatorialafrika von allen Staaten nur wenig Pulver an die Eingeborenen abgegeben. Zudem dürfen sie keine modernen Jagdgewehre, sondern nur alte Steinschloßflinten besitzen. Drittens aber wird der Kampf gegen die wilden Tiere auch darum weniger energisch betrieben, weil die Eingeborenen keine Zeit mehr dazu haben. Mit Holzfällen und Holzflößen verdienen sie mehr Geld als mit der Jagd. Also können die Elefanten ziemlich unangefochten gedeihen und sich vermehren.

Dies bekommen wir hier jetzt zu fühlen. Die Bananenpflanzungen der Dörfer nordwestlich von hier, von denen wir die Lebensmittel beziehen, werden fortgesetzt von Elefanten heimgesucht. Zwanzig Stück genügen, um eine große Pflanzung in einer Nacht zu verwüsten. Was sie nicht fressen, zertreten sie.

Nicht nur den Pflanzungen, sondern auch dem Telegraphen sind die Elefanten gefährlich. Die Linie, die von N'Djôle nach dem Innern führt, weiß etwas davon zu berichten. Schon die lange, gerade Lichtung im Urwald, die ihren Weg bezeichnet, ist so verlockend für die Tiere. Unwiderstehlich aber sind die geraden, glatten Stangen, die eigens für Dickhäuter, die sich daran reiben möchten, hingestellt scheinen. Zwar sind sie nicht immer solid. Drückt man fest dagegen, so liegen sie auf dem Boden. Dafür aber steht jedesmal eine andere gleiche in der

Nähe. So wirft ein starker Elefant in einer Nacht ein ganzes Stück Telegraphenlinie um, und es können Tage vergehen, bis die Mannschaften vom nächsten Überwachungsposten den Schaden gefunden und ausgebessert haben.

Obwohl mir die in der Umgegend sich herumtreibenden Elefanten so große Sorgen für die Verpflegung der Kranken machen, habe ich noch keinen gesehen und werde wohl auch keinen zu Gesicht bekommen. Tagsüber halten sie sich in unnahbaren Sümpfen auf, um dann in der Nacht die vorher ausgekundschafteten Pflanzungen zu plündern.

Ein Eingeborener, der mit seiner herzkranken Frau hier ist und gut in Holz schnitzt, hatte mir einen Elefanten geschnitzt. Beim Bewundern des primitiven Kunstwerks wagte ich zu bemerken, daß der Leib vielleicht nicht ganz richtig geraten sei. Der beleidigte Künstler zuckte die Achseln: „Du willst mich wohl lehren, wie ein Elefant aussieht? Ich bin schon unter einem Elefanten gelegen, der auf mir herumtrampeln wollte." Der Künstler war nämlich zugleich ein berühmter Elefantenjäger. Beim Jagen schleichen sich die Eingeborenen bis auf zehn Schritte an den Elefanten heran und feuern dann die Steinschloßflinte gegen ihn ab. Ist der Schuß nicht tödlich und werden sie vom Tier entdeckt, so kommen sie in eine unangenehme Lage.

Früher konnte ich meinen Kranken, wenn Bananen fehlten, mit Reis aushelfen. Heute darf ich es nicht mehr. Was mir an Reis bleibt, muß ich für uns selber aufheben. Ob wir noch welchen aus Europa erhalten werden, ist mehr als fraglich.

IX. WEIHNACHTEN 1915

Wieder ist's Weihnachten im Urwald und wieder Kriegsweihnachten! Die Lichtstümpflein, die wir vom letzten Jahr aufbewahrt haben, sind auf der diesjährigen Weihnachtspalme ausgebrannt.

Es war ein schweres Jahr. Zu der gewöhnlichen Arbeit kam in den ersten Monaten noch außergewöhnliche. Starke Gewitterregen hatten den Platz, auf dem die größte Baracke für die Kranken steht, unterspült. Ich mußte mich entschließen, ihn rings zu ummauern und durch das ganze Spital ausgepflasterte Abzugsgräben für das Wasser, das von dem darüberliegenden Hügel herabströmt, zu führen. Dies erforderte viele und große Steine. Zum Teil wurden sie im Boot geholt, zum Teil vom Hügel heruntergewälzt. Immer mußte ich dabei sein, immer mit anfassen. Dann ging es ans Mauern, wobei mir ein etwas vom Mauern verstehender Eingeborener half. Zum Glück fand sich auf der Station noch ein Faß halbverdorbenen Zements. Nach vier Monaten war die Arbeit fertig.

Ich dachte nun etwas ruhen zu können. Da entdeckte ich, daß trotz aller Vorsichtsmaßregeln die Termiten in die Kisten mit den Reserven der Medikamente und der Verbandstoffe eingedrungen waren. Nun hieß es die vielen Kisten aufmachen und umpacken. Dies nahm wieder die ganze freie Zeit von Wochen in Anspruch. Zum Glück hatte ich die Sache rechtzeitig gemerkt, sonst wäre der Schaden noch viel größer gewesen. Der eigentümlich feine, brenzliche Geruch, den die Termiten verbreiten, hatte mich aufmerksam gemacht. Äußerlich war an den Kisten nichts zu sehen. Die Invasion hatte durch ein feines Loch vom Boden aus stattgefunden. Aus der einen Kiste hatten sie sich dann in die, die darüber und daneben standen, hindurchgefressen. Angelockt hatte sie wahrscheinlich eine Flasche mit medizinischem Sirup, deren Korkpfropfen undicht geworden war.

Oh, der Kampf mit dem kriechenden Getier in Afrika! Wie viel Zeit verliert man mit den zu ergreifenden Vorsichtsmaßregeln! Und mit welch ohnmächtiger Wut muß man immer wieder konstatieren, daß man dennoch überlistet wird.

Meine Frau hat das Löten gelernt, um Mehl und Mais in Büchsen einlöten zu können. Aber es kommt vor, daß sogar in den verlöteten Büchsen die gefürchteten kleinen Rüsselkäfer

(Calandra granaria) zu Tausenden wimmeln. Den Mais für die Hühner machen sie in kurzer Zeit zu Staub.

Sehr gefürchtet sind hier gewisse kleine Skorpione und andere stechende Insekten. Man wird so vorsichtig, daß man nie mit der Hand blindlings in eine Schublade oder in eine Kiste greift, wie in Europa. Nur unter Aufsicht des Auges wagt sich der Finger voran.

Böse Feinde sind die berühmten Wanderameisen, die der Gattung Dorylus angehören. Von ihnen haben wir viel zu leiden. Auf ihren großen Wanderungen marschieren sie in Kolonnen zu fünf oder sechs nebeneinander, in musterhafter Ordnung. Ich habe einmal in der Nähe meines Hauses eine Kolonne beobachtet, deren Defilee sechsunddreißig Stunden dauerte! Geht der Marsch über freies Gelände oder kreuzt er einen Pfad, so bilden die Krieger mit den gewaltigen Kiefern in mehreren Reihen zu beiden Seiten Spalier und schützen den Zug, in dem die gewöhnlichen Wanderameisen die Brut einhertragen. Beim Spalierbilden drehen sie dem Zug den Rücken, wie die Kosaken, die den Zaren schützen. In dieser Stellung verharren sie stundenlang.

Gewöhnlich marschieren drei oder vier Kolonnen selbständig nebeneinander, fünf bis fünfzig Meter auseinander. In einem bestimmten Moment schwärmen sie aus. Wie das Kommando vermittelt wird, wissen wir nicht. Aber im Nu ist ein großer Platz von schwarzem Gewimmel bedeckt. Was sich an Getier darauf befindet, ist verloren. Auch die großen Spinnen auf den Bäumen können sich nicht retten, denn die furchtbaren Räuber kriechen ihnen in Scharen bis in das höchste Gezweig nach. Und springen sie verzweifelt vom Baum herunter, so fallen sie den Ameisen auf dem Boden zum Opfer. Das Schauspiel ist grausig. Der Militarismus im Urwald hält fast den Vergleich mit dem in Europa aus.

Unser Haus liegt an einer großen Heerstraße der Wanderameisen. Gewöhnlich schwärmen sie nachts aus. Ein Scharren und ein eigentümliches Glucksen der Hühner macht uns auf die Gefahr aufmerksam. Jetzt gilt es, keine Zeit zu verlieren.

Ich springe aus dem Bett, laufe zum Hühnerstall und schließe auf. Kaum öffne ich die Tür, so stürzen die Hühner heraus; eingeschlossen, würden sie die Beute der Ameisen. Diese kriechen den Tieren in Nase und Mund hinein und bringen sie zum Ersticken. Dann fressen sie sie auf, daß in kurzer Zeit nur die weißen Knochen bleiben. Gewöhnlich fallen die Küchlein den Räubern zum Opfer, die Hühner können sich wehren, bis Hilfe kommt.

Unterdessen hat meine Frau das Horn von der Wand genommen und dreimal geblasen. Dies ist das Zeichen, daß N'Kendju mit den rüstigen Männern aus dem Spital Eimer voll Wasser aus dem Fluß herauftragen soll. Oben wird das Wasser mit Lysol vermischt und die Erde um das Haus herum und unter dem Haus damit begossen. Über diesem Tun werden wir von den „Kriegern" tüchtig mißhandelt. Sie kriechen an uns hinauf und beißen sich in uns ein. Ich zählte einmal fast ein halbes Hundert an meinem Körper. Die Tiere beißen sich mit den Kiefern so fest ein, daß man sie nicht herausbringen kann. Zieht man an ihnen, so reißt der Leib ab und die Kiefer bleiben im Fleisch und müssen besonders gelöst werden. Das ganze Drama spielt sich im Dunkel der Nacht beim Schein der von meiner Frau gehaltenen Laterne ab.

Endlich ziehen die Ameisen weiter. Sie können den Geruch des Lysols nicht ertragen. Tausende von Leichnamen liegen in den Lachen.

Einmal wurden wir in einer Woche dreimal überfallen. Missionar Coillard, dessen Erinnerungen ich eben lese, hat am Zambesi ebenfalls viel von den Wanderameisen auszustehen gehabt.

Die Hauptwanderungen der Ameisen finden hier besonders zu Beginn und zu Ende der Regenzeit statt. In der Zwischenzeit hat man ihre Überfälle weniger zu erwarten. An Größe übertreffen sie unsere roten europäischen Ameisen nicht viel. Aber ihre Kiefer sind viel stärker entwickelt und ihr Gang ist viel rascher. Die merkwürdig schnelle Bewegung ist mir überhaupt an allen afrikanischen Ameisen aufgefallen.

Joseph hat mich verlassen. Da ich von meinen Geldmitteln in Straßburg abgeschnitten bin und Schulden machen muß, sah ich mich genötigt, sein Gehalt von siebzig Franken auf fünfunddreißig herabzusetzen. Ich erklärte ihm, daß ich mich zu dieser Maßnahme nur in der letzten Not entschlossen habe. Trotzdem kündigte er mir, und zwar „weil seine Würde ihm nicht erlaube, für so wenig Geld zu dienen". Nun wurde auch die Sparbüchse mit dem Geld für den Kauf einer Frau geleert. Sie enthielt an die zweihundert Franken. In wenigen Wochen hatte er die Summe vertrödelt. Er wohnt bei seinen Eltern auf dem gegenüberliegenden Ufer.

Nun muß ich mich mit N'Kendju allein behelfen. Er ist anstellig, außer an den Tagen, wo er schlecht gelaunt ist. An diesen läßt sich nichts mit ihm machen. Vieles, was Joseph tat, muß ich nun selber verrichten.

Große Dienste in der Behandlung der Eiterungen leistet mir das reine Methylenviolett, das unter dem Namen „Pyoktanin" von den Merckschen Farbwerken in den Handel gebracht wird. Das Verdienst, die entscheidenden Versuche über die desinfizierende Wirkung der konzentrierten Farbstoffe angestellt zu haben, gehört Professor Stilling, dem Straßburger Professor für Augenheilkunde. Er stellte mir von dem unter seiner Aufsicht bereiteten Pyoktanin zur Verfügung, damit ich es hier erprobe. Es kam nicht lange vor dem Kriege an. Ich ging mit Vorurteilen daran. Aber die Erfolge sind derart, daß ich die Unannehmlichkeit der blauen Farbe gern in Kauf nehme. Methylenviolett hat die Eigenschaft, daß es die Bakterien tötet, ohne das Gewebe anzugreifen oder zu reizen und ohne im geringsten giftig zu sein. Darin ist es dem Sublimat, der Karbolsäure und auch der Jodtinktur weit überlegen. Für den Urwaldarzt ist es unersetzlich. Nach dem, was ich bisher beobachtet habe, begünstigt das Pyoktanin auch die Überhäutung bei der Heilung der Geschwüre in einer auffälligen Weise.

Vor dem Kriege hatte ich angefangen, von den Kranken, die mir nicht ganz arm erschienen, etwas für die Medikamente zu verlangen. So kamen etwa zwei- bis dreihundert Franken im

Monat zusammen. War es auch nur ein Bruchteil der Summe, die die in dieser Zeit verausgabten Medikamente wirklich darstellten, so war es doch etwas. Jetzt ist kein Geld mehr im Lande. Ich muß an die Eingeborenen fast alles umsonst geben.

Von den Weißen sind manche, die durch den Krieg an der Heimkehr verhindert sind, nun bereits vier oder fünf Jahre auf dem Äquator. Manche sind am Ende ihrer Kräfte und müssen sich, wie man am Ogowe sagt, zum Doktor „in Reparatur" begeben. Solche Patienten liegen dann wochenlang bei uns. Manchmal kommen auch zwei und drei zusammen. Dann trete ich ihnen mein Schlafzimmer ab und schlafe auf der mit Drahtnetz gegen Moskitos vergitterten Veranda. Damit bringe ich eigentlich kein großes Opfer. Auf der Veranda ist mehr Luft als im Zimmer. Das meiste zur Wiederherstellung tun manchmal nicht meine Medikamente, sondern die gute, von der Frau Doktor bereitete Krankenkost. Ich habe mich schon dagegen wehren müssen, daß Kranke von Kap Lopez hier herauffuhren, um die Krankenkost zu genießen, statt sich vom Arzt in Kap Lopez – wenn einer da war – pflegen zu lassen. Zum Glück habe ich noch einen guten Vorrat an Büchsen mit kondensierter Milch für die Kranken. Mit manchen meiner weißen Patienten habe ich mich herzlich befreundet. Aus den Gesprächen mit denjenigen unter ihnen, die schon lange hier ansässig sind, lerne ich, was das Land und die Kolonisationsfragen betrifft, immer wieder viel Neues.

Unsere Gesundheit ist nicht glänzend, ohne gerade schlecht zu sein. Die Tropenanämie ist freilich schon da. Sie zeigt sich in einer großen Ermüdbarkeit. Bin ich vom Spital den Hügel zu meiner Wohnung heraufgestiegen, so bin ich wirklich erschöpft; dabei beträgt der Weg nur vier Minuten. Auch die merkwürdige Nervosität, die die Tropenanämie begleitet, verspüren wir an uns. Dazu kommt, daß die Zähne in schlechtem Zustand sind. Meine Frau und ich legen uns gegenseitig provisorische Füllungen ein. Ihr kann ich einigermaßen helfen. Aber mir kann niemand tun, was eigentlich getan werden müßte, denn es würde sich um die Entfernung zweier unrettbar kariöser Zähne handeln.

Urwald und Zahnweh! Welche Geschichten ließen sich davon erzählen. Ein Weißer, den ich kenne, konnte es vor einigen Jahren vor Zahnschmerzen nicht mehr aushalten. „Frau", sagte er, „hole im Werkzeugkasten die kleine Beißzange." Darauf legte er sich auf den Boden. Die Frau kniete auf ihm und faßte, so gut sie konnte, den Zahn mit der Zange. Nun legte der Mann seine Hände um die ihren und riß sich den Zahn, der zufällig brav genug war, sich diesem Manöver zu unterwerfen, heraus.

Die geistige Frische habe ich trotz aller Müdigkeit und aller Anämie merkwürdigerweise fast ganz bewahrt. War der Tag nicht gar zu anstrengend, so vermag ich nach dem Abendessen zwei Stunden an meiner Arbeit über Ethik und Kultur in der Geschichte des Denkens der Menschheit zu schaffen. Die notwendigen Bücher, soweit ich sie nicht mitgebracht habe, besorgt mir Professor Strohl von der Züricher Universität. Es ist ein merkwürdiges Arbeiten. Mein Tisch steht an der auf die Veranda hinausführenden Gittertür, damit ich möglichst viel von der leichten Abendbrise erhasche. Die Palmen rauschen leise zu der lauten Musik, die die Grillen und Unken aufführen. Aus dem Urwald tönen häßliche und unheimliche Schreie herüber. Caramba, der treue Hund auf der Veranda, knurrt leise, um mir seine Gegenwart bemerkbar zu machen. Zu meinen Füßen unter dem Tisch liegt eine kleine Zwergantilope. In dieser Einsamkeit versuche ich, Gedanken, die mich seit 1900 bewegen, zu gestalten und am Wiederaufbau der Kultur mitzuhelfen. Urwaldeinsamkeit, wie kann ich dir jemals danken für das, was du mir warst! . . .

Die Stunde zwischen dem Mittagessen und der Wiederaufnahme der Arbeit im Spital ist der Musik gewidmet, der auch die Sonntagnachmittage gehören. Auch hier merke ich den Segen des weltfernen Arbeitens. Viele Bachsche Orgelstücke lerne ich einfacher und innerlicher auffassen als früher.

Geistige Arbeit muß man haben, um sich in Afrika aufrecht-zuerhalten. Der Gebildete, so merkwürdig es klingen mag, erträgt das Leben im Urwald besser als der Ungebildete, weil er eine Erholung hat, die dieser nicht kennt. Beim Lesen eines ernsten Buches hört man auf, das Ding zu sein, das sich den ganzen Tag in dem Kampf gegen die Unzuverlässigkeit der Eingeborenen und die Zudringlichkeit des Getiers aufreibt, und wird wieder Mensch. Wehe dem, der hier nicht so immer wieder zu sich selbst kommt und neue Kräfte sammelt! Er geht an der furchtbaren Afrikaprosa zugrunde.

Letzthin besuchte mich ein weißer Holzhändler. Als ich ihn ans Kanoe zurückbegleitete, fragte ich ihn, ob ich ihm für die zweitägige Fahrt, die er vorhatte, nicht etwas Lektüre geben sollte. „Danke schön", sagte er, „ich bin versehen", und zeigte mir das Buch, das auf seinem Bootsliegestuhl lag. Es war Jakob Böhmes „Aurora". Das Werk des deutschen Schuh-machers und Mystikers aus dem beginnenden siebzehnten Jahrhundert begleitet ihn auf allen seinen Fahrten. Bekanntlich führten fast alle großen Afrikareisenden in ihrem Gepäck „schwere Lektüre" mit.

Zeitungen kann man hier fast nicht ertragen. Das nur auf den vorüberrauschenden Tag berechnete, gedruckte Gerede nimmt sich hier, wo die Zeit gewissermaßen stille steht, grotesk aus. Ob wir es wollen oder nicht: alle stehen wir hier unter dem Eindruck des täglich wiederkehrenden Erlebnisses, daß die Natur alles und der Mensch nichts ist. Damit kommt etwas in die Weltanschauung – auch in die des weniger Gebildeten – hinein, das gegen die Aufgeregtheit und Eitelkeit des euro-päischen Treibens empfindlich macht. Man erfaßt es als etwas Abnormes, daß an einer Stelle der Erde die Natur nichts mehr und der Mensch alles ist.

Nachrichten vom Krieg kommen jetzt ziemlich regelmäßig hierher. Von N'Djôle – wo die große Telegraphenlinie von Libreville nach dem Innern durchgeht – oder von Kap Lopez werden die Telegramme, ein Auszug aus den Tagesberichten, etwa alle vierzehn Tage hierher gebracht. Der Bezirkshauptmann schickt sie mit einem schwarzen Soldaten auf den Faktoreien und den beiden Missionsstationen herum. Man liest sie, während der Bringer daneben auf die Rückgabe wartet. Dann denkt man vierzehn Tage lang nur wieder an den Krieg im allgemeinen. Wie es denen zumute ist, die jeden Tag die Aufregung, Tagesberichte zu lesen, durchmachen müssen, können wir uns nicht vorstellen. Aber wir beneiden sie nicht.

In diesen Tagen wurde hier bekannt, daß von den Weißen, die vom Ogowe nach Europa gegangen waren, um ihrer Soldatenpflicht zu genügen, bereits zehn gefallen seien. Dies macht einen großen Eindruck auf die Eingeborenen. „Schon zehn Menschen sind in diesem Kriege gefallen!" sagte ein alter Pahouin. „Ja, warum kommen dann diese Stämme nicht zusammen, um das Palaver zu besprechen? Wie können sie denn diese Toten alle bezahlen?" Bei den Eingeborenen müssen nämlich die im Kriege Gefallenen, bei den Besiegten sowohl wie bei den Siegern, von der anderen Partei bezahlt werden.

Ist Post angekommen, so hält mich unser Koch Aloys an. „Doktor, ist immer noch Krieg?" „Ja, Aloys, es ist immer noch Krieg." Dann schüttelt er traurig den Kopf und sagt einige Male hintereinander „Oh lala, oh lala". Er gehort zu den Negern, die seelisch unter dem Gedanken des Krieges leiden.

Mit den europäischen Lebensmitteln gehen wir jetzt sehr sparsam um. Kartoffeln beginnen eine Seltenheit zu werden. Letzthin schickte mir ein Weißer durch seinen Boy einige Dutzend zu Geschenk. Ich schloß daraus, daß er sich krank fühle und demnächst meine Hilfe in Anspruch nehmen werde. So geschah es auch.

Seit dem Kriege haben wir uns an das Affenfleisch gewöhnt. Ein Missionar der Station hält sich einen schwarzen Jäger und schickt uns regelmäßig von der Jagdbeute. Der Jäger schießt gewöhnlich nur Affen, weil sie das am leichtesten zu erlegende Wild sind.

Affenfleisch schmeckt etwa wie Ziegenfleisch, nur ist es süß-
licher. Man mag über die Deszendenztheorie denken wie man
will: das Vorurteil gegen das Affenfleisch wird man so leicht
nicht los. „Doktor", sagte mir letzthin ein Weißer, „Affenfleisch zu essen ist der Beginn der Anthropophagie."

Am Ende des Sommers konnten wir mit Herrn und Frau
Missionar Morel aus Samkita einige Wochen in Kap Lopez
verbringen. Eine Handelsgesellschaft, von der einige Angestellte in der Krankheit unsere Pflege und Gastfreundschaft
genossen hatten, stellte uns in einer ihrer Faktoreien drei Zimmer zur Verfügung. Die Seeluft tat Wunder an uns.

X. VON DER MISSION

Lambarene, Juli 1916

Es ist die trockene Jahreszeit. Abends gehen wir auf den
großen Sandbänken im Flußbett spazieren und genießen den
frischen Lufthauch, der flußabwärts zieht. Im Spital geht es
dieser Tage etwas ruhiger zu als gewöhnlich. Die Dörfer sind
auf den großen Fischzügen. Wenn diese vorüber sind, wird
man mir die Kranken bringen. Ich benütze die Mußestunden,
um die Eindrücke, die ich von der Mission empfangen habe,
aufzuzeichnen.

Seit über drei Jahren lebe ich auf einer Missionsstation.
Was denke ich nach den gemachten Erfahrungen über
Mission?

Was erfaßt der Urwaldmensch vom Christentum und wie
erfaßt es ihn? In Europa wurde mir immer eingeworfen, daß
das Christentum für die Primitiven zu hoch sei. Die Frage hatte
mich früher selber unruhig gemacht. Nun darf ich aus der Erfahrung mit „Nein" antworten.

Zunächst bemerke ich, daß das Naturkind viel „denkender"
ist, als man gewöhnlich annimmt. Wenn es auch nicht lesen

und schreiben kann, so hat es doch über viel mehr Dinge Überlegungen angestellt, als wir meinen. Gespräche, die ich mit alten Eingeborenen in meinem Spital über die letzten Fragen des Lebens geführt habe, haben mich tief ergriffen. Der Unterschied zwischen Weiß und Farbig, Gebildet und Ungebildet verschwindet, wenn man mit dem Urwaldmenschen auf die Fragen zu reden kommt, die unser Verhältnis zu uns selbst, zu den Menschen, zur Welt und zum Ewigen betreffen. „Die Neger sind tiefer als wir, denn sie lesen keine Zeitungen", sagte mir letzthin ein Weißer. In dieser Paradoxie liegt etwas Wahres.

Es besteht also eine große natürliche Aufnahmefähigkeit für das Elementare der Religion. Das Historische an dem Christentum liegt dem Eingeborenen naturgemäß fern. Er lebt ja in einer geschichtslosen Weltanschauung. Die Zeit zwischen Jesus und uns kann er nicht ermessen. Auch die Glaubenssätze, in denen ausgesprochen ist, auf welche Weise die Erlösung nach dem göttlichen Weltplan vorbereitet und verwirklicht worden sein soll, sind ihm nicht leicht begreiflich zu machen. Dafür aber hat er ein elementares Bewußtsein von der Erlösung als solcher. Das Christentum ist für ihn das Licht, das in die Finsternis der Angst scheint. Es versichert ihm, daß er nicht der Gewalt von Naturgeistern, Ahnengeistern und Fetischen ausgeliefert ist und daß kein Mensch unheimliche Macht über den andern besitzt, sondern daß in allem Geschehen nur der Wille Gottes waltet.

> Ich lag in schweren Banden,
> Du kommst und machst mich los.

Dieses Wort aus Paul Gerhardts Adventslied spricht wie kein anderes aus, was das Christentum für den primitiven Menschen ist. Immer und immer wieder muß ich daran denken, wenn ich auf einer Missionsstation am Gottesdienst teilnehme.

Hoffnungen und Befürchtungen für das Jenseits spielen in der Religion der Primitiven bekanntlich keine Rolle. Das Naturkind fürchtet den Tod nicht, sondern sieht ihn als etwas Natürliches an. Die mehr mittelalterliche Form des Christentums, bei der die Angst vor dem Gericht im Vordergrunde steht, findet bei ihm viel weniger Anknüpfungspunkte als die mehr ethische. Das Christentum ist ihm die von Jesus geoffenbarte moralische Anschauung vom Leben und der Welt, die Lehre vom Reiche Gottes und der Gnade Gottes.

Im Naturmenschen schlummert ein ethischer Rationalist. Er hat eine natürliche Empfänglichkeit für den Begriff des Guten und was in der Religion damit zusammenklingt. Sicherlich haben Rousseau und die Menschen der Aufklärungszeit das Naturkind idealisiert. Aber etwas Wahres ist doch an ihrer Anschauung von dem guten und vernünftigen Vermögen in demselben.

Man meine nicht, die Gedankenwelt des Negers beschrieben zu haben, wenn man ein genaues Inventar seiner überkommenen abergläubischen Vorstellungen und der überlieferten Rechtsanschauungen aufgenommen hat. Er geht nicht in ihnen auf, sondern ist ihnen unterworfen. In seinem Wesen lebt ein dumpfes Ahnen, daß die Anschauung von dem, was gut sei, sich aus dem Nachdenken ergeben müsse. Sowie er mit den höheren sittlichen Begriffen der Religion Jesu bekannt wird, kommt etwas in ihm zur Sprache, das bisher stumm vorhanden gewesen war, und wird etwas entbunden, das bisher gebunden war. Dies wird mir klarer, je länger ich mit den Negern des Ogowe zusammen bin.

Die Erlösung durch Jesus erfährt der Eingeborene also als eine doppelte Befreiung. Aus der angstvollen kommt er zur angstlosen und aus der unethischen zur ethischen Weltanschauung.

Nie habe ich das Sieghaft-Elementare in den Gedanken Jesu so empfunden, als wenn ich in der großen Schulbaracke zu Lambarene, die als Kirche dient, den Eingeborenen die Bergpredigt und die Gleichnisse des Herrn und die Sprüche des Apostels Paulus von dem neuen Dasein, in dem wir wandeln, auslegen durfte.

Inwieweit wird der Neger nun aber als Christ wirklich ein anderer Mensch? In der Taufe hat er allen Aberglauben abgeschworen. Aber der Aberglaube ist so mit seinem Leben und mit dem gesellschaftlichen Leben verwachsen, daß er nicht von heute auf morgen damit fertig wird. Fortgesetzt hat er im kleinen wie im großen Rückfälle. Ich bin aber nicht dafür, daß man die Gebräuche, von denen er sich nicht gleich definitiv freimachen kann, tragisch nehme. Nur darauf kommt es an, daß man ihm auf jede Weise begreiflich mache, daß hinter den Gebräuchen nichts, auch kein Dämon steht.

Ist in einem Spital ein Kind auf die Welt gekommen, so werden seine Mutter und es selber am Leib und im Gesicht mit weißer Farbe so bemalt, daß beide furchterregend aussehen. Diese Prozedur findet sich bei fast allen Naturvölkern. Es sollen damit die Dämonen, die in diesen Tagen der Mutter und dem Kind besonders gefährlich werden können, abgeschreckt oder getäuscht werden. Ich ereifere mich gegen den Brauch nicht. Manchmal sage ich selber, kaum daß die Geburt vorüber ist: „Daß ihr mir das Bemalen nicht vergeßt!" In einem gewissen Augenblicke wird die freundliche Ironie den Geistern und Fetischen gefährlicher als der sie bekämpfende Eifer. Ich wage daran zu erinnern, daß wir Europäer ja noch selber viele Gepflogenheiten haben, die, ohne daß wir uns jetzt mehr davon Rechenschaft geben, aus heidnischen Vorstellungen geboren sind.

Auch die ethische Bekehrung bleibt naturgemäß unvollständig. Um dem farbigen Christen gerecht zu werden, muß man eigentlich zwischen Herzenssittlichkeit und bürgerlicher Sittlichkeit unterscheiden. In der ersteren leistet er oft Großes. Man muß unter ihnen leben, um zu wissen, was es heißt, daß einer unter ihnen, weil er Christ ist, auf die Rache, die ihm zusteht, oder gar auf die Blutrache, die ihm obliegt, verzichtet! Überhaupt finde ich, daß der primitive Mensch viel gutmütiger ist als wir Europäer. Kommt das Christentum dazu, so können wunderbar edle Charaktere entstehen. Ich glaube nicht der einzige Weiße zu sein, der sich durch Eingeborene schon beschämt gefühlt hat.

Aber etwas anderes, als die Religion der Liebe zu üben, ist, das gewohnheitsmäßige Lügen und den Hang zum Stehlen abzulegen und ein nach unseren Begriffen einigermaßen zuverlässiger Mensch zu werden. Dürfte ich ein Paradoxon wagen, so würde ich sagen, daß der bekehrte Eingeborene öfter ein sittlicher als ein ehrbarer Mensch ist.

Mit dem Richten ist hier wenig getan. Wir müssen darauf sehen, daß wir den farbigen Christen so wenig wie möglich in Versuchung führen.

Aber es gibt auch eingeborene Christen, die in jeder Hinsicht sittliche Persönlichkeiten geworden sind. Ich komme jeden Tag mit einem solchen zusammen. Es ist Ojembo, der schwarze Lehrer an unserer Knabenschule. Ich zähle ihn zu den feinsten Menschen, die ich überhaupt kenne. Ojembo heißt „das Lied".

Wie kommt es, daß die Kaufleute und die Beamten oft so absprechend über die farbigen Christen urteilen? Schon bei der Herfahrt auf dem Schiff bekam ich von zwei Mitreisenden gesagt, daß sie aus Prinzip nie christliche Boys nähmen. Die Sache liegt so, daß das Christentum für die unsympathischen Erscheinungen der Emanzipation verantwortlich gemacht wird. Die jüngeren Christen sind zum größten Teil auf den Schulen der Mission gewesen und machen nun vielfach die Krise durch, die für den Neger mit der Schulbildung gegeben ist. Sie kommen sich zu gut für manche Arbeiten vor und wollen nicht mehr als „gewöhnliche" Neger behandelt werden. Dies habe ich mit einigen meiner eigenen Boys erlebt. Einer von ihnen, Atombogunjo, von der obersten Klasse der Schule von N'Gômô, diente bei mir während der Schulferien. Gleich am ersten Tage schlug er, während er auf der Veranda das Geschirr wusch, daneben ein Schulbuch auf. „Welch braver Junge, welcher Lerneifer!" sagte meine Frau. In der Folge aber erkannten wir, daß das neben ihm aufgeschlagene Schulbuch nicht nur Lerneifer bekundete, sondern zugleich eine

Demonstration war. Der fünfzehnjährige Junge wollte uns damit klar machen, daß er zum Dienen eigentlich zu gut sei und nicht mehr als Boy wie andere Boys betrachtet werden wollte. Zuletzt konnte ich seinen Dünkel nicht mehr aushalten und stellte ihn unsanft vor die Türe.

Da nun in vielen Kolonien fast alle Schulen Missionsschulen sind – weil die Regierungen fast keine Schulen gründen, sondern sich auf die Missionen verlassen –, treten die ungesunden Erscheinungen der Emanzipation vornehmlich an denen zutage, die aus den Missionsschulen hervorgehen, und werden dann dem Christentum zur Last gelegt. Dabei vergessen die Weißen oft, was sie der Mission verdanken. Als der Direktor einer großen Handelsgesellschaft auf dem Flußdampfer in meiner Gegenwart gegen die Missionen loslegte, fragte ich ihn: „Wer hat denn die schwarzen Schreiber und die schwarzen Faktoreibeamten, die Sie beschäftigen, ausgebildet? Wem verdanken Sie es, daß Sie am Ogowe Eingeborene finden, die lesen, schreiben und rechnen können und einigermaßen zuverlässig sind?" ... Er mußte schweigen.

Wie aber wird die Mission betrieben? Was gehört zu einer Missionsstation und wie arbeitet sie?

In Europa stellt man sich eine Missionsstation wie eine Dorfpfarrei im Urwald vor. Sie ist aber etwas viel Umfassenderes und Komplizierteres: ein Bischofsitz, ein Schulzentrum, ein landwirtschaftliches Unternehmen und ein Markt!

Zu einer normalen Missionsstation gehören: ein Missionar als Stationsleiter, ein Missionar für die Evangelisationsreisen, ein Missionar als Lehrer an der Knabenschule, eine Lehrerin für die Mädchenschule, ein oder zwei Handwerkermissionare und womöglich ein Arzt. Nur eine solche Station leistet etwas. Eine unvollständige verbraucht Menschen und Geld, ohne daß dabei Entsprechendes herauskommt.

Ein Beispiel. In Talagouga hatten wir am Anfang meines Hierseins einen ausgezeichneten Evangelisationsmissionar,

Herrn Ford, einen Amerikaner. Es fehlte aber der Station der
Handwerkermissionar. Es kam die Zeit, wo der Fußboden des
auf Pfählen ruhenden Hauses, das Herr Ford mit Frau und
Kindern bewohnte, unbedingt ausgebessert werden mußte,
weil durch seine Löcher Moskitos eindrangen und als Fieber-
träger die Gesundheit der Bewohner gefährdeten. Also machte
sich Herr Ford selber an die Arbeit. Er brauchte dazu an die
zwei Monate. Während dieser Zeit war die Umgegend ohne
Missionar. Ein Handwerkermissionar hätte die Arbeit in drei
Wochen gemacht und nicht nur provisorische Flickarbeit
geleistet. Dies ein Beispiel für Hunderte von dem Elend
und der Unrentabilität der unvollständig besetzten Missionsstationen.

In den Tropen leistet der Mensch höchstens die Hälfte von
dem, was er in einem gemäßigten Klima ausführen kann. Wird
er von einer Arbeit in die andere gezerrt, so verbraucht er sich
so schnell, daß er nach einiger Zeit wohl noch da ist, aber keine
wirkende Kraft mehr repräsentiert. Darum tut strenge Arbeitsteilung not, obwohl andererseits, wenn die Umstände es
erfordern, jeder wieder alle Arbeiten tun können muß. Ein
Missionar, der nicht zugleich etwas von den Handwerken, von
der Pflanzung und von der Behandlung der Kranken versteht,
ist ein Unglück für die Station.

Der Missionar, der für die Evangelisation da ist, soll eigentlich mit dem Betriebe der Station gar nichts zu tun haben. Er
muß frei sein, jeden Tag seine kürzeren oder längeren Fahrten
zum Besuche der Dörfer anzutreten. Auch darf er nicht gebunden sein, an dem oder dem Tage zurück sein zu müssen.
Vielleicht wird er auf einer Fahrt aufgefordert, in dies oder
jenes Dorf, das nicht in seinem Reiseplan figurierte, zu kommen, weil die Leute das Evangelium hören wollen. Dann darf
er nicht antworten, er habe keine Zeit, sondern er muß zwei
oder drei Tage, vielleicht eine ganze Woche zugeben können.
Kommt er von der Reise nach Hause, muß er sich ausruhen.
War er vierzehn Tage lang fortwährend auf dem Fluß oder auf
Urwaldpfaden, so ist er erschöpft.

Zu wenige und zu hastige Evangelisationsreisen: dies ist das Elend in fast allen Missionen. Und immer rührt der Mißstand daher, daß infolge von Personalmangel oder unzweckmäßiger Arbeitsteilung der Evangelisationsmissionar zugleich in der Stationsleitung figuriert und der Stationsleiter zugleich reist.

Dem Stationsleiter fallen die Gottesdienste auf der Station und den nächsten Dörfern und zugleich die Aufsicht über die Schulen und die Pflanzungen der Station zu. Er darf die Station eigentlich keinen Tag verlassen. Er muß seine Augen überall haben und für jeden jederzeit zu sprechen sein. Seine prosaischste Beschäftigung ist, den Markt abzuhalten. Die Lebensmittel, die wir für die Schulen, für die Arbeiter und Ruderer der Station und für uns selber brauchen, bekommen wir nicht für Geld. Nur wenn die Eingeborenen wissen, daß sie bei uns gute Waren finden, bringen sie uns regelmäßig Maniok, Bananen und gedörrte Fische. Also muß die Missionsstation einen Laden haben. Zwei- oder dreimal in der Woche kommen die Eingeborenen mit den Früchten ihrer Pflanzungen und mit Fischen und tauschen das Mitgebrachte gegen Salz, Petroleum, Nägel, Fischgeräte, Tabak, Sägen, Messer, Beile und Tücher ein. Schnaps gibt es bei uns nicht. Der ganze Morgen des Stationsleiters geht drauf. Und welche Zeit kostet es ihn, die Bestellungen in Europa richtig und rechtzeitig zu machen, die Rechnungen genau zu führen, die Ablöhnung der Ruderer und Arbeiter vorzunehmen, die Pflanzungen der Station zu beaufsichtigen! Welche Verluste entstehen, wenn er das Nötige nicht rechtzeitig beschafft hat! Man soll ein Dach eindecken, und es sind keine getrockneten und gehefteten Raphiablätter da! Es soll gebaut werden, und es sind keine Balken und Bretter vorhanden, oder er hat die gute Jahreszeit zum Bereiten von Ziegeln vorbeigehen lassen! Oder er hat versäumt, den Vorrat an gedörrten Fischen für die Schulkinder zur rechten Zeit wieder nachzuräuchern, und entdeckt eines Morgens, daß er von Würmern wimmelt und verloren ist. Vom Stationsleiter hängt es ab, ob die Station zweckmäßig und billig oder unzweckmäßig und teuer arbeitet.

Ein Beispiel. Auf einer unserer Stationen waren mehrere Jahre hintereinander Stationsleiter gewesen, die nicht viel von der Pflanzung verstanden und unsere Kaffeesträucher nicht richtig beschnitten hatten. Sie ließen sie so hoch emporwachsen, daß sie nicht mehr richtig trugen und auch ohne Leiter nicht mehr abgeerntet werden konnten. Jetzt müssen wir sie über dem Boden abhauen. Bis die Stümpfe wieder ausgeschlagen haben und normal tragen, dauert es Jahre.

Weiter hat der Stationsleiter die Untersuchungen über die so oft vorkommenden Diebstähle zu führen, wobei er, mehr als ihm lieb ist, Gelegenheit bekommt, Detektivtalente zu entwickeln. Auch alle Palaver der schwarzen Stationsinsassen muß er schlichten. Dabei darf er niemals ungeduldig werden. Stundenlang muß er den öden Disputen aufmerksam zuhören, denn sonst ist er nicht der gerechte Richter. Kommen Kanoes von anderen Stationen, so hat er die Ruderer unterzubringen und zu verpflegen. Ertönt die Sirene des Flußdampfers, so muß er mit Kanoes an die Landungsstelle, um die Post und die Warenkisten in Empfang zu nehmen.

Nun aber sind nicht genug Lebensmittel an den Markttagen eingegangen. Jetzt heißt es, Kanoes nach den ferneren Dörfern schicken, um das Nötige zu holen. Die Fahrt kann zwei bis drei Tage dauern. Welche Arbeit soll dafür im Stich gelassen werden? Und vielleicht kommt das Boot leer zurück, und es muß eine Fahrt in eine andere Gegend gemacht werden ...

Welch furchtbare Prosa für einen Menschen, der gekommen ist, um die Religion Jesu zu verkünden! Hätte er nicht die Abend- und Morgenandacht in der Schule zu halten und am Sonntag zu predigen, so könnte der Stationsleiter fast vergessen, daß er eigentlich Missionar ist. Aber den größten Einfluß übt er gerade dadurch, daß er in diesem alltäglichen Getriebe christliche Freundlichkeit und christliche Sanftmut erweist. Durch seine Predigt ohne Worte wird die Station das, was sie geistig sein soll.

Ein Wort über die Schulen. Eine Schule, bei der die Kinder zum Unterricht kommen und bei ihren Eltern wohnen, ist hier unmöglich der Entfernungen wegen. Dörfer, die zur Station Lambarene gehören, liegen bis zu hundert Kilometer weit, wenn nicht mehr, von ihr ab. Also müssen die Kinder auf der Station wohnen. Die Eltern bringen sie im Oktober und holen sie im Juli, wenn die Zeit der großen Fischzüge beginnt, wieder ab. Dafür, daß sie beherbergt und genährt werden, müssen die Kinder, Knaben wie Mädchen, auf der Station Arbeit leisten.

Ihr Tag verläuft folgendermaßen: Morgens von sieben bis neun Uhr schneiden sie das Gras und das Gebüsch ab. Der Kampf, um die Station gegen den Urwald zu erhalten, wird in der Hauptsache von ihnen geführt. Sind sie an einem Ende des Geländes mit dem Abmähen fertig, so können sie am andern, wo unterdes wieder alles emporgeschossen ist, gerade wieder anfangen. Von neun bis zehn Uhr ist Ruhestunde. Unter einem großen Dache kochen sich die Kinder ihre Bananen nach Negerart. Je fünf oder sechs gehören zu einem Kochtopf und zu einem Feuerloch. Nach dem Essen, von zehn bis zwölf, ist Schule. Die Erholungszeit von zwölf bis eins wird zum größten Teil mit Baden und Fischen verbracht. Ist die von zwei bis vier dauernde Nachmittagsschule vorüber, so haben die Kinder wieder eine Arbeitszeit von anderthalb Stunden vor sich. Sie helfen in der Kakaopflanzung mit; oft auch gehen dann die Buben dem Handwerkermissionar zur Hand, bereiten Ziegel, transportieren Baumaterialien oder vollführen Erdarbeiten. Dann werden die Lebensmittel für den folgenden Tag in Empfang genommen. Nach sechs Uhr findet die Abendandacht statt. Hierauf wird das Abendessen gekocht und eingenommen. Um neun Uhr geht es ins Bett, das heißt auf die Holzpritsche unter das Moskitonetz. An den Sonntagnachmittagen werden Kanoefahrten unternommen, wobei die Lehrerin die Schulmädchen als Rudermannschaft hat. In der trockenen Jahreszeit wird auf den Sandbänken gespielt.

Der Betrieb in der Knabenschule leidet dadurch, daß, wenn der Missionar auf Evangelisationsreise geht oder wenn sonst

Kanoefahrten notwendig sind, die Knaben als Ruderer mit müssen und manchmal eine Woche oder mehr abwesend sind. Wann werden wir dazu kommen, daß jede Station ein gutes Motorboot besitzt!

Soll ein Missionar eine gründliche Bildung besitzen? Ja. Je entwickelter das geistige Leben und die geistigen Interessen eines Menschen sind, desto besser hält er es in Afrika aus. Im anderen Falle gerät er leicht in Gefahr, wie man hier sagt, zu „verniggern". Dies zeigt sich darin, daß er die großen Gesichtspunkte aus den Augen verliert, seine geistige Spannkraft einbüßt und fast wie ein Neger anfängt, sich über kleine Dinge aufzuhalten und darüber zu disputieren. Auch gründliche theologische Bildung ist besser als eine weniger gründliche.

Daß man unter Umständen ein guter Missionar sein kann, ohne Theologie studiert zu haben, beweist Herr Felix Faure, der zur Zeit unserer Station vorsteht.

Er ist von Hause aus landwirtschaftlicher Ingenieur und kam nach dem Ogowe hauptsächlich, um die Pflanzungen der Mission zu leiten. Zugleich erwies er sich aber als Prediger und Evangelisator so tüchtig, daß er mit der Zeit mehr Missionar als Pflanzer wurde.

Nicht ganz einverstanden bin ich mit der Art, wie hier die Taufe gehandhabt wird. Man tauft grundsätzlich nur Erwachsene. Einzig solche, die in ihrem Wandel erprobt sind, sollen in die christliche Gemeinde aufgenommen werden. Ganz recht. Aber gründen wir damit eine auf sichere, breite Basis gestellte Kirche? Kommt es nur darauf an, daß sich die Gemeinden aus möglichst untadeligen Mitgliedern zusammensetzen? Ich meine, man muß auch darauf hinausdenken, wie die Gemeinde einen normalen Zustrom bekommt. Taufen wir die Kinder der christlichen Ehepaare, so wachsen uns Eingeborene auf, die von Jugend an der christlichen Kirche angehören und unter ihrem Einfluß stehen. Sicherlich wird es unter ihnen welche geben, die sich des in der Kindheit erworbenen Christennamens unwürdig zeigen werden. Aber so und so viel andere werden, gerade weil sie von Jugend an zu der Gemeinde gehören und an ihr in den sittlichen Gefahren, die sie umgeben, Halt haben, treue Mitglieder derselben werden. So tritt die Frage der Kindertaufe, die die Kirche in den ersten Jahrhunderten so bewegt hat, heute in der Mission wieder als eine aktuelle Frage auf. Wollten wir uns am Ogowe für die Kindertaufe entscheiden, so hätten wir fast alle eingeborenen Evangelisten und Gemeindeältesten gegen uns.

Das schwerste Problem wird der christlichen Mission dadurch geschaffen, daß sie draußen in zwei Gestalten, als katholische und als protestantische, auftreten muß. Wie viel schöner wäre das Wirken im Namen Jesu, wenn dieser Unterschied nicht wäre und die beiden Kirchen nicht in Konkurrenz miteinander ständen. Am Ogowe unterhalten die Missionare beider Konfessionen korrekte, manchmal auch freundliche Beziehungen zueinander. Aber der Wettstreit, der die Eingeborenen verwirrt und die Sache des Evangeliums schädigt, ist darum nicht aus der Welt geschafft.

Ich komme als Arzt öfters auf die katholischen Missionsstationen und kann mir daher von der Art, wie dort die Evangelisation und der Unterricht betrieben werden, ein ziemlich klares Bild machen. Was die Organisation anbetrifft, so scheint mir die katholische Mission der protestantischen in manchen Dingen überlegen. Sollte ich den Unterschied in den von beiden verfolgten Zielen definieren, so würde ich sagen, daß die protestantische Mission hauptsächlich auf die Heranbildung christlicher Persönlichkeiten ausgeht, während die katholische vor allem die solide Gründung einer Kirche im Auge hat. Das Ziel, das sich die protestantische Mission steckt, ist das höhere; aber es trägt der Wirklichkeit weniger Rechnung als das der katholischen. Um das Erziehungswerk auf die Dauer durchzuführen, bedarf es einer festgegründeten Kirche, die sich in natürlicher Weise aus den Nachkommen der christlichen Familien vermehrt. Dies lehrt die Kirchengeschichte aller Zeiten. Aber besteht nicht die Größe wie auch die Schwäche des Protestantismus darin, daß er zu sehr persönliche Religion und zu wenig Kirche ist? . . .

Für die Arbeit, die die amerikanischen Missionare hier begonnen und die französischen fortgesetzt haben, empfinde ich aufrichtige Hochachtung. Sie haben unter den Eingeborenen menschliche und christliche Charaktere herangebildet, die auch entschiedene Missionsgegner von dem, was die Lehre Jesu an dem primitiven Menschen vermag, überzeugen würden. Nur sollten sie jetzt die Mittel und die Menschen haben, neue Stationen weiter im Innern zu gründen und erzieherisch auf die Eingeborenen zu wirken, ehe der Handel der Weißen mit allen Gefahren und Problemen, die er für das Naturkind mit sich führt, dorthin gekommen ist.

Wird dies aber in absehbarer Zeit möglich sein? Was wird aus der Mission nach dem Kriege werden? Wie sollen die ruinierten Völker Europas weiter die Mittel für die geistigen Unternehmungen in der Welt aufbringen? Dazu kommt noch, daß die Mission, wie das Christentum, internationalen Charakter hat. Durch den Krieg ist aber alles Internationale auf lange hinaus unmöglich gemacht. Auch daß die Weißen durch den Krieg bei den Farbigen so viel an geistiger Autorität verloren haben, wird die Mission in der ganzen Welt zu fühlen bekommen.

XI. SCHLUSS

Viereinhalb Jahre wirkten wir in Lambarene.

Im letzten Jahr konnten wir die heißen Regenmonate zwischen Herbst und Frühling am Meer zubringen. Ein Weißer, der mit meiner aufs äußerste erschöpften Frau Mitleid hatte, stellte uns an der Mündung des Ogowe, zwei Stunden Weges von Kap Lopez, ein Haus zur Verfügung, das im Frieden dem Wächter seiner dort verankerten Flöße als Wohnung gedient hatte, seit dem Ruhen des Holzhandels aber leer stand. Nie werden wir ihm seine Güte vergessen. Unsere Hauptnahrung in dieser Einsamkeit waren Heringe, die ich im Meere fing. Von dem Fischreichtum der Bucht von Kap Lopez kann man sich nur schwer einen Begriff machen.

Um das Haus herum standen die Hütten, in denen die Arbeiter des Weißen, als der Holzhandel noch blühte, gewohnt hatten. Jetzt dienten sie, halb verfallen, durchziehenden Negern zur Behausung. Am zweiten Tage nach unserer Ankunft ging ich zu den Hütten, um zu sehen, ob jemand darin sei. Niemand antwortete auf mein Rufen. Nun stieß ich Tür um Tür auf. In der letzten Hütte lag ein Mensch auf dem Boden, das Haupt fast im Sande begraben. Ameisen liefen auf ihm herum. Es war ein Schlafkranker, den die Seinen, weil sie ihn nicht mehr weiterbringen konnten, wohl schon vor Tagen dort zurückgelassen hatten. Zu helfen war nichts mehr, obwohl er noch atmete. Während ich mich mit dem Armen beschäftigte, sah ich durch die Tür der Hütte die blaue, von grünen Wäldern umsäumte, zauberhaft schöne Bucht, die eine strahlende Abendsonne mit ihrem Lichte übergoß. Ein Paradies und trostlosestes Elend so in einem Blicke zu umfassen, war erschütternd ...

Nach Lambarene zurückgekehrt, fand ich viel zu tun vor. Aber die Arbeit erschreckte mich nicht. Ich war wieder frisch. Viel zu schaffen machten mir in dieser Zeit die Dysenteriekranken. Aus unserer Gegend waren Träger für die Militärkolonnen in Kamerun ausgehoben worden. Viele von ihnen hatten sich mit Dysenterie angesteckt. Die subkutanen Einspritzungen von Emetin erwiesen sich auch in den veralteten Fällen als sehr wirkungskräftig.

Bei dieser Aushebung von Trägern hatte sich einer meiner Kranken, namens Basile, der mit einem bösen Fußgeschwür behaftet war, freiwillig zum Dienst melden wollen, um seinen Bruder, der mitmußte, nicht allein gehen zu lassen. Ich stellte ihm vor, daß er nach vier Tagen am Wege liegenbleiben und im Walde sterben würde. Er wollte sich nicht überzeugen lassen. Fast mit Gewalt mußte ich ihn zurückhalten.

Als ein Transport von ausgehobenen Trägern, die auf dem Seewege nach Kamerun gebracht werden sollten, in N'Gômô auf dem Flußdampfer verladen wurde, war ich zufällig dabei. Nun erfuhren die Eingeborenen wirklich, was Krieg sei. Unter den Klagen der Weiber war der Dampfer abgefahren. Sein Rauch verschwand in der Ferne. Die Leute hatten sich verlaufen. Auf einem Stein am Ufer saß lautlos weinend eine alte Frau, deren Sohn mitgenommen worden war. Ich ergriff ihre Hand und wollte sie trösten. Sie weinte weiter, als hörte sie mich nicht. Plötzlich fühlte ich, daß ich mit ihr weinte, lautlos in die untergehende Sonne weinte, wie sie.

In jenen Tagen las ich in einer Zeitschrift einen Artikel, der ausführte, daß es immer Kriege geben werde, weil ein edles Bedürfnis nach Ruhm in den Herzen der Menschen unausrottbar verwurzelt sei. Diese Verherrlicher des Krieges denken immer nur an den durch die Begeisterung oder die Notwehr einigermaßen idealisierten Krieg. Vielleicht aber kämen sie zur Besinnung, wenn sie eine Tagereise auf einem Urwaldpfad eines der afrikanischen Kriegsschauplätze zwischen den Leichen der Träger, die dort unter ihrer Last hinsanken und einsam am Wege starben, gewandert wären und angesichts dieser unschuldigen und unbegeisterten Opfer in dem Dunkel und der Stille des Urwalds über den Krieg, wie er an sich ist, nachgedacht hätten.

Was ist das Endergebnis der Erfahrungen dieser viereinhalb Jahre?

In allem hat sich mir bestätigt, daß die Überlegungen, die mich aus der Wissenschaft und aus der Kunst in den Urwald hinaustrieben, richtig waren. „Die Eingeborenen, die am Busen der Natur leben, sind nicht so viel krank wie wir und spüren den Schmerz nicht wie wir", hatten mir meine Freunde gesagt, um mich zurückzuhalten. Ich aber habe gesehen, daß dem nicht so ist. Draußen herrschen die meisten Krankheiten, die wir in Europa haben, und manche, die häßlichen, die wir dorthin getragen haben, schaffen dort womöglich noch mehr Elend als bei uns. Den Schmerz aber fühlt das Naturkind wie wir, denn Mensch sein heißt der Gewalt des furchtbaren Herrn, dessen Name Weh ist, unterworfen sein.

Das körperliche Elend ist draußen überall groß. Haben wir ein Recht, die Augen davor zu schließen und es zu ignorieren, weil die europäischen Zeitungen nicht davon sprechen? Wir sind verwöhnt. Wenn bei uns jemand krank ist, ist der Arzt sogleich zur Hand. Muß operiert werden, so tun sich alsbald die Türen einer Klinik auf. Aber man stelle sich vor, was es heißt, daß draußen Millionen und Millionen ohne Hoffnung auf Hilfe leiden. Täglich erdulden Tausende und Tausende Grausiges an Schmerz, was ärztliche Kunst von ihnen wenden könnte. Täglich herrscht in vielen, vielen fernen Hütten Verzweiflung, die wir bannen könnten. Es wage doch jeder nur die letzten zehn Jahre in seiner Familie auszudenken, wenn sie ohne Ärzte hätten verlebt werden sollen! Wir müssen aus dem Schlafe aufwachen und unsere Verantwortungen sehen.

Wenn ich es als meine Lebensaufgabe betrachte, die Sache der Kranken unter fernen Sternen zu verfechten, berufe ich mich auf die Barmherzigkeit, die Jesus und die Religion befehlen. Zugleich aber wende ich mich an das elementare Denken und Vorstellen. Nicht als ein „gutes Werk", sondern als eine unabweisliche Pflicht soll uns das, was unter den Farbigen zu tun ist, erscheinen.

Was haben die Weißen aller Nationen, seitdem die fernen Länder entdeckt sind, mit den Farbigen getan? Was bedeutet es allein, daß so und so viele Völker da, wo die sich mit dem Namen Jesu zierende europäische Menschheit hinkam, schon ausgestorben sind und andere im Aussterben begriffen sind oder stetig zurückgehen! Wer beschreibt die Ungerechtigkeiten und Grausamkeiten, die sie im Laufe der Jahrhunderte von den Völkern Europas erduldet? Wer wagt zu ermessen, was der Schnaps und die häßlichen Krankheiten, die wir ihnen brachten, unter ihnen an Elend geschaffen haben!

Würde die Geschichte alles dessen, was zwischen den Weißen und den farbigen Völkern vorging, in einem Buche aufgezeichnet werden, es wären, aus älterer wie aus neuerer Zeit, massenhaft Seiten darin, die man, weil zu grausigen Inhalts, ungelesen umwenden müßte.

Eine große Schuld lastet auf uns und unserer Kultur. Wir sind gar nicht frei, ob wir an den Menschen draußen Gutes tun wollen oder nicht, sondern wir müssen es. Was wir ihnen Gutes erweisen, ist nicht Wohltat, sondern Sühne. Für jeden, der Leid verbreitete, muß einer hinausgehen, der Hilfe bringt. Und wenn wir alles leisten, was in unseren Kräften steht, so haben wir nicht ein Tausendstel der Schuld gesühnt. Dies ist das Fundament, auf dem sich die Erwägungen aller „Liebeswerke" draußen erbauen müssen.

Die Völker, die Kolonien besitzen, müssen also wissen, daß sie damit zugleich eine ungeheure humanitäre Verantwortung gegen die Bewohner derselben übernommen haben.

Selbstverständlich müssen die Staaten als solche an dem Sühnen mithelfen. Sie können es aber erst tun, wenn die Gesinnung dazu in der Gesellschaft vorhanden ist. Zudem vermag der Staat allein Humanitätsaufgaben niemals zu lösen, da sie ihrem Wesen nach Sache der Gesellschaft und der einzelnen sind.

Der Staat kann so viel Kolonialärzte aussenden, als er zur Verfügung hat und als das Budget der Kolonie es erlaubt. Daß es große Kolonialmächte gibt, die nicht einmal genug Ärzte haben, um die bereits vorgesehenen und bei weitem nicht ausreichenden Kolonialarztstellen zu besetzen, ist bekannt. Die Hauptsache an dem ärztlichen Humanitätswerke fällt also der Gesellschaft und den einzelnen zu. Wir müssen Ärzte haben, die freiwillig unter die Farbigen gehen und auf verlorenen Posten das schwere Leben unter dem gefährlichen Klima und alles, was mit dem Fernsein von Heimat und Zivilisation gegeben ist, auf sich nehmen. Aus Erfahrung kann ich ihnen sagen, daß sie für alles, was sie aufgegeben haben, reichen Lohn in dem Guten, was sie tun können, finden werden.

Unter den Armen draußen können sie aber die Kosten ihrer Tätigkeit und ihres Lebensunterhaltes gewöhnlich nicht oder nicht vollständig aufbringen. In der Heimat müssen also Menschen sein, die ihnen das Notwendige geben. Uns allen fällt dies zu. Wer aber soll, ehe dies allgemein eingesehen und anerkannt wird, damit anfangen? Die Brüderschaft der vom Schmerz Gezeichneten.

Wer sind diese?

Die, die an sich erfuhren, was Angst und körperliches Weh sind, gehören in der ganzen Welt zusammen. Ein geheimnisvolles Band verbindet sie. Miteinander kennen sie das Grausige, dem der Mensch unterworfen sein kann, und miteinander die Sehnsucht, vom Schmerze frei zu werden. Wer vom Schmerz erlöst wurde, darf nicht meinen, er sei nun wieder frei und könne unbefangen ins Leben zurücktreten, wie er vordem darin stand. Wissend geworden über Schmerz und Angst, muß er mithelfen, dem Schmerz und der Angst zu begegnen, soweit Menschenmacht etwas über sie vermag, und andern Erlösung zu bringen, wie ihm Erlösung ward.

Wer durch ärztliche Hilfe aus schwerer Krankheit gerettet wurde, muß mithelfen, daß die, die sonst keinen Arzt hatten, einen Helfer bekommen, wie er einen hatte.

Wer durch eine Operation vom Tode oder der Qual bewahrt wurde, muß mithelfen, daß da, wo jetzt Tod und Qual noch ungehemmt herrschen, der barmherzige Betäubungsstoff und das helfende Messer ihr Werk beginnen können.

Die Mutter, die es ärztlicher Hilfe verdankt, daß ihr Kind noch ihr und nicht der kalten Erde gehört, muß helfen, daß der armen Mutter da, wo noch keine Ärzte sind, durch einen Arzt erspart bleiben kann, was ihr erspart blieb.

Wo das Todesleiden eines Menschen hätte furchtbar werden können, durch die Kunst eines Arztes aber sanft werden durfte, müssen die, die sein Lager umstanden, mithelfen, daß andern derselbe letzte Trost für ihre Lieben zuteil werden könne.

Dies ist die Brüderschaft der vom Schmerz Gezeichneten,
der das ärztliche Humanitätswerk in den Kolonien obliegt.
Aus ihren Dankbarkeitsgaben soll es entstehen. Als ihre Be-
auftragten sollten die Ärzte hinausgehen, um unter den Elenden in der Ferne zu vollbringen, was im Namen der Mensch-
lichkeitskultur vollbracht werden muß.

Früher oder später wird sich die Idee, die ich hier ausspreche,
die Welt erobern, weil sie in unerbittlicher Logik sowohl das
Denken wie das Herz zwingt.

Ist es aber an der Zeit, sie jetzt in die Welt zu senden?
Europa ist ruiniert und im Elende. So vieler Not haben wir in
unserem nächsten Gesichtskreise zu wehren. Wie können wir
noch der fernen gedenken?

Die Wahrheit hat keine Stunde. Ihre Zeit ist immer und
gerade dann, wenn sie am unzeitgemäßesten scheint. Die
Sorgen um die nahe und um die fremde Not vertragen sich,
wenn sie miteinander genug Menschen aus der Gedankenlosigkeit wecken und einen neuen Geist der Humanität ins Leben
rufen.

Man sage auch nicht: „Wenn die Brüderschaft der vom
Schmerz Gezeichneten vorerst einen Arzt hierhin, einen anderen dorthin sendet, was ist das im Vergleich zum Elende der
Welt?" Aus meiner Erfahrung und aus der aller Kolonialärzte
antworte ich darauf, daß ein einziger Arzt draußen mit den
bescheidensten Mitteln für viele Menschen viel sein kann. Das
Gute, das er zu wirken vermag, übersteigt das, was er von
seinem Leben darangibt, und den Wert der zu seinem Unter-
halte gespendeten Mittel um das Hundertfache. Allein mit
Chinin und Arsen für die Malaria, mit Novarsenbenzol für die
verschiedenen mit Geschwüren einhergehenden Krankheiten,
mit Emetin für die Dysenterie und mit den Mitteln und Kenntnissen für die dringlichsten Operationen vermag er in einem
Jahre Hunderte von Menschen, die sich sonst verzweifelt in ihr
Schicksal ergeben müßten, aus der Gewalt der Qual und des
Todes zu befreien. Gerade die Fortschritte, die die exotische
Medizin in den letzten fünfzehn Jahren gemacht hat, geben uns

die ans Wunderbare grenzende Macht über viele Leiden der fernen Menschen in die Hand. Ist dies nicht wie ein Ruf, der an uns ergeht?

Ich selber, nachdem meine seit 1918 schwankende Gesundheit durch zwei Operationen wiederhergestellt ist und nachdem ich durch Orgelkonzerte und Vorträge die Mittel fand, um die während des Krieges für mein Werk gemachten Schulden abzutragen, darf den Entschluß fassen, meine Tätigkeit unter den Elenden in der Ferne fortzusetzen. Zwar ist mein Werk, wie ich es gegründet hatte, im Krieg zusammengebrochen. Die Freunde, die sich aus verschiedenen Nationen zusammengetan, um es zu erhalten, sind durch das, was sich in der Welt ereignet hat, auf lange hinaus entzweit worden. Von denen, die noch weiter helfen könnten, sind manche durch den Krieg verarmt. Es wird schwer sein, die Mittel zusammenzubitten. Und sie müssen viel größer sein als vorher, denn die Kosten werden jetzt das Dreifache der früheren betragen, so bescheiden ich das Unternehmen auch in Aussicht nehme.

Dennoch bleibe ich mutig. Das Elend, das ich gesehen, gibt mir die Kraft dazu, und der Glaube an die Menschen hält meine Zuversicht aufrecht. Ich will glauben, daß ich genug Menschen finden werde, die, weil sie selber aus leiblicher Not gerettet worden sind, sich zu Dankbarkeitsopfern für die, die in gleicher Not sind, erbitten lassen werden ... Ich will hoffen, daß wir bald mehrere Ärzte sein werden, die von der Brüderschaft der vom Schmerz Gezeichneten hierhin und dorthin in die Welt entsandt werden...

Straßburg, bei der Kirche zu St. Nicolai,
August 1920

BRIEFE AUS LAMBARENE

1924–1927

FRÜHJAHR BIS HERBST 1924

I. DIE REISE

Am Donnerstag morgen, dem 21. Februar, noch im Dunkel der Nacht, verläßt der holländische Dampfer, der mich zu meinem zweiten Wirken nach Afrika hinausträgt, den Hafen von Bordeaux. Da ich die ganze Nacht hindurch geschrieben habe, um noch dringende Briefe auf die Post geben zu können, lege ich mich alsbald schlafen und erwache erst gegen Mittag, als das Schiff, in strahlendem Sonnenschein, aus der Gironde das Meer gewinnt.

Meine Gedanken schweifen zurück zur ersten Ausfahrt im Jahre 1913, wo meine Frau als treue Gehilfin mit mir zog. Ihrer erschütterten Gesundheit wegen muß sie diesmal zurückbleiben. Ein achtzehnjähriger Oxforder Student der Chemie und Geologie, Noël Gillespie, vom Vater her elsässischer Abkunft, begleitet mich auf einige Monate, um mir in der Arbeit der ersten schweren Zeit behilflich zu sein.

Herrlicher Nordostwind ist auf der Fahrt nach Süden hinter uns her. In der Kabine ist es grimmig kalt, als wären wir als Gefrierfleisch nach Afrika verfrachtet worden. Die Dampfheizung ist unbrauchbar. Das Schiff wurde nämlich im Kriege gebaut. Zu den Röhren der Dampfheizung, die aus Kupfer sein sollten, mußte man deshalb Eisen nehmen. Nun sind sie durchgerostet, so daß die Heizung nicht benutzt werden kann. Unser Trost ist, daß von den kommenden Tagen jeder folgende wärmer sein wird, als der vorhergegangene.

Auf der Höhe von Gibraltar verbringe ich einen Abend oben im Raume des Funkentelegraphisten und lausche einem Konzerte in London. Ein modernes Violinkonzert, hinreißend gespielt, vom Orchester und den rauschenden Wellen des Meeres begleitet, ist in wundervoller Deutlichkeit zu hören. Nachdem der Applaus sich gelegt, hört man, wie eine Dame sich von der andern verabschiedet. Am folgenden Abend versuchen wir vergebens, nochmals ein Konzert zu hören. Nur verworrenes Getön ist noch zu vernehmen. Europa liegt endgültig hinter uns.

Nach sechs Tagen fahren wir, in der Nacht, an Las Palmas vorbei. Tags darauf, auf der Höhe von Cap Blanca, holen wir schon die Tropenkleider und Tropenhelme heraus. Am 1. März morgens sind wir in Dakar, wo wir für zwei Tage Ladung zu löschen haben. Hier erfahren wir, daß ein großer Dampfer, der eine Woche vor uns Bordeaux verlassen hat, noch nicht angekommen ist und als verloren gelten muß.

Mit einer Dame, die zu ihrem Manne nach Kamerun reist, sind wir die einzigen Passagiere an Bord. Absichtlich habe ich einen Frachtdampfer gewählt, der in gar manchen Häfen und Häfchen anhält. Ich möchte die Westküste Afrikas etwas gründlicher kennenlernen. Auch hoffe ich auf dem Frachtdampfer besser ausruhen und arbeiten zu können als auf dem Postdampfer, wo man immer durch die Passagiere in Anspruch genommen wird.

Das schöne Wetter bleibt uns fernerhin treu. Jetzt, wo wir die Hitze in der Kabine fürchten, können wir gar nicht mehr verstehen, daß wir vor wenigen Tagen noch darin froren. Als echter Holländer hat der Obersteward aus Zwiebeln in Wassergläsern Hyazinthen gezogen. Aber wie fremd und armselig nehmen sie sich unter der Tropensonne aus, die durch die Luken des Eßzimmers hereinscheint!

Nach Dakar hat unser Schiff folgende Häfen anzulaufen: Conakry, Freetown, Sassandra, Grand Lahou, Grand Bassam, Sekondee, Akkra, Lome, Cotonou, Fernando Po, Duala. Wir genießen es, mit dem Kapitän und den Offizieren ständig auf der Kommandobrücke sein zu dürfen und einen Einblick in die Schiffahrtskunde zu gewinnen. Oft sind wir bis tief in die Nacht hinein oben und treiben mit dem Kapitän Astronomie. Die in ihrem herrlichsten Glanze strahlende Venus, die wir bisher vor uns hatten, geht jetzt in unserm Rücken, im Norden, auf. Sie wirft einen Lichtschimmer auf das Wasser wie ein kleiner Mond. Während der Nordpolarstern noch sichtbar bleibt, geht schon das Kreuz des Südens auf.

Auf schwankendem Schiff in stiller Nacht nur die gewölbte Wasserfläche und die Sterne zu sehen, ist etwas Wunderbares. Wie wird man da von der Wirklichkeit gepackt, daß wir auf einer kleinen Kugel inmitten unzähliger Welten dahintreiben! Wie gewaltig rauschen da die Fragen nach dem Woher und Wohin der Welt und unseres Daseins auf! Wie nichtig erscheinen da das Trachten der Völker und der Ehrgeiz der Menschen! Und mit Zaubertönen klingt mir in diese stillen Stunden zwischen Himmel und Wasser die Passionszeit hinein.

Auf der Höhe von Conakry haben wir herrliches Meeresleuchten. Eines Abends schauen wir drei mächtigen Delphinen zu, die mit dem Schiffe um die Wette schwimmen und sich dabei vorn am Bug als flammende Ungetüme in flammenden Wassern herumwerfen, bis sie, nach einer halben Stunde, nicht mehr mitmachen können.

Freetown, die Hauptstadt von Sierra Leone, wo wir am 7. März ankommen, ist einer der belebtesten Plätze der Westküste Afrikas. Nie habe ich bisher in einem afrikanischen Orte so saubere Straßen und so sauber gekleidete Neger gesehen.

Hier in Freetown nehmen wir fünfzig Krooleute an Bord. Krooleute nennt man in Trupps organisierte Schwarze, die sich von den Schiffen anwerben lassen, um das Ausladen und Einladen auf der Fahrt die afrikanische Küste entlang zu besorgen. Bei der Rückfahrt werden sie im Hafen, wo sie an Bord gekommen sind, wieder an Land gesetzt.

Kaum sind unsere fünfzig Mann an Tauen von den Barkassen, die sie gebracht haben, an Bord geklettert, so beginnen sie auf dem Vorderdeck, das ihnen nun gehört, ein mächtiges Zelt aufzubauen und eine Küche einzurichten. Alles was dazu nötig ist, haben sie mitgebracht. In einer Stunde sind sie damit fertig. Die Ordnung ist vorzüglich. Jeder weiß, wo er anzupacken hat. Einer der Ihren ist als ihr Hauptmann über ihnen. Diesem übermitteln die Schiffsoffiziere ihre Befehle. Direkte Anweisungen nehmen die Leute nicht entgegen.

Die Formalitäten mit der Hafenpolizei der Krooleute wegen
nehmen Stunden in Anspruch. Die Papiere eines jeden einzelnen werden untersucht; eine genaue Liste wird aufgestellt. Der
Freetowner Vertreter der holländischen Schiffahrtsgesellschaft
haftet dafür, daß alle fünfzig wieder zurückgebracht werden
und daß ja kein anderer, minderwertiger Neger an Stelle eines
Freetowner Kroomannes untergeschoben wird. Alle afrikanischen Kolonien wachen mit Strenge darüber, daß ihre Eingeborenen, das kostbare Arbeitermaterial, nicht auswandern
können. Die Formalitäten zur Ausfuhr eines Negers aus Afrika
werden nur von denen übertroffen, die zur Einfuhr eines Hun-
des in England erforderlich sind.

Von Freetown ab erfordert die Fahrt längs der Küste sehr
viel Vorsicht, der vielen sich ins Meer hinausschiebenden Untiefen wegen. Gleich bei Cap Sierra Leone ist ein vor Jahren
auf einer solchen Felsplatte gestrandeter Dampfer zu sehen.
Fast ein Dutzend solcher Wracks zeigen sich in den nächsten
Tagen. Um Fahrt zu sparen, wagt es unser Kapitän, sich so
nahe an der Küste zu halten, daß wir sie nie aus dem Gesicht
verlieren. Er hat den Weg schon öfters gemacht. Darum darf
er es sogar unternehmen, nachts in Häfen einzulaufen, die nur
durch ein einziges Licht kenntlich sind.

Am Tage nachdem wir Freetown verlassen haben, werden
die Krooleute versammelt und jeder bekommt einen Hammer
in die Hand. Ahnungslos sehe ich mir diesen Appell an. Nach
einer Viertelstunde beginnen fünfzig Hämmer auf den Eisen-
teilen des Decks herumzuhämmern und hören damit erst am
Abend auf. Am andern Morgen weckt mich dasselbe Konzert
aus dem Schlaf und hält wieder den ganzen Tag an. Am dritten
Tage ebenso. Etwas beklommen frage ich den ersten Offizier,
wann man mit dieser Arbeit wohl fertig sein wird. Lachend
antwortet er, daß die „Schiffskapelle" auf der ganzen Fahrt so
weiterspielen wird. Um die Krooleute zu beschäftigen – jeder
bekommt zwei Schilling im Tag –, benutzt man die Gelegenheit der Afrikafahrt mit der herrlichen Sonne und den vielen
regenlosen Tagen, um alle erreichbaren Eisenteile des Schiffes

neu zu streichen. Dazu muß aber erst die alte Farbe abgeschlagen werden, was eine langwierige Arbeit ist.

Nun ist das Idyll der Fahrt auf dem Frachtdampfer zu Ende. Man weiß nicht mehr, wohin sich vor dem Gehämmer retten. Am Abend kann man es vor Kopfschmerz nicht mehr aushalten. Nach einigen qualvollen Tagen entdecke ich ein Plätzchen hinten auf der Schraube, das ich mir mit Brettern und altem Segeltuch überdecke, zum Schutze gegen die Sonne. Hier ist es einigermaßen erträglich.

Montag, den 10. März, um die Mittagszeit fahren wir an Cap Palmas vorbei. Deutlich sehen wir die Palmen auf den Höhen, welche ihm den Namen geben. Nördlich vom Leuchtturm liegt ein großes Schiff, das der Wirbelsturm auf den Strand gesetzt und dabei so umgelegt hat, daß der Kiel gen Himmel schaut.

Von Cap Palmas ab geht die Fahrt nicht mehr nach Süden, sondern nach Osten, in den Golf von Guinea hinein, zu den Ländern, um die der Niger seinen gewaltigen Bogen schlägt.

Im Boot, das uns durch die Brandung des kleinen Hafens von Sassandra, an der Elfenbeinküste, ans Land trägt, sagt der Hauptmann der Ruderer zu Noël, der in kurzen Hosen mitfährt: „Du bist aber noch zu klein, um mit nach Afrika zu kommen!" Um seine Würde zu retten, werfe ich ein: „Ja, aber er ist schlau und tüchtig", was ein beifälliges „Ah!" auslöst. Vor den Krooleuten auf dem Schiff brauche ich für Noëls Würde nicht einzutreten. Sie sind Zeugen, wie er mir morgens und abends in einer Ecke des Decks englischen Unterricht gibt, und staunen, „daß der Junge der Meister des Alten ist".

Die Fahrt durch die Brandung hat ihren großen Reiz. In die Nähe der ersten brechenden Woge gelangt, schlagen die Neger in beschleunigtem Takt das Wasser mit ihren kurzen Paddeln. Der Rudergesang wird zu wildem Geschrei. Die Kunst besteht darin, das Boot in der Richtung senkrecht zur Welle zu halten und es möglichst schnell voran zu bringen. Nun geht es hinunter, hinauf, nochmals hinunter, nochmals hinauf, so drei- oder viermal hintereinander. Dann hat das Meer, wenn alles gut verlief, das Boot ans Land gespieen und überschüttet es mit dem schaumigen Wasser der letzten sich brechenden Welle.

Damit es von dieser, bei ihrem Zurückfluten, nicht wieder mit zurückgenommen wird, springen die Ruderer ins Wasser und halten es fest. Und damit der weiße Fahrgast nicht etwa aus dem Boot herausgeschwemmt wird, wird er von mehreren Fäusten gepackt, wo man ihn gerade fassen kann, und im nächsten Augenblick, wenn er nicht von selbst springt, auf den Sand hinaufgeworfen.

So schön läuft es aber nicht immer ab. Es gibt Brandungen, die selbst bei ruhigem Meer so stark sind, daß ein Boot, auch wenn es schön senkrecht zur Welle gehalten wird, dennoch kentert, indem es sich unter der Wucht der in sich zusammenbrechenden Welle von hinten nach vorn überschlägt, wie ein Pferd beim Hindernisrennen. Bei etwas Wind liegt ein Schiff auf einer solchen Reede tagelang, ohne auch nur eine Tonne löschen zu können.

In Grand Lahou – ebenfalls an der Elfenbeinküste – verzichtete ich der starken Brandung wegen auf die Fahrt an Land.

Manchmal ist ein Boot, das einen weißen Fahrgast an Bord hat, in der Brandung besonders gefährdet. Da ein beim Kentern geretteter Weißer anstandshalber ein schönes Geschenk machen muß, wird eine Gelegenheit zur „Rettung" geschaffen. Man läßt das Boot auf die letzte oder vorletzte Welle etwas schräg auflaufen, und schon ist das Unglück geschehen, mit dem die Ruderer so vertraut sind, daß es ihnen nichts anhaben kann. Und ehe das Unglück geschehen ist, ist der Weiße auch schon von zwanzig Fäusten gepackt und wird durchs Wasser ans Land geschleift, wo dann die Dankbarkeitsszene und das Dankbarkeitsopfer vor sich gehen. Daß bei diesem auf Geschenk berechneten Kentern die Ladung des Bootes verlorengeht, macht den Ruderern nichts aus. Unser Kapitän ist auf seinen Afrikafahrten schon dreimal auf diese Weise „gerettet" worden und geht nun in den Häfen, in denen man durch die Brandung fahren muß, überhaupt nicht mehr an Land.

Die Ausladeboote werden von Eingeborenen der betreffenden Häfen gefahren, die mit der in Frage kommenden Brandung gut vertraut sind. Unsere Krooleute besorgen nur das Ausladen der Waren aus dem Schiff in die Boote. Die Kisten und Fässer mit dem Kran richtig in die unten tanzenden Boote zu befördern, erfordert eine große Kunst. Der Mann, der den Kran bedient, muß diesen genau nach dem Signale des Beobachters, der über die Schiffswand gelehnt ist und die Bewegungen des Bootes verfolgt, auf- und niedergehen, anhalten und sich drehen lassen. Sein Auge hängt an der Hand, die die Signale gibt. Eine halbe Sekunde Verfrühung oder Verspätung kann verhängnisvoll werden. Wer einige Stunden diesem Geschäft zugesehen hat, hat so viel Aufregung genossen, daß er sich sein ganzes Leben lang keine Wettrennen und Wettspiele mehr anzusehen braucht. Auch hat er Gelegenheit, sich von der natürlichen Schlechtigkeit des menschlichen Herzens zu überzeugen. Wenn nämlich die Kisten oder die Fässer im letzten Augenblick noch gerade richtig ins Boot niederkommen, statt ins Meer zu tauchen, empfindet man etwas wie Enttäuschung.

Die Boote haben gewöhnlich zehn Ruderer und einen Steuermann, der das große Schlagruder hinten handhabt. Sie laden nur wenige Kisten oder Fässer. Je schwerer das Boot ist, um so gefährdeter ist es in der Brandung, weil es sich dann dem Auf und Nieder der Wellen nicht mehr behend genug anschmiegen kann. Für jede Fahrt bekommt die Mannschaft eines Ausladebootes etwa zehn Schilling. Oft muß das Schiff so weit vom Strand entfernt ankern, daß sie nur drei oder vier Fahrten im Tag machen kann. Dies ist dann ein teures Ausladen. Auch für das Schiff ist die Fracht nach diesen afrikanischen Häfen, obwohl sie relativ hoch ist, nicht günstig. Unter Umständen kann es auch bei ruhigem Wetter einen Tag liegen müssen, um nur zwanzig Tonnen auszuladen. Oder es kommen in einem solchen Hafen zufällig mehrere Schiffe zusammen. Dann reicht die Zahl der Ausladeboote nicht und es gibt Wartetage für die zuletzt gekommenen.

Zu diesen unvermeidlichen Verlusten gesellen sich noch die,
die auf Kosten eines nachlässigen oder unrationellen Betriebes
kommen. In Sassandra stehe ich dabei, wie die Ruderer Kisten
mit Zucker und Säcke mit Reis in ein Boot laden, das von der
Rückkehr durch die Brandung her noch halb mit Seewasser
gefüllt ist. „Schöpft doch das Boot zuerst aus", sage ich dem
Führer. „Wozu sind denn die Versicherungsgesellschaften für
beschädigte Fracht da?" antwortet er.

In einem Hafen, ich weiß nicht mehr in welchem, gilt die
Bestimmung, daß von halb zwölf an bis zwei Uhr nachmittags
und von fünf Uhr abends ab nicht mehr gelöscht werden darf.
Um elf ein viertel sehe ich zwei Ausladeboote vom Lande ans
Schiff herankommen, wozu sie mehr als eine Stunde brauchten.
Im Augenblick, wo sie beladen werden sollen, klatschen die
Ruderer in die Hände zum Zeichen, daß es halb zwölf ist, und
fahren den Weg leer zurück, obwohl sie in zehn Minuten – das
Meer ist ganz ruhig – ihre Ladung gehabt hätten. Um zwei Uhr
stoßen sie dann wieder vom Land ab und sind um halb vier
wieder längs des Schiffes. Früher ruhten und speisten die Rudermannschaften, wenn sie in der Mitte des Tages gerade von
einer Fahrt zurückkehrten, und lösten sich so in der Arbeit
ab. Heute ist hier wie sonstwo alles derart geregelt, daß das
Zweckmäßigste möglichst erschwert ist und möglichst viel
Zeit verlorengeht, ohne daß eigentlich jemand etwas davon
hat. Wie viele Stunden tanzt unser Schiff auf diesen Reeden an
seiner Ankerkette herum, auf Ausladeboote wartend!

Und welche Verzögerungen in der Abwicklung der An-
kunfts- und Abfahrtsformalitäten! Einmal warten wir, um den
Hafen verlassen zu können, einen ganzen Nachmittag auf die
Ausstellung des Gesundheitsscheines unseres Schiffes durch
den Hafenarzt. Mit dem Kapitän rechne ich aus, daß wir mit
diesem unzweckmäßigen Betriebe und mit den Verzögerungen
in der Abwicklung der Ankunfts- und Abfahrtsformalitäten
auf der Hinfahrt zum mindesten vier Tage verlieren. Setzt
man für die Rückfahrt dieselbe Zahl an, so macht dies acht
Tage auf die Gesamtfahrt. Die Kosten des Schiffes mit seiner

Besatzung von sechsunddreißig Mann sind im Tage auf hundertundfünfzig englische Pfund zu veranschlagen. Um zwölfhundert englische Pfund könnte die Fracht des Schiffes niedriger gehalten werden, und um so viel billiger könnten die Leute in Afrika die Waren haben, wenn ohne irgendwelche Belastung der Auslademannschaften und der Beamten zweckmäßig statt unzweckmäßig gearbeitet würde.

Der Hafen von Sekondee, an der Goldküste, ist wegen einiger Pestfälle im Innern als verseucht erklärt. Vom Lande darf niemand an Bord kommen und von Bord niemand an Land gehen. Das Ausladen ist gestattet, aber die Hafenpolizei wacht, daß nur Kisten und Fässer zwischen dem Schiff und den Ausladebooten verkehren.

Trotz der schlechten Beschaffenheit der Häfen war im Golf von Guinea, das heißt an der Pfeffer-, Elfenbein-, Gold- und Sklavenküste, von jeher reger Handel. Diese Häfen liegen nämlich an der Einfahrt großer Lagunen, die das Meer mit weiten Gebieten des Innenlandes und mit Flüssen, die von der Wasserscheide des Niger herunterkommen, in Verbindung bringen. Übrigens werden die früheren Segelschiffe nicht in der Art von der Ungunst der Häfen betroffen, wie die großen modernen Dampfer. Ihr geringer Tiefgang erlaubte ihnen, in die Lagunen hineinzufahren, wo sie dann ihren Rum und ihr Schießpulver gegen Sklaven eintauschten. Freilich waren sie in den Lagunen den Überfällen der Eingeborenen ausgesetzt, denen sie mit ihrem Rum Lust und Mut zum Rauben gemacht hatten. In der Lagune von Sassandra ist so noch im neunzehnten Jahrhundert die ganze Mannschaft eines Segelschiffes, mit Ausnahme des Schiffsjungen, der entrann, niedergemacht worden.

Auf der Fahrt längs der Küste von Guinea gewinne ich, als Gast der Kommandobrücke, Einblick in die Rätsel des in diesen Gewässern entspringenden Golfstroms. Bekanntlich fließt der Golfstrom nicht in einer einheitlichen Strömung westwärts aus dem Golf von Guinea heraus und dann dem Norden zu, sondern es gehen Strömungen und Gegenströmungen nebeneinander einher. Schon auf der Höhe der Küste von Liberia

beginnt dieses merkwürdige Spiel, das die Schiffskarten, trotz
aller darauf verwandten Untersuchungen, nur ganz unvollkommen wiederzugeben vermögen. Nie weiß man genau,
ob das Schiff in der Strömung oder in der Gegenströmung ist.
In vierundzwanzig Stunden, je nach dem Kurs, den es nimmt,
kann es mehrmals aus der Strömung in die Gegenströmung
und aus der Gegenströmung in die Strömung gelangen. Strömungen und Gegenströmungen weisen Schnelligkeiten von
drei bis zehn Kilometern in der Stunde auf. Je nachdem es mit
oder gegen die in Fluß befindlichen Wasser fährt, kann das
Schiff in vierundzwanzig Stunden also an die hundert Kilometer Weg gewinnen oder einbüßen, was sich dann am nächsten
Tage bei der Bestimmung seines Standortes aus der Mittagshöhe der Sonne als angenehme oder unangenehme Überraschung herausstellt.

Auf der Reede von Grand Bassam, an der Elfenbeinküste,
nehme ich die Gelegenheit wahr, die Schnelligkeit der Strömung ungefähr zu berechnen. Bei Windstille, wo sich unser
vor Anker liegendes Schiff also in der Richtung des Stromes
einstellt, werfe ich vom Bug aus mehrmals Stücke Holz, die ich
mir vom Schiffszimmermann erbettelte, ins Wasser und be-
rechne, wie lange sie brauchen, um zum andern Ende des
Schiffs zu gelangen. Das Schiff ist hundertundsechs Meter lang.
Diesen Weg legen die Hölzer in fünf Minuten und achtund-
vierzig Sekunden zurück. Die Strömung geht der Küste entlang in der Richtung von Westen nach Osten und ist also eine
Gegenströmung zum Golfstrom. Trotz der Hemmung des nur
zweihundert Meter entfernten Strandes bewegt sich das Wasser
hier mit einer Schnelligkeit von etwa einem Kilometer in der
Stunde der Küste entlang!

Obwohl wir in Sekondee keine Berührung mit dem Land
hatten und unterdessen in Akkra, an der Goldküste, und in
Lome, im Togoland, ohne Quarantäne zugelassen wurden,
werden wir in Cotonou, dem Hafen von Dahomey, in Quarantäne erklärt. In strengster Abgeschlossenheit müssen wir unsere
Ladung löschen, was nicht zur Beschleunigung des Geschäfts

beiträgt. Einige an der Goldküste an Bord gekommene farbige Zwischendeckpassagiere, die nach Cotonou wollen, dürfen nun nicht landen und müssen bis Fernando Po mit, obwohl sie mittellos sind und nicht wissen, wie von dort wieder hierher zurückkommen. Sie tun mir leid und ich reiße mich von meinem Buche los, um ihnen meine Anteilnahme zu bezeigen. Dabei werfe ich einen Blick in das Buch, das einer dieser Negerpassagiere vor sich hat. Er liest Indianergeschichten auf englisch. Ich selbst halte einen zerlesenen Band altvertrauter Indianergeschichten in der Hand, von dem sich ein Knabe aus der Umgebung Straßburgs trennte, um ihn mir als Geschenk mit nach Afrika zu geben. Nachdem sich der Negerpassagier etwas mit seinem Schicksal abgefunden hat, sitzen wir einträglich nebeneinander und lesen unter afrikanischer Sonne Indianergeschichten.

In der Nacht, da wir vor Cotonou liegen, als eben der 22. März angebrochen ist, benutzt die nach Kamerun fahrende Dame die Gelegenheit, daß ein Arzt an Bord ist, um ein erst für Duala erwartetes Kind das Licht der Welt erblicken zu lassen. Da außer ihr kein weibliches Wesen auf dem Schiffe ist, fällt mir die Pflege der Mutter und des Kindes zu, womit meine Tage in der Folge reichlich ausgefüllt sind. Ich lerne nun die Hitze einer Schiffsküche in den Tropen kennen; denn achtmal am Tage stehe ich drin, um die Saugflasche zu bereiten. Und da das Kind – es ist ein Knabe – sich noch nicht recht in die Verhältnisse hineingefunden hat, schläft es unter Tags und schreit die Nacht hindurch. Da muß es dann stundenlang in dem heißen Speiseraum, wo seine aus einer Kiste gezimmerte Wiege steht, herumgetragen werden. Dazu wird Noël auch mit herangezogen. Er muß sich damit befreunden, auch als Nurse mit nach Afrika gekommen zu sein.

Mittwoch, den 26. März, sind wir im kleinen Hafen von Santa Isabella auf Fernando Po. Fernando Po ist eine der Kamerunbucht vorgelagerte, Spanien gehörende, vulkanische Insel von außerordentlicher Fruchtbarkeit. Besonders gut gedeiht darauf der Kakao, obwohl ja der beste Kakao nicht aus

Afrika, sondern aus Guatemala kommt. Aber die große Schwierigkeit auf Fernando Po ist die, Arbeiter zum Kakaobau zu finden. Eingesessene farbige Bevölkerung ist sozusagen keine mehr vorhanden. Sie ist durch die früher geübte grausame Zwangsarbeit aufgerieben worden. Fernando Po, ein wahres Paradies, ist also auf zuziehende Arbeiter angewiesen. Aber keine afrikanische Kolonie erlaubt ihren Schwarzen, auszuwandern. Der gegenwärtige Gouverneur hat es nun fertig gebracht, mit der Negerrepublik Liberia einen Vertrag abzuschließen, demzufolge jedes Jahr so und so viele Liberianeger auf eine bestimmte Zeit als Arbeiter nach Fernando Po gehen dürfen. Daraufhin gilt er, obwohl die von Liberia zugestandenen Arbeiter bei weitem nicht ausreichen, als Retter der Insel und hat sein Standbild in Bronze vor seinem Palast errichtet bekommen. Nichts beleuchtet die afrikanische Arbeiterfrage so grell als dieses in der Sonne funkelnde Denkmal auf Fernando Po. Weil die Arbeiter schwer zu haben sind, müssen sie sehr teuer bezahlt und sehr nachsichtig behandelt werden. Sie leisten sehr wenig. Darum steht der Kakao, den die so fruchtbare Insel hervorbringt, weit über dem Weltmarktpreis. Er könnte also überhaupt nicht abgesetzt werden, wenn Spanien nicht allen Kakao, der nicht aus seinen Kolonien stammt, mit hohen Zöllen belegt hätte. So wandert aller Kakao von Fernando Po nach Spanien. Der Spanier trinkt viel teureren Kakao als die anderen Europäer, um den Kakaobau auf einer der fruchtbarsten Inseln der Welt künstlich aufrechtzuerhalten.

In dunkler Nacht manövriert der Kapitän den Dampfer in virtuoser Weise aus der kleinen Bucht heraus, und am 27. März gegen Mittag sind wir in D u a l a. Da der Paß unserer Kindbetterin nicht alle Stempel aufweist, die er tragen sollte, muß sie bis auf weiteres an Bord bleiben, und mit ihr Noël und ich, da sie sonst niemand zur Pflege hätte. Nach zwei Tagen gelingt es, die Erlaubnis zu erwirken, sie vorerst als krank auszuschiffen. Mein letzter Dienst ist, daß ich sie, von Krooleuten als starker Mann angestaunt, das schwankende Fallreep hinunter in die Barkasse trage. Dann eilen wir als freie Menschen an Land.

Im Hause der evangelischen Missionare, deren Gäste wir sind, kampieren fünf Missionarspaare aus dem Innern, mit insgesamt zwölf kleinen Kindern. Sie warten auf den Dampfer, der sie auf Urlaub nach Europa und Amerika bringen soll. Wie genießen wir es, nachträgliches Säuglingsgeschrei anzuhören, das uns nichts angeht!

Ich verweile etwas in Kamerun, weil ich eine verwaiste Station der Basler Mission, N y a s o s o, in dem zur Zeit von den Engländern verwalteten Teile Kameruns besuchen möchte. Kenner der Gegend und der Verhältnisse haben mir diesen Ort vorgeschlagen für den Fall, daß ich einmal ein zweites Spital neben dem in Lambarene gründen könnte. Also will ich mir Nyasoso ansehen. Von den Missionaren Dualas freundlichst geführt, machen wir die nötigen Einkäufe für die Reise und packen unsere Sachen in zehn Trägerlasten zusammen. Am Mittwoch, dem 2. April, geht es auf der Kameruner Nordbahn nach der etwas über hundert Kilometer von Duala entfernten Station Lum, von der wir am andern Tag nach Nyasoso aufbrechen. Der eingeborene Pfarrer Kuo aus Duala, an den ich durch einen Basler Missionar empfohlen bin, hat die Freundlichkeit, die ganze Reise mit uns zu machen, um uns als Führer und Dolmetscher auszuhelfen. Die Reise, für die ich etwa drei Wochen vorgesehen hatte, muß bedeutend schneller abgemacht werden, weil die Kameruner Regenzeit unterdessen – um einen Monat zu früh – eingesetzt hat und weil die täglichen Kosten einer Reise mit Trägern in Kamerun bedeutend höher sind, als ich es mir vorgestellt hatte. Auch traf mich in Duala Nachricht, daß Kranke in Lambarene auf mich warten.

In Lum finden wir die zum voraus bestellten Träger vor. Sie schaffen unsere Sachen bis N'Gab, ungefähr halbwegs. Dort ruft der schwarze Lehrer um unseretwillen die Leute des Dorfes mit dem Tamtam zusammen. Unter ihnen finden wir, nach einigem Verhandeln, die Träger für den zweiten Teil der Tagereise. Noël tritt sein Amt als Leiter der Karawane an. Er hat die Lasten zu verteilen, die Leute in Gang zu bringen, zu wachen, daß keiner zurückbleibt oder etwas von seiner Last abwirft, das Abkochen und das Aufschlagen der Feldbetten zu leiten und – was das Schwerste ist – im Morgengrauen das Zusammenpacken der Dinge so zu besorgen, daß nichts vergessen wird. Dabei entdeckt er gleich am ersten Tage, daß man auch als ausgelernter europäischer „Pfadfinder" in Afrika noch dazulernen muß. Ich aber überlasse ihn seinem Schicksal und ziehe mit Pfarrer Kuo voraus, um mich in den Dörfern mit den Häuptlingen, den Evangelisten und den Lehrern zu besprechen. Unterwegs begegnen wir dem Häuptling von Nyasoso. Er besichtigt die fahrbare Straße, die er von Lum nach Nyasoso anlegt, um dereinst im Automobil darauf verkehren zu können. Ich meine, daß die Kameruner Regen seiner Straße vorerst noch einiges zu raten aufgeben werden. Uns aber kommt das vollendete Drittel der Straße für unsern Eilmarsch nach Nyasoso sehr zustatten. Schon im Laufe des Nachmittags sind wir dort.

Nyasoso liegt achthundert Meter hoch auf einer Flanke des zweitausend Meter hohen Kupeberges. Der Kupeberg ist, wie der Kamerunberg, vulkanischer Art. Mit diesem liegt er auf der großen vulkanischen Linie, die sich von Fernando Po nach dem Innern Afrikas zieht. Der Boden von Nyasoso ist fast so fruchtbar wie der der spanischen Insel. Lebensmittel für das Spital wären hier mit Leichtigkeit zu haben. Sogar Kühe finden sich hier. Welcher Unterschied gegen Lambarene!

Der ehemalige Missionsgarten ist wieder zur Wildnis geworden. Nur die Orangen- und Zitronenbäume haben sich erhalten. Reich mit Früchten behangen überragen sie das Gebüsch. Mit der Axt bahne ich mir einen Weg zum Grabe einer Missionarsfrau, die hier ruht.

Das große, auf zwei Familien berechnete Haus der Mission ist trotz der zehnjährigen Verwahrlosung noch ziemlich gut im Stand. Die Basler haben solid gebaut. Aber es würde doch ziemlich viel Arbeit und Geld kosten, es wieder bewohnbar zu machen. Eingeborene Handwerker zu diesem Beginnen würden sich finden. Wo die Basler Mission gewirkt hat, sind immer tüchtige schwarze Handwerker im Lande. In allen englischen

Kolonien Westafrikas klagen die Kaufleute darüber, daß, seitdem die Basler Mission vertrieben ist, kein Nachwuchs an eingeborenen Handwerkern mehr da ist. Darum ist eine starke
Bewegung im Gange, ihr die Türen, die man ihr in so kurzsich-
tiger Weise verschloß, wieder zu öffnen.

Am Abend kommen die Leute des Dorfes. Ich muß ihnen,
so viel ich davon weiß, von dem Ergehen ihrer vertriebenen
Missionare erzählen. Der Chor singt vierstimmige Lieder. Ich
staune, was sich diese Gemeinde, die seit zehn Jahren ohne
Hirten ist, aus eigener Energie an christlichem Leben bewahrt
hat.

Die Frage einer eventuellen Spitalgründung wird gründlich
durchgesprochen. Die Leute erklären sich bereit, mir in allem
zu helfen. Wenn mir von der Basler Mission und der englischen Regierung ein Teil der verlassenen Missionsgebäude für
mein Spital zur Verfügung gestellt wird, wollen sie mir mit
Baumaterial und Handwerkern bei der Reparatur zur Hand
sein. In einem Punkte bleibe ich trotz ihres Zuredens bedenklich. Ich frage mich, ob das hochliegende Nyasoso für die
Kranken der Umgegend nicht zu schwer zu erreichen ist. An-
derseits ist es wiederum der zentralste Punkt in diesem Bergland.

Nachdem die Leute sich verlaufen haben, lauschen Noël und
ich noch dem Rauschen des Laufbrunnens im Hof und gedenken ergriffen der christlichen Kulturpioniere, die hier oben so
Dauerndes geschaffen haben und nun irgendwo heimatlos und
gebrochenen Herzens leben.

Von Nyasoso will ich nach B u e a, um mit dem englischen
Residenten über eine eventuelle spätere Spitalgründung in
Nyasoso Rücksprache zu nehmen. Mein ursprünglicher Plan
war, einige Tage in der Umgegend von Nyasoso herumzu-
streifen, um mich über seine Lage und die für das Spital in
Frage kommenden Verkehrsmöglichkeiten zu orientieren,
dann, in vier oder fünf Tagereisen, in das Tal des Mungoflusses bis zur Missionsstation Bombe hinunterzusteigen, um
von dort mit dem Boote den Ort M'Pondo zu erreichen, von

wo der Weg nach Buea hinauf abgeht. Jetzt aber, wo es gilt, möglichst schnell und billig zu reisen, entschließe ich mich, wieder die Bahn zu benutzen, um nach Bombe zu gelangen. Obwohl ich einen Umweg mache, spare ich vier Tagereisen und viel Geld.

Also zurück nach Lum! Der Weg wird in strömendem Regen zurückgelegt. Am andern Tag fahren wir mit der Bahn wieder siebenzig Kilometer rückwärts bis Mujuka, wo wir um drei Uhr anlangen. Etwas Hohes von der Regierung fährt in einem angehängten Salonwagen mit. Ich selber mache einen großen Teil der Fahrt in dem vollgepferchten Negerstehwagen, um meinen Boy, einen verschüchterten Menschen, gegen die Miß-handlungen eines schwarzen Eisenbahnschaffners zu schützen, dessen Mißfallen er sich auf unerklärliche Weise zugezogen hatte.

In Mujuka läßt sich ein vierstimmiger Chor auf dem Bahn-steig vernehmen. Ich nehme an, daß dies dem Salonwagen gilt, vor dem sich eine ehrfürchtige Menge hinter dem Spalier der Negersoldaten staut, und überwache mit Noël das Ausladen des Gepäcks. Bei der letzten Bahnfahrt wäre beinahe der Koch-topf im Zuge zurückgeblieben. Aber da ein Lied auf das andere folgt und noch immer keine Nationalhymne zum Himmel steigt und die Kinder im Chor keine Fahnen, sondern Palmen tragen, werde ich stutzig. Und richtig: der schöne Gesang gilt uns. Die Christen von Mujuka holen uns ab. Mit Liedern geht es von der Station ins Dorf. Wieder werde ich mit Fragen nach den vertriebenen Missionaren bestürmt; wieder staune ich über das, was die lange Jahre sich selbst überlassenen Eingeborenen Evangelisten und Lehrer an christlichem Leben aufrechterhal-ten haben.

Schulknaben tragen unsere Lasten eine Stunde weit bis zum nächsten Dorfe; dort nehmen die Schulkinder dieses Dorfes sie auf und bringen sie durch dichten Wald zwei Stunden weit bis an den Mungofluß. Im Dunkel setzen wir über das Wasser und sind in Bombe. Noch einmal nächtigen wir auf einer verlasse-nen Missionsstation. Die Häuser weisen zahlreiche Geschoßspuren des Gefechts auf, das dort stattfand. Mobiliar ist in diesen Missionshäusern keines mehr zu finden, wie auch in Nyasoso nicht.

Am andern Tage – es ist Sonntag – unternehme ich in der Frühe wieder die wehmutsvolle Wanderung durch einen verwilderten Missionsgarten und rede einige Worte im Gottesdienst. Dann geht es im Boot den Mungo abwärts, nach M'Pondo, etwa sechzig Kilometer weit. Die Ruderer rudern wie ein Damenpensionat auf einem Parkteich. Manchmal halten sie eine Viertelstunde an, um sich Geschichten zu erzählen. Statt um zwölf Uhr sind wir erst um drei Uhr in M'Pondo. Von da bis nach Ekome, wo wir die Nacht verbringen sollen, sind noch mindestens vier Stunden Weges. Kaum hält das Boot an dem einsamen Landungsplatz, da taucht aus dem Riedgras ein Schwarzer mit Khakihosen und einer Militärmütze auf und stellt sich als Zollbeamter der in der Errichtung befindlichen Zollkette zwischen dem englischen und dem französischen Völkerbunds-Kamerun vor. Etliche andere sind auch alsbald zur Stelle. In glühender Sonne verbringen wir anderthalb Stunden, um von den Zöllnern freizukommen und die nötigen Träger aus dem zwanzig Minuten entfernten Dorf zusammenzubringen. Zwei Stunden unserer Wanderung werden wir nun in der Nacht machen müssen. Ich verspreche hohe Geschenke, wenn wir bis acht Uhr ankommen. Nun geht es die erste der vielen Terrassen des Kamerunberges hinauf, bald durch Kakaopflanzungen, bald durch Wald. Funkelnde Sterne lösen die Sonne ab. Schweigend gehen wir hintereinander her. Es wird eine weihevolle Wanderung in der Stille der Nacht des Passionssonntages. So werden sie hintereinander hergegangen sein, gen Jerusalem hinauf. . . .

Um halb neun sind wir angelangt. Freunde, die Pfarrer Kuo in Ekome hat, sorgen dafür, daß unsere wackeren Träger gut zu essen haben und gut untergebracht werden.

Im Rasthaus genießt Noël mit mir die Freuden des afrikanischen Pfadfindertums und wird in die Kunst eingeweiht, wie man im Dunkel, zwischen zehn und Mitternacht, auspackt,

Betten aufschlägt, sich Holz verschafft, Holz klein macht, sich überhungert mit nassem Holz ein Essen kocht und sich nicht über den Boy ärgert, der im Rauch herumstolpert, alles am letzten Ende anfaßt und aus Angst vor Dieben und Mördern sich nicht allein in den Nebenraum und in den Hof getraut.

Am andern Morgen geht es mit frischen Trägern durch die großartig angelegten Kakaopflanzungen nach Buea hinauf. Oft gehen unsere Träger von dem gebahnten Wege ab, um auf steilen Pfaden schneller den Berg hinauf zu kommen. Kaum lassen sie uns Zeit, die wundervolle Aussicht auf die Kamerunbai, die sich nach und nach auftut, zu bestaunen. Über den Wolken aus der Ferne grüßen die Berge von Fernando Po.

Buea liegt tausend Meter hoch auf der Südwestflanke des viertausend Meter hohen Kamerunberges. Orangen gedeihen hier nicht mehr. Die meisten Häuser haben Öfen zur Heizung in der kalten Jahreszeit. Fast alle Nahrung muß aus den niederer gelegenen Pflanzungen hinaufgeschafft werden. Die dafür früher angelegten Eingleisbahnen sind nicht mehr in Betrieb. So ist das Leben in dem herrlichen Buea sehr teuer. Für ein Hühnchen bezahlt man zwei bis drei englische Schilling. Während wir dort sind, steigen die Preise noch in besonderem Maße. Die Mannschaft eines in Viktoria ankernden englischen Kriegsschiffes, die zur Erholung oben weilt, kauft alles auf.

Nur eines ist in Buea billig zu haben: die Häuser. Früher wohnten dort oben an die achtzig Europäer; jetzt nur noch etwa ein Dutzend. Die herrlichsten Villen stehen seit Jahren leer, und es ist nicht abzusehen, wann sie wieder bewohnt werden.

Wir sind für zwei Tage Gäste des englischen Residenten, Major Ruxton, der uns mit seiner Gemahlin einen herzlichen Empfang bereitet. Die Fragen eines eventuellen Spitales in Nyasoso werden durchgesprochen, und ich bekomme die Versicherung, daß mir die Regierung, wenn der Plan sich einmal verwirklichen sollte, das größte Entgegenkommen beweisen werde. Zugleich aber erfahre ich, daß die Basler Mission wahrscheinlich die Erlaubnis erhalten wird, ihre Wirksamkeit auf ihren Stationen im englischen Völkerbunds-Kamerun wieder aufzunehmen. Da wird fraglich, ob in den Missionshäusern zu Nyasoso noch Platz für mich sein wird.

Nach zwei Tagen geht es mit von der Regierung gelieferten Trägern den Berg hinunter. In einem Tage legen wir unter brennender Sonne die vierzig Kilometer nach Tiko, am Mündungsdelta des Mungoflusses, zurück. Abends im Rasthaus kommen die Eingeborenen zu mir und bitten mich, ihnen auch einen Arzt zu verschaffen. Sie sind bereit, dafür jährlich eine bedeutende Summe beizusteuern. Am nächsten Tag bringt uns die einmal wöchentlich verkehrende Dampfschaluppe durch ein Gewirr bewaldeter Inseln nach Duala zurück.

Am Palmsonntag höre ich Pfarrer Kuo in einer überfüllten Kirche predigen. Am Montag gehen wir an Bord des Postdampfers „Europe", der mich auf meiner ersten Fahrt nach Afrika brachte. In zwei Tagen sind wir in Cap Lopez, das jetzt Port Gentil heißt. Am Strande werde ich von Eingeborenen erkannt, die sich vor Freude, daß „unser Doktor" wieder da ist, nicht zu fassen vermögen.

II. DIE ERSTEN MONATE IN LAMBARENE

Gründonnerstag nachmittag verlassen wir Cap Lopez an Bord des Flußdampfers „Alembe", auf dem ich auch 1913 meine Fahrt den Ogowe hinauf machte. Wie alt und gebrechlich und schmutzig ist er geworden! Unter den weißen Holzhändlern an Bord treffe ich manchen Bekannten von vordem und werde herzlich willkommen geheißen.

In der Stille des Karfreitags halte ich wieder Einzug zwischen Wasser und Urwald. Da sind wieder dieselben vorsintflutlichen Landschaften, dieselben mit Papyrus bewachsenen Sümpfe, dieselben zerfallenen Dörfer, dieselben zerlumpten Schwarzen. Wie arm ist doch dieses Land verglichen mit der

Goldküste und Kamerun ... arm, weil es an kostbaren Wäldern so reich ist! Die Ausbeutung der Wälder geht auf Kosten des Anbaus von Lebensmitteln. Diese müssen eingeführt werden. Wo wir auch halten, immer wieder wird dasselbe ausgeladen: Säcke mit Reis, Kisten mit Schiffszwieback, Kisten mit Stockfisch, und dazu Fässer mit Rotwein.

An der Schiffstafel kommt, nachdem die Holzpreise und die Arbeiterfrage abgehandelt sind, die Rede auf die Gesellschaften der Leopardenmenschen, deren Unwesen in den letzten Jahren allenthalben zunimmt. Sie sind über die ganze Westküste Afrikas verbreitet. Die Missionare von Duala erzählten mir, daß sie in Gegenden kommen, die seit Monaten so unter dem Terror der Leopardenmenschen stehen, daß sich nach Anbruch der Dunkelheit niemand mehr aus der Hütte wagt. Vor zwei Jahren verübte ein Leopardenmensch auch einen Mord auf der Missionsstation Lambarene.

Leopardenmenschen sind Menschen, die von dem Wahne besessen sind, daß sie eigentlich Leoparden seien und als solche Menschen töten müssen. Bei ihrem Morden suchen sie sich als Leoparden zu benehmen. Sie gehen auf allen vieren; an die Hände und Füße binden sie sich Krallen von Leoparden oder Krallen in Eisen, um Spuren wie Leoparden zu hinterlassen; ihren Opfern verletzen sie die Halsschlagader, wie es der Leopard tut.

Das Merkwürdige und Unheimliche ist, daß die meisten Leopardenmenschen dies ganz unfreiwillig werden. Sie sind von der Gesellschaft der Leopardenmenschen dazu gemacht worden, ohne daß sie es wußten. Aus dem Blut eines gemordeten Menschen hat man in einer menschlichen Hirnschale einen Zaubertrank bereitet. Von diesem bekommt eine zum voraus ersehene Person heimlicherweise etwas unter ihren Trank gemischt. Hat sie getrunken, so wird ihr eröffnet, daß sie von dem Zaubertrank genossen hat und daraufhin zur Genossenschaft gehört. Keiner lehnt sich gegen diese Eröffnung auf. Der Glaube, daß ein Zaubertrank Zauberkraft besitzt, der niemand entrinnen kann, beherrscht sie ja alle. Willenlos gehorchen sie. Zunächst wird ihnen gewöhnlich auferlegt, ihren Bruder oder ihre Schwester irgendwohin zu führen, wo sie dann von den Leopardenmenschen überfallen und getötet werden. Nachher müssen sie selber morden.

Ein Beamter im Innern des Ogowegebietes, der in diesen Monaten Befehl bekommen hatte, dem Unwesen der Leopardenmenschen zu steuern, hatte neunzig Verdächtige gefangen genommen. Aber sie haben nichts verraten, sondern sich miteinander im Gefängnis vergiftet.

Inwieweit die Gesellschaften der Leopardenmenschen eine Bewegung reinen Aberglaubens darstellen und inwieweit sich auf Ausübung von Rache und Plündern gerichtete Ziele nachträglich damit verbunden haben, läßt sich nicht entwirren. Mit anderen geheimen Gesellschaften sind sie eine Erscheinung eines unheimlichen Gärungsprozesses in Afrika. Neu erwachender Aberglaube, primitiver Fanatismus und modernster Bolschewismus gehen heute im schwarzen Erdteil die merkwürdigsten Verbindungen miteinander ein.

Wie wohl tut es nach Gesprächen über solche Dinge, sich auf Deck zu retten und sich in die Natur zu versenken! Langsam schiebt sich das Schiff am dunkeln Ufer den Fluß hinauf. Wasser und Wald sind mit dem milden Scheine des österlichen Vollmondes übergossen. Kaum kann man es fassen, daß unter solchem Lichte so viel Elend und Grauen wohnen soll...

Am Ostersamstag, den 19. April, bei Sonnenaufgang, sind wir in Lambarene. Lange dauert es, bis die Boote der Missionsstation, die in einem Nebenarm des Flusses, eine Stunde von dem Landungsplatz des Dampfers entfernt, liegt, zur Stelle sind. Für unser zahlreiches Gepäck reichen sie nicht aus. Boote von Eingeborenen müssen noch dazu aufgeboten und freiwillige Ruderer gefunden werden. Endlich sind die nötigen Fahrzeuge zur Stelle und kunstgerecht beladen. Die Paddeln schlagen das Wasser. An der Biegung, wo wir in den Nebenarm des Ogowe einfahren, werden die Missionshäuser auf den drei Hügeln sichtbar. Was habe ich alles erlebt, seitdem sie im Herbst 1917 an dieser Stelle meiner Frau und mir aus dem Gesicht entschwanden! Wie oft war ich daran, die Hoffnung aufzugeben, sie wieder zu sehen! Nun schaue ich sie wieder, aber allein, ohne die helfende Gefährtin...

Um Mittag landen wir. Während Noël das Ausladen überwacht, gehe ich wie ein Träumender zum Spital. Dornröschenhaft sieht es hier aus. Gras und Gestrüpp wächst, wo einst Baracken standen, die ich mit so großer Mühe errichtet hatte. Über das, was noch steht, breiten große Bäume, die ich noch als kleine Bäumchen in Erinnerung habe, ihre Äste aus. Aufrecht stehen noch die Wellblechbaracke, in der sich der Operationssaal, das Untersuchungszimmer und die Apotheke befinden, und eine der Baracken zur Unterbringung der Kranken. Diese Gebäude sind noch ziemlich gut erhalten. Nur ihre Blätterdächer sind in einem trostlosen Zustande.

Der Pfad, der vom Spital zum Doktorhäuschen den Hügel hinaufführt, ist so mit Gras überwachsen, daß ich seine Windungen kaum wiederfinde. „Gleich morgen", sagt Missionar Herrmann, der neben mir geht, „sollen die Knaben ihn freilegen." „O nein," antworte ich, „lassen Sie mich ihn wieder austreten!"

Über diesem Hinansteigen denke ich an einen englischen Missionsarzt in China, dessen Spital und Haus zuerst im Boxeraufstand, dann in dem jetzigen Bürgerkriege von Grund aus zerstört wurden, und der soeben daran geht, alles zum drittenmal neu aufzubauen. Wieviel besser bin ich noch daran!

Missionar Herrmann und Missionar Pelot, beide Schweizer, Frau Herrmann und die Lehrerin, Fräulein Arnoux, die zurzeit das Personal der Station ausmachen, sind mir liebe Bekannte von meinem ersten Aufenthalt her. Kaum sitzen wir zu Tische, fühle ich mich in Lambarene wieder ganz zu Hause.

Herr Herrmann und Herr Pelot haben versucht, meine Blätterdächer zu unterhalten. Aber seit mehr als einem Jahre mußten sie es aufgeben. Es sind keine Ziegel aus geflochtenen Blättern mehr zu erhalten. Im Hinblick auf ein paar Weltausstellungen in Europa und Amerika ist die Nachfrage nach Holz so groß, daß die Holzhändler des Ogowe den einlaufenden Bestellungen gar nicht Genüge tun können. Wer eine Axt rühren kann, findet lohnenden Verdienst im Walde. Wer etwas von Flößen versteht, führt Flöße den Ogowe hinunter. Die wenigen Eingeborenen, die ein Handwerk gelernt haben, üben es nicht mehr aus, weil sie im Walde mehr verdienen.

Von den Zimmerleuten, die mir schrieben oder schreiben ließen, daß sie mir bei meinen Reparaturen behilflich sein wollten, ist keiner zur Stelle. Man weiß nicht einmal, wo sie sind. Und Raphiablätter über Bambusstäben zu Blätterziegeln zusammenzuheften, daran denkt seit Monaten kein Mensch mehr. Nur die, die es für die Regierung als Frondienst zu leisten haben, beschäftigen sich damit. Nicht einmal für sich selber haben die Eingeborenen geflochtene Blätter. Ihre Dächer sind genau so verfallen wie die der Gebäude auf der Missionsstation.

Dies sind üble Nachrichten. So schlimm hatte ich mir die Sache nicht vorgestellt. Mit faustgroßen Löchern in den Dächern kann ich meine Sachen nicht aufstellen und meine Tätigkeit nicht beginnen. Also heißt es um jeden Preis und schnell wenigstens einige Blätterziegel zu finden. Um drei sitze ich, trotz des Ostersamstags, mit Noël im Kanoe, um nach einem anderthalb Stunden entfernten Dorfe zu fahren, wo ich gut bekannt bin. Hände werden gedrückt, Komplimente gewechselt. Von Hütte zu Hütte gehend spioniere ich, ob ich nicht irgendwo Blätterziegel entdecke. Ein alter Schwarzer, dem ich meine Not klage, führt mich hinter eine Hütte: da liegen zwanzig Stück. Nachher mache ich noch mehrere solcher Funde. Zuletzt sind es vierundsechzig!

Was ich an Schmeicheleien und Geschenken verausgabt habe, um die vierundsechzig Blätterziegel mitnehmen zu dürfen, will ich vergessen. Sogar zu Drohungen, daß ich, wenn man mir nicht zu Willen wäre, niemals einen Kranken dieses Dorfes behandeln würde, versteige ich mich. Als Drohungen „unseres Doktors" werden sie mit Lächeln aufgenommen. Genug: in strömendem Regen fahren Noël und ich bei Anbruch der Dunkelheit mit vierundsechzig Blätterziegeln nach Lambarene zurück.

Nun feiere ich ruhig Ostern. Die schlimmsten Löcher können geflickt werden. Aber wie ganz anders hatte ich mir vorgestellt, wie ich in Lambarene Wiedersehen feiern wollte. Nun hat mich die Prosa Afrikas gleich in den ersten Stunden gepackt und wird mich auf lange nicht mehr loslassen.

Wir bekommen vorerst nur zwei Zimmer in dem Doktorhäuschen. Die beiden andern bewohnt Missionar Pelot. In eine Kammer hat sich ein wilder Bienenschwarm eingenistet. Da das Häuschen vor einigen Monaten nach einem Sturm auseinanderzufallen drohte, hat ihm Herr Pelot in zwei Meter Höhe einen zwei Hand breiten Panzer von starken eichenen Brettern umgelegt.

Für die Mahlzeiten sind wir bei Frau Missionar Herrmann zu Gast.

Gleich am Ostermontag fahren die ersten Kranken an, fast lauter alte Herzkranke in schlimmer Verfassung, denen kaum mehr zu helfen ist. So kommen schon in den ersten Wochen einige Todesfälle vor. Daß ich bei einem dieser Herzkranken die ganze Nacht wache, um mit Koffein-, Äther- und Kampferinjektionen das letzte zu seiner Rettung zu versuchen, bringt mich bei einem kleinen Negermädchen auf der Station in den Geruch eines Leopardenmenschen. Erschreckt läuft sie fort, so oft sie mich kommen sieht. Die Lehrerin will ihr die Angst ausreden. Aber sie bleibt dabei. „Ich habe gesehen,“ sagt sie, „wie man den Mann abends ins Spital trug. Er war lebendig. Dann kam der Doktor und war die ganze Nacht allein mit ihm. Und am Morgen trug man ihn tot heraus. Also hat ihn der Doktor getötet. Er ist ein weißer Leopardenmensch, den man frei herumlaufen läßt, während man die schwarzen Leopardenmenschen ins Gefängnis sperrt.“

Ein schwarzer Holzhändler, Emil Ogouma, stellt mir fünf Arbeiter und einen Aufseher zur Verfügung. Diese unternehmen die dringendsten Reparaturen, während ich die Kranken pflege und die Kisten mit den Sachen und den Medikamenten auspacke, die von meinem ersten Aufenthalt her noch da sind.

Nach vierzehn Tagen sind wir so weit, daß die Apotheke und das Untersuchungszimmer notdürftig eingerichtet werden können. Jetzt kommt das Dach der großen Baracke für die Kranken daran. Aber da reichen die Blätterziegel nicht aus, obwohl ich mir unterdes noch zweihundert Stück verschaffte. Und wir sind noch in der Regenzeit. Jede Nacht gehen schwere Gewitter nieder. Am Morgen finde ich meine Kranken durchnäßt auf dem Boden liegen. Mehrere schwere Erkältungen kommen vor, von denen zwei tödlich enden. Ich bin ganz verzweifelt.

Wie manchen Nachmittag, den ich so notwendig für die Kranken oder zum Einrichten gebraucht hätte, fahre ich im Kanoe herum, auf der Suche nach geflochtenen Blättern! Wie manche solche Fahrt unternimmt Noël für mich!

Gegen Himmelfahrt ist das Dach der großen Baracke ziemlich gut ausgebessert. Nun wird der Bau einer zweiten Baracke für die Kranken in Angriff genommen. Unter dasselbe Dach kommen Räume zum Unterbringen der Flaschen und Büchsen, zum Aufbewahren des Waschkessels, der Baumaterialien und der Geräte. Während dieser Arbeit gehen die Leute Emil Ogoumas fort. Ihr Jahr ist zu Ende. Nun ziehen sie nach Hause. Um kein Geld wären sie zu bewegen, auch nur einen Monat länger zu bleiben. Andere Arbeiter anzuwerben, will ihrem Herrn nicht gelingen. Ich versuche es überhaupt nicht. Die Leutenot in der Umgegend ist so groß, daß es von vornherein aussichtslos ist. So bin ich auf Freiwillige angewiesen, die als Begleiter von Kranken hierher gekommen sind. Jetzt muß ich selber den Bauaufseher spielen, jeden Morgen die Leute von ihren Kochtöpfen zur Arbeit aufjagen, ihnen schmeicheln, ihnen Nahrung und Geschenke versprechen, ihnen die Werkzeuge in die Hand geben und abends feststellen, ob ja auch alle Äxte, Beile, Buschmesser und alle nicht verwandten Baumaterialien zurückgebracht wurden.

Manchmal habe ich sechs Arbeiter, manchmal zwei. Oft auch finde ich, wenn ich morgens herunterkomme, keinen einzigen vor. Sie sind fischen gegangen oder ins Dorf gefahren, um Nahrungsmittel zu holen. Oder sie mußten irgendwohin, um ein Palaver zu erledigen. Dann ruht die Arbeit tagelang. Der Eifer meiner Schwarzen, denen, die nach ihnen kommen, eine bessere Stätte zur Unterkunft zu bereiten, als diejenige, die sie selber haben, ist sehr gering. Man arbeitet doch nicht für Unbekannte.

Für die Gleichgültigkeit des primitiven Menschen gegen den Unbekannten fehlen uns jegliche Begriffe. Einmal, gegen Abend, soll ein Verwundeter noch schnell zum Erneuern des Verbandes aus der Baracke in das Untersuchungszimmer gebracht werden. Ich bitte einen Mann, der neben seinem Feuer sitzt und dessen herzkranken Bruder ich pflege, an der Tragbahre mitanzufassen. Er tut, als höre er nicht. Ich wiederhole die Aufforderung etwas eindringlicher. Darauf antwortet er ruhig: „Nein. Der Mann auf der Tragbahre ist vom Stamm der Bakele. Ich aber bin ein Bapunu."

So teile ich mich zwischen Medizin und Bauen. Die Bauarbeit wird mir noch besonders dadurch erschwert, daß ich kein großes Kanoe habe. Auch die Mission hat keines. Sie behilft sich mit zwei notdürftig geflickten mittelgroßen Booten. Ich habe also Schwierigkeiten, mir die vielen Bambusstangen zu verschaffen, die die Dachsparren abgeben sollen. Und die Zeit drängt. Es ist ja nicht so, daß man einfach in den Urwald geht und sich Bambus holt. Die brauchbaren, großen Bambusstangen wachsen nur an bestimmten Stellen in Sümpfen. Auf weite Kilometer im Umkreis gibt es nur einen Ort, wo man sie so findet, daß man sie holen kann. Die Plätze, die weit hinten in Sümpfen liegen und zu Wasser und zu Land unerreichbar sind, müssen außer Betracht bleiben. Mit den Raphiapalmen, die das Material zu den Blätterziegeln liefern, ist es ebenso. Desgleichen mit der Pflanze, aus der die Bastschnüre gearbeitet werden, um die Sparren auf das Dach und die Blätterziegel auf die Sparren zu binden. Für das Material zu diesem Bast muß ich mein Kanoe an die dreißig Kilometer weit wegsenden!

Um den Besitz von Plätzen, wo Bambus, Raphia und Bast gut ausbeutbar zu finden sind, führten die Stämme früher Krieg miteinander, wie die Weißen um Erz- und Kohlenlager.

Aber sogar an die ausbeutbaren Plätze kommt man nicht zu jeder Jahreszeit. Sie liegen alle in Sümpfen. Erreichbar sind sie also im Boot, wenn das Hochwasser hoch genug ist, so daß man vom Fluß in den Sumpf einfahren kann, oder wenn der Sumpf in der trockenen Jahreszeit so trocken wird, daß man zu Fuß hindurchkommt. Selten aber wird der Sumpf in der trockenen Jahreszeit begehbar. Sehr oft ist das Herbsthochwasser nicht so hoch, daß man die Bambusplätze mit dem Boot erreichen kann. Die Zeit zum Bambusholen ist also das Frühjahrshochwasser. Wer sich in diesen zwei oder drei Wochen nicht die nötigen Bambusstangen verschafft, läuft Gefahr, daß er überhaupt keine bekommt und ein Jahr lang nicht bauen kann.

Nun muß ich suchen, in diesen drei kostbaren Wochen mir größere Kanoes in der Umgebung bei den Eingeborenen zu leihen. Hie und da bekomme ich eines, aber nur auf einen oder zwei Tage, weil die Eigentümer sie ja selber brauchen, um sich ihre Bambusvorräte zu verschaffen. Dann ist es gewöhnlich noch so, daß, wenn ich ein Boot habe, ich keine Leute finde, um sie auf Bambus auszuschicken, und wenn ich Leute habe, ich kein Boot bekomme. Ängstlich überwache ich das Steigen und Sinken des Flusses. Während das Sinken schon einsetzt, kann ich mir zufälligerweise ein gutes Boot besorgen und habe auch etliche tüchtige Leute zur Hand. So verschaffe ich mir etwa vierhundert der fünfzehnhundert Bambusstecken, die ich eigentlich brauchte. Dies ist eine der mancherlei Aufregungen, die demjenigen beschieden sind, der im Urwald Afrikas zu bauen hat.

Zum Glück hat sich unterdessen der Heilgehilfe eingefunden, den mir Frau Missionar Morel in Samkita besorgt hat. Sein Name ist G'Mba. Er kann gut lesen und schreiben, ist gewillig und genießt den Ruf, nicht zu stehlen. Von Medizin versteht er noch gar nichts, obwohl er aus wirklicher Neigung Heilgehilfe werden will. Da muß ich mit Noël noch alles selber machen. Nicht einmal das Reinigen der täglich gebrauchten Instrumente kann ich ihm anvertrauen. Aber in der Beschaffung von Baumaterialien und als Aufseher beim Bauen ist er sehr anstellig.

Joseph, mein ehemaliger Heilgehilfe, ist noch immer im Regierungsspital zu Libreville. Er kann dort nicht fort, weil er beim Schneider und bei der Wäscherin mit Schulden hängt. Ich muß ihm Geld vorstrecken, damit er frei wird und kommen kann.

Von N'Kendju, meinem ehemaligen zweiten Heilgehilfen, kann ich nichts Sicheres erfahren. Manche behaupten, er sei tot. Andere sagen, er sei als Holzhauer und Flößer irgendwo in der Bucht von Libreville.

Auf Pfingsten fahre ich nach Samkita zu Herrn und Frau Morel, um mir das Kanoe zu holen, das mir Herr Morel dort oben seit zwei Jahren bestellt und vorausbezahlt hat, und das er jetzt endlich mit vieler Mühe geliefert bekam. Zugleich will ich die Sachen nach Lambarene schaffen, die ich mir durch Herrn Morel vor zwei Jahren in Voraussicht des Steigens der Preise zusammenkaufen ließ. Das sind: ein paar große Rollen Drahtgitter, um die Hühner und einen Garten einzuzäunen, eventuell auch um allzu diebische Kranke hinter Drahtgitter unterzubringen, damit sie mir nicht zu viel Unheil auf der Missionsstation anrichten; große Sägen, um Baumstämme zu zerlegen und in Bretter zu zersägen; gewöhnliche Sägen; Äxte und Beile; Pickel; Schaufeln; Hämmer; Zimmermannsgerät; Schrauben und Nägel in allen Größen, kiloweise; Kisten mit Seife; Konserven; dazu die Hühner, die mir Frau Morel abläßt. Ein Teil dieser Sachen ist schon zum voraus nach Lambarene abgegangen. Mit dem Rest fülle ich mein neues Kanoe und das Boot, mit dem ich kam, und fahre am Pfingstmontag wieder den Fluß herunter. Die Boote sind so beladen, daß sie kaum eine Handbreit aus dem Wasser herauskommen. Bei meiner Ankunft ist gerade ein Herzkranker gestorben, den Noël mit Aufopferung und Sachkenntnis gepflegt hat.

Nach Pfingsten setzt ein großer Zustrom von Kranken ein. Die Gewitter haben etwas nachgelassen, und man hat erfahren, daß es den Kranken in der Baracke nicht mehr auf den Kopf regnet.

Schlafkranke und Aussätzige bekomme ich so viel zu sehen, daß ich den Eindruck habe, diese beiden Übel seien seit meinem letzten Aufenthalt im Zunehmen. In der Woche nach Pfingsten habe ich schon 25 Schlafkranke und wohl ebensoviele Aussätzige in Behandlung. Die Schlafkranken behalte ich sechs Wochen hier. Dann wird mit der Kur acht Wochen ausgesetzt. Die gehen nach Hause und kommen nachher wieder. Leider habe ich viele Fälle im letzten Stadium, die sehr viel Arbeit machen und doch wohl kaum mehr zu retten sind.

Die Aussätzigen werden nach zehn Tagen mit einem Vorrat von Chaulmoograöl nach Hause entlassen mit der Weisung, in sechs Wochen wieder zu kommen. Zur intensiven Behandlung mit den neueren intramuskulär einzuspritzenden Mitteln kann ich sie erst brauchen, wenn im Spital mehr Platz ist und ich nicht mehr Arzt und Baumeister zugleich sein muß. Überdies ist eine richtige Chaulmoograölkur die beste Einleitung zu den intensiveren Behandlungen.

Zwei Drittel der Insassen des Spitals sind, wie auch früher, der Geschwüre wegen da. Die durch Lues und Frambosia (Himbeerkrankheit) verursachten Geschwüre behandle ich jetzt alle mit Neosalvarsan, wozu ich früher die Mittel nicht hatte. Die Kur besteht in fünf intravenösen Einspritzungen und erfordert etwa einen Monat. Auch neue Bismuthpräparate erprobe ich, und mit gutem Erfolge, wie mir scheint.

Für die Frambösiakinder, die oft ganz mit Geschwüren bedeckt sind, sehe ich in der Regel von den intravenösen Einspritzungen mit Neosalvarsan ab. Ich brauche sie dieser bei ihren kleinen Venen am Arm oft langwierigen Quälerei nicht zu unterwerfen. Das neue Mittel Stovarsol befreit mich davon. Es besteht in leicht zu schluckenden Pastillen. Schon nach vier Tagen fangen die Krusten über den Geschwüren an einzutrocknen. Nach acht oder zehn Tagen fallen sie ab, und das

Kind ist von seiner Krankheit auf immer geheilt. Leider ist dieses Mittel sehr teuer.

Ich lasse überall verbreiten, daß ich Stovarsol grundsätzlich nur gegen Blätterziegel abgebe. Durchzuführen vermag ich diese Bestimmung nicht. Gar manche arme Mutter ist nicht in der Lage, sich Blätterziegel zu verschaffen, um sie dem Doktor für die Behandlung ihres Kindes zu bringen. Dennoch aber habe ich mit dem Stovarsol schon einige Quadratmeter Dach decken können. Auch Chaulmoograöl gebe ich grundsätzlich nur gegen Blätterziegel oder Bananen ab, wenigstens für die Leute der Nachbarschaft von Lambarene. Diejenigen, die von weit her kommen, können ihre Boote nicht damit belasten. Sie müssen froh sein, wenn sie Schlafmatten, ihren Kochtopf, ihre Lebensmittelvorräte und was sie sonst noch auf die Reise und zum Kampieren im Spital brauchen, mitführen können.

Die Lues- und Frambösiageschwüre gleichen sich darin, daß sie rund und tief sind und scharfe Ränder zeigen. Sie sehen wie ausgestanzt aus.

Eine andere Art von Geschwüren, die hier sehr häufig vorkommt, ist flach und länglich. Die Erreger sind noch unbekannt.

Früher stand ich diesen Geschwüren ziemlich ratlos gegenüber. Jetzt, auf den Rat von Dr. Huppenbauer, der früher an der Goldküste war, mache ich bei allen Geschwüren, mit denen ich nichts anzufangen weiß, einen Versuch mit einer Serie von intravenösen Injektionen einer einprozentigen Lösung von Brechweinstein (Tartarus stibiatus). Jeden zweiten Tag bekommen die Patienten acht bis zehn Kubikzentimeter dieser Lösung in die Venen. Es ist kein harmloses Mittel. Die Gefahren werden aber dadurch sehr herabgesetzt, daß man die Lösung sehr langsam, etwa in vier Minuten, in die Vene einfließen läßt.

Bei den flachen Geschwüren unbekannter Herkunft habe ich in einer Reihe von Fällen mit dieser Behandlung Erfolg gehabt. Es gibt aber auch Geschwüre, bei denen man nacheinander Neosalvarsan, Quecksilber (als Hydrargyrum oxycyanatum intravenös gegeben) und Brechweinstein versuchen muß. Ein Geschwür, das ich seit Anfang Mai fast täglich behandle und bei dem ich alles versucht habe, ist noch so wie es war, als der Kranke zu mir kam. Aber solche Fälle sind selten.

Für die Verbände aller Geschwüre benutze ich abwechselnd Dermatol, Methylviolett, Borsäure, Salol und Ektogan. Oftmals wende ich auch feuchte Verbände an.

Wenn das Geschwür zu heilen anfängt, dauert es aber manchmal noch wochenlang, bis ich den Kranken entlassen kann. Flächen von der Größe einer Faust oder einer Hand brauchen Zeit, um sich wieder mit Haut zu bedecken. Eigentlich könnte man den Kranken mit etwas Verbandstoff, Dermatol und Borsalbe nach Hause entlassen. Aber dann muß ich befürchten, daß er in die Hände „medizinkundiger" alter Weiber gerät, die ihm die wunde Fläche mit gepulverter Baumrinde, zerkauten Gräsern und allem möglichen Unrat bedecken, bis wieder die schönste Eiterung im Gang ist. So sehe ich voraus, daß einige Patienten mit Geschwüren noch im Herbst Gäste meines Spitals sein werden ... und darunter einige, die ich, weil sie arm sind und von weit her kamen, verköstigen muß!

Eine dritte Geschwürsart bilden die phagädenischen (das heißt fressenden) tropischen Geschwüre, die gewöhnlich am Fuße sitzen und sich von den Zehen bis über den Knöchel, wenn nicht bis ans Knie hinauffressen. Merkwürdigerweise habe ich von diesen erst einige wenige zu Gesicht bekommen. Die Behandlung besteht darin, daß man das Geschwür alle fünf oder sechs Tage in Narkose mit dem scharfen Löffel auskratzt, bis alles kranke Gewebe nach und nach entfernt ist. In der Zwischenzeit macht man feuchte Verbände mit Kalium permanganicum oder bestreut die Geschwürsfläche mit Borsäure und Natrium bicarbonicum, zu gleichen Teilen gemischt.

Mit einem dieser Patienten habe ich viel Ärger gehabt, nicht seines Geschwüres, sondern seiner Frau wegen. Gegen den Willen seiner Frau kam er zum Arzte, statt sich im Dorf behandeln zu lassen. Vom ersten Tage an ist also ein geheimer Kampf zwischen ihr und mir. Als die erste Auskratzung vor-

genommen werden soll, rauft sie sich das Haar, wälzt sich im
Staube und schreit im Spital herum, der Doktor wolle ihrem
Manne das Bein abhauen. Der Patient selber, der vorher ganz
einverstanden war und dem man erklärt hatte, er würde ein-
geschläfert und würde nichts spüren, wird von der Angst angesteckt und versucht fortzukriechen, da er mit seinem
schrecklich angefressenen Fuße nicht zu laufen vermag. Nachdem die Prozedur überstanden ist, ist er ganz glücklich, weil er
tatsächlich nichts gespürt hat und weil er sieht, wie sich das
Geschwür zu reinigen beginnt. Er gibt seine Zustimmung zu
den folgenden Auskratzungen, die dann unangekündigt, im
Anschluß an den Verbandwechsel vor sich gehen, damit die
Frau nichts davon weiß. Endlich hat sich das Geschwür in eine
rosige, appetitliche Fläche verwandelt und beginnt sich an den
Rändern zu überhäuten. Aber die Gattin ist mit dem Aufenthalt im Spital noch nicht ausgesöhnt. Sie nimmt es auch übel,
daß sie für die viele Arbeit, die ich mit ihrem Manne habe,
etwas leisten soll, nämlich jeden Tag vier Eimer Wasser von
der Quelle den Hügel hinauf in meine Küche und Waschküche
tragen. Um der Sache ein Ende zu machen, bestellt sie die
Lebensmittel ab, die ihnen von ihrem Dorfe – sie sind von
oberhalb Samkita – regelmäßig zugeführt werden. Lächelnd
verkündet sie mir, sie müßten jetzt fort, denn sie hätten nichts
mehr zu essen. Will ich den Mann dabehalten, um ihn nicht
seinem üblen Schicksal zu überlassen, so muß ich ihn von jetzt
an ernähren. Die Frau bekommt nichts. Ich nehme an, daß sie
heimlicherweise von zu Hause Lebensmittel bezieht. Um die
Überhäutung der Wundfläche, die den ganzen Fußrücken und
einen Teil der Wade ausmacht, zu beschleunigen – und um
viele Reisrationen zu sparen – will ich durch eine Hauttransplantation Haut auf die Wundfläche bringen. Leider begehe
ich die Unklugheit, dem Manne davon zum voraus zu reden.
Nun habe ich die Partie verloren. Zwar erklärt er sich voll Vertrauen einverstanden, aber in der Nacht macht sie ihm wieder
Angst mit dem Fußabschneiden und bringt ihn herum. In
strömendem Regen fährt sie heimlich mit ihm fort. Dem Mis-

sionar Cadier von Samkita, der ihnen am anderen Tage auf dem Strom begegnet, erzählt sie harmlos, der Doktor hätte ihren Mann jetzt entlassen, weil die Heilung soweit fortgeschritten sei, daß sie alles besorgen könne. Alle Mühe und alle Ausgaben mit diesem Fall waren also umsonst! Was hat mich dieser Mann allein an Verbandstoffen und an Äther für die Narkose gekostet! Und die geflochtenen Blätter, die ich für den Fall der Heilung hatte versprechen lassen, werde ich nun auch nicht sehen.

Solchen entmutigenden Fällen stehen aber viele andere entgegen, die einen mit Freudigkeit erfüllen können. Im allgemeinen sind die Kranken und ihre Angehörigen wirklich dankbar, besonders die Aussätzigen, die Herzkranken, die, deren Geschwüre mit Neosalvarsan behandelt wurden, und die, die wegen Unfällen und Verletzungen zu mir kamen. Nur darf ich an tatsächlicher Dankbarkeitsleistung nicht zu viel begehren. Wenn der Sohn eines in Genesung begriffenen Vaters vier oder fünf Tage beim Ausbessern und Bauen mithelfen oder gar in den Wald gehen soll, um Bauholz zu holen, muß ich der Dankbarkeitsgesinnung gar rasch durch einige Geschenke nachhelfen, damit sie nicht zum glimmenden Docht wird.

Der Häuptling eines kleinen Dorfes aus der Gegend von Samkita ist bei mir mit einer zerschmetterten Hand in Behandlung. Das Unglück geschah dadurch, daß ihm die Flinte zersprang, als er auf ein Wildschwein schoß. Diese Art von Unfall kommt jetzt viel häufiger vor als früher. Bis vor zehn Jahren verkaufte man an die Neger solide Steinschloßflinten, die noch aus den Armeebeständen der guten alten Zeit stammten. Jetzt, wo diese gediegene Ware aufgebraucht ist, kommen Steinschloßflinten übelster Fabrikware nach Afrika, die mehr aus Blech als aus Stahl sind. In diese schwachen Flinten tun nun die Neger die starken Ladungen, die sie den alten Steinschloßflinten zumuten konnten. Ein schwarzer Jäger meint nämlich, er könne nie genug Pulver in den Lauf stopfen. Und als Geschoß verwendet er mit Vorliebe Stücke von gußeisernen Kochtöpfen. Solche Ladungen hält die moderne Fabrikware nicht aus. Daher die so häufigen Verletzungen durch zersprungene Flinten.

Mein kleiner Häuptling läßt, bei aller Dankbarkeit, die er für uns hat, Noël und mich vom ersten Tage an fühlen, daß er ein Häuptling ist, wir aber nur gewöhnliche Menschen. Als ich anfange, ihn nur noch einmal im Tage zu verbinden, statt morgens und abends nach seiner Verletzung zu sehen, muß ich mich demütig vor ihm verantworten. Aber seine Häuptlingsmacht reicht nicht so weit, daß er seine Verwandten, die tagelang im Spital zu Besuch bei ihm sind, dazu bringt, aus Dankbarkeit ein bißchen bei mir zu fronden. Um 150 Blätterziegel von ihm zu erlangen, muß ich drohen, mit dem Verbinden aufzuhören und die Hand „verfaulen" zu lassen. Als keine Gefahr mehr da ist, führe ich es auch tatsächlich durch, daß ich eine halbe Woche nicht mehr nach seiner Hand sehe. Von den 500 Blätterziegeln, die ich für den Fall seiner Heilung versprochen bekam, habe ich noch nichts gesehen. Aber trotzdem behalte ich ihn in lieber Erinnerung. Er ist in seiner Art ein prächtiger Mensch. Mit den Primitiven darf man über manche Sachen nicht rechten.

Daß die Schlafkranken und die Leute mit Geschwüren mit intravenösen Einspritzungen behandelt werden müssen, bedeutet eine große Arbeit. Oft sind über zwanzig solcher Einspritzungen an einem Tage vorzunehmen. Und intravenöse Einspritzungen sind bei Schwarzen viel schwerer zu machen denn bei Weißen. Der bläuliche Schimmer, der beim Weißen durch die Haut hindurch den Lauf der Venen an den Armen anzeigt, ist hier nicht vorhanden. Dazu kommt, daß in vielen Fällen durch Krätze und Hautausschläge die Haut unserer Patienten ein harter Panzer geworden ist, durch den auch der geübteste Finger kein Blutgefäß mehr zu fühlen vermag. Und so manche Schlafkranke sind Skelette, deren armselige Venen der intravenösen Einspritzung die größten Schwierigkeiten bereiten. Es kann also vorkommen, daß es wiederholter Versuche bedarf, bis die Nadel endlich den richtigen Weg findet. Diese schwierigen Fälle, von denen einer unter Umständen eine Stunde Arbeit macht, kommen erst an die Reihe, wenn die „guten Venen" erledigt sind. Ein kleines Schlafkrankheitsmädchen, Zitombo, ist unsere gefürchtetste Patientin. Gar manches Stückchen Zucker muß ihr in den Mund gesteckt werden, um ihre Tränen zu stillen, wenn die Nadel immer wieder in dem dünnen Ärmchen herumsucht. Wenn dann alles vorüber ist, wird sie auf dem Arm des Doktors aus dem Spital herausgetragen. Am Samstag, dem Haupttage der Einspritzungen für die Schlafkranken, weiß Frau Missionar Herrmann, daß wir mit ein oder zwei Stunden Verspätung zu Tisch erscheinen werden. Aber sie ist sehr nachsichtig mit uns.

Zum Glück hat sich Noël die Technik der intravenösen Injektionen schnell angeeignet und erspart mir so viel Arbeit.

Bei den Eingeborenen heißt Noël „der Leutnant". Von der Zeit der militärischen Verwaltung des Landes her sind sie es nämlich gewohnt, daß neben dem Bezirkshauptmann ein Leutnant amtiert. Da sie nur Militärärzte kennen, habe auch ich für sie etwas militärischen Charakter. Darum liegt es ihnen nahe, den Weißen, der neben mir ist, als den Leutnant des Doktors anzusehen. Noël hat sich an diesen Namen schon ganz gewöhnt. Auf der Station nennt ihn niemand mehr anders.

Die gute Gewohnheit, Kranke bei mir abzusetzen und sich davonzumachen, haben die Leute vom Ogowe beibehalten. Kaum bin ich vierzehn Tage hier, finde ich morgens einen alten Herzkranken, fast nackt, ohne Decke und ohne Moskitonetz unten vor. Niemand weiß, wie er hergekommen ist. Er selber beruft sich auf eine große und einflußreiche Verwandtschaft oben bei Samkita. Demnächst würden diese Leute kommen und ihm viele Lebensmittel und mir ein großes Geschenk bringen. Ich gebe ihm eine Decke, ein Moskitonetz und zu essen. Mehrere Wochen, bis der Tod ihn erlöst, ist er bei uns. Als er kaum noch sprechen kann, redet er immer noch von den reichen Verwandten, die kommen werden. Der letzte Liebesdienst, den ich ihm erweise, ist der, daß ich ihm bei diesen

Reden immer gläubig zustimme. Der neben ihm liegende
Kranke, der gleichfalls so abgesetzt worden ist, wartet auf
seinen Tod, um in den Besitz des Moskitonetzes und der
Decke zu gelangen. Die Moskitonetze und die Decken, die ich
in meinem Reisegepäck mitgebracht habe, sind nämlich schon
alle verausgabt, und die Ankunft der 73 Kisten, die im Februar
als Fracht von Straßburg abgingen, steht noch immer aus.

Aus einem nicht weit von Lambarene gelegenen Dorfe wird
eine Frau – ebenfalls verlumpt und sterbend – bei mir abgesetzt. Sie hat niemand mehr auf der Welt; darum kümmert sich
in ihrem Dorfe niemand um sie. Eine Nachbarsfrau, so erzählt
man mir, erbittet bei einer andern eine Axt, um der kranken
Frau ein bißchen Holz zu holen, damit sie sich in den feuchten
Nächten ein bißchen daran wärmen könne. „Was", lautet die
Antwort, „eine Axt für diese Frau? Bringt sie zum Doktor,
daß sie dort ist, bis sie stirbt." So geschah es.

Es hat seine großen Gefahren, daß man sich daran gewöhnt,
Kranke und Alte, die man los sein will, einfach hier abzusetzen. Dadurch wird mein Spital stark belastet. Unter Umständen fällt mir ein solcher Kranker monatelang zur Last.
Auch häufen sich die Sterbefälle dadurch in abnormer Weise.
Manche Spitalinsassen lassen sich dadurch deprimieren, besonders da das Sterben vor den Augen der andern vor sich
geht. Ich habe nämlich noch keinen gesonderten Raum für die
hoffnungslos Kranken.

Den Fetischmännern, meinen Kollegen, kommt es nicht vor,
daß ihnen Patienten sterben. Aussichtslose Fälle weisen sie von
vornherein ab. Sie handeln wie manche Professoren in europäischen Kliniken, die sich ihre Statistiken nicht verderben
lassen wollen. Und stirbt dem Fetischmann unvorhergesehener-
weise ein Patient, so wahrt er seinen Ruf dadurch, daß er alsbald herausfindet, wer dem Kranken einen solchen Zauber bereitet hat, daß er sterben mußte. Nach der Ansicht der Schwarzen nämlich zeigt sich die Kenntnis der Medizin in erster Linie
darin, daß der Arzt weiß, ob der Kranke sterben wird oder
nicht, und seine Kunst nicht an jemand wendet, der eigentlich

schon tot ist. Behandelt er einen, der ihm nachher wegstirbt, so bekundet er damit nur, daß er noch nicht einmal weiß, ob eine Krankheit zum Tode führt oder behoben werden kann. Schon bei meinem ersten Wirken drang Joseph immer in mich, die Todeskandidaten ja abzuweisen, um meinen Ruf nicht zu schädigen. Jetzt handelt es sich wieder um dieselbe Frage.

Drei solcher bei mir abgesetzten Wesen sind nacheinander gestorben. Darob Murren im Spital. Ein Mann mit einem üblen Geschwür, an den ich viel Zeit und Mühe gewandt habe, läßt sich von den Seinen heimholen. Zwei andere folgen seinem Beispiel. Es ist nicht das erste Mal, daß ich hier solches erlebe; aber ich lasse mich nicht irre machen. Mein Spital ist für alle Elenden da. Kann ich sie nicht vom Tode erretten, so kann ich ihnen doch Liebe erzeigen und ihnen vielleicht das Ende leicht machen. Also möge man weiter in der Nacht bei mir solche armen Menschen absetzen. Gelingt es mir je, einen derselben durchzubringen, so brauche ich mich gar nicht darum zu sorgen, wie ich ihn heimbefördere. Die Kunde, daß er wieder arbeitsfähig und ausnützungsfähig ist, wird schon zu seinem Dorfe dringen, und in einer Nacht wird man ihn dann still und heimlich wegholen, wie man ihn gebracht hat.

An dem Grabe der armen Frau, der man sogar das Holz zum Wärmen versagte, redet Missionar Herrmann in ergreifenden Worten davon, daß sie verstoßen wurde von denen, zu denen sie gehörte, und Barmherzigkeit fand bei Fremden, weil durch Jesus die Liebe in die Welt gekommen ist. Wunderbar leuchtet die Sonne durch die Palmen auf dieses arme Grab, während die Schulkinder den Trauerchoral singen.

Ein Begräbnis macht uns viel zu schaffen. Es geht nämlich nicht an, daß ich einfach drei oder vier Männern, die als Begleiter meiner Patienten im Spital sind, Hacken und Spaten gebe, ihnen ein Geschenk verspreche und sie das Grab graben lasse. Ist jemand gestorben, so sind gewöhnlich alle Männer, die ein Werkzeug rühren können, verschwunden, angeblich auf der Fischerei oder auf der Fahrt nach Lebensmitteln. Mit einem fremden Toten will der Eingeborene nichts zu tun haben. Da spielen noch primitive religiöse Vorstellungen von „Unrein-Werden" mit. Wird zum Beispiel in einer Familie ein Kind erwartet, so darf kein Mitglied derselben etwas mit einem Toten zu tun haben. Manchmal auch haben die Eltern bei der Geburt eines Kindes für es das Gelübde getan, daß es niemals mit einem Toten in Berührung kommt. Dieses Gelübde muß es halten.

Einmal gelingt es mir, einen in der Nacht eingetretenen Todesfall zu verheimlichen und zwei junge Männer, deren Geschwüre in guter Heilung begriffen sind, mit dem Ansinnen, das Grab zu graben, so zu überraschen, daß sie sich nicht davonmachen können. Wie ich ihnen die Geräte mit dem Versprechen eines schönen Geschenks in die Hand geben will, fallen sie mit Tränen in den Augen vor mir nieder und flehen mich an, sie nicht zu etwas zu zwingen, was sie nicht tun dürfen. Ich bringe es nicht über mich, ihnen die Arbeit aufzunötigen. Im vierzehnten Kapitel des Briefs an die Römer gebietet Sankt Paulus, daß man die schwachen Gewissen nicht verwirren soll. Das gilt noch für heute und auch für Afrika.

Die katholische Mission hat mit derselben Schwierigkeit zu kämpfen. Eine Negerfrau aus katholischen Kreisen ist bei mir gestorben. Ich benachrichtige den Pater und frage an, ob er sie auf dem katholischen Friedhof beerdigen will. „Ja", antwortet er, „wenn Leute kommen, um auf unserm Friedhof das Grab zu graben. Wir haben es aufgeben müssen, unsern Schulknaben diese Arbeit zuzumuten."

Gewöhnlich übernehmen es die Evangelistenzöglinge der Station, das Grab zu graben und den Leichnam zu tragen. Aber wenn sie nicht da sind, müssen wir selber daran. Noël hat sich schon manchmal als Totengräber und Totenträger betätigt. Daß G'Mba in diesen Fällen sich über alle Vorurteile hinwegsetzt und tüchtig mithilft, rechne ich ihm hoch an.

Die Mittagsstunde ist die übelste Stunde am Tage. Da kommt alles, was kriechen kann, vor die Tür des Untersuchungszimmers und verlangt die „Ration". Die Ration besteht aus 700 Gramm Reis mit etwas Salz oder zehn großen Bananen oder sechs Maniokstangen. Die Zubereitung des Essens besorgen die Leute selber.

Im Prinzip gebe ich die Ration nur denen, die von weit her gekommen sind, zu den Unbemittelten gehören und auf längere Zeit hierbleiben müssen. Ebenso verköstige ich diejenigen, die an dem betreffenden Tage für mich arbeiten. Aber diese bekommen um zwölf nur die halbe Ration. Die andere Hälfte wird ihnen am Abend verabreicht. Bekämen sie um zwölf Uhr alles, so wären sie imstande, nachmittags nicht mehr zu arbeiten.

Täglich jedoch kommen Fälle vor, wo mir zugemutet wird, von meinem Grundsatz abzugehen und Rationen, die nicht vorgesehen waren, verabreichen zu lassen. Da hat einer am Tage vorher für mich gearbeitet, ist heute unwohl, hofft aber morgen wieder zu arbeiten. Daraufhin verlangt er die Ration auch für heute. Oder es melden sich Kranke, die bisher Bananen und Maniok von ihrem Dorfe erhielten. Seit zwei Tagen ist die Zufuhr ausgeblieben. Vielleicht haben die zu Hause gerade kein Kanoe zur Verfügung; oder es waren keine Ruderer aufzutreiben; oder die Leute im Kanoe wurden unterwegs von den schwarzen Soldaten aufgegriffen, weil sie die Steuern für dieses Jahr noch nicht entrichtet haben; oder die Wildschweine haben die Pflanzung verwüstet. ... Mit zwanzig möglichen Erklärungen des Ausbleibens der Zufuhr werde ich bearbeitet, bis ich zuletzt weich werde und G'Mba, der hinter dem Reistrog steht, Anweisung gebe, die Bittsteller bis auf weiteres auf die Liste der zu Fütternden zu setzen. Aber wie oft bleiben sie dann ständig darauf! Wenn die Angehörigen im Dorf einmal wissen, daß ich bei verzögerter Lebensmittelzufuhr die Ihrigen nicht verhungern lasse, ermäßigt sich ihr Eifer, sie zu versorgen.

Ein anderer Fall. Ein Kranker kommt mit Geld an und erhält mit den Seinen von mir gegen entsprechende Zahlung seine tägliche Ration. Sein Dorf ist viel zu weit weg, als daß man ihm von dort Nahrungsmittel zuführen könnte, oder es herrscht in seiner Gegend gerade Hungersnot. Die Krankheit zieht sich in die Länge, und das Geld geht ihm aus. Da steht er um zwölf unter dem Haufen der andern und bittet, bis auf weiteres mit verköstigt zu werden. Sein Zustand ist nicht so, daß ich ihn entlassen kann. Was will ich tun? Ich muß ihn und die Seinen füttern und mich zum Glauben aufraffen, daß er sein Versprechen, mir meine Auslagen einst zu erstatten, wahr machen wird.

Wie oft überfiel es mich, wenn es auf dem Straßburger Münster Mittag läutete, daß ich mir sagte: „Um diese Stunde wirst du dann in Afrika die Rations-Palaver haben und glücklich sein, wenn sie nicht länger als eine Stunde dauern."

Zu streng darf ich mit den Bittstellern nicht sein. Letzthin beginne ich einen Mann zu narkotisieren, der von zu Hause beköstigt wird. Wie ich ihn frage, ob er meiner Weisung gehorcht und im Hinblick auf die Narkose nichts zu Morgen gegessen hat, antwortet er: „Seit zwei Tagen habe ich nichts mehr zu essen." Weil ich mich gegen Angaben über Ausbleiben der Nahrungsmittelzufuhr so ungläubig zu zeigen pflege, haben er und seine Frau nichts mehr von ihrem Hunger zu sagen gewagt. Natürlich wurden sie sofort auf die Liste der zu Verpflegenden gesetzt.

Wenn ich nicht von der Arbeit weg kann, gibt G'Mba die Ration allein aus und entscheidet mit salomonischer Weisheit, ob neuen Gesuchen Folge zu geben sei oder nicht. Er ist viel zäher als ich. Daß ich ihn notgedrungen über den Reis frei schalten lassen muß, ist eine große Versuchung für ihn. Hoffentlich erliegt er ihr nicht.

Gewöhnlich werden zwischen zwanzig und dreißig Rationen im Tag ausgegeben. Oft aber auch mehr. Wie mancher Sack Reis ist schon aufgebraucht worden!

Gleich nach Pfingsten wird unser Reparationsplan umgeworfen. Statt weiter an der Wiederaufrichtung der zweiten Baracke für die Kranken arbeiten zu können, müssen wir in Eile die Zelle für die Geisteskranken in Angriff nehmen. Einer der Schlafkranken, ein junger Holzhauer mit Namen N'Gonde, hat nämlich, wie es bei dieser Krankheit manchmal vorkommt, Aufregungszustände und wird gefährlich. Zur Verfügung habe ich nur ein halbes Dutzend Bretter. Diese werden auf Pfosten genagelt, die in der Erde stehen, und geben so das Gerippe der Zelle ab. Die Zwischenräume werden mit armdicken Rundhölzern aus dem Wald ausgefüllt, die auf die Bretter genagelt werden. Baumeister dieser provisorischen Zelle ist Noël. Für mehr denn zehn Tage machen ihm die Rundhölzer und N'Gonde das Leben sauer; die Rundhölzer, die aus herrlichen afrikanischem Hartholz bestehen, dadurch, daß alle Nägel sich in ihnen verbiegen; N'Gonde, indem er immer wieder die verwundbare Stelle von Noëls Arbeit ausfindig macht und dann bei Nacht oder über dem Mittagessen ausbricht. Damit Noël arbeiten kann, muß ich den Patienten auf Stunden mit Skopolamin und Morphium betäuben. Wir haben keinen andern Raum für ihn als die im Bau begriffene Zelle. Alle Unterkunftsräume des Spitals sind ja nur aus Bambus und Blätterziegeln hergestellt.

Kaum ist die Zelle fertig, so bricht der Boden unseres morschen Hühnerstalles unter der Last Noëls, der abends die Hühner zählt, durch, was auch die Seitenwände in Mitleidenschaft zieht. An eine Reparatur ist nicht zu denken, denn kein Nagel hält mehr in dem verfaulten Holz. Also muß nochmals alle andere Arbeit liegen bleiben und in Eile ein neuer Hühnerstall gebaut werden ... in Eile, weil der alte nicht mehr die geringste Sicherheit gegen Schlangen und Leoparden bietet.

Ein afrikanischer Hühnerstall hat ganz anderen Anforderungen zu genügen als ein europäischer. Der Heerameisen wegen muß er ein Pfahlbau sein und auf möglichst wenigen Pfosten ruhen; des Leoparden wegen muß er sehr solid sein und auch ein Dach haben, in das die stärksten Leopardenpfoten kein Loch zum Durchschlüpfen reißen können; der Schlangen wegen muß er absolut dicht sein. Da mein Hühnerstall nur auf einem provisorischen Platze steht und vielleicht einmal an eine andere Stelle versetzt werden muß, heißt es überdies noch, ihn so bauen, daß er ohne große Mühe zerlegt und wieder zusammengesetzt werden kann.

Für solch ein Kunstwerk reichen Noëls Baukenntnisse nicht aus. Also muß ich im Tag zwei oder drei Stunden, die ich so notwendig für die Kranken brauchte, auf die Leitung des Baues des Hühnerstalles verwenden.

Zum Glück habe ich unterdes entdeckt, daß der Mann einer Schlafkranken etwas von Zimmermannsarbeit versteht. Da seine Frau schöne Fortschritte macht, willigt Monenzalie, so heißt der Mann, ein, bis auf weiteres gegen Essen und Geschenke regelmäßig für mich zu arbeiten. Leider kann er das Metermaß nicht lesen. Ich muß ihm also alle Maße als Bambusstücke in die Hand geben und die Arbeit ständig überwachen. Im übrigen ist er aber nicht ungeschickt. Wie ich in diesen Wochen ohne ihn fertig werden sollte, wage ich mir nicht auszumalen.

Am 21. Juni bringt der Flußdampfer endlich meine 73 Kisten. An demselben Tage trifft ein starkes Motorboot für die Missionsstation ein und zugleich ein 23jähriger neuer Missionar, ein Herr Abrezol, aus der Schweiz. Dieser hat in Europa gelernt, mit dem Motorboot umzugehen, und stellt sich mir gleich am Nachmittage mit demselben zur Verfügung, um die Kanoes zu schleppen, die meine Kisten am Landungsplatze des Flußdampfers holen sollen. Dort liegen sie auf Gras, unter freiem Himmel, dem Regen und den Dieben preisgegeben, wenn es nicht gelingt, sie alle vor der Nacht heimzubringen. Die katholische Mission leiht mir ihr großes Kanoe, das meine acht größten Kisten auf einmal fassen kann. Das Motorboot ermöglicht es, daß die Kanoes zwei Fahrten im Nachmittag machen. Zuletzt bei Sonnenuntergang kommt zufällig gar noch der kleine Dampfer eines holländischen Holzhändlers dahergefahren, der seit Wochen in Pflege bei mir liegt. Natürlich wird er zur Mithilfe beim Transport requiriert. Um acht Uhr abends sind alle Kisten, mit Ausnahme der Kiste mit dem Kochherd, in dem offenen Bootschuppen untergebracht. Dort müssen sie zwei oder drei Wochen bleiben, vor dem Regen soviel geschützt, als das durchlöcherte Dach des Bootschuppens schützen kann, und vor den Dieben soweit in Sicherheit, als die beiden Kranken, die ich als Wächter dort unterbringe, wachsam sind. Zum Ausladen fehlt uns die Zeit und der Platz.

Am andern Tage werde ich nach N'Gômô zu zwei kranken Missionarskindern gerufen, gerade in den Tagen, wo ich die Post fertigzumachen habe, die der Flußdampfer, der meine Kisten gebracht hat, bei seiner Rückfahrt mitnehmen soll. Nun muß ich die angefangenen Bestellungen liegen lassen. Das Motorboot mit seinem freundlichen Führer bringt mich nach N'Gômô, wo eine üble Grippe unter den Kindern herrscht. Bis tief in die Nacht bin ich von quäkenden Säuglingen umgeben und lerne Negerweiber an, ihren Kindern nasse Wickel zu machen. Bananenblätter ersetzen die Gummileinwand. Die zwei Missionarskinder erholen sich gut.

Für die Rückfahrt wird das Motorboot mit 35 Stück Abfallhölzern und Abfallbrettern aus der Sägerei zu N'Gômô beladen. Jetzt kann der Hühnerstall fertiggemacht werden! Jetzt kann auch gleich die definitive Zelle für die aufgeregten Geisteskranken gebaut werden! Man muß im Urwald Afrikas gelebt haben, um zu ermessen, welchen Schatz ein Brett bedeutet.

Durch die Abfahrt von Missionar Pelot ist unterdessen das Doktorhäuschen frei geworden, dessen vier Zimmer uns nun zur Verfügung stehen. In Eile werden die dringendsten Reparaturen ausgeführt. Dann werden die Kisten ausgepackt. Schränke haben wir vorerst nicht. Dieselben werden erst aus großen Kisten hergestellt, die von vornherein darauf eingerichtet sind, mit Schäften ausgestattet und übereinandergestellt zu werden. Diese Arbeit kann erst nach und nach in Angriff genommen werden. Die Kisten aber müssen alle sogleich ausgepackt werden. Der offene Bootschuppen ist ein zu gefährlicher Aufenthalt für sie. Also bleibt nichts anderes übrig, als ihren Inhalt in den vier Ecken unserer Zimmer aufeinanderzutürmen, alles durcheinander, Wäsche und Küchengeschirr, chirurgische Instrumente und Vorhänge, Schuhe und Medizinflaschen, Bücher und Verbandstoffe. Um das Gewünschte zu finden, müssen wir in diesem Haufen Grabungen veranstalten wie die, die ägyptische Königsgräber schänden wollen. Etwas gemildert wird dieses Nomadenelend dadurch, daß ich mir in Voraussicht desselben durch freundliche Hände in Straßburg dutzendweise Säcke aller Größen nähen ließ. In diese wird beim Auspacken das Gleichartige zusammengestopft.

Seit der dritten Woche unseres Hierseins haben wir ständig zwei oder drei weiße Kranken zu beherbergen. Um den Platz für sie frei zu machen, hat Noël sich auf die Veranda ausquartiert. Frau Hermann hat die Güte, unsere Pfleglinge zu verköstigen, bis ich einen Koch habe.

Anfang Juli findet sich endlich ein Koch. Auf einer kleinen Reise mit Missionar Hermann entdeckt Noël zufällig, daß einer der sie begleitenden Evangelistenzöglinge, mit Namen Biteghe, etwas vom Kochen versteht. Da die Evangelistenschule jetzt für drei Monate geschlossen wird und die Zöglinge auf ihre Dörfer in Ferien gehen, verhandle ich mit Biteghe, ob er mir nicht den Dienst leisten wolle, für diese Zeit als mein Koch hierzubleiben. Es wird ausgemacht, daß er ein Moskitonetz als Geschenk und 70 Franken im Monat als Lohn erhält. Die letzteren sind ihm sehr willkommen, da er eine Anzahlung auf eine Frau, die er kaufen will, zu leisten hat. Er dient uns mit großer Anhänglichkeit.

Einen großen Dienst leistet mir Herr Morel, der auf acht Tage von Samkita herunterkommt, um alle Schlösser in meinem Hause und im Spital instand zu setzen. Nachher verbringt einer meiner weißen Kranken drei Wochen seiner Genesung damit, daß er für mich bastelt. Seine Hauptaufgabe ist, die Kisten, die als Schränke dienen sollen, instand zu setzen und sie mit Schlössern zu versehen.

Am 18. Juli trifft Fräulein Mathilde Kottmann, die Pflegerin aus Straßburg, ein. Das Dunkel beginnt sich zu lichten. Nun kann es nicht mehr vorkommen, daß unsere weißen Kranken die Betten mit Tischtüchern statt mit Leintüchern bezogen bekommen. Noël hat nichts mehr mit dem

Füllen der Lampen, dem Abkochen des Trinkwassers und der wöchentlichen Wäsche zu tun. Auch braucht er abends nicht mehr die Hühner zu zählen und die Suche nach etwa gelegten Eiern zu leiten. Ich selber werde der Aufsicht über die Küche und das Geschirr enthoben. Langsam wandern die Haufen, in denen wir Grabungen veranstalteten, in die aus übereinandergestellten Kisten hergerichteten Schränke.

Vorerst freilich hat Fräulein Kottmann auf Wochen hinaus so viel im Hause und mit den weißen Kranken zu tun, daß sie für das Spital noch kaum in Betracht kommt. Dafür ist Joseph endlich angekommen und hat seinen Dienst angetreten. Wie lange er bleiben wird, weiß ich nicht. Das Holzhandelfieber hat auch ihn ergriffen. Er und einige Freunde haben eine große Fläche Wald gepachtet, um sie mit auf ein Jahr angeworbenen Tagelöhnern auszubeuten. Ich muß ihm versprechen, daß er jederzeit Urlaub haben kann, um nach seinen Angelegenheiten zu sehen. Vorerst vertritt ihn seine Frau als Aufseher der Arbeiter auf dem Holzplatz, der drei Tagereisen von hier entfernt ist. Ich fürchte aber, daß Joseph, wie so viele Eingeborene, die sich im Holzhandel selbständig machen, Geld verlieren statt gewinnen wird.

Große Freude macht mir, daß einige der wenigen eingeborenen Holzhändler, die es zu etwas gebracht, mir auf Anregung von Emil Ogouma ansehnliche Gaben für den Betrieb des Spitals geben. Sie wollen womöglich die Summe beisteuern, die die Herreise von Fräulein Kottmann kostet. Aber ich weiß nicht, ob so viel zusammenkommen wird.

In der Zeit nach Pfingsten fühle ich mich eine Reihe von Wochen nicht wohl. Ich muß mich zur Arbeit schleppen. Kaum bin ich mittags und abends vom Spital wieder heraufgekommen, muß ich mich hinlegen. Ich bin nicht einmal fähig, die notwendigen Bestellungen an Medikamenten und Verbandstoffen zu erledigen. Die Hauptschuld an diesem Unwohlsein trägt wohl das Dach des Spitals. Ich hatte nicht beachtet, daß es wieder einige kleine Löcher aufweist, und werde mir so wohl einige kleine Sonnenstiche geholt haben. Ein geflicktes Blätterdach sollte man eigentlich jeden Tag prüfen. Der geringste Windstoß genügt, um die morschen Blätterziegel so gegeneinander zu verschieben, daß ein neues Loch entsteht.

Zu einem guten Teil rührt das Unwohlsein aber wohl auch von der Anstrengung im Spital und den Aufregungen beim Bauen her. Ich habe mir mein Bauprogramm zu weit gesteckt, indem ich darin auch das Brennen von Backsteinen vorsah. Zu dieser Arbeit hat man in Lambarene nur einige Wochen. Gedeckte Räume zum Trocknen der Backsteine gibt es nicht. Also muß man sie auf dem Boden in der Sonne trocknen. Dazu taugen nur Juli und August, wo es hier gewöhnlich nicht regnet. Herrlicher Lehm ist auf der Station in Menge vorhanden, ebenso ein, wenn auch etwas zerfallener Ofen zum Brennen der Backsteine. Auch eine große flache Tenne zum Trocknen der Backsteine ist unten beim Sumpf, wo der Lehm gewonnen wird, vor Zeiten eingeebnet worden. Nun ist sie, da sie seit Jahren nicht benutzt wurde, fast wieder zur Wildnis geworden.

Backsteine wären mir erwünscht, um meine von Europa erwartete Wellblechbaracke auf einen Backsteinunterbau setzen zu können, damit in den Zimmern mehr Luft ist und ich einige Räume zu ebener Erde gewinne, zum Aufbewahren von Kisten, Vorräten und Geräten. Dann möchte ich auch einige der noch geplanten Gebäude des Spitals mit festen Wänden statt nur mit Wänden aus Bambusrohr und Raphiablättern aufführen.

Vergebens suche ich einen Eingeborenen zu finden, der das Herstellen der Backsteine übernehmen will. Es sind manche da, die es bei Herrn Morel oder auf der katholischen Mission gelernt haben. Aber alle gehen sie nach Gold im Holzhandel. Ein einziger bietet sich mir an, verlangt aber dafür, zugleich als Heilgehilfe angestellt zu werden. Also mache ich mich selbst ans Werk, obwohl ich von Ziegelbrennen nicht viel mehr weiß, als was davon in der Bibel steht, da Pharao das Volk bedrückte. Und daß man das Volk bedrücken muß, um

Backsteine zu bekommen, erfahre ich zur Genüge, wo ich selber zum Pharao werde. Zuerst heißt es, die Tenne zum Trocknen der Backsteine freilegen. Was im Spital auf Füßen stehen kann, wird morgens aufgeboten und mit Beil oder Buschmesser an den Sumpf geschickt, Männer wie Weiber. Die Arbeit eilt, denn eigentlich stehen wir schon im Beginn der trockenen Jahreszeit, obwohl noch fast jeden Abend Gewitter niedergehen. Viele suchen sich der Arbeit zu entziehen, indem sie morgens angeblich auf der Fischerei sind. Daß ich Backsteine machen will, läßt einen Eifer zum Fischen entbrennen, als sollte der ganze Ogowe ausgefischt werden. Nun muß ich gegen die Widerspenstigen vorgehen. Sie bekommen die Essensration gekürzt, oder ihre in Heilung befindlichen Geschwüre werden nicht mehr verbunden. Jeden Abend halte ich eine Ansprache und lege ihnen vor, wie wenig Arbeit ich eigentlich von ihnen verlange und daß alles für das Spital ist. Auch Geschenke werden versprochen. Aber was an täglicher Arbeit geleistet wird, ist wenig. Ein Monat vergeht, bis nur die Tenne einigermaßen freigelegt ist. Dafür aber beginnt sich mein Ruf als guter Mann zu verflüchtigen. Ein Engländer hört zu, wie eine Negerfrau in Igendja, unterhalb N'Gômô, zu einer andern sagt: „Nein, geh nicht zum Doktor nach Lambarene hinauf. Er ist böse geworden und zwingt die Menschen zur Arbeit." Überall redet sich's herum: „Der Doktor bedrückt das Volk, um Backsteine zu bekommen."

Vier- oder fünfmal am Tage eile ich an den Sumpf hinaus, um die Arbeiter anzuspornen. Nachts träume ich von Backsteinen. Aber Pharao und Fronvogt in einer Person zu sein, geht über die Kräfte eines Menschen. Zuletzt muß ich mein Beginnen aufgeben und Backsteine Backsteine sein lassen.

Die Kunde, daß ich aufhöre, Pharao zu sein, wird im Spital mit hörbarer Befriedigung aufgenommen. Melancholisch singe ich mir den Vers aus dem schönen Choral „Beschwertes Herz, leg ab die Sorgen" vor, in dem es heißt:

> „Ach, laß Ägyptens eitles Wesen,
> Die Stoppeln und die Ziegel stehn!"

Und wie wohl tue ich daran, dem schönen Vers zu folgen! Das Wetter hätte mein Unternehmen sowieso vereitelt. Die trockene Jahreszeit kommt nicht. Im Juli regnet es noch immer. Durch einen solchen Regen verliert die katholische Mission in N'Djole in wenigen Nächten über dreißigtausend Backsteine, die am Trocknen waren.

Daß die trockene Jahreszeit ausbleibt, ist etwas, was die Eingeborenen bisher nicht erlebt haben und wovon sie die alten Leute auch nicht erzählen hörten. Manchen Christen bereitet dies Anstoß. Da die Sprache der Eingeborenen keine Ausdrücke für Sommer und Winter bietet, haben die Missionare im ersten Buche Mosis die Verheißung Gottes nach der Sintflut übersetzt: „Solange die Erde steht, soll nicht aufhören Regenzeit und trockene Jahreszeit, Tag und Nacht!" Jetzt sollen sie darüber Auskunft geben, wie es zugeht, daß es sich mit dem Wetter anders ereignet, als in der Schrift steht.

Im Juli werden wir durch den Tod des neuangekommenen Missionars Abrezol in tiefe Trauer versetzt. Er ertrinkt morgens bei Sonnenaufgang beim Baden in einem See bei N'Gômô vor den Augen von Missionar Herrmann und Noël, mit denen er eine Fahrt von einigen Tagen unternommen hat. Seine Leiche wird gefunden. Aber sie kann nicht nach Lambarene gebracht werden, da das Motorboot durch das Auffahren auf eine Sandbank defekt wird. So wird er auf dem Hügel von N'Gômô bestattet. Er war ein lieber und außerordentlich tüchtiger Mensch, der unser aller Herzen gewonnen hatte.

Anfangs August kommen Herr und Frau Morel auf vierzehn Tage hierher, um von hier die Heimreise nach dem Elsaß anzutreten. Sie müssen den Flußdampfer hier nehmen, da es nicht sicher ist, ob er bei etwa eintretendem niederem Wasserstand bis Samkita hinauffährt.

In der Nähe der Mädchenschule erlegt Herr Morel eine Riesenschlange (Boa constrictor). Da sie mit meinem Gewehr geschossen ist, bekomme ich, wie sich's gebührt, die Hälfte für das Spital. Leider ist sie nur fünfeinhalb Meter lang und nicht besonders fett. Bei der Verteilung des Leckerbissens kommt es fast zu einer Schlägerei unter den Kranken.

In der vorletzten Augustwoche, gleichzeitig mit Herrn Morel, fährt Noël ab. Ich weiß nicht, wie ich diesem lieben Gefährten für alle Güte und alle Hilfe, die er mir angedeihen ließ, danken soll. Seine virtuos gehandhabte Schreibmaschine wird meiner vom Schreibkrampf ermüdeten Hand sehr fehlen. Ihm selber aber wird es in den Vorlesungen zu Oxford wie ein Traum vorkommen, daß er in Afrika Doktorsgehilfe, Zimmermann, Aufseher, Totengräber und noch etliches mehr war.

Ständig hat das Doktorhäuschen weiße Kranke zu beherbergen. Einige bleiben eine Reihe von Wochen. Kurz nach Noëls Weggang sind einmal vier miteinander da. Diejenigen, die nach monatelangem Kampieren auf dem Holzplatz zu mir kommen, können es zuerst gar nicht fassen, daß sie nun in einem richtigen, sauberen Bett liegen. Eine Holzhändlersdame, die die Einsamkeit des Urwaldes mit ihrem Manne teilte, muß sich erst wieder daran gewöhnen, mehrere Weiße beieinander zu sehen.

Nun habe ich auch meinen ständigen Koch. Es ist Alois, der auch schon während meines ersten Aufenthalts bei mir in Dienst war. Er versteht es vorzüglich, von Fräulein Kottmann angeleitet, den Kranken mit bescheidenen Mitteln liebliche und abwechslungsreiche Kost zu bereiten. Einer meiner Patienten hatte, bei schwerem Fieber, mehrere Wochen nichts zu essen als Konserven in Büchsen, die er sich nicht einmal wärmen konnte.

Die weißen Kranken rekrutieren sich aus allen Nationalitäten. In mein kleines Fremdenbuch haben sich schon Engländer, Schweizer, Holländer, Schweden, Kanadier und Amerikaner eingetragen. Die meisten kommen wegen Fußgeschwüren oder Malaria. Auch zwei Fälle des gefürchteten Schwarzwasserfiebers lagen bei mir, ein sehr schwerer und ein gerade im Beginn befindlicher. Das Schwarzwasserfieber entsteht dadurch, daß bei Malaria unter noch nicht ganz aufgeklärten Bedingungen eine massenhafte Auflösung von roten Blutkörperchen eintritt. Die Überreste derselben verstopfen die Nieren und bringen so den Patienten in Todesgefahr. Der rote Farbstoff der zerfallenen Blutkörperchen erscheint im Urin und färbt ihn dunkelrot. Daher der Name Schwarzwasserfieber. Die Behandlung besteht darin, daß man dem Zerfall der roten Blutkörperchen ein Ende zu setzen sucht. Am sichersten erreicht man dies, indem man alle acht Stunden einen halben Liter dreiprozentiger, steriler Kochsalzlösung unter die Haut injiziert. Dies ist sehr schmerzhaft, wirkt aber, wenn es noch einigermaßen rechtzeitig unternommen wurde, in der Regel rettend. Um die Nierentätigkeit anzuregen, gibt man Cyanquecksilber (Hydrargyrum oxycyanutum) in einprozentiger Lösung intravenös, ein bis zwei Kubikzentimeter im Tag.

Ein Amerikaner mit zahlreichen tiefliegenden Muskelabszessen gibt mir viel zu tun. Kaum hat man einen eröffnet, kündigt sich schon ein neuer an. Bisher hat mein Messer acht aufgesucht. Wie lange der durch einen fünfjährigen Tropenaufenthalt und durch aufreibende Tätigkeit auf dem Holzplatz geschwächte Mann diese Eiterungen und das damit gegebene andauernde Fieber aushalten wird, weiß ich nicht.

Solche in der Mehrzahl auftretende Abszesse sind hier sehr häufig, bei Weißen wie bei Schwarzen. Das Schwarzwasserfieber aber kommt bei den Schwarzen nicht vor.

Ein Matrose, der es auch mit dem Holzhandel versuchen wollte, wird, nach einem Aufenthalt von nur wenigen Wochen, mit einer Pneumonie, schon röchelnd, zu mir gebracht und stirbt alsbald. Auf seiner Brust sind die Worte „Kein Glück" eintätowiert.

Im Negerspital unten liegt ein Mann, dem auf dem Holzplatz der rechte Oberschenkelknochen durch einen Ast eines fallenden Baumes in drei Stücke gebrochen wurde. Geduldig fügt er sich darein, daß er mit ausgestrecktem und mit schwerem Gewicht belasteten Bein ruhig liegen muß, und wird wohl geheilt werden. Bei früheren Patienten mit Oberschenkelbrüchen mußte ich von dieser die beste Heilung versprechenden

Methode absehen und ihnen das Bein eingipsen, weil sie nicht stille liegen wollten.

Zur Zeit wird jeden Morgen, beim Verbinden, „der Leopardenmensch" aufgerufen. Es ist ein stiller junger Mann, der während des Schlafes in seiner Hütte vom Leoparden überfallen wurde. Dieser schlug ihm seine Pranke in den rechten Oberarm, ließ aber von ihm ab, als die Leute mit Licht herbeieilten. Da die Schwarzen die furchtbare Infektion, die die Verletzung durch Leopardenkrallen mit sich bringt, aus Erfahrung kennen, schafften sie den Überfallenen sogleich ins Kanoe, um ihn zu mir zu bringen. Als sie nach zwölf Stunden ankamen, war der Oberarm bereits prall geschwollen und äußerst schmerzhaft. Auch Fieber hatte sich schon eingestellt. Auf der Haut aber war von der Verletzung nichts zu sehen als vier kleine, wie mit Nadeln gemachte Stiche. Beim Eröffnen mit dem Messer zeigte sich dann, daß die Krallen das Muskelgewebe bis auf den Knochen zerfetzt hatten. Jetzt ist unser Leopardenmensch bald entlassungsfähig. Um sich nützlich zu machen, hilft er beim Bügeln mit.

Auch N'Gonde, der Schlafkranke, für den die Isolierzelle gebaut werden mußte, ist geheilt. Da er keine Heimat und keine Verwandten hat, will er dauernd als Faktotum in meinem Dienst bleiben. Seine Hauptbeschäftigung ist das Flicken von Dächern, worin er Meister ist. Kaum ging es ihm besser, so sagte er mir: „Du hast mich gesund gemacht, nun kauf mir auch eine Frau." Darauf ging ich nicht ein. Aber eine Sparbüchse zum Kaufe einer Frau bekommt er angelegt. Seit er Dachdecker geworden ist, will er nicht mehr N'Gonde, sondern Ambrosius heißen.

Frau Herrmann und Fräulein Arnoux haben die Freundlichkeit, zwischen qualmenden Feuern und brodelnden Kochtöpfen bei Sonnenuntergang die Abendandacht im Spital zu halten. Die Gespräche über gehörte Bibelstellen spinnen sich oft noch länger fort. So stellte ein Neger, noch einer von den wirklichen Wilden, Fräulein Arnoux zur Rede, daß sie vorgelesen hätte, niemand habe Gott je gesehen. Das sei falsch. Er habe einmal Gott abends im Walde zu Gesicht bekommen.

Soeben, abends über dem Schreiben, werde ich in ein auf dem andern Ufer gelegenes Negerdorf gerufen, um Belebungsversuche mit einem neugeborenen Kinde anzustellen. Ich finde es nackt und eiskalt, mit allerlei Kräutern bedeckt, in den Händen der alten Weiber. Nach anderthalb Stunden habe ich es so weit, daß es anfängt richtig zu atmen. Und gleich lasse ich mir von dem Vater fünfhundert Blätterziegel, lieferbar in vierzehn Tagen, als Geschenk versprechen. Meine Moralität beginnt wirklich zu sinken. Wie ich als Knabe jede auf Besuch kommende Tante fragte, ob sie mir auch etwas mitgebracht habe, so heische ich jetzt von jedem, der mit mir zu tun bekommt, Blätterziegel und dergleichen. Mein Traum ist, einmal ausgebaut zu haben und wieder nur Arzt sein zu dürfen, nicht mehr Blätterziegel erpressen zu brauchen, nicht mehr Fronvogt zu sein, der die Leute von den Kochtöpfen zur Arbeit aufjagt und alle ihre Schliche, sich dem Fronen zu entziehen, kennen und zunichte machen muß. Aber bis dahin ist es noch lange.

Die Missionare von Talagouga waren so gut, mir in einigen Dörfern dort oben, wo noch nicht so viel Holzhandel ist, 3000 Blätterziegel heften zu lassen. Über 100 Kilometer stromaufwärts muß ich also mein Kanoe senden, um mir das Material für meine Dächer zu holen! Zur Hinauffahrt allein brauchen die Leute an die drei Tage. Und jedesmal faßt das Kanoe nur 600–800 Blätterziegel.

Was ich mir so mit großer Mühe und großen Kosten verschaffe, reicht nur für die Flickarbeit und das Decken der neuen Krankenbaracke aus. Auf die so dringende totale Erneuerung des Daches meines Wohnhauses und der Wellblechbaracke mit dem Untersuchungszimmer und dem Operationssaal muß ich verzichten. Mit großer Sorge sehe ich deshalb der Tornadozeit entgegen.

Immer stärker setzt der Regen ein. Daß wir keine trockene Jahreszeit hatten, ist ein großes Unglück. Dadurch ist es den Leuten unmöglich geworden, Wald auszuroden und abzubrennen und so neues Land mit Bananen anzupflanzen. Wir gehen also einem Hungerjahr entgegen.

Weil die Wasser ständig hoch blieben, haben die Eingeborenen auch keine großen Fischzüge machen können. Nirgends finden sich Vorräte von geräucherten Fischen, die sonst auf Monate hinaus den Fleischbedarf deckten. Die katholische Mission, die gewöhnlich mit allem gut versehen ist, hat kaum 500 kleine Karpfen für ihre Schulkinder zusammengebracht. Tapfer macht sich deshalb der Pater Superior, ein vorzüglicher Schütze, auf die Nilpferdjagd. Mit zwölf Knaben fährt er tageweit auf die Suche nach diesem Wild. Da heißt es, im Regen auf den Sandbänken oder am Sumpf nächtigen. Vielleicht müssen sie nach zwei oder drei Wochen ohne Beute heimfahren; vielleicht auch haben sie das große Kanoe zum Sinken mit geräuchertem Nilpferdfleisch gefüllt. Dann ist der Schulbetrieb für den Winter gesichert. Ein Negerknabe, der zwei- oder dreimal in der Woche Fleisch bekommt, ist willig und lernbegierig; ohne Fleisch ist er ein verdrossenes Geschöpf, das, auch wenn man es mit Reis vollstopft, immer über Hunger klagt. Die Urwaldbewohner haben einen geradezu krankhaften Fleischhunger.

Bei meinem Erzählen fürchte ich, viel zuviel von der Afrikaprosa geredet zu haben. Aber worin man ertrinkt, des geht der Mund über.

Wer in solchen afrikanischen Verhältnissen Gutes tun will, muß darum kämpfen, daß er von diesen kleinen und großen Alltagsschwierigkeiten nicht aufgerieben wird und die volle Freudigkeit zum Wirken behält. Darum sollen die Freunde in der Ferne auch etwas von der Afrikaprosa miterleben. Sie können dann ermessen, wie gut es tut, hier Liebe aus der Ferne zu erfahren.

Ich kann nicht schließen, ohne allen denen aus tiefem Herzen zu danken, die durch ihre lieben Gaben an meinem Werke beteiligt sind. Die Afrikaarbeit und die finanzielle Sorge miteinander zu tragen, ginge über meine Kräfte. Aus der Ferne drücke ich denen, die durch ihre lieben Gaben die finanzielle Last mit auf ihre Schultern nehmen, ergriffen die Hand und versichere sie, daß ich als ihr Beauftragter mit ihren Mitteln viel Gutes zu schaffen vermag. Wie froh bin ich, daß ich es im Vertrauen auf die Freunde meines Werkes wagen durfte, die Vorräte an Medikamenten und Verbandstoffen kommen zu lassen und mir Bretter und Wellblech zu beschaffen, um in Zukunft nicht mehr so viel Not mit undauerhaften Bauten und der Beschaffung von undauerhaftem Material zu haben. Wie glücklich bin ich auch, daß ich genügend Reis für meine Kranken kaufen kann! Was das Gute, das ich hier mit den mir zur Verfügung gestellten Mitteln ausrichten kann, für die Menschen dieser Gegend bedeutet, läßt sich in Worten kaum ausdrücken. Der Leben, die in diesen Monaten gerettet werden konnten, sind manche, und der Schmerzen und Qualen, die behoben wurden, gar viele. Die Eingeborenen wissen, daß das Spital, in dem sie so viel Gutes erfahren, von Menschen in Europa erhalten wird, die Barmherzigkeit an ihnen tun wollen. In schönen und auch in rührend ungeschickten Worten bin ich manches Mal gebeten worden, die Kunde ihrer tiefen Dankbarkeit über das Meer gelangen zu lassen.

III. SPÄTHERBST UND WEIHNACHTEN 1924

Das große Ereignis, seitdem ich den Freunden das erste Heft „Mitteilungen aus Lambarene" zusandte, ist, daß ich jetzt einen zweiten Arzt als Helfer neben mir habe. Schneller, als ich es zu hoffen wagte, hat sich dieser Traum erfüllt. Seit dem 19. Oktober teilt der elsässische Landsmann Viktor Neßmann meine Arbeit. Er ist der Sohn eines elsässischen Pfarrers, der seinerzeit mein Studiengenosse in Straßburg war.

Die Hilfe kam zur rechten Zeit. Keinen Tag weiter hätte ich mehr die doppelte Last des Baumeisters und des Arztes tragen können. Wie habe ich darunter gelitten, daß so viele Untersuchungen von Kranken, die hätten vertieft werden sollen, nicht durchgeführt wurden, weil Zeit und Kraft auch bei der höchsten Anspannung der Energie nicht reichen wollten! Und welche Unruhe bereitete es mir, daß ich bei den so energischen und gefährlichen Kuren, wie sie manche tropischen Krankheiten erheischen, den Kranken nicht genug nachgehen konnte. Wie oft hätte das Mikroskop und das Reagenzglas befragt werden sollen, und blieben unbefragt! In Chirurgie wurde auch nur das Allernotwendigste unternommen.

So bedeutet das Tuten des Flußdampfers, der mir den Landsmann bringen soll, die Erlösung aus der Pein unfreiwillig zu oberflächlich betriebener Medizin. Rasch werden die Kanoes bemannt. Mild geht der erste Regen der eben einsetzenden Regenzeit nieder, während wir am Flußdampfer anlegen und der junge Landsmann, der noch nicht weiß, was Müdigkeit ist, mir vom Deck herunter zuwinkt. „Jetzt sollen Sie ruhen und ich übernehme alle Arbeit", sagt er beim ersten Händedruck. „Gut", antworte ich, „dann beginnen Sie damit, daß Sie das Umladen Ihrer Koffer und Kisten in die Kanoes leiten." Dies ist schon eine Probe auf Tüchtigkeit für Afrika. Auf dem

Flußdampfer liegen Kisten und Koffer durcheinander. Jeder muß sich das Seinige aus den verschiedenen Haufen zusammensuchen und auf seine Schwarzen achten, daß sie nichts davon stehenlassen, keine fremden Kisten und Koffer mit verladen, nichts in den Fluß fallen lassen und die Frachtstücke in dem Kanoe gut verteilen. Der neue Doktor, von den Schwarzen ob seiner Jugendlichkeit bestaunt, zeigt sich als umsichtiger Verlader. Auf der Heimfahrt bringe ich fast kein Wort heraus, so erdrückt bin ich durch die Tatsache, den ärztlichen Helfer neben mir zu haben. Wie eine Wonne erlebe ich es, mir eingestehen zu dürfen, wie müde ich bin.

Was sich beim Umladen zeigte, wird in den nächsten Tagen fort und fort bestätigt. Der neue Doktor ist für Afrika wie geschaffen. Er ist praktisch veranlagt, versteht zu organisieren und weiß die Eingeborenen zu nehmen. Auch besitzt er Humor, ohne welchen man hier nicht auskommt. Bei den Schwarzen heißt er, trotz seiner stämmigen Gestalt, der „kleine Doktor". „Klein" bedeutet nämlich nach dem hiesigen Sprachgebrauch „jung".

Rasch lebt er sich in den ärztlichen Betrieb ein. In den ersten Wochen freilich fällt er zuweilen noch aus der Rolle. Hat er sich für den Eintrag in das Krankenbuch den ganz unmöglichen Namen eines ganz Wilden mühsam zusammenbuchstabiert, so ist er imstande, in aller Unschuld, aus europäischer Gewohnheit noch nach dem Taufnamen zu fragen.

Mitte November verlieren wir den getreuen zweiten Heilgehilfen G'Mba durch den Tod. An Allerheiligen und Allerseelen auf Urlaub bei Verwandten weilend, kommt er auf der Heimfahrt in heftigen Regen und erkältet sich. Alsbald bricht ein Fieber aus, dessen wir mit allen Mitteln nicht Herr werden. Er selber gibt sich von der Schwere der Erkrankung Rechenschaft. Nach zwei Wochen hat das Fieber seine Lebenskraft gebrochen. Die letzten Tage verbringt er im Coma. Die angstvoll flehenden Augen, die er auf uns richtete, wenn wir uns mit ihm beschäftigten, kann ich nie vergessen. Sein Tod geht uns allen sehr nahe.

G'Mba war aus innerem Beruf Heilgehilfe geworden. Er liebte seine Arbeit. Nur war er nicht dazu zu bringen, auch die Sorge für Ordnung und Reinlichkeit im Spital unter seine Pflichten zu rechnen. Er konnte es ruhig mit ansehen, daß die Weiber der Kranken die Küchenabfälle und den Unrat einfach vor die Baracken warfen, statt sie auf den Misthaufen zu tragen. Als ich ihn wieder einmal deswegen zur Rede stellte, antwortete er: „Was willst du, daß ich ihnen sage? Meine eigene Frau gehorcht mir nicht. Wie sollen da andere Weiber auf mich hören?"

Auch Joseph mag sich nicht mit den nichtmedizinischen Angelegenheiten des Spitalbetriebs abgeben, weil damit Palaver mit den Kranken und ihren Angehörigen verbunden sind. Ich kann es ihm eigentlich nicht verargen. Es ist hier sehr schwer, daß ein Eingeborener, in welcher Stellung er auch sei, sich Gehorsam bei seinesgleichen verschaffe. Auch auf den Holzplätzen wird die Arbeit dadurch außerordentlich erschwert, daß es nicht gelingt, schwarze Aufseher zu finden, die Autorität haben. Also müssen der neue Doktor und ich die Aufseherdienste im Spital und um es herum übernehmen und gar viel Zeit auf kleine und große Palaver verwenden, die eigentlich Sache unseres Personals wären. Es kommt vor, daß der neue Doktor, der mich in dieser Hinsicht entlastet, wo er nur kann, zwei Stunden mit einer Untersuchung zubringen muß, welches Weib es war, das die Küchenabfälle auf den Weg warf. Auch als Untersuchungsrichter bewährt er sich.

An G'Mbas Stelle tritt Dominik, einer unserer Genesenden, der sich ziemlich anstellig zeigt. Freilich, er kann weder lesen noch schreiben. Gerne möchte ich noch zwei oder drei weitere Heilgehilfen einstellen. Trotz der guten Löhne und der guten Verpflegung, die ich biete, finde ich keine. Eine Anstellung, bei der man oft nicht die volle Mittagspause hat und unter Umständen bis weit in die Nacht hinein arbeiten muß, ist nicht nach dem Geschmack der hiesigen Schwarzen. So müssen wir viele Arbeit tun, die wir gut auf eingeborene Heilgehilfen abladen könnten, und dafür als Ärzte gar manches versäumen.

Glücklicherweise beherrscht Joseph die Technik der intravenösen Einspritzungen, die in der Behandlung der tropischen
Krankheiten eine so große Rolle spielen. Unter gebührender
Beaufsichtigung kann man ihm diese Arbeit fast ganz überlassen. Sie nimmt oft seinen ganzen Morgen in Anspruch.

Die Anwesenheit des neuen Doktors erlaubt mir, wenn es
sein muß, fast den ganzen Tag den Bauarbeiten zu widmen.
Zuerst werden die beiden schon vorhandenen Baracken mit
Betten ausgestattet. Bisher hatte ich genug damit zu tun gehabt,
Dächer zu decken und Dächer zu flicken. Zuerst gilt es, sich
die Hölzer für einige Betten, womit natürlich Pritschen gemeint sind, zu beschaffen. Zu diesem Zwecke zieht der neue
Doktor eines Morgens mit einem Trupp in den Wald hinaus.
Es ist seine erste Fahrt als Holzhauer. Fast passiert es ihm dabei, daß er, von den Schwarzen falsch beraten, einen Kakao-
baum zur Strecke bringt, der von einer alten Pflanzung her
noch in einer Lichtung steht. Ich selber zimmere die Betten
mit Minköe, einem 17jährigen Eingeborenen aus Samkita, den
mir Frau Missionar Morel ganz elend, mit einem großen Fußgeschwür behaftet, zu Beginn des Sommers zugesandt hatte.
Durch Neosalvarsan geheilt, macht er sich nun nützlich, wo er
kann. Sein Plan ist, später als Heilgehilfe bei mir einzutreten.
Gegen Abend kommt dann gewöhnlich der neue Doktor dazu,
um sich im Hantieren mit Hammer und Säge von der Medizin
auszuruhen.

Bei meinem ersten Aufenthalt hatte ich den Eingeborenen
die Herstellung der Betten überlassen. Dies mag ich diesmal
nicht wieder tun. Was sie sich selber zurechtzimmern, bricht
nach kurzer Zeit zusammen, weil sie dazu aus Bequemlichkeit
Weichholz nehmen, in das die Termiten gehen. Man kommt
dann aus der Flickerei nicht heraus, wie ich es damals genugsam
erfahren habe.

Betten, wie ich sie brauche, müssen aus gutem Hartholz
hergestellt sein; auch sollen sie von ihren in der Erde stehen-

den Pfosten heruntergehoben, in die Sonne gebracht und gereinigt werden können; ferner müssen sie in zwei Reihen übereinander gelegt werden, wie die Lager eines Schlafwagens, damit der Raum unter den Dächern vollauf ausgenützt wird. Diese dauerhaften und zweckmäßigen Betten muß ich selber zimmern. Die Gestelle werden aus Hartholzknüppeln zusammengenagelt und ruhen auf Hartholzpfosten, die in der Erde stehen. Die Liegefläche wird aus langen, schmalen Bambusstreifen hergestellt, die mit Lianen nebeneinander auf eine Lage von gleichmäßig dicken, regelmäßigen Knüppeln aufgebunden werden.

Am einfachsten wäre es, wenn ich Pritschen aus Brettern anfertigte. Aber ich habe keine Bretter und habe auch keine Aussicht, solche in der nächsten Zeit in genügender Anzahl beschaffen zu können. So muß ich mit Knüppeln und mit Bambus bauen, was mich teurer kommt als die teuersten Bretter und mir dazu viel mehr Arbeit verursacht. Wie viele Tage gehen mit der Beschaffung des Materials verloren! Wie viele Essensrationen und Geschenke muß ich an die Leute vergeben, die unter der Führung Minköes die vielen Fahrten in die Wälder und Sümpfe unternehmen! Für Bambus muß ich die Kanoes in einen Sumpf etwa 20 Kilometer stromaufwärts senden. Einigermaßen gerade gewachsenes Hartholz, wie ich es brauche, muß mühsam im Innern des Waldes zusammengesucht und oft sehr weit durch Gestrüpp getragen werden, durch das man sich erst mit Axt und Buschmesser einen Weg bahnen muß.

Einmal schickte ich, unter Aufwendung bedeutender Geschenke, die Rudermannschaft eines bei mir zur Pflege befindlichen Europäers nach Hölzern für die Betten aus. Die Leute, die mir für drei Tage zur Verfügung gestellt sind, scheinen eifrig. Sie kommen spät in der Nacht zurück und bringen jedesmal ein Kanoe voll Holz heim. Da wir gerade sehr viel zu tun haben, komme ich nicht dazu, ihre Lieferungen auch auf Qualität zu prüfen. Nachdem sie mit ihrem Herrn fort sind, stellt sich heraus, daß sie lauter ganz unbrauchbares Weichholz gebracht haben wie man davon am Ufer des Flusses, hundert

Meter unterhalb des Spitals, in einer halben Stunde ein ganzes
Kanoe voll schlagen kann. Nur wußten sie nicht, daß in einigen
Wochen ihr Herr zu einer Nachkur zurückkehren würde. Als
sie mir dann wieder in die Hände kamen, bezahlten sie es mit
manchem Schweißtropfen, daß sie es mit dem Unterschiede
zwischen Weichholz und Hartholz in Ansehung meiner Person
zu leicht genommen hatten.

Endlich sind ungefähr 40 Betten fertig. Nun muß eine ver-
schließbare Hütte hergestellt werden für die Aufbewahrung
der Paddeln und der Arbeitsgeräte. Dringend bedürfen wir
auch eines Raumes zum Lagern der Bananen und der Reissäcke und eines mit Schäften versehenen großen Verschlages
zum Sortieren und Aufstapeln der Blechbüchsen, Fläschchen
und Flaschen, in denen wir den Kranken die Arzneien mitgeben.
Wie einfach wäre dies alles, wenn Bretter vorhanden wären!
Wie kompliziert und mühsam wird es, wenn man mit Knüppeln
arbeiten muß, die dazu noch erst von weit her geholt werden
müssen. Und welche Schwierigkeit, mit solchem Material die-
bessicher zu bauen!

Manchmal ruht die Arbeit tagelang, weil die Leute sich weigern, in den Wald zu fahren. Sie wollen sich von der vorhergehenden Expedition erst gründlich ausruhen. Oder es regnet.
Bei Regen bringt man die Schwarzen Äquatorialafrikas nicht
an die Arbeit. Ein Regentag gilt als ein von Gott geschenkter
Ruhetag. In dieser Abneigung vor dem Naßwerden haben sie
nicht unrecht. Da alle Eingeborenen hier mehr oder weniger
mit Malaria infiziert sind, kann die geringste Erkältung einen
Fieberanfall auslösen. Ich selber achte darauf, daß sie sowenig
wie möglich im Regen zu tun haben.

Nachdem diese Aufbewahrungsräume fertig sind, wird eine
neue, auf etwa dreißig Betten berechnete Krankenbaracke in
Angriff genommen. Die Zahl der Kranken nimmt ja ständig
zu. Jeden Abend gilt es, 60 bis 70 Kranken, die Begleiter nicht
eingerechnet, Unterkunft zu bieten. Auch müssen wir dazu
kommen, einen eigenen Raum von fünfzehn Betten für die
Operierten freizuhalten. Wenn wir einmal Chirurgie in dem

Umfange treiben, wie es hier erforderlich ist, geht es nicht mehr an, daß die Operierten wie bisher unter die andern Kranken gelegt werden, wo gerade Platz ist.

Während ich einen großen Teil meiner Zeit diesen Arbeiten opfere, ist Monenzalie, der mit seiner schlafkranken Frau gekommene Zimmermann, mit dem Aufstellen eines Häuschens von drei Zimmern beschäftigt. Dieses Häuschen, ein Pfahlbau mit Bretterboden und einem Dach aus Blätterziegeln, ist für den neuen Doktor und die weißen Kranken bestimmt. An diesen Bau werden alle Balken und Bretter gewandt, die ich mir beschaffen kann. Auf eindringliche Bitten bekomme ich von mehreren Seiten alte Balken geschenkt. Bretter sägt mir die Missionssägerei von N'Gômô von Zeit zu Zeit in kleinen Mengen. Nun heißt es aber noch das Holz hierher schaffen. Die Bretter von N'Gômô müssen über 40 Kilometer weit den Fluß heraufgebracht werden. Ein Teil der geschenkten Balken ist gar über 100 Kilometer weit heraufzuholen. Dabei ist der Verkehr auf dem Strome durch Hochwasser erschwert. Gar oft ruht die Arbeit an dem Häuschen des neuen Doktors und der weißen Kranken, weil keine Balken und Bretter mehr da sind. Oft auch wird sie unterbrochen, weil der schwarze Zimmermann sich seiner Frau, die bereits ganz gelähmt ist, widmen muß. Er pflegt sie mit rührender Geduld.

Der schwarze Zimmermann kennt sein Handwerk einigermaßen. Aber er kann das Metermaß nicht richtig benutzen, weil er mit den gedruckten Zahlen auf gespanntem Fuße lebt. Sag' ich ihm, daß er die eine Tür 10 Zentimeter breiter machen soll als die andere, so schaut er mich verlegen an und bittet mich, ihm mit der Hand auf dem Metermaß zu zeigen, wieviel das ungefähr ist. Also muß ich fort und fort auf dem Bau erscheinen und die Maße angeben und kontrollieren. Auch alle Probleme, die aus den verschiedenen Größen und Dicken der zusammengebettelten alten Balken entstehen, erfordern meine Gegenwart.

Bis das neue Häuschen fertig ist, wohnt der junge Doktor in dem geräumigen Hause von Herrn und Frau Missionar

18 A. S.

Herrmann. Dort finden auch die weißen Kranken freundliche Gastfreundschaft, wenn mein Häuschen nicht mehr
ausreicht.

Der Zustrom von schwarzen Kranken ist viel stärker als bei
meinem ersten Aufenthalt. Aber es sind ganz andere Kranke.
Zu meinem Leidwesen muß ich mir gestehen, daß mein Spital
nicht mehr dasselbe ist wie früher. Dies hängt mit Veränderun-
gen des wirtschaftlichen Lebens in der Ogowegegend zusammen.

Bei meinem ersten Aufenthalt gehörten die Leute, die meine
Hilfe in Anspruch nahmen, der weitaus größten Zahl nach der
alteingesessenen Bevölkerung des Landes an. Heute besteht
ein großer Teil meiner Kranken aus Wilden, die aus dem Innern zugezogen sind und in Trupps zu 50 und zu 100 auf den
Holzplätzen der Weißen im Urwald arbeiten. Es sind heimat-
lose Proletarier im traurigsten und zugleich im schlimmsten
Sinne des Wortes.

Diese Verschiebung der Bevölkerung aus dem Innern nach
der Gegend des unteren Ogowe schafft schwere soziale und
wirtschaftliche Probleme. An sich ist sie natürlich und wohl
nicht aufzuhalten. Die hiesige Bevölkerung ist im Abnehmen
begriffen und reicht bei weitem nicht aus, um dem Holzhandel
die Arbeitskräfte zu liefern, die zur Ausbeutung der Wälder
notwendig sind. Also muß Zuzug aus dem Innern einsetzen,
wenn Gewerbe und Handel hier nicht lahmgelegt werden sollen.
In der hiesigen Gegend machen, nach meiner Schätzung, die
eingewanderten Proletarier zur Zeit etwa ein Fünftel der Ge-
samtbevölkerung aus.

Bis zu welchem Grade aber ist es zulässig, daß das Innenland
zugunsten der Ogowewälder entvölkert und unser Gebiet
durch Proletariat belastet wird? Infolge der zu Ende des Krieges wütenden spanischen Grippe und der ebenfalls im Gefolge
des Krieges einhergehenden Hungersnöte – von den durch die
Schlafkrankheit verursachten Verheerungen gar nicht zu

reden – setzt nämlich von sich aus bereits eine Entvölkerung des Innenlandes ein. Der nun noch hinzukommende Weggang der vielen arbeitsfähigen Männer bedeutet für jene Gegenden nicht nur eine weitere Abnahme der Bevölkerung, sondern auch eine Besiegelung der Hungersnot. Wer soll den Wald ausroden und die Pflanzungen anlegen, wenn nur Weiber, Greise und Kinder in den Dörfern zurückbleiben? Für unsere Gegend bedeutet der Zuzug derselben Männer ebenfalls die Hungersnot. Nur mit der Gewinnung des Holzes beschäftigt, können sie keine Pflanzungen anlegen und zehren mit von den Nahrungsmitteln, die hier ohnehin schon in unzureichender Menge angebaut werden.

In Anbetracht dieser Umstände versucht man, den Zuzug aus dem Innern zu regeln und ihn zu beschränken, soweit es sich mit dem Arbeiterbedürfnis des Holzhandels verträgt. Es sind Verfügungen erlassen, daß sich immer nur ein bestimmter Teil der Männer eines Dorfes für die Arbeit in den Ogowewäldern anwerben lassen darf. Auch ist bestimmt, daß sie nicht dauernd hier bleiben dürfen. Sich hier niederzulassen, ist ihnen untersagt. Nach Ablauf ihres Arbeitsvertrags, also nach ein oder zwei Jahren, sollen sie in ihre Dörfer zurückkehren.

Das Anwerben der Arbeiter ist also nicht in das Belieben der europäischen Arbeitgeber gestellt, sondern bis ins kleinste reglementiert. Der Holzhändler, der Holzfäller braucht, muß ein Gesuch machen. Daraufhin bekommt er die Erlaubnis, sich ins Innere zu begeben und soundso viele Leute anzuwerben. Der Distrikt, in dem er Arbeiter suchen darf, und die Zeit, in der die Werbung zu erfolgen hat, sind ihm genau vorgeschrieben. Manchmal hat er vierhundert Kilometer durch Wälder, Steppen und Sümpfe zurückzulegen, bis er zu den ihm bestimmten Dörfern kommt. Ist die Arbeitszeit um, so darf er seine Leute nicht einfach ziehen lassen, sondern er muß den Trupp in die Heimat zurückführen. Mit diesen Maßnahmen hofft man das Übel einzudämmen.

Es gibt aber Kenner der Verhältnisse, und unter ihnen auch Regierungsbeamte, die eher dafür wären, den Leuten aus dem

Innern zu erlauben, sich mit Frau und Kind in den Ogowewäldern, die ihnen dauernd Verdienst bieten, anzusiedeln. Dann
würden die Einwohner sich selber Pflanzungen anlegen und
sich in jeder Hinsicht in viel günstigeren Lebensbedingungen
befinden, als es jetzt der Fall ist, wo sie hier heimatlos hausen.
Auch würden sie dann die von der eingeborenen Bevölkerung
angebauten Lebensmittel nicht in der Weise in Anspruch nehmen, wie sie es heute tun.

Ich selber bin geneigt, dieser Theorie zuzustimmen. Aber
ich verkenne nicht, daß sie einer wichtigen Tatsache nicht
Rechnung trägt. Alle zwei oder drei Jahre, wenn nicht früher,
ist ein Holzplatz, mag er auch noch so groß sein, so weit ausgebeutet, daß er aufgegeben werden muß. Das will nicht heißen, daß alles Holz im Umkreis bereits geschlagen ist, sondern
nur, daß kein Holz mehr da ist, das ins Wasser gerollt werden
kann. Eine leichte Erdwelle, von nur wenigen Metern Höhe,
kann das Ende der Ausbeutbarkeit der herrlichsten Holzbe-
stände bedeuten. Sie verhindert, daß die dahinter gelegenen
Stämme ins Wasser gebracht werden können, oder sie verursacht so viel Mehrarbeit, daß die Arbeit sich nicht mehr
lohnt. Also muß der Betrieb anderswohin, vielleicht fünfzig
oder hundert Kilometer weiter, verlegt werden, wo sich wieder
dichte Okoumebestände auf ebenem Boden und in der Nähe
des Wassers befinden. Dies würde die Arbeiter aber in die
Lage bringen, die angelegte Pflanzung gerade dann aufzugeben, wenn sie anfängt, Erträge zu liefern, was erst ein bis
zwei Jahre nach der Anlage der Fall ist. Auf dem neuen Holzplatz hinwiederum würden dann nicht nur die Holzhauer, sondern auch ihre Frauen und Kinder über ein Jahr lang von
Nahrungsmitteln des Landes leben, die der einheimischen Bevölkerung entzogen werden, oder sie müßten, wenn es solche
nicht gibt, mit Reis aus Europa oder Indien erhalten werden.

Einsichtige Europäer suchen das Nahrungsmittelproblem
für den Holzhandel so zu lösen, daß sie in der Nähe der für
später ausersehenen Holzplätze zum voraus Pflanzungen anlegen, die dann Ertrag liefern, wenn das Fällen der Bäume be-

ginnt. Dieses Pflanzen auf Zukunft verursacht aber große Kosten. Es muß zum voraus eine Mannschaft auf dem fernen Platze unterhalten werden, die zudem, weil von keinem Europäer beaufsichtigt, gewöhnlich nichts leistet. Oft macht die Leutenot den Plan sowieso zunichte, indem alle verfügbare Mannschaft für das Hauen und Rollen des Holzes gebraucht wird.

Bei dieser Gelegenheit möchte ich dem Irrtum entgegentreten, als ob die hiesigen Holzhändler mit dem Schweiße der von ihnen gedungenen Schwarzen alle reich würden. Wenn einer einmal großen Profit macht, verdankt er dies gewöhnlich einem Glücksfall, der sich nicht sobald wiederholen wird. So ist es zum Beispiel dieses Jahr der Fall bei einem jungen Manne, der sich ohne Vorkenntnisse im Holzhandel versucht. In seiner Ahnungslosigkeit unternimmt er die Ausbeutung herrlicher Bestände, die die Konkurrenten scheinbar übersehen haben. In Wirklichkeit aber sind es Waldungen, aus denen man nur bei abnorm hohen Wasserständen Holz herausschaffen kann. Er ist also auf dem besten Wege, alles Geld und alle Arbeit, die er für das Unternehmen aufwendet, zu verlieren. Da kommt das Herbsthochwasser diesmal in einer Höhe, wie seit langen Jahren nicht mehr. Das nach gewöhnlicher Schätzung umsonst gefällte Holz kann mit Leichtigkeit und ohne Kosten ins Wasser gebracht werden. Der Fluß selber kommt, es abzuholen. Mit schönem Gewinn kehrt der Unternehmer nun heim ..., um dann, vom Urwald verlockt, wiederzukommen und bei gleichem Wagnis, wenn die Wasser weniger gnädig sind, alles zu verlieren und in Schulden zu geraten.

Im allgemeinen also sind die Gewinne beim Holzgeschäft in Anbetracht der gewagten Gelder und des harten, entbehrungsreichen Lebens auf dem Holzplatz bescheiden zu nennen. Arbeitet gar einer mit Vorschüssen und ist demzufolge für den Verkauf seines Holzes zum voraus so gebunden, daß er nicht alle günstigen Konjunkturen ausnutzen kann, so muß er oft froh sein, am Ende des Jahres schuldenfrei dazustehen. Es lagen schon Europäer bei mir in Pflege, arbeitsame Menschen, die nicht imstande waren, dem Spital die Kosten für ihre Nahrung und die Medikamente zurückzuerstatten, sondern Aufschub bis zu besseren Zeiten erbitten mußten.

Von einer Ausbeutung der aus dem Innern zugezogenen Arbeiter durch die Holzhändler kann in dem Sinne wohl keine Rede sein, als ob diese in Ansehung ihrer Arbeit zu wenig erhielten. Was diese Primitiven leisten, steht manchmal in keinem Verhältnis zu den Kosten, die ihre Ernährung verursacht, und zu dem Lohne, der ihnen am Ende des Arbeitsvertrags ausgehändigt werden muß. In den ersten Monaten sind viele von ihnen fast ganz unbrauchbar, weil sie nie eine Axt in der Hand hatten und erst lernen müssen, mit diesem Ding umzugehen. Nirgends wohl, so merkwürdig es sich anhören mag, sind die Arbeitskräfte teurer im Verhältnis zur wirklich geleisteten Arbeit als im Urwald.

Und dennoch sind diese zu Holzarbeitern gewordenen Wilden arme Geschöpfe, auch wenn sie nicht im gewöhnlichen Sinne der Ausbeutung verfallen sind. Aus den Steppen und den Bergen des Innern kommend, ertragen sie das dumpfe Klima der Ogoweniederung nicht. Das Heimweh läßt sie nicht los. Der Urwald ist ihnen unheimlich; noch unheimlicher die Wasser, an die sie nicht gewöhnt sind. Des Schwimmens unkundig, sollen sie mit Baumstämmen in Seen und Flüssen hantieren. Manche lernen es bald. Viele aber schleppen das Grauen vor der Arbeit im Wasser von einem Tag in den andern. Auch die tägliche regelmäßige Arbeit demoralisiert diese Naturkinder. Die Sehnsucht nach den Zeiten des Nichtstuns, die in ihrem bisherigen Dasein die Perioden der Arbeit ablösten, zehrt an ihnen.

Dazu kommen die Störungen, die mit dem Wechsel der Nahrung gegeben sind. Schon auf der langen beschwerlichen Reise hierher haben sie darunter gelitten, Reis essen zu müssen. Viele von ihnen kommen deshalb schon halbkrank an. Auf dem Holzplatz wird, soweit meine Erfahrung reicht, im allgemeinen für ihre Ernährung getan, was nur immer getan werden kann. Es liegt ja im Interesse des Holzhändlers, seine Arbeiter möglichst bei Kräften zu erhalten. Ein Schwarzer, der nicht genug zu essen hat, verweigert die Arbeit, unbekümmert um die Folgen, die dies für ihn haben kann. Aber beim besten Willen vermag der Europäer seinen Leuten oft nichts anderes zu bieten als immer nur Reis und gesalzenen Fisch, die beiden Nahrungsmittel, die am leichtesten zu beschaffen und zu transportieren sind und sich am besten halten. Reis aber verträgt der Eingeborene Äquatorialafrikas im allgemeinen viel schlechter als andere Menschen. Woran dies eigentlich liegt, weiß ich nicht. Sicherlich hängt es zu einem Teil damit zusammen, daß er den Reis in der Eile nur halb gar kocht. Man hat versucht, dem abzuhelfen, indem man den Arbeitern den Reis fertig, mit Salz und Fett zubereitet, austeilte. Aber sie wollen es nicht so. Sie sind eben Wilde, die nur essen, was sie sich selber in ihren Kesselchen über einem rauchenden Feuer gekocht haben. So richtet die Reiskost große Verheerungen an. Die Leute magern ab und bekommen Magen- und Darmstörungen. Oft entwickelt sich Beri-Beri in gelinder oder schwerer Form. Dazu kommt Dysenterie (Ruhr). Niemals habe ich früher hier so viel Dysenterie gesehen wie jetzt. Wie sollte sich Dysenterie nicht unter Leuten verbreiten, die das Wasser der ersten besten Pfütze in der Nähe ihrer Hütte trinken, auch wenn aus allen Anzeichen klar ist, daß es durch die widerlichsten Abfälle verunreinigt ist! Und findet sich in der Nähe des Holzplatzes eine Quelle, so ist es unmöglich, dieselbe bei den Gewohnheiten dieser Wilden rein zu erhalten. Auch ist der Darm dieser Leute durch die Reisnahrung bald so geschädigt, daß er sich gegen Infektion mit Dysenterie gar nicht mehr richtig zur Wehr setzen kann.

Neben der Dysenterie lauert die Malaria auf sie. Im Innern, auf dem Hochland und in den Steppen, gibt es weder Moskitos noch Malaria. Auf dem Holzplatz aber setzen ihnen diese beiden Übel schlimm zu. Dazu kommen die Erkältungen. Die Wilden sind gegen die feuchte Luft des Urwaldes sehr empfindlich. Aber warum kaufen sie sich aus dem verdienten Gelde keine Moskitonetze und Decken? Weil Moskitonetze teuer

sind und sie als echte Wilde viel lieber Tabak und Tand erstehen als nützliche Dinge. Da sollten aber ihre Herren gehalten sein, ihnen Moskitonetze und Decken zu geben! Ganz
recht. Aber sie würden Decken und Moskitonetze alsbald gegen
Bananen, Tabak oder irgendeine Lappalie hingeben, die sie von
einem Schwarzen aus der Umgebung dafür angeboten bekämen, wie sie die Äxte und Buschmesser ihres Herrn um ein
Nichts in dieser Weise verhandeln und sie dann als verloren
melden.

Gar schlimm setzen diesen Arbeitern aus dem Innern auch
die Fußgeschwüre zu. Wenige Wochen nach ihrer Ankunft ist
manchmal ein gut Teil von ihnen aus diesem Grunde schon
arbeitsunfähig. In der Regel handelt es sich bei ihnen um das
übelste, das phagedänische, tropische Geschwür. Anfangs
achten sie nicht auf den kleinen eiternden Punkt. Nach Tagen
und Wochen aber hat sich daraus ein handgroßes Geschwür
entwickelt, das arge Schmerzen verursacht. In unreinen Hütten
beieinander hausend und aller Hygiene bar, stecken sie sich
natürlich gegenseitig an. Es kommt vor, daß mir von einem
Holzplatz auf einmal ein Dutzend Leute zugehen, bei denen
phagedänische Geschwüre im Anschluß an einen einzigen Fall
ausgebrochen sind.

So erklärt es sich, daß mein Spital, obwohl die Bevölkerung
des Ogowegebietes bedeutend abgenommen hat, dennoch einen
viel größeren Zustrom von Kranken aufweist als früher. Es
sind weniger Menschen, aber mehr Kranke im Lande, weil die
aus dem Innern zugezogenen Holzarbeiter dem ungewohnten
Klima, der neuen Lebensweise und den hier herrschenden
Krankheiten einen sehr hohen Tribut zahlen.

Welch trauriges Schauspiel, wenn solch abgemagerte Leute,
die sich durch ihre Züge gleich als Wilde aus dem Innern verraten,
mit ihrem armseligen Bündel bei uns abgesetzt werden! Mag
man es noch so oft erlebt haben: immer wird man aufs neue
durch dieses Elend bewegt. Ein unsägliches Mitleid mit den

armen Fremdlingen erfaßt einen. Und wie oft ist es hoffnungs-
loses Mitleid, da beim ersten Blick deutlich ist, daß der An-
kömmling hier seinen letzten Atemzug tun wird, fern von den
Seinen, die auf seine Rückkehr und auf das Geld, das er mitbringen soll, warten.

Diese ärmsten und zahlreichsten unserer Gäste nennen wir
„Bendjabis", weil ein großer Teil von ihnen dem Stamm der
Bendjabis angehört.

Aber die Bendjabis erschweren uns durch ihre Undiszipliniertheit den Betrieb in einem Maße, daß bei ihrem Anblick Mitleid und Verzweiflung in unseren Herzen einen wirren Knäuel
bilden. Darum sage ich, ich müsse mir zu meinem Leidwesen
gestehen, daß mein Spital nicht mehr dasselbe ist wie früher.

An Ordnung und Unterordnung verlangen wir im Spital nur
das Allernötigste. Wenn einer sich morgens zum Verbinden
und zum Empfang seines Medikaments oder seiner Einspritzung
von selber einstellt, nicht wieder wegläuft, wenn er nicht gleich
an die Reihe kommt, beim Tuten des Hornes, das zum Fassen
der Essensration ruft, nicht länger als eine halbe Stunde wartet,
um endlich mit seinem Teller zu erscheinen, jeglichen Abfall da
hintut, wo er hingehört, dem Missionar keine Hühner stiehlt,
sich von diesem nicht beim Plündern der Fruchtbäume und
der Bananenpflanzung der Missionsstation ertappen läßt, beim
Reinmachen im Spital am Samstagnachmittag ohne zu lautes
Gezeter mittut, als Ruderer einspringt, wenn ihn dies Los trifft
und sein Zustand es zuläßt, beim Ausladen von Kisten und
Reissäcken Hand mit anlegt, wenn es das Schicksal will, daß er
als dazu tauglich hinter seinem Kochtopf aufgestöbert wird:
wer solches und noch ein klein wenig mehr dergleichen tut,
der gilt uns als ein tugendhaftes Vernunftwesen, dem wir im
übrigen gerne vieles nachsehen.

Hinter diesem sicher bescheidenen Ideal bleiben die Bendjabis aber gar weit zurück. Als echte Wilde sind sie noch arg
weit jenseits von Gut und Böse. Die Gesetze, die das Leben
der Spitalinsassen regieren, sind ihnen Worte, die sie nichts
angehen. In diesem Verhalten können sie sich darauf berufen,

daß ihnen diese Gesetze nicht vorgetragen wurden. Schon lange hat die in „Zwischen Wasser und Urwald" geschilderte tägliche Verkündigung der Hausordnung aufgehört. Die Sprachenfrage hat sie unmöglich gemacht. Früher kam man im Spital mit der Galoa- und der Pahuinsprache aus. Jetzt werden in meinen Baracken mindestens zehn Sprachen gesprochen. Dominik, der Nachfolger G'Mbas, der einige Zeit im Innern weilte, kann sich in mehreren Sprachen unserer Wilden ausdrücken, aber nicht in allen. Es sind also Kranke hier, mit denen wir uns nicht verständlich machen können.

In tragischer Weise erleben wir dies an einem armen Wilden, der uns mit eingeklemmter Hernie gebracht wird. Wir müssen ihn auf den Operationstisch legen, ohne ihm erklären zu können, was wir mit ihm vorhaben. Während er angebunden wird, malt sich Entsetzen auf seinem Antlitz ab. Sicherlich glaubt er, Menschenfressern in die Hände gefallen zu sein. Dann macht die Narkose seiner Angst ein Ende. Beim Aufwachen, wo er die quälenden Schmerzen los ist, geht ein Verstehen über sein Gesicht. Dankbar lächelt er uns zu. Leider ist er nicht zu retten. In solcher Ergriffenheit wie an jenem Tage habe ich noch nie das Messer geführt.

Daß wir sie nur wenig mit Reden belästigen können, ist unsern Bendjabis eine Ermunterung, sich über alles, was einem Gaste des Spitals ansteht, hinwegzusetzen. Es fällt ihnen nicht ein, sich morgens zum Verbinden einzufinden. Man muß jeden herbeiholen. Kommt er dann nicht gleich an die Reihe, so verschwindet er, sowie man das Auge von ihm wendet, um sich wieder gelassen an sein Feuer zu setzen. Beim Aufruf der Leute, die zum Empfang des Medikaments oder einer Einspritzung erscheinen sollen, hört er seinen Namen, ohne sich deswegen auch nur zu rühren. Auch der wiederholte Aufruf läßt ihn kalt. Er kommt erst, wenn man ihn aufsucht und beim Arme nimmt.

Eines Morgens finde ich, daß zwei Wilde, die in einer fernen Ecke einer Baracke hausen, sich Feuer unter ihren kaum einen Meter über der Erde liegenden Pritschen gemacht haben. Daß jeder Kranke ein Feuerchen im Gang neben seinem Lager hat,

ist erlaubt. Ohne dieses kann der Schwarze, ob gesund oder
krank, nicht leben. Tagsüber kocht er darauf. Nachts ist die
Flamme ein Schutz gegen die feuchte Luft und der Rauch
gegen die Moskitos. Wir selber können es vor dem Qualm in
den Baracken nicht aushalten. Die Insassen aber fühlen sich
wohl dabei. So brennen ständig ein halb Hundert Feuer und
Feuerchen in meinen Baracken. Daß das Spital dabei nicht
schon längst in Flammen aufgegangen ist, ist ein Wunder, über
das mich zu verwundern ich aufgehört habe. Unter der Pritsche
aber sind mir die Feuer doch zu gefährlich. Also verbiete ich es
mittelst Dolmetscher und Gesten, reiße die Feuer heraus und
lasse sie an ihren Platz im Gang legen. Nach einer liebevollen
Vermahnung verabschiede ich mich. Zwei Stunden später
finde ich beide Feuer wieder unter den Pritschen. Es wiederholt sich dieselbe Szene in etwas lebhafteren Gesten und lau-
teren Tönen. Nun können sie es wirklich begriffen haben. Am
Nachmittag sind die Feuer wieder unter den Pritschen. Jetzt
werde ich pathetisch. Aber die beiden schauen ruhig an mir
vorüber ins Weite, als trüge ich einen Hymnus an die Sonne
vor. In der Nacht muß ich zufällig ins Spital herunter. Beide
Feuer brennen wieder unter den Pritschen ...

Gibt man einem Bendjabi einen Auftrag, so wartet man vergebens darauf, daß er durch einen Laut oder eine Bewegung
Verstehen oder Nichtverstehen, Zustimmung oder Weigerung
bekunde. Er verhält sich wie ein Stück Holz.

Der Begriff Eigentum existiert nicht für sie. Sie stehlen den
andern Spitalinsassen, was sie nur können. Dem Kranken, der
sich auf seinem Lager nicht rühren kann, nehmen sie das
Essen weg.

Dabei muß ich in steten Ängsten leben, daß diese Wilden
Anlaß zu Palavern mit der Missionsstation geben. Dieser Tage
führte mir Herr Missionar Herrmann zwei zu, die dabei betroffen wurden, wie sie Palmnüsse herabholten. Es sind arme
Dysenteriekranke, die sich kaum auf den Beinen halten können.
Wir würden es nicht wagen, ihnen beim samstäglichen Kehren
einen Besen in die Hand zu drücken. Aber auf den Palmbaum

sind sie hinaufgekommen und haben die mühsame Arbeit, die Palmfrucht mit dem Buschmesser aus den sie einklemmenden Zweigen herauszulösen, fertig gebracht. Solche und ähnliche Palaver regelt Herr Missionar Herrmann mit salomonischer Weisheit und christlicher Güte. Es handelt sich ja auch nicht um große Dinge. Die Missionare haben die Palmbäume nicht zu pflanzen brauchen, da diese hier wie Unkraut wachsen. Es gibt auch noch manche Palmnüsse, die auf der Pflanzung der Missionsstation an den Stämmen verfaulen, weil es an den Händen fehlt, sie herunterzuholen.

Aber was soll werden, wenn einmal ein Missionar die Station leitet, der tragisch begabt ist und nicht so lieb und humorvoll über die Dinge hinwegkommt wie Herr Missionar Herrmann?

Zu der Undiszipliniertheit unserer Wilden kommt noch ihre absolute Verständnislosigkeit für Werte. Bei der Nähe des Waldes ist es ihnen doch wahrlich nicht schwer gemacht, sich Holz für ihr Feuer zu suchen. Aus Bequemlichkeit aber brennen sie mit Vorliebe Balken und Bretter, die ich mir mit so großer Mühe und so großen Kosten beschaffe. Da ich keinen verschließbaren Raum dafür habe, weiß ich gar nicht, auf welche Weise ich mein kostbares Holz vor ihnen in Sicherheit bringen soll. So schleife ich meine Bretter bald hierhin bald dorthin. Eines Abends wird das Sonnendach meines Kanoes, das wir uns aus Latten und dünnen Brettern mühsam zusammenbastelten, abgenommen, weil eine Reparatur, bei der das Boot umgelegt werden muß, notwendig geworden ist. Am andern Morgen finde ich verkohlte Stücke davon in den Feuern der Schwarzen. Ein guter Nachmittag geht darauf, um das Fehlende wieder zuzuschneiden und einzupassen.

Dieses vergebliche, jeden Tag erneute Bemühen, dem Begriffe des Wertvollen Anerkennung zu verschaffen, ist eine Gedulds- und Nervenprobe, wie man sie sich schlimmer nicht denken kann.

Mit einem der Bendjabis erlebt der neue Doktor seine erste Verzweiflung in Afrika. Die Kranken mit Fußgeschwüren sind angewiesen, die Binden, die man ihnen morgens beim Ver-

bandwechsel abnimmt, im Laufe des Tages am Flusse auszu-
waschen und sie am anderen Morgen abzuliefern, damit sie
ausgekocht werden. Dies wird so gehalten, weil sich auch für
den besten Lohn niemand findet, der das Amt des Binden-
waschens übernehmen will. Ein neuer Bendjabi kommt zum
Verbinden, ohne die ausgewaschene Binde des vorherigen
Tages mitzubringen. Er hat sie einfach fortgeworfen. Lieb
läßt ihm der neue Doktor die Sache erklären, verweist ihn auf
das Beispiel der anderen und appelliert an seine edelsten Gefühle, damit er es mit der jetzt in seiner Hand befindlichen
Binde anders mache. Aber auch diese wird nicht ausgewaschen, sondern endet im Wasser. Einer dritten ergeht es
ebenso. Daß eine unserer starken, gesäumten Binden ein be-
trächtliches Stück Geld darstellt, und nicht der Bequemlichkeit
und der Laune eines Wilden geopfert werden darf, ist dem
Mann nicht klar zu machen. Für ihn ist sie ein Stück Tuch, das
er fallen läßt und von denen der Doktor noch viele andere hat,
die er nun herausgeben soll. Erst die mehrmals gesperrte
Essensration bewirkt eine Bekehrung.

Die Heilgehilfen bekommen es natürlich satt, sich jeden Tag
mit den Wilden wegen nichtgewaschener oder weggeworfener
Binden herumzustreiten. Sie finden es viel einfacher, neue aus
dem Vorrat herauszugeben. Vergeudung macht ihnen nicht
bange. Wir aber denken an die Mühe, die sich liebe Menschen
in Europa mit dem Beschaffen des alten Getüchs, aus dem die
Binden genäht sind, und mit dem Zusammennähen und dem
Säumen der Binden gegeben haben. Darum stempeln wir das
leichtfertige Umgehen mit den Binden zu einem der schwersten Spitalverbrechen und üben eine dementsprechende Aufsicht aus, die uns manche Stunde raubt und aus manchem
Tage, der sonst schön und friedlich verlaufen wäre, einen
Kampftag erster Ordnung macht.

Natürlich sind meine Hühner vor den Bendjabis nicht siche-
rer als die des Missionars. Gar manches von ihnen hat schon in
ihren Kochtöpfen geendet und ein nächtliches Festmahl abgegeben.

Damit beschreibe ich natürlich nur die schlimmsten unserer Bendjabis. Aber dieser schlimmsten sind viele. Sind sie erst einige Zeit da, so gewöhnen sie sich unter dem Beispiel der anderen etwas an Ordnung. Aber immer wieder kommen neue, mit denen man von vorne anfangen muß. Dies nimmt unsere Nerven mehr mit als die Arbeit. Die interessante Tatsache, daß wir unser Leben mit Wilden zubringen dürfen, kosten wir bis auf den Grund aus.

Wie oft wir aber auch über die Bendjabis stöhnen mögen – „Wie schön wäre Afrika ohne die Wilden", ist bei uns ein geflügeltes Wort –, so fühlen wir doch, wie ein Band sich zwischen ihnen und uns schlingt. Wenn der neue Doktor sich in wiederholter Entrüstung über sie ergeht, halte ich ihm vor, mit welchem Heimweh und welcher Liebe er in Europa an sie zurückdenken wird. Manche von ihnen sind ja ganz vertierte Menschen, nicht nur Wilde, sondern durch das Dasein fern von der Heimat und so manche schädigenden Einflüsse noch heruntergekommene Wilde. Sie empfinden wohl keine Dankbarkeit für das, was wir an ihnen tun. Nach ihrer Annahme handeln wir so, weil wir dabei sicherlich reich werden. So berichten sie es, wie ich von Ohrenzeugen weiß, bei der Heimkehr ihren Kameraden auf dem Holzplatz.

Andere aber werden uns anhänglich. Wie mancher Wilde, dem wir ein übles Andenken bewahrten und dem wir zutrauten, daß er, der reichlich empfangenen Schelte wegen, auch kein zu gutes an uns mitgenommen habe, kommt freudestrahlend auf uns zugelaufen, wenn uns eine Fahrt in die Gegend bringt, wo sein Holzplatz ist! Wie oft klingt beim Vorbeifahren eines Kanoes ein lieber Gruß aus den Reihen der rudernden Bendjabis zu uns herüber!

Vielleicht hätten wir im Spital weniger Schwierigkeiten mit unseren Wilden, wenn wir uns zuweilen zu ihnen um das Feuer setzen könnten und uns ihnen gegenüber auch als Menschen, nicht nur als Medizinmänner und Wächter der Spitalordnung geben könnten. Aber dazu fehlt die Zeit. Alle drei, wir Ärzte und Fräulein Kottmann, leiden ja überhaupt darunter, von der Arbeit so verschlungen zu werden, daß der Mensch in uns sich so gar nicht recht ausgeben kann. Aber wir vermögen nichts dawider. Vorläufig sind wir dazu verurteilt, den Kampf gegen Krankheit und Schmerz als ein aufreibendes Handwerk zu betreiben, bei dem alles andere zu kurz kommt. Wie sehr wir überlastet sind, ergibt sich daraus, daß wir das Ausgeben der Essensrationen noch gar oft dem Heilgehilfen Dominik überlassen, obwohl wir wissen, welche Mißbräuche in der Verwaltung des Reises und des gesalzenen Fisches einreißen können, wenn nicht eines von uns jedesmal zugegen ist. Vorerst gilt es alle Kraft auf die Pflege der Kranken zu vereinigen. Fräulein Kottmann ist durch den Haushalt und durch die viele Arbeit, welche die Beherbergung der weißen Kranken verursacht, derart in Anspruch genommen, daß sie uns im Spitale noch nicht so aushelfen kann, wie es wünschenswert wäre.

Zuweilen bekomme ich mit Schwarzen zu tun, die als Soldaten während des Krieges in Europa waren. Der sympathischste von ihnen ist mir einer vom Stamme der Pahuins, weil er sich keiner Heldentaten rühmt. Aus dem Krieg unverletzt heimgekehrt, ist er als Koch bei einem Weißen drei Stunden oberhalb Lambarene eingetreten. Beim Spielen mit dem Jagdgewehr seines Herrn wird ihm, durch seine Schuld sowohl wie durch die des dabei beteiligten Boys, das Ellbogengelenk des rechten Armes zerschmettert. In der Nacht wird er gebracht. Beim Scheine der Laterne mache ich die Blutstillung und räume die Splitter aus. Am andern Morgen erscheinen über zwanzig Angehörige von ihm und wollen ihn zum Bezirkshauptmann mitnehmen, um gleich die Schadenersatzklage anhängig zu machen. Sie vermuten, daß er sterben werde, und denken als echte Pahuins an das Geld, das für sie bei dem Fall herausspringen kann.

Natürlich lasse ich nicht zu, daß sie ihn mitnehmen. Daß ich einen Teil der Nacht für ihren Angehörigen geopfert habe, rührt sie nicht. Es kommt ihnen nicht in den Sinn, mir dafür zu danken. Wie ich es ihnen vorhalte, meinen sie, der Herr des Koches habe mir zu danken und mich zu entschädigen, weil sein Boy, für den er haftbar sei, an dem Unglück schuld trage. Dieses Auftreten scheint mir doch etwas zu rücksichtslos, sogar für Halbwilde, wie es die Pahuins sind. Also wird die ganze Sippe von mir dazu verurteilt, jeden Samstag nachmittag zwölf große Büschel Bananen – ein ganz empfindlicher Tribut! – als „Geschenk für den Doktor" abzuliefern, widrigenfalls mit dem Verbinden des Armes ausgesetzt würde, bis die Bananen eingetroffen sind.

Die Verletzung heilt trotz der Schwere über Erwarten gut, wenn auch langsam, wohl dank der sofort unternommenen Desinfektion mit Methylviolett. Der Arm kann vielleicht wieder einigermaßen gebrauchsfähig werden. Mehrmals versuchen die Verwandten mit der Lieferung des Tributs innezuhalten. Am Samstag nachmittag sitzt der Verwundete am Ufer und schaut sehnsüchtig den Fluß hinauf, ob sich das Kanoe nicht zeige. Seine Leute halten in einem Dorfe oberhalb des Spitals und senden Kundschaft aus, ob der Doktor auch diesmal fest bleibe. Kommen diese mit der Nachricht zurück, es scheine so, dann treffen wieder die Bananen ein, wenn auch manchmal erst im Laufe des Montags. Zum Glück erlaubt mir der gute Verlauf der Heilung, den Verband ohne Schaden zu belassen, bis die Pahuins sich besiegt geben.

Durch Fragen, die ich in bezug auf die Goldkrone in der Reihe seiner Zähne stelle, erfahre ich, daß der Patient in Europa und im Kriege gewesen ist. Von sich aus hätte er es nicht gesagt. Die Goldkrone entspricht keiner Notwendigkeit. Es war bei den schwarzen Soldaten eine Gewohnheit, sich solche zuzulegen, um damit zu Hause Eindruck zu machen. Im übrigen ist der Europakrieger in Kleidung und Sitten wieder ein Schwarzer geworden wie die anderen Schwarzen, nur daß ihn das Erlebnis des Krieges ganz ernst gemacht hat. Es lastet wie ein schweres Geheimnis auf ihm. „Im Dorfe wollen sie immer, daß ich vom Kriege erzähle", sagt er mir. „Ich kann es aber nicht. Sie würden es auch nicht fassen. Es war ja alles so schrecklich, so schrecklich."

Die ganzen Wochen, die der Verletzte im Spital zubringt, behalte ich den Boy, der den Schuß getan hat, bei mir, damit die Anverwandten ihm kein Leids antun und ihn nicht verschleppen, um dann eine große Entschädigung von ihm zu erpressen. Zur Dienstleistung in der Küche und beim Waschkessel kommandiert, hilft er Fräulein Kottmann aus. Zu meiner Freude gelingt es mir, zwischen dem Verletzten und dem Schützen zuletzt einen Vergleich wegen der Sühne zustande zu bringen. Der Boy zahlt eine Summe im Werte von etwa 100 Schilling in monatlichen Raten von 10 Schilling und gibt noch eine Ziege dazu. Etwas Lebendiges muß in allen Fällen, wo ein Vergehen gegen das Leben vorliegt, geliefert werden. Hätte der Mann den Arm verloren, so hätte ihm der Boy eine Frau kaufen müssen.

Manches ernste Gespräch führe ich mit diesem unter dem Erlebnis des Krieges leidenden Schwarzen. Auch Frau Herrmann hat ihn lieb gewonnen. Wenn sie ins Spital kommt, Abendandacht zu halten, ist er einer der ersten, der sich dazu einfindet.

Im Dezember wird uns ein Bendjabi von einem Holzplatze am See Azingo gebracht. Er und seine Gefährten haben in drei Tagen einen großen Elefanten aufgegessen, der in der Nähe erlegt wurde. Ihm selber ist dabei ein Stück hartes Elefantenfleisch im Halse stecken geblieben.

Der Amerikaner, der seit Anfang Oktober hier ist und dem wir einen tiefliegenden Muskelabszeß nach dem anderen eröffnen mußten, fängt wieder an Gehversuche zu machen. Fast hatte ich die Hoffnung ihn zu retten aufgegeben. Er war zum Skelett abgemagert.

Unter den weißen Kranken, die im Spitale liegen, ist auch einer, der vor kurzem hergekommen ist, hier sein Glück zu versuchen. Schwarze Händler, denen er sich für die Gewinnung eines lohnenden Holzplatzes anvertraute, haben seine Unerfahrenheit ausgebeutet und ihn um ein tüchtig Teil des mitgebrachten Geldes betrogen. Mit dem Reste fährt er wieder nach Hause, sobald er von einem Sonnenstich, den er sich prompt holte, geheilt ist.

Ich selber bin seit Wochen Patient. Gut vernarbte Fußgeschwüre von meinem ersten Aufenthalt her sind infolge wiederholter Verletzungen, die ich mir beim Bauen zuzog, wieder aufgebrochen und machen mir viel zu schaffen. Ich humple herum, so gut ich kann. An den Tagen, wo es ganz schlimm ist, lasse ich mich ins Spital hinuntertragen. Ich muß ja den ganzen Tag unten sein, denn sonst geht es mit dem Bauen nicht voran. Das schlimmste bei den Fußgeschwüren ist die Nervosität, die sich infolge des anhaltenden brennenden Schmerzes einstellt.

Am 12. Dezember wird in dem Häuschen für den neuen Doktor und die weißen Kranken endlich ein Zimmer fertig. Bis in die Nacht hinein arbeite ich mit dem schwarzen Zimmermann zusammen, um die Türen und Läden anzuschlagen. Wie recht tue ich, nicht auf den neuen Doktor und auf Fräulein Kottmann zu hören, die mir die Bautätigkeit im Hinblick auf den Zustand meiner Füße verbieten wollen! Am 13. Dezember nämlich treffen auf einmal sechs europäische Kranke ein, die aufgenommen werden müssen, darunter eine Dame mit ihrem Kinde, deren Zustand zu großer Besorgnis Anlaß gibt. Ihr Mann ist ebenfalls leidend. Einer der anderen Herren hat, wie sich bald herausstellt, beginnende Schlafkrankheit. Einige Tage später kommt noch ein anderer Europäer hinzu. Auf Weihnachten haben wir also – der Amerikaner ist immer noch hier – acht weiße Patienten zu beherbergen. Ohne das zu rechter Zeit fertiggestellte Zimmer, in welchem vier der Patienten Platz finden, wüßte ich nicht, wo sie unterbringen. Zwei Personen nehmen mir Herr und Frau Herrmann ab. Der schwarze Zimmermann, der mich im Stiche lassen will, weil er in der Arbeit nicht so gedrängt werden mag, wird durch ein schönes Geschenk wieder versöhnt.

Am Heiligen Abend geht es traurig bei uns zu. Die kranke Dame, die in unserem Hause liegt, fühlt sich sehr elend. Während wir um die geschmückte Palme Weihnachtslieder singen, sitzt Fräulein Kottmann bei ihr auf dem Rande des Bettes und sucht ihre Tränen zu stillen. Unten am Hügel, im neuen Zimmer, ist Licht bis in die tiefe Nacht hinein. Der Amerikaner feiert mit seinen Stubengenossen seine Genesung. Er kann wieder gehen und hilft mir sogar schon bei den Bauarbeiten.

Am Weihnachtstage wird die kranke Frau mit ihrem Manne und dem Kinde auf den Flußdampfer gebracht. Wie freut sie sich auf die frische Seeluft! Wird sie lebend nach Europa kommen?

IV. WINTER UND FRÜHLING 1925

Das neue Jahr fangen wir nicht gut an. Alle drei sind wir leidend. Der zweite Doktor liegt mit Furunkulose zu Bett. Fräulein Kottmann fühlt sich auch elend. Ich selber leide mehr denn je unter meinen Fußgeschwüren, die sich weiterhin ausdehnen. Schuhe kann ich nicht anziehen. Also schleppe ich mich in Holzschuhen herum. Kaum daß der Dienst notdürftig durchgeführt werden kann.

Eine große Freude erleben wir an dem Herrn, der an Schlafkrankheit leidet. Es geht ihm von Tag zu Tag besser. Das Fieber ist schon weg, und die quälenden Kopfschmerzen fangen an nachzulassen. Bei diesem Falle sehen wir wieder, wie recht wir daran tun, bei jeder Erkrankung, die mit Fieber oder Kopfschmerz oder Rheumatismus einhergeht, das Blut unter dem Mikroskop zu untersuchen. Ohne die dadurch erhaltene Auskunft würde ein solcher Fall beginnender Schlafkrankheit als Malaria gelten und mit Chinin behandelt werden, womit nichts erreicht wäre und kostbare Zeit verloren ginge. Auch die neuen Mittel gegen Schlafkrankheit wirken mit irgendeiner Sicherheit nur im ersten und zweiten Stadium der Krankheit. Natürlich erfährt der Patient die Natur seines Leidens erst, wenn er auf dem Wege der Genesung ist.

Eine freudige Nachricht kommt und belebt unseren Mut: der dritte Arzt, Dr. Marc Lauterburg aus Bern, wird in einigen Wochen hier sein. Herr Neßmann und ich sind uns darüber klar geworden, daß wir auch zu zweit die Arbeit nicht bewältigen können. Die Chirurgie kommt nach wie vor zu kurz. Um darin zu tun, was nötig wäre, müßte regelmäßig an drei Vormittagen operiert werden. Dazu sind wir nicht imstande. Der laufende Betrieb beschäftigt uns schon so sehr, daß wir nicht wüßten, wo drei Vormittage für Chirurgie hernehmen. Und dann handelt es sich ja nicht nur um das Operieren. Alles Drum und Dran einer Operation, das in Europa den Schwestern und den Heilgehilfen überlassen werden kann, fällt hier den Ärzten zu. Am Tage vor der Operation müssen wir die Tupfer, die Verbandstoffe und das Operationsgetüch sterilisieren. Auch das Reinigen und Auskochen der Instrumente kann nicht ohne unser Beisein vor sich gehen. Nach der Operation heißt es, das Reinigen und Einfetten der Instrumente besorgen und das Waschen und Kochen, Trocknen und Einräumen der Operationswäsche leiten und dabei gut acht haben, daß nichts abhanden kommt. Dazu reichen unsere Kräfte und unsere Zeit bei weitem nicht aus. Auch muß man zum Operieren frisch sein, was bei unserer aufreibenden Tätigkeit nicht möglich ist. Der neue Doktor weiß leider auch schon, wie eng Afrika und Müdigkeit und Nervosität zusammengehören.

Andererseits ist es meine Überzeugung mehr denn je, daß ein Urwaldspital seinen Zweck nur dann voll erfüllt, wenn darin die Chirurgie gebührend betrieben wird. In einem Lande, wo es so viel Hernien und Elefantiasistumore gibt, darf die Hilfe, die das Messer leisten kann, nicht fehlen. Eine gelungene Operation spricht sich bis in die entferntesten Gegenden herum und gibt den Kranken Vertrauen in das Können des weißen Arztes. Also, beschlossen wir, muß ein Arzt her, der hauptsächlich für Chirurgie da ist. Nun ist er im Begriff, sich einzuschiffen.

Der dritte Doktor, der ja logisch auch die zweite, wenn nicht gar die dritte Pflegerin nach sich zieht, zwingt mir neue Baupläne auf. Jetzt wird das dreizimmerige Häuschen, das für den zweiten Arzt und die weißen Kranken bestimmt war, nur noch als Ärztewohnung in Betracht kommen. Sowieso hätten die beiden für die weißen Kranken vorgesehenen Zimmerchen auf die Dauer nicht gereicht, wie ich ja jetzt an Weihnachten gesehen habe. Wie taten mir die vier Kranken leid, die in dem niederen engen, kaum für vier Feldbetten Raum bietenden Zimmer zusammen kampieren mußten! Wäre ein Sterbender unter ihnen gewesen, wo hätte ich ihn hingelegt? Und kommt einmal eine Missionarsfamilie mehr auf die Station, so kann es sein, daß in dem Missionshaus kein Raum mehr für die weißen Kranken ist. Also muß ich vier oder fünf Zimmer für sie schaffen.

Daneben sind noch fünf weitere Räume notwendig. Ein Raum für die Reserven an Verbandsstoffen, Getüch und Bettzeug; einer für die Reserven an Medikamenten; einer für die Reserven an Lebensmitteln und Haushaltungssachen. Alle diese Reserven sind jetzt in aufeinandergestapelten Koffern und Kisten aufbewahrt, von denen manche unter einem Schuppen stehen, der gegen Regen und Diebe nur mäßige Sicherheit bietet. Um einen Gegenstand, den man gerade braucht, herauszuholen, muß man einige Schwarze aufbieten und ein Dutzend schwerer Kisten auseinander stellen. Wie graut es Herrrn Neßmann und mir, wenn ein Medikament aus den Reserven zu entnehmen ist!

In Europa macht man sich nur schwer eine Vorstellung davon, wie viel und was alles für den ordentlichen Betrieb eines Urwaldspitals in Äquatorialafrika auf Vorrat gehalten werden muß. Früher richtete ich mich immer darauf ein, für etwa sechs Monate versehen zu sein. Jetzt rechne ich mit einem Jahre. Die Verkehrsverhältnisse zwischen Äquatorialafrika und Europa sind zur Zeit derart, daß ich das, was ich heute bestelle, vielleicht erst in acht oder neun Monaten erhalte, wenn es überhaupt ankommt und nicht durch Beschädigung unbrauchbar geworden ist. Im ganzen haben wir wohl an die hundert Koffer und Kisten mit Reserven. Wie ersehnen wir den Tag, wo der Inhalt derselben schön in Ordnung auf Schäften stehen wird!

Noch zwei weitere Räume sind erforderlich: ein Zimmer für Joseph und eines für Alois, den Koch. Da ich keine Unterkunft für Joseph habe, wohnt er in seinem Dorfe, auf dem gegenüberliegenden Ufer, etwas flußaufwärts von hier, und kommt nur zum Dienst hierher, was heißt, daß er spät kommt und früh geht. Regnet es morgens, so kommt er überhaupt nicht, da er, wie alle Südländer, beim Regen nicht aus dem Hause mag. Droht ein Tornado für den Abend, so kehrt er schon um drei Uhr nachmittags heim, was ich ihm nicht verargen kann. Das Rudern – es handelt sich um eine Strecke von etwa anderthalb Kilometer – greift ihn so an, daß seine Leistungen und seine Laune dadurch stark beeinträchtigt sind. Alois der Koch wohnt weit weg, am anderen Ende der Missionsstation in einer Hütte, die uns nur ganz provisorisch zur Verfügung steht.

Also heißt es: „Bau nochmals, du armer Doktor, und schaff zehn Zimmer!"

Auf dem mir zur Verfügung stehenden Gelände der Missionsstation ist gerade noch ein Stück übrig, auf dem ein Haus von sechzehn Metern Länge und zwölf Metern Breite Platz hat. In diesem werden dann die weißen Kranken, die Vorräte, Joseph und der Koch miteinander untergebracht. Unter ihnen zwischen den Pfählen bekommen die Hühner eine Behausung.

Frisch an die Arbeit. Und dabei eines nicht vergessen: Das neue Gebäude muß so hergestellt werden, daß es einmal ohne zu große Schwierigkeit auseinander genommen und anderswohin transportiert werden kann! Die Missionsgesellschaft, deren Gastfreundschaft ich dankbar genieße, hat mir die Rückkehr auf ihren Grund und Boden nur unter der Bedingung gestattet, daß ich den Verbleib des Spitals auf der Missionsstation als provisorisch betrachte. Sie ist der Ansicht, daß ein so bedeutendes Unternehmen wie das meine eine Reihe von Unzuträglichkeiten für die Missionsstation und die darauf betriebenen Schulen mit sich bringe und dies noch besonders deswegen, weil die Hügel, Felsen und Sümpfe des Geländes es nicht erlauben, meine Bauten an irgendein Ende der Station zu verlegen. Das

Für und Wider in dieser prinzipiellen Frage mag auf sich beruhen. Vorläufig haben die Tatsachen entschieden. Hätte ich mir bei meiner Ankunft Balken und Bretter und Handwerker verschaffen können, so wäre die Verlegung des Spitals alsbald in Angriff genommen worden. Es fanden sich aber keine! Der Not gehorchend blieb ich also hier. Und ich tue es mit gutem Gewissen. Für die Missionsgesellschaft ist der Vorteil, überhaupt ein Spital in der Gegend zu haben, so groß, daß die Unannehmlichkeiten, dasselbe auf eigenem Boden zu beherbergen, dagegen nicht aufkommen können. Zudem haben, meine ich, Herr Missionar Herrmann und ich in den gemeinsam hier verlebten Monaten den Beweis erbracht, daß bei vernünftiger und verträglicher Gesinnung ihrer Leiter Missionsstation und Spital sich auch auf einem Gelände vertragen können, auf dem beide Unternehmen räumlich nicht in wünschenswerter Weise zu trennen sind, und daß dabei noch jedes von der Gegenwart des andern sehr erhebliche Vorteile hat. Auch die Missionare des Ogowegebietes treten dafür ein, daß ich auf der Missionsstation verbleibe.

Mit der Möglichkeit einer später notwendig werdenden Verlegung muß ich aber immer rechnen und meine Bauten, vom Hühnerstall aufwärts, daraufhin anlegen.

Das neue Haus soll ein Pfahlbau mit einem Wellblechdach werden. Der nun fast völlig wiederhergestellte Amerikaner, Herr Crow, holt mit einer guten Mannschaft, über die ich für einige Tage verfüge, die Hartholzpfähle dreißig Kilometer stromaufwärts von hier aus einem kleinen Flusse herbei. Der neue Doktor und ich schaufeln in den Abendstunden Erde, um den Bauplatz einzuebnen. Die Sägerei von N'Gômô verspricht ihr Mögliches für die Lieferung von Holz zu tun. Hoffentlich sind alle Vorarbeiten bis zum Beginn der trockenen Jahreszeit Ende Mai soweit gediehen, daß mit dem Bauen begonnen werden kann.

Das neue Haus ist ein verwegenes Unternehmen. Verläßt mich der schwarze Zimmermann, so steht die Arbeit still. Aber es muß sein.

Zur Zeit arbeitet der schwarze Zimmermann wenig. Es geht seiner schlafkranken Frau immer schlechter. Der Tod ist unabwendbar.

Bis in die zweite Hälfte des Januars hinein hat der neue Doktor mit seiner Furunkulose zu tun. Manchmal geht es ihm einige Tage ziemlich gut. Dann treten wieder Fieber und neue Furunkel auf. Daß Europäer ihren Aufenthalt in Äquatorialafrika des öfteren mit einer langwierigen Furunkulose einweihen, ist eine bekannte Tatsache. Fräulein Kottmann geht es besser. Meine Geschwüre zeigen eine Tendenz zur Heilung. Wann werde ich die so ermüdenden schweren Holzschuhe ablegen können?

Am 17. Januar wird die Frau des schwarzen Zimmermanns durch den Tod von ihren langen Leiden erlöst. Durch sorgfältige Pflege haben wir wenigstens dies erreicht, daß sie sich nicht wund gelegen hat. Das Wundliegen ist das, was das Siechtum der Schlafkranken so überaus traurig gestaltet. Alle geben wir der Dulderin das letzte Geleite.

Auf lange Zeit wird der schwarze Zimmermann jetzt keine Arbeit tun. Trauer ist Feier. Daran ist nicht zu rütteln. Wochenlang muß der Witwer nun in zerrissenem Gewand in der Hütte sitzen, ohne etwas anzurühren. Dies ist eine heilige Pflicht. Die Primitiven ehren ihre Toten mehr denn wir, zum mindesten in ihren Gebräuchen.

Also muß ich das Haus für die beiden Ärzte allein fertig bauen. Zur Zeit ist Herr Neßmann immer noch auf die Gastfreundschaft von Herrn und Frau Herrmann angewiesen.

Herr Crow, der Amerikaner, der am 20. Februar die Heimreise antreten sollte, zieht sich auf der Fahrt zum Besuch eines Freundes einen schweren Sonnenstich zu. Dieser schwächt seine Widerstandskraft derart, daß der Körper wieder der Infektion unterliegt, über die er im Begriff war, nach monatelangem Ringen zu triumphieren. Andauerndes hohes Fieber setzt wieder ein. Neue Abszesse bilden sich. Das Leben ist nochmals in

Gefahr. Was hat uns dieser eine weiße Patient schon für Sorge und Arbeit gemacht!

Wie schön dagegen sind die Fälle, in denen man mit wenig Mühe viel tun kann! Kommt da eines Abends, während wir zu Tische sitzen, ein Holzhändler mit verzweifelten Gesten und mit dem Rufe: „Ich verliere den Verstand!" ins Zimmer gestürzt. Erschreckt springen wir auf, ihn allenfalls zu bändigen. Aber das Leiden sitzt nicht im Gehirn, sondern, wie sich gleich herausstellt, in einem Zahn. Unter einer Plombe ist die Wurzel erkrankt. Tagelang hat der Arme im Urwald die sich stetig steigernden Schmerzen ausgehalten, die die unter Druck stehenden Fäulnisgase hervorriefen. Um zu mir zu gelangen, mußte er zwei Tage lang im Kanoe den Fluß herauffahren. Am andern Tage sitzt er, um einen Zahn ärmer, fröhlich mit uns am Mittagstisch. Er hat mir auch Balken versprochen.

Seit Wochen macht ein Leopard das Gebiet der Missionsstation unsicher. Eine Ziege der Mission, die mit ihrem Jungen nicht weit von unserem Hause graste, ist am lichten Tage sein Opfer geworden.

Am 27. Januar entgehen Fräulein Kottmann und ich miteinander dem Tode durch Ertrinken. Mit einer guten Rudermannschaft kehren wir, nach Einbruch der Nacht, schwer beladen, von einer Faktorei heim, auf der wir Einkäufe gemacht haben. Ich gebe Befehl, sich nicht zu nah am Ufer zu halten, da ich auf der Herfahrt einen umgestürzten Baum mit mächtigem Geäst im Wasser liegen sah. Nach einiger Zeit kommt es mir vor, als wären wir doch zu nah am Ufer. Die Ruderer widersprechen, und ich beruhige mich damit, daß die Augen der Naturkinder in dem dichten Dunkel sicherlich mehr sehen als die meinen. Plötzlich aber werde ich von unerklärlicher Unruhe erfaßt. Ich springe auf und erzwinge eine Wendung gegen den Fluß zu. In demselben Augenblick taucht das Geäst des großen Baumes aus dem Wasser auf. Knapp kommen wir daran vorbei. Ohne die Wendung wären wir mit voller Wucht in dasselbe hineingefahren und durch den Anschlag betäubt und aus dem Kanoe geworfen worden. Auf hiesige Schwarze kann man sich nie verlassen, auch nicht in Dingen, die sie berufsmäßig verstehen. In ihrem Leichtsinn sind sie unberechenbar.

Am Tage nach diesem Abenteuer kommt das schon lange sehnlichst erwartete Motorboot des Spitals an. Es ist von lieben schwedischen Freunden gestiftet, die zu diesem Zweck seit 1922 Geld zusammengelegt haben. Wie dankbar wir ihnen dafür sind, können wir ihnen nicht ausdrücken.

Das Motorboot bedeutet für uns vor allem ein sichereres, schnelleres und bequemeres Verkehren auf dem Strome. Ganz mit einem Segeltuchdach überspannt, bietet es Schutz gegen Sonne und gegen Regen, wenn dieser nicht zu stark fällt. Auch auf unserem Ruderkanoe habe ich ein Dach. Aber dies ist, um die Stabilität des Einbaums nicht zu sehr zu gefährden, so niedrig und eng, daß man fast darunter erstickt. Sodann sind wir jetzt der Aufregung ledig, die man mit dem Zusammenbringen, dem Zusammenhalten, der Beköstigung und der Entlohnung von Rudermannschaften hat. Auch können wir in dem Motorboot viel größere Lasten befördern als im Ruderkanoe. Das Schönste aber ist, daß die Fahrt mit dem Motorboot nicht, wie man meinen sollte, teurer, sondern billiger zu stehen kommt als mit dem Ruderkanoe. Eine Reise, für die wir bisher fünf Tage brauchten, führen wir jetzt in zweien aus. Was wir den Ruderern an Nahrung und Löhnung und Geschenken bieten mußten, ist bedeutend mehr als die Ausgaben für Benzin und Öl! Das Motorboot erlaubt uns auch, uns Bananen aus entlegenen Ortschaften zu holen, die sonst für die Belieferung des Spitals nicht in Betracht kommen könnten. Dies ist, wie alles, was eine Erleichterung in der Beschaffung von Lebensmitteln bedeutet, im Urwalde von großer Wichtigkeit.

Als ziemlich schmale Gondel gebaut, läuft das Motorboot gut gegen die starke Strömung an. Es hat nur geringen Tiefgang, um in der trockenen Jahreszeit in den seichten Wassern durchzukommen. Seine Länge ist achteinhalb Meter, die Breite anderthalb Meter. Die Ladung kann bis eine Tonne betragen. Der einzylindrige, äußerst einfache Motor hat eine Stärke von dreieinhalb Pferdekräften und verbraucht etwa anderthalb

Liter Benzin in der Stunde. Gegen den Strom und mäßig beladen macht es sieben bis acht Kilometer in der Stunde, in ruhigem Wasser etwas über zwölf.

Diese Art von Motorboot wird von fast allen Holzhändlern hier gebraucht und hat sich sehr gut bewährt. Unseres führt einen schwedischen Namen, es heißt „Tack Sa Mycket", was bedeutet „Danke schön".

Am 10. Februar bringt uns ein großes und bequem eingerichtetes Motorboot von Cap Lopez eine kranke holländische Dame herauf. Der Herr des Bootes, Herr Drew, ein uns befreundeter Engländer, hat die Güte, den Amerikaner, dem es etwas besser geht, mit hinunter zu nehmen. Wir halten ihn für fähig, die Heimreise zu ertragen. Da er noch täglich verbunden werden muß, begleitet ihn Herr Neßmann bis ans Meer.

Für zehn Tage bin ich wieder einziger Arzt des Spitals. Fast ständig beherbergen wir in diesen Zeiten ein halbes Dutzend weißer Kranker. Bei einem Polen, einem Herrn Rochowiack, der wegen einer Fußverletzung gekommen war, bricht, während er hier ist, Schwarzwasserfieber aus. Er hält sich für verloren, weil er in Rhodesia sieben Fälle von Schwarzwasserfieber sah, die alle tödlich endeten. Ich hingegen kann ihn damit trösten, daß ich noch nie einen Kranken an Schwarzwasserfieber verlor. Auch bei ihm hat meine Behandlung Erfolg. Sie besteht darin, daß dem Kranken möglichst bald in jeden Schenkel zweihundert Kubikzentimeter einer dreiprozentigen Kochsalzlösung unter die Haut injiziert werden. Zwei- oder dreimal, mit je sechs Stunden Pause, werden die Einspritzungen wiederholt. Sie sind sehr schmerzhaft. Aber der schlimmste Schmerz tritt nicht gleich, sondern erst nach einigen Tagen auf, wenn der Kranke schon außer Gefahr ist und sich darüber, im Hinblick auf seine Errettung, nicht über Gebühr aufregt. Diese Einspritzungen halte ich, nach meiner Erfahrung, für die Hauptsache in der Behandlung des Schwarzwasserfiebers. Daneben injiziere ich noch, wie es die Regel ist, sterilisiertes Blutserum sowie künstliches Serum und verabreiche Calciumchlorat in starken Dosen.

Daß plötzliche starke Chinindosen bei Leuten, die nicht regelmäßig Chinin nehmen, irgendwie den Ausbruch des Schwarzwasserfiebers verursachen, habe ich auch diesmal bestätigt gefunden. Herr Rochowiack fühlte sich etwas fiebrig und nahm Chinin, das nicht seine Gewohnheit war, und zwar, auf Zureden der Patienten, die sein Zimmer teilten, ziemlich viel. Am anderen Morgen hatte er Schwarzwasserfieber. Unter welchen Bedingungen Chinin die massenhafte Zerstörung von roten Blutkörperchen bewirkt, was ja der Vorgang beim Schwarzwasserfieber ist, wissen wir freilich nicht, wie uns gerade bei dieser Erkrankung noch vieles rätselhaft ist. Unerklärbar zum Beispiel ist, daß sie immer nur Europäer, fast nie Schwarze befällt.

Kaum daß Herr Rochowiack sich etwas erholt hat, hilft er mir beim Bauen. Er ist Schreiner und Zimmermann. Ich lerne viel von ihm. Er bringt mir die vereinfachte Bauart in Holz bei, wie sie in Südafrika, wo er sich längere Zeit aufhielt, verbreitet ist.

Bei seiner Rückkehr aus Cap Lopez findet Herr Neßmann das Häuschen der Ärzte fertig und bezieht sogleich eines der drei Zimmer. Bis zur Ankunft von Dr. Lauterburg dienen die beiden anderen zur Unterbringung weißer Kranker.

Mitten in die Freude über den vollendeten Bau kommt die Aufregung um das Schicksal zweier unserer größten Kanoes. Sie sind in der Nacht fortgeschwommen, weil Dominik sie abends nicht richtig angekettet hatte. Unterhalb des Spitals gehen drei Arme von dem Flusse ab. Welchem derselben soll der arme Dominik, der sich schuldbewußt mit einigen Schwarzen auf die Suche macht, folgen? Sicherlich haben brave Wilde die beiden Kanoes schon angehalten und im Gebüsch eines Sumpfes versteckt. Später, wenn sie sie unkenntlich gemacht haben, werden sie sie dann irgendwo in der Ferne verkaufen. Kanoes sind sehr wertvoll, weil die Eingeborenen heutzutage fast keine mehr verfertigen. Man kann sie sich nur mit größter Mühe verschaffen. Seit Monaten besitzt die Missionsstation kein brauchbares größeres Kanoe und ist ganz auf die des Spitals angewiesen. Trotz des Motorbootes können wir nicht ohne Kanoes auskommen. Für das Holen von Holz und Bambus zum Beispiel, wo man in die kleinen Wasserläufe hinein muß, ist es nicht zu brauchen.

Nach zwei Tagen kehrt Dominik unverrichteter Dinge zurück. Kaum hat er sich etwas erholt, treibt ihn sein für einen Schwarzen außerordentlich gut funktionierendes schlechtes Gewissen wieder fort. Und diesmal folgt er dem richtigen Flußarm und bringt beide Kanoes heim, worüber großer Jubel im ganzen Spital ausbricht. Er und seine Genossen auf diesen Fahrten bekommen zu essen, so viel sie nur können, und dürfen schlafen, so lange sie nur mögen.

Zur Zeit haben wir merkwürdig viele Patienten mit Unfallverletzungen zu behandeln, weiße und schwarze. Ein weißer Mechaniker kommt von N'Djole mit einem Eisensplitterchen in der Hornhaut. Der schwarze Steuermann eines Flußdampfers ist durch die plötzlich zurückschnellende Ankerwinde an den Kopf getroffen worden.

Auch zwei Schwarze, die beide von Menschen gebissen wurden, sind bei uns. Dem einen widerfuhr dies, als er einen säumigen Schuldner greifen wollte. Beißen als Angriffs- oder Abwehrbewegung ist den Schwarzen geläufiger als uns. „Das Schlimmste", sagt Joseph, „ist der Biß des Leoparden; noch schlimmer ist der Biß der Giftschlange; noch schlimmer der des Affen; am allerschlimmsten aber der des Menschen." Etwas Wahres ist daran. Ich habe in Afrika bis jetzt etwa zwölf Verletzungen durch Menschenbiß zu sehen bekommen. Alle zeigten sie alsbald Symptome schwerer Infektion. In zwei Fällen bestand Gefahr einer allgemeinen Blutvergiftung, obwohl mir die Patienten innerhalb weniger Stunden zukamen. Dem einen der beiden jetzt gekommenen Gebissenen muß das Endglied eines Fingers abgenommen werden. Er heißt Vendakambano und ist Schreiner. Ich lasse ihn versprechen, daß er mir nach der Heilung zwei Monate beim Bauen helfen wird, was er auch in feurigen Worten tut.

Eine Reihe von Europäern sucht uns wegen Zahnschmerzen auf.

Die Zahl der schwarzen Kranken nimmt immer noch zu. Wo soll das hinführen? Auf einen Tag rücken von einem einzigen Holzplatz vierzehn Bendjabis mit schlimmen phagedänischen Fußgeschwüren an. Einige von ihnen sind so elend, daß wir sie wohl kaum retten können. Bei längerer Dauer nämlich fangen die mit den Geschwüren gegebenen Fäulnisstoffe an, das Allgemeinbefinden in schwerster Weise zu schädigen. Die Leute werden hinfällig und erholen sich dann nur noch in seltenen Fällen. Der Tod kommt meist ganz plötzlich.

Morgens, wenn zum Verbinden gerufen wird, kommen Patienten hergerutscht und hergekrochen, weil die Geschwüre ihnen das Gehen unmöglich machen. Gerne möchten wir ihnen den Weg ersparen und sie an ihren Schlafstellen verbinden. Aber es ist dafür zu dunkel in den Baracken. Einer von diesen Armen ist der gefürchtetste Dieb des Spitals. Wie manche Banane, die ein armes Negerweib sicher versteckt wähnte, ist seine Beute geworden!

Fälle von Lepra (Aussatz) gehen uns fortwährend zu. Wie viel mehr wären noch hier, wenn die Behandlung nicht so langwierig wäre! Erst nach einer mehrwöchentlichen Kur nämlich merkt der Kranke gewöhnlich eine Besserung. Gar vielen geht vorher die Geduld aus, und sie lassen sich nicht weiter halten. Gewöhnlich kommen sie ja nur, um zum Trinken bereitetes, das heißt mit Sesam- und Erdnußöl reichlich versetztes Chaulmoograöl zu holen, das sie dann zu Hause einnehmen. Diese Kur sind sie von früher her gewohnt. Daß aber viel mehr zu erreichen ist, wenn dazu noch eine Reihe von Einspritzungen mit Chaulmoograöl kommt, lassen sie sich nicht gerne beibringen, weil dies einen zu langen Aufenthalt im Spital erfordert. Wir hoffen aber Erfolge zu haben, die sie überzeugen. Daß das Wohnen in den überfüllten Baracken keine Annehmlichkeit ist, muß ich ihnen ja zugestehen.

Eine Zeitlang machten wir, in Befolgung von Angaben, die wir in medizinischen Zeitschriften fanden, Versuche mit intravenösen Einspritzungen von Chaulmoograöl, in andern Ölen und in Äther aufgelöst. Sie gaben uns nur mäßig befriedigende Resultate. Daß diese täglich zu machenden Einspritzungen, als gar nicht ungefährlich, überdies immer vom Arzte selber vorgenommen werden müssen, ist ein schwerwiegender Nachteil dieser Behandlungsweise. Woher die Zeit dazu nehmen?

Nun sind wir in der glücklichen Lage, Chaulmoograöl unter die Haut einspritzen zu können. Aus Versuchen, die Herr Professor Giemsa in Hamburg und sein Assistent, Herr Doktor Adolph Keßler, in zuvorkommender Weise für uns unternommen haben, wofür wir ihnen sehr dankbar sind, ergibt sich, daß das Chaulmoograöl, das sonst Niederschläge bildet, in Erdnußöl gut in Lösung gehalten wird, und zwar schon, wenn man gleiche Mengen von beiden nimmt. Einspritzungen mit dieser Mischung unter die Haut werden ohne Schmerzen ertragen und gut resorbiert. Sie sind zudem völlig unschädlich. Auf Grund dieser Resulate behandeln wir Lepra nun mit Chaulmoograöleinspritzungen unter die Haut. Diese sind viel schneller gemacht als die in die Venen und können, als ganz ungefährlich, durch den Heilgehilfen ausgeführt werden. Zur Zeit verfahren wir so: Vier Teile Chaulmoograöl werden in fünf Teilen Erdnußöl gelöst, wobei beide erwärmt werden. Nachher wird die Lösung sterilisiert. Sie hält sich lange steril. Der Patient bekommt täglich einen halben bis zwei Kubikzentimeter davon unter die Haut gespritzt. Ob noch höhere Dosen dauernd gut ertragen werden, wird noch ausprobiert. In zu großen Mengen kann Chaulmoograöl schädlich wirken. Die Erfolge unserer Behandlungsweise sind sehr ermutigend.

Der Behandlung der phagedänischen Geschwüre widmet Herr Neßmann seine besondere Aufmerksamkeit. Der geringste Fortschritt in derselben bedeutet für uns eine große Erleichterung. Zunächst wird jetzt – wozu bisher die Zeit nicht reichte – der Saft eines jeden Geschwürs im Mikroskop untersucht. Dadurch läßt sich mit Sicherheit feststellen, ob es sich um ein phagedänisches handelt oder nicht. Im Saft des phagedänischen Geschwürs kommen nämlich merkwürdigerweise nur zwei

Mikroben vor, und zwar immer beide miteinander. Es sind dies eine Art von Spirochäten (Spirochaeta Schaudinni) und die sogenannten spindelförmigen Bazillen. Ganz ähnliche Erreger findet man bei einer besonderen Angina (der Plaut-Vincent-schen Angina) miteinander vergesellschaftet. Die Nachprüfung durch das Mikroskop ergibt, daß sozusagen alle Geschwüre, die wir dem Aussehen nach für phagedänische halten, es in der Tat auch sind.

Nun werden die verschiedenen Arten der Behandlung durch-probiert. Dabei zeigt sich, daß ein von belgischen Ärzten ange-gebenes und von uns etwas modifiziertes Verfahren das Ge-schwür in den meisten Fällen geradesogut reinigt wie die von uns bisher geübte Auskratzung. Welche Ersparnis an Zeit und Kraft und Geld! Die Narkose kommt in Wegfall. Jetzt ver-brauchen wir im Jahr nur noch halb so viel Äther und Chlor-äthyl wie bisher. Dies will etwas heißen, da beide Stoffe hier un-verhältnismäßig viel teurer sind als in Europa. Als feuerge-fährlich müssen sie nämlich auf dem Deck des Schiffes rei-sen und zahlen doppelte Fracht. Und wenn es auch nur ein kleines Kistchen ist, kostet es doch so viel, als wäre es ein Kubikmeter.

Auch unsern Nerven kommt die neue Methode zugute. Was gab das für Auftritte, wenn etwa sechs Wilde einer nach dem andern sich zur Vornahme der Auskratzung auf den Tisch legen und einschläfern lassen sollten!

Die von uns jetzt geübte Behandlungsweise besteht darin, daß man das Geschwür eine halbe Minute lang mit einer Sublimatpastille ziemlich energisch auswischt. Dies ist schmerz-haft. Aber der Schmerz wird erst empfunden, wenn die Proze-dur bereits vorüber ist. Nach einer halben Minute wird das Geschwür mit gekochtem Wasser gut abgespült. Nun bestreut man es mit Jodoform und bedeckt es mit Gazekompressen, die mit einer dünnen Lösung Methylviolett getränkt sind. Diese Kompressen werden öfters erneuert, damit der Verband immer feucht bleibt. Nach zwei oder drei Tagen ist das Geschwür dann soweit gereinigt, daß es genügt, es mit Dermatol, Salol,

Aristol, Vioform oder einem andern Wundstreupulver zu belegen und trocken zu verbinden.

Bis zur definitiven Heilung kann es aber, wenn das Geschwür groß ist, noch acht bis zehn Wochen dauern, wenn nicht länger. Ganz langsam nur wächst die Haut nach. Später, wenn regelmäßig operiert wird, wollen wir Hauttransplantationen versuchen, das heißt, Haut in feinen Streifen vom Schenkel entnehmen und auf das Geschwür legen, damit sie dort anwächst. Gelingt dies bei diesen Geschwüren ebensogut wie die gewöhnlichen Wunden, so ist wiederum viel gewonnen. Wie viel an Arbeit, Verbandstoffen, Medikamenten und Reis wird schon gespart, wenn wir nur so viel erreichen, daß die Überhäutung in sieben statt in fünfzehn Wochen vor sich geht!

Wie ein Fabrikant darauf aus ist, einen Massenartikel um einige Pfennige billiger herzustellen als bisher, um seinen Betrieb rentabler zu gestalten, also müssen wir darauf sinnen, die Heilung der phagedänischen Geschwüre, dieses Massenartikels unseres Spitals, zu beschleunigen.

Merkwürdig ist, daß die phagedänischen Geschwüre nur an der unteren Hälfte des Unterschenkels vorkommen. Gewöhnlich sitzen sie an den Knöcheln oder oberhalb derselben, und auf den Fußrücken. Zuweilen beginnen sie an einer Zehe oder an den Fersen. Alle anderen Gegenden des Körpers scheinen gegen sie gefeit. Nach unserer Beobachtung sind auch nur Männer davon befallen; bei Frauen kommen sie fast nicht vor.

Von verschiedenen Seiten ist mir gesagt worden, daß phagedänische Geschwüre besonders da auftreten, wo die Leute viel Palmöl bekommen. Inwieweit dies zutrifft, weiß ich nicht. Bemerkt habe ich allerdings, daß die Holzplätze, auf denen die Leute besonders gut genährt werden, fast die größte Zahl der Patienten mit phagedänischen Geschwüren stellen. Als Fett wird hier gewöhnlich Palmöl gegeben. Demnach könnte an jener Bemerkung etwas Richtiges sein. Freilich, das phagedänische Geschwür kommt auch in Gegenden vor, wo nicht mit Palmöl gekocht wird.

Einer unserer europäischen Kranken, Herr Rupin, macht uns große Sorge. Bei der Ankunft benimmt er sich wie jemand, der leicht betrunken ist. Er hat etwas Durchfall und fiebert. Die Temperatur ist nicht sehr hoch. Nur hält es schwer, sie herunterzubringen. Der Fall sieht sich nicht schlimm an und ist doch sehr ernst. Der Arme hat mehrere Sonnenstiche erlitten, weil er sich nicht genug in acht nahm. Daß sein Benehmen immer läppischer wird, ist kein günstiges Zeichen und erschwert die Pflege ungemein. Jedoch geben wir die Hoffnung nicht auf. Ich sah ähnliche Fälle schon günstig ausgehen. Natürlich muß er mit erster Gelegenheit, sowie er transportfähig ist, nach Europa zurück. Das Wie ist freilich ein Problem, da er gänzlich mittellos ist.

Durch andauernde Malaria übel mitgenommen, ist Herr Missionar Soubeyran aus N'Gômô bei uns in Pflege. In den ersten Tagen war sein Zustand infolge Herzschwäche so bedenklich, daß der neue Doktor die Nächte bei ihm zubringen mußte.

Am 16. März, bei der Heimkehr von einer zweitägigen Fahrt mit dem Motorboot, sehe ich eine schlanke Gestalt in der vornehm nachlässigen Haltung des Kavallerieoffiziers neben Herrn Neßmann auf dem Landungsfloß stehen. Es ist der neue Arzt, Doktor Marc Lauterburg.

Mit Afrika hat er schon gründlich Bekanntschaft gemacht. Auf der Fahrt vom Schiff ans Land in Cap Lopez, die er mit Eingeborenen in einem kleinen auf dem Meer aufgefischten Kanoe unternimmt, wird er von einem Tornado überrascht. Zum Glück weht der Sturm dem Lande zu und wirft das Kanoe irgendwo ans Gestade. Das Gepäck ist vorher mit einer sicheren Gelegenheit vom Schiff gekommen.

Die Fahrt von Cap Lopez nach Lambarene macht der neueste Doktor mit hundertundfünfzig schwarzen Passagieren auf einem kleinen Handelsdampfer, der einen schwerbeladenen, lecken Schleppkahn mit sich führt. Dabei erlebt er nächtliche Schlachten zwischen den schwarzen Passagieren und den Bewohnern eines Dorfes. Die schwarzen Passagiere wollen am Land nächtigen, weil sie dem lecken Schleppkahn, auf dem sie zusammengepfercht sind, nicht trauen, und die Leute des Dorfes wollen sie nicht ans Land lassen.

Das Spital findet Herr Lauterburg viel größer als er es sich vorgestellt hatte. Da gerade die Betten in den Baracken für die Operierten fertig geworden sind, kann er sogleich an die Arbeit gehen. Der erste Fall, der seinem Messer anvertraut wird, ist ein Schlafkranker mit eitriger Rippenfellentzündung, bei dem eine Rippenresektion zu machen ist. Der Arme heißt Yezu und ist ein Wilder aus dem Innern. Seit Monaten ist er schon bei uns. Die Schlafkrankheit scheint überwunden. Aber die Kraft, die eitrige Rippenfellentzündung zu überstehen, hat er wohl nicht mehr. Wir lieben ihn alle seines sanften Wesens halber. Wie dankbar ist er für die Suppen, die für ihn gekocht werden! „Wenn ich gesund bin", sagt er, „bleibe ich für immer bei euch."

Während der zweiten Operation, die wir mit Doktor Lauterburg machen, erschreckt ihn ein Schwarzer, der mit dem Rufe: „Sie trachten dem Huhne des Doktors nach dem Leben" in den Operationsraum stürzt. „Sie" sind der Bendjabi, der nur noch kriechen kann, und seine Spießgesellen. Es hätte mich wundergenommen, wenn sie die Zeit, wo Ärzte und Heilgehilfen alle zusammen im Hause festgehalten sind, nicht für ihren Kochtopf genützt hätten!

In den ersten Stunden des 19. März stirbt ganz plötzlich Herr Rupin, der Patient mit Sonnenstich. Am Tage vorher hatte er mit uns noch Pläne für die Heimreise gemacht. Er wird auf der katholischen Mission beerdigt, an demselben Nachmittage wie die Mutter Josephs, die eine feine alte Frau war.

Wie schwer sind die Briefe zu schreiben, in denen ich den Angehörigen eines bei uns gestorbenen Europäers Nachricht von seinen letzten Tagen und seinem Ende geben muß!

Aus Liebe zu mir erscheint Joseph nach drei Wochen Trauerruhe bereits wieder zum Dienst, was ich ihm hoch anrechne. „Der Doktor ist ein Sklave der Arbeit, und der arme Joseph ist der Sklave des Doktors", sagt er. Gleichzeitig findet sich der schwarze Zimmermann Monenzalie, der Witwer der schlafkranken Frau, wieder ein. Es hat Mühe gekostet, ihn zur Rückkehr zu überreden. Er hat mir auch Bedingungen gestellt. Schlag zwölf Uhr müsse die zweistündige Essenspause beginnen und um halb sechs Uhr Feierabend gemacht werden. Überstunden und Drängen in der Arbeit seien ausgeschlossen. Die Höhe des Lohnes wage ich nicht niederzuschreiben. Bei alledem muß ich noch froh sein, daß er es wieder mit mir versuchen will. Er gehört zu den besten Zimmerleuten der ganzen Gegend und könnte zu jeder Stunde eine noch besser bezahlte und viel bequemere Stelle finden. Wenn er sich für mich entscheidet, ist es aus Anhänglichkeit.

Die Hand des wegen Menschenbiß behandelten Schreiners Vendacambano ist gut geheilt. Er ist nach Hause gefahren, vorgeblich um schnell seine Angelegenheiten zu ordnen und dann für zwei Monate zu mir zu kommen. Wie ich aber erfahre, ist er im Begriff, einen neuen Platz anzutreten.

Doktor Lauterburg kommt es noch immer merkwürdig vor, in einer Person Operateur und Operationsschwester zu sein. Aber er findet sich mutig in das doppelte Amt. Bei den Eingeborenen heißt er „N'Tschinda-N'Tschinda", was bedeutet „Der Mann, der mutig schneidet". Herrn Neßmann nennen sie Ogula, das ist „Sohn des Häuptlings". Mit dem Häuptling bin ich gemeint.

Zur Zeit wird viel operiert. In der Unfallchirurgie hat N'Tschinda-N'Tschinda einige Mühe, sich zu dem von mir geübten Prinzip des Nichtamputierens zu bekehren. Wir müssen uns nämlich hier die Amputation selbst da versagen, wo sie in Europa, mit Rücksicht auf das bedrohte Leben des Patienten, als ganz selbstverständlich vorgenommen wird. Sonst heißt es bis in die fernsten Gegenden, der Doktor zu Lambarene schneide den Leuten Arme und Beine ab, was gar viele abschrecken würde, hier Hilfe zu suchen.

Bisher habe ich es nicht zu bereuen gehabt, nach dem Rufe des Doktors, der die Arme und Füße an ihrer Stelle läßt, zu

trachten. Dies verdanke ich dem Methylviolett. Jede Unfall-
verletzung an den Gliedmaßen, so schwer sie auch aussehen
möge – wie überhaupt alle Unfallverletzungen –, werden bei
uns mit Methylviolett behandelt. Meiner Beobachtung nach
leisten aber nur die feuchten Verbände mit Methylviolett Gutes. Die trockenen oder eintrocknenden können geradezu gefährlich werden, weil es dann so kommen kann, daß Methylviolett, in feinster Verteilung, Teile der Wunde wie ein Häut-
chen bedeckt und eine abschließende Schicht bildet, unter der
die Infektion sich um so mehr ausbreitet. Bei Furunkeln,
Panaritien und allen nur schmal geöffneten Eiterungen kann
man daher bei trockener Behandlung mit Methylviolett unter
Umständen ganz üble Erfahrungen machen. Der Verband mit
Methylviolett muß also ständig feucht erhalten werden, daß
der Farbstoff keine trockenen Niederschläge bilden kann. Nur
so ist er gefahrlos und entfaltet seine volle Wirkung.

Eine zerrissene Wunde wird also mit Gaze ausgelegt, die
eben in wässerige Methylviolettlösung getaucht wurde. Diese
Gaze wird dann durch regelmäßiges Auflegen von in sterilem
Wasser genetzter Gaze stetig feucht erhalten. Der Einfachheit
halber kann man den Verband auch mit undurchlässigem Stoff
zur Verhütung der Verdunstung umgeben. Dies ist selbst da
möglich, wo es sich um stark infizierte Wunden handelt, bei
denen ein feuchter Verband sonst ein Fehler wäre. Das Methylviolett erlaubt die Anwendung des feuchten Verbandes auch
da, wo man sonst auf ihn und seine Wirkungen verzichten
mußte. In schweren Fällen wenden wir auch dauernde Berieselung mit schwacher Methylviolettlösung an.

Methylviolett hat den großen Vorzug, daß es nicht reizt. Im
Gegenteil, es wirkt ausgesprochen schmerzstillend. Beobachtet
habe ich dies oft, besonders auch bei Verbrennungen, die ich
ebenfalls mit feuchten Methylviolettverbänden behandle. Wie
die Wirkung zu erklären ist und ob darüber schon Versuche
angestellt sind, weiß ich nicht.

Doktor Lauterburg ist von den Resultaten unseres Ver-
fahrens in Fällen, wo die Amputation geboten schien, ganz

überrascht. Am überzeugendsten treten sie ihm bei einem
offenen, infizierten Unterschenkelbruch entgegen, der uns mit
beginnender Gasphlegmone eingeliefert wird.

Durch die im Spital zu Lambarene von jeher geübte Zurückhaltung im Amputieren ist es nun so gekommen, daß unser
Ruf durch vorgenommene unvermeidliche Amputationen nicht
mehr gefährdet werden kann. Es geschieht jetzt, daß Schwarze
von selber um die Amputation bitten. Auf einem Holzplatz ist
ein Bendjabi mit dem Arm unter einen rollenden Stamm geraten und hat sich eine schwere Verletzung des Vorderarms und
der Hand zugezogen. Seine Stammesgenossen dulden nicht,
daß er zu uns gebracht wird, sondern behandeln ihn auf ihre
Art mit gepulverter Baumrinde. Dies hat den Erfolg, daß zuletzt der ganze Arm nur eine jauchige Fläche bildet und das
Allgemeinbefinden des Mannes besorgniserregend wird. Wir
legen ihm seinen Fall vor, worauf er, auf den Rat von Spitalinsassen, um die Amputation bittet. Nachdem wir Zeugen
genommen, daß er selber es so will, wird die Operation voll-
zogen. Gesund und dankbar, wenn auch nur mit einem Arme,
kehrt er auf den Holzplatz zurück, den Wilden daselbst zu ver-
kündigen, daß die Ärzte in Lambarene nur denjenigen, die sie
darum bitten, Arm oder Bein abschneiden.

An Hernien werden in den Wochen nach der Ankunft Herrn
Lauterburgs eine ganze Reihe operiert, ein Teil durch ihn, ein
Teil durch Herrn Neßmann. Auch Elefantiasistumore kommen
an die Reihe. Am 1. April wird eine solche Geschwulst von
dreißig Kilo in Angriff genommen. Es handelt sich um einen
Mann aus der Gegend von Samkita. Die schwere Geschwulst·
verurteilt ihn seit langem zur Bewegungslosigkeit. Sie ist so
groß, daß er sie als Schemel benutzt und darauf sitzt. Obwohl
noch ziemlich jung, sieht er wie ein alter Mann aus. Die Operation dauert von zehn Uhr morgens bis drei Uhr nachmittags.
Das Hantieren mit dieser Masse stellt große physische Anforderungen an uns drei. Wir verfahren nach der anno 1913
von Doktor Ouzilleau veröffentlichten Methode, bei der die
Geschwulst in der Mitte wie eine Birne gespalten wird. Dies

erleichtert das Aufsuchen der Blutgefäße und ermöglicht eine exakte Blutstillung.

Am Tage dieser Operation trifft unerwartet ein Helfer für meine Bauten ein. Es ist ein junger Schweizer, Herr Schatzmann. Von meinen Baunöten erfahrend, hat er sich, ohne erst lange mit mir zu verhandeln, aufs Schiff gesetzt, um mir in ganz uneigennütziger Weise zu helfen. Sehr tüchtig als Bauleiter und als Zimmermann nimmt er den Bau des Hauses von zehn Zimmern in Angriff. Welche Entlastung für mich!

Einige Schwierigkeiten bereitet mir aber die Unterbringung des unerwarteten Gastes. Unangemeldetes Kommen ist auch für Afrika eine bedenkliche Sache.

Freilich, ein ganzes Spital, wie es der Helfer meinte, ist nicht zu bauen. Aber wenn er bei mir fertig ist, werden ihn hiesige Firmen sicher darum angehen, Bauten für sie auszuführen. Bauleiter sind hier gesuchte Persönlichkeiten, aber nur, wenn sie, wie es bei Herrn Schatzmann der Fall ist, selber mit Hand anlegen können und mit den Eingeborenen gut umzugehen wissen. Schon fängt man an, sich bei mir nach ihm und dem Termin seiner Abkömmlichkeit zu erkundigen.

Ein trauriger Fall ereignet sich dieser Tage. Ein Dysenteriekranker, der sich nicht auf seinen Füßen halten kann, erschlägt seinen Nachbar, der ein ebenso armes Gerippe ist wie er. Er meinte, er wolle ihm Essen wegnehmen. Manche Dysenteriekranke nämlich haben bis zum letzten Tage guten Appetit. Wir lassen den Mörder, der keinerlei Reue über seine Tat zeigt, unbehelligt, weil vorauszusehen ist, daß er seinem Opfer in einigen Tagen in den Tod folgen wird, was auch geschieht.

Am 16. April verlassen uns Herr und Frau Herrmann, um auf Urlaub nach Europa zu gehen. Zu lange halten sie sich am Ufer damit auf, schwarze Hände zu drücken. Als wir mit dem Motorboot gerade in den Hauptstrom einbiegen und noch drei Kilometer vom Halteplatz des Flußdampfers entfernt sind, setzt sich dieser in Bewegung. „Tack Sa Mycket" ist nicht schnell genug, um den Dampfer einzuholen, und auch nicht groß genug, um alles Gepäck, das mit Kanoes bereits voraus-

geschickt ist, mitzunehmen. Zum Glück findet sich ein größeres und schnelleres Motorboot, womit die Reisenden das
Schiff einholen. Bei der Heimkehr kommen wir uns ganz ver-
waist vor.

In der zweiten Hälfte April wird tüchtig operiert. Gar viele
Leute warten seit Wochen hier, bis die Reihe an sie kommt,
und müssen während dieser Zeit samt ihren Begleitern ernährt
werden. Doktor Lauterburg hat reichlich Gelegenheit, festzustellen, daß die Hernienoperationen hier im Durchschnitt mehr
Schwierigkeiten bieten als in Europa, weil man fast immer auf
ausgedehnte Verwachsungen stößt. Dies rührt wohl von den
mannigfachen Versuchen her, die die Schwarzen unternehmen,
um die Hernien wegzubringen, wobei dann die Gewebe mißhandelt und gequetscht werden.

Ende April verlieren wir kurz nacheinander zwei Operierte.
Auch sonst haben wir viele Todesfälle unter den Kranken zu
verzeichnen. Unsere Stimmung ist so gedrückt, daß wir uns
zur Arbeit schleppen.

Der Arbeit am Hause mit den zehn Zimmern droht Stillstand,
weil wir keine Bretter mehr haben. Wohl liegen Balken da seit
Wochen. Herr Matthieu, ein Holzhändler von Samkita, hat
mir dreißig schöne Hartholzbalken geschenkt aus Erkenntlich-
keit dafür, daß ich einen seiner schwer erkrankten europäischen
Angestellten längere Zeit bei mir in Pflege hatte. Aber sie sind
achtzehn Zentimeter dick, während ich solche von acht Zentimeter brauche. Nun wäre es ein kleines, jeden dieser Balken
der Länge nach in vier von etwa acht Zentimetern zu zersägen.
Das gäbe hundertundzwanzig Balken von dem gewünschten
Maße, womit mir vorerst geholfen wäre. Aber ich finde keine
Säger, obwohl ich seit Wochen danach suche. Brauchte ich
fünfundzwanzig schwarze Schreiber, so würden sich morgen
fünfzig melden. Aber Säger gibt es nicht.

Wie wahr ist es doch, daß die Kultur nicht mit Lesen und
Schreiben, sondern mit dem Handwerk beginnt! Weil es hier

keine Handwerker gibt, ist kein wirklicher Fortschritt möglich. Die Schwarzen lernen Lesen und Schreiben, ohne sich zugleich Handfertigkeit anzueignen. Mit diesen Kenntnissen bekommen sie Anstellungen als Verkäufer und Schreiber und sitzen in weißen Kleidern umher. Das Handwerk aber wird gering geachtet.

Hätte ich etwas zu sagen, so dürfte mir kein Schwarzer Lesen und Schreiben lernen, ohne zugleich Lehrling in einem Handwerk zu sein. Keine Ausbildung des Intellekts ohne gleichzeitige Ausbildung der Handfertigkeit! Nur so wird eine gesunde Basis für den Aufstieg geschaffen. Wie lächerlich kommt es mir vor, wenn ich lese, daß Afrika der Kultur erschlossen wird, weil eine Eisenbahn jetzt bis dahin geht, das Automobil bis dorthin vordringt und ein Flugzeugdienst von da nach da eingerichtet werden soll. Damit ist gar nichts erreicht. „Inwieweit werden die Schwarzen tüchtige Menschen?" Dies ist das einzige, worauf es ankommt. Tüchtig werden sie durch religiöse und sittliche Unterweisung und durch das Handwerk. Alles andere hat erst einen Sinn, wenn dieser Grund gelegt ist.

Und von allen Handfertigkeiten ist die des Sägers wiederum die wichtigste. Der Säger schafft aus den Stämmen Bretter und Balken, aus denen wohnliche Häuser gebaut werden können. Ehe es Sägemühlen gab, haben unsere Voreltern Balken und Bretter von Hand gesägt. Und wenn die Schwarzen nicht denselben Weg gehen, so bleiben sie eben Wilde, mag einer oder der andere als Schreiber auch das Geld verdienen, um seinem Weibe seidene Strümpfe und Schühlein mit hohen Absätzen aus Europa kommen zu lassen. Beide, samt ihren Nachkommen, werden sie ja weiter in Bambushütten wohnen.

Um Balken und Bretter aus einem Baumstamm zu sägen, legt man diesen über eine zwei Meter tiefe und vier Meter lange Grube. Mit einer langen geraden Säge wird er dann von zwei Sägern in Angriff genommen, von denen der eine auf dem Baume, der andere in der Grube steht. Der Weg der Säge ist durch sich entsprechende Striche auf der Ober- und der Unterseite des Baumstamms vorgezeichnet. Die Kunst besteht darin, genau senkrecht zu sägen und oben und unten im Striche zu bleiben. Dies erfordert einige Übung. Zwei gut aufeinander eingearbeitete Säger bringen im Tage etwa zehn Bretter oder Balken fertig.

Dieses für hier wertvollste Handwerk wird als zu einfach und zu anstrengend am wenigsten geachtet. Darum leben die Leute in elenden Hütten, wo sie in Häusern aus Mahagoni wohnen könnten!

Ich selber aber finde nicht einmal zwei Säger zum Zerlegen einiger dicker Balken in dünnere!

Da wird mir durch eine Angina (Halsentzündung) geholfen. Die Dame eines Holzhändlers, der, wie ich weiß, zwei gute Säger hat, kommt Ende April mit einer ziemlich schweren Angina zu uns in Pflege. Da kann der Gatte nicht anders, als die beiden Säger herholen zu lassen und mir zur Verfügung zu stellen. In wenigen Tagen ist die Arbeit getan. Jetzt habe ich hundertundzwanzig Balken. Das neue Haus kann unter Dach gebracht werden.

Am 3. Mai fahre ich mit Herrn Neßmann auf einen nördlich von hier liegenden Holzplatz, wo schwere Dysenterie ausgebrochen ist und eine Reihe von Opfern gefordert hat. Zuerst geht es siebzig Kilometer weit, bis an das äußerste Ende des Sees Azingo. Dann wird das Motorboot verlassen. In zwei kleinen Kanoes fahren wir an die fünfundzwanzig Kilometer einen reißenden kleinen Bach hinauf, wobei wir von Tse-Tse-Fliegen gepeinigt werden. Auf dem Holzplatz untersuchen wir die sämtlichen Arbeiter, geben Anweisung zur Pflege der Leichtkranken und nehmen die Schwerkranken mit uns. Es ist zum ersten Male, daß Herr Neßmann auf einen Holzplatz kommt. Am 5. Mai sind wir wieder in Lambarene, dank dem Motorboot, das die siebzig Kilometer stromaufwärts in einem knappen Tage bewältigte. Auf dieser Fahrt schreibe ich den letzten Brief an meinen Vater. Er kommt nicht mehr in seine Hände. Der Tod ruft ihn an diesem 5. Mai heim.

Während unserer Reise waren Herr Lauterburg und Fräulein Kottmann in großen Sorgen um einen an eingeklemmter Her-

nie operierten Patienten. Zum Glück tritt die Wendung zum
Guten ein.

Am Tage nach unserer Rückkehr wird Herr Lauterburg
durch ein Motorboot zu einer kranken Dame nach N'Gômô
geholt. In strahlendem Mondenschein fährt er hinunter und
bringt nachher die Patientin mit herauf.

Eines Morgens prangt in Ermangelung der Tanne eine mit
Bändern gezierte Palme auf dem First des im Bau begriffenen
Hauses. Es wird Richtfest gefeiert. Für das Haus ist ein doppel-
tes Dach vorgesehen: eines aus Wellblech, zum Schutze gegen
den Regen und, zwanzig Zentimeter unter diesem, eines aus
Blätterziegeln, zum Schutze gegen die Wärme. Das Problem
des durch dieses doppelte Dach erforderten Gebälks hat Herr
Schatzmann in eleganter Weise gelöst.

Aus immer neuen Erlebnissen wird N'Tschinda-N'Tschinda
gewahr, daß Chirurgie in Afrika etwas anderes ist als in Europa.
Beim Streit mit einem anderen – eines Weibes wegen – hat ein
Mann einen Hieb mit dem Buschmesser auf den Vorderarm
empfangen. Die Sippe bringt ihn. Eine Sehnennaht ist notwendig, die unser Chirurg nach allen Regeln der Kunst ausführt. Bei Verletzten, die für sich nicht selber kochen können,
muß immer ein Begleiter zur Dienstleistung zurückbleiben. Ein-
stimmig bezeichnet die Sippe einen Mann zu diesem Amte, der
es auch als ganz selbstverständlich annimmt. Eine rechte Freude
erlebt Herr Lauterburg an seinem Patienten aber nicht, trotz
der schön ausgeführten Sehnennaht. Die Verletzung scheint
gut zu heilen. Aber der Mann fängt an verfallen auszusehen.
Er torkelt, wenn er zum Verbinden kommt, ist benommen und
verliert die Sprache. Etwas ratlos steht N'Tschinda-N'Tschinda
vor einer Infektion, die solche Allgemeinerscheinungen hervorruft, ohne Fieber und bei normal heilender Wunde...., "Vergiftung", äußere ich, als er mich auf den Fall aufmerksam
macht. Wer längere Zeit hier arbeitet, zieht in allen unklaren
Fällen diese Möglichkeit alsbald in Betracht. Unter ehrendem

Vorwand wird der Begleiter, der dem Verwundeten bisher kochte, im Spital beschäftigt. Der Kranke erhält das Essen nur aus der Hand eines unserer Gehilfen. Langsam, sehr langsam gehen daraufhin die Erscheinungen zurück.

Nach einiger Zeit klärt sich der Fall auf. Der von der Sippe zurückgelassene Begleiter ist der Mann, der das Palaver mit dem Patienten hatte und ihn verwundete. Als Buße hat er dieses Amt übernehmen müssen. Dabei ist er der Versuchung unterlegen, es zu mißbrauchen, um den Gegner los zu werden. Trotzdem wir Schweigen beobachten, schöpfen die Verwandten des Patienten Verdacht. Damit sie den Giftmischer nicht töten und ein neues Drama sich dem ersten anreiht, wird er zur persönlichen Dienstleistung bei Fräulein Kottmann ins Doktorhaus hinauf kommandiert, wo er sich bei der Wäsche und beim Wassertragen lieb und anstellig erweist.

Daß in Äquatorialafrika sehr viel mit Gift umgegangen wird, ist nur zu wahr. Eines Tages – die Geschichte liegt einige Monate zurück – kommt ein Kranker in ganz elendem Zustande mit seinen Verwandten an. Auch er hat die Sprache verloren. Zunächst denke ich an allgemeine Blutvergiftung im Anschluß an irgendeine infizierte kleine Verletzung. Aber das Herz ist gut und der Kranke ist zeitweilig wieder so merkwürdig klar, daß die Annahme fraglich wird. Da er Bananen und Reis zurückweist, versuche ich, ihn mit Milch zu ernähren. Aber auch die ihm von den Verwandten dargereichte Milch nimmt er nicht. Da schöpfe ich Verdacht. Ich nehme die Gelegenheit wahr, wo die Verwandten einen Augenblick fort sind, und reiche ihm selber Milch. Gierig trinkt er sie. Daraufhin bekommt er Essen und Trinken nur von der Hand der Heilgehilfen ... und ißt und trinkt. Den Verwandten wird dies so erklärt, daß er besonders zubereiteter Speisen und Getränke bedürfe. Er ist aber nicht mehr zu retten.

Es kommt auch vor, daß ich bei einem Europäer, dessen Zustand ich mir nicht recht erkläre, unter irgendeinem Vorwand die schwarze Bedienung, die mit ihm gekommen ist, ganz ausschalte, weil ich mit der Möglichkeit der Vergiftung rechnen muß. Das will nicht heißen, daß ich gerade Verdacht auf den Koch und den Boy habe. Vielleicht sind sie nur nicht wachsam genug, um von anderen unternommene Vergiftungsversuche zu verhindern.

Mit der Natur der gebrauchten Gifte habe ich mich nicht beschäftigen können. Gewöhnlich handelt es sich um solche, die ganz langsam wirken. Mir genügt, daß ich seit 1913 gepulverte Tierkohle als Heilmittel in einer Reihe von Fällen erprobt habe. Sowie ich Verdacht hege, bekommt der Patient gepulverte Tierkohle – wenn solche nicht vorhanden ist, tut es auch gewöhnliche Holzkohle – in Wasser geschüttelt zu trinken. Verständnisvoll schaut mich Joseph an, wenn ich „das schwarze Medikament" bereite. Vielleicht sind wir einmal genug Ärzte hier, daß einer sich die Zeit zu Untersuchungen über die Gifte nehmen kann.

Auch mit unfreiwilligen Vergiftungen muß ich rechnen. Von den Wurzeln, Rinden und Blättern, die die Schwarzen gegen mancherlei Krankheit anwenden, haben manche die Eigenschaft, daß die Nieren stark reizen, andere, daß sie das Herz angreifen. Wird eine zu starke Menge verabreicht, so kommt das Leben in Gefahr. Wie gar manche Nierenerkrankung, bei der wir uns als machtlos bekennen müssen, geht auf einen eingenommenen Heiltrank zurück. Schlägt das Herz abnorm langsam, so ist anzunehmen, daß der Patient Samen des hier massenhaft vorkommenden Strophantusstrauches erhielt. Es gibt auch Tobsuchtsanfälle, die auf Vergiftung zurückgehen.

Europäer, die sich hier mit Heilmitteln der Eingeborenen behandeln lassen und dies unter Umständen schwer büßen, sind nicht so selten, wie man glauben möchte.

V. SOMMER 1925

Während wir gerade alle Zimmer mit weißen Kranken besetzt haben, kommt die Anfrage, ob einer von uns nach Cap Lopez hinunterkommen könne. Der dortige Arzt leidet an einer schweren eitrigen Handverletzung, die ihn verhindert, einer europäischen Dame, die ihrer Entbindung entgegensieht, die erforderliche Pflege zu gewährleisten. Also fährt Herr Lauterburg am 13. Mai den Fluß hinunter. Die Dame freilich läßt ihn einen Monat lang warten. Während dieser Zeit wird er viel von weißen und schwarzen Kranken in Anspruch genommen.

Am 14. Mai kommt ein Italiener, ein Herr Boles, dem in dem Lagunengebiet südlich von Cap Lopez der Arm von einem Leoparden übel zugerichtet wurde. Er hatte das Tier durch einen Schuß verletzt und folgte der Blutspur, die ihn in eine kleine mit Riedgras bewachsene Talmulde führte. In dem Augenblick, als er den Leoparden so zu Gesicht bekam, daß er noch einmal auf ihn anlegen konnte, erblickten ihn auch die Schwarzen, die er bei dem Verfolgen der Fährte hinter sich gelassen hatte. Das laute Geschrei, das sie zur Warnung ihres Herrn erhoben, reizte den Leoparden, so daß er den Rückzug aufgab und auf den Italiener lossprang, ehe dieser zum Schuß kam. Rückwärts gehend wehrte er ihn mit dem Kolben ab. Dabei kam er zu Fall, und das Tier verbiß sich in seinen Arm, bis die Schwarzen es mit den Lanzen erlegten.

Erst zehn Tage nach dem Unfall trifft der Italiener bei mir ein. Der Arm sieht übel aus und auch das Allgemeinbefinden gibt schon zu Besorgnis Anlaß. Aber Methylviolettverbände, nach ausreichender Eröffnung der Wunde, tun auch diesmal ihre Wirkung.

Yezu, der wegen eitriger Rippenfellentzündung operierte schlafkranke Bendjabi, ist am Sterben. Wir sind sehr traurig, ihn nicht retten zu können. Auch der Tod eines anderen Bendjabi namens N'Dunde geht uns sehr nahe. Er war lange hier und weinte über jeden Toten, den man aus dem Spital zur letzten Ruhe trug. Todesfälle haben wir zur Zeit leider sehr viele. Es hat schon Tage gegeben, an denen wir deren drei verzeichnen mußten. Das kommt daher, daß viele Patienten sterbend eingeliefert werden.

Das Graben der Gräber, womit wir bisher so viel Schwierigkeiten hatten, weil die Schwarzen sich nicht dazu hergeben wollen, wird nun besorgt, ohne daß wir uns aufzuregen brauchen. Wir haben nämlich darüber mit Dominik ein Abkommen getroffen. Für jedes Grab erhält dieser ein bestimmtes Geschenk. Dafür hat er die nötigen vier Leute aufzubringen und die Arbeit zu leiten. Diese vier geben auch die Leichenträger ab. Nach der Beerdigung bekommen sie ein Geschenk und eine besonders große Essensration. Ferner werden sie den ganzen Tag zu keiner andern Arbeit herangezogen.

Daß die Spitalinsassen den Toten das letzte Geleite geben, können wir nicht durchsetzen. Der Friedhof ist ihnen ein so unheimlicher Ort, daß sie sich das Betreten desselben nicht aufnötigen lassen.

Wie wunderbar ist unser Urwaldfriedhof! Herrliche Palmen beschatten ihn. Außer dem Gesang der Vögel dringt kein Laut in diese Einsamkeit.

Särge für die gestorbenen Eingeborenen können wir nicht beschaffen. Wir haben weder die Bretter noch die Schreiner dazu. Sie werden in ein Tuch gehüllt und in zusammengebundene Palmzweige gelegt. So haben sie einen grünen Sarg, der viel schöner ist als einer aus Brettern.

Ende Mai haben wir schon wieder einen Todesfall unter den weißen Patienten. Es ist ein Angestellter eines Holzhändlers, der im Coma zu uns gebracht wurde.

Um dieselbe Zeit werden auch die beiden Dächer des neuen Hauses fertig. Ohne Herrn Schatzmanns Hilfe wären wir noch lange nicht soweit. Den Fußboden, die Bretterwände und die Türen bringt der schwarze Zimmermann zur Not allein fertig … wenn Holz dafür vorhanden ist.

Die größte Handelsgesellschaft des Ogowegebietes trägt Herrn Schatzmann die Leitung aller ihrer Bauten an. Auf mein Zureden entschließt er sich, die schöne und interessante Stelle anzunehmen. Viel lieber aber würde er mir ein ganzes Spital bauen.

In den ersten Junitagen ist der vom Leoparden mißhandelte Italiener soweit hergestellt, daß er sich nach Cap Lopez, wo er sein Geschäft hat, zurückbegeben kann. Ich begleite ihn, um mich einige Zeit am Meer zu erholen. Seit einem Jahre habe ich auch nicht einen Tag ausgespannt.

Aus der Erholung wird aber nicht viel. N'Tschinda-N'Tschinda hat uns in Cap Lopez einen so guten Namen gemacht, daß ich fort und fort von Kranken in Anspruch genommen werde. Besonders viel zu tun geben mir im Hafen liegende Schiffe, auf denen Dysenterie ausgebrochen ist. Sie geht auf schmutziges Wasser zurück, das die Leute in einem Hafen weiter südlich zu trinken bekamen.

Unterdessen verlieren wir einen Mann, der auf die Operation seines großen Elefantiasistumors wartet. Eine Lungenentzündung rafft ihn dahin. Der Beginn der trockenen Jahreszeit ist die Zeit der Lungenentzündungen.

Auch ein Fall von Tetanus verläuft tödlich. Tetanus ist hier eine große Seltenheit.

Große Genugtuung bereitet es Herrn Neßmann und Herrn Lauterburg, daß eine Frau, die von einem Fisch gebissen wurde und mit schwer infiziertem Arm zu ihnen kommt, von selbst um die Amputation bittet. Sie ist aus der Gegend, wo unser operierter Bendjabi den Leuten die Nützlichkeit der Amputation predigt. Auch sie wird geheilt.

Bei einer weißen Dame aus der Gegend von N'Gômô, die wegen Fieber und Kopfschmerz zu uns kommt, entdecken die beiden Ärzte Schlafkrankheit. Bei meiner Rückkehr ist die Patientin bereits auf dem Wege der Heilung.

Gleichzeitig ist eine andere weiße Dame zur Entbindung in unserem Spital; sie kehrt mit einem Knaben heim.

Eine Europäerin, die ich vor Monaten im Wochenbett gepflegt habe, kommt mit ihrem Kinde geisteskrank aus dem Innern, von ihrem Manne begleitet. Zum Glück sind jetzt bereits Zimmer im neuen Hause fertig, so daß ich sie bis zu ihrer Abfahrt nach Europa bei mir unterbringen kann. Es handelt sich um einen sehr schweren Fall.

Gegen Ende Juni häufen sich die Fälle von Dysenterie (Ruhr) in beängstigender Weise. Wir wissen nicht mehr wohin mit den Kranken. Bekanntlich gibt es zwei Arten von Ruhr, die sogenannte Amöbenruhr, die nur in den heißen Ländern vorkommt, und die Bazillenruhr, die überall heimisch ist.

Die Amöbenruhr wird durch Amöben, das heißt einzellige Lebewesen hervorgerufen, die sich im Dickdarm ansiedeln und sich in ihn hineinbohren, wodurch blutende Geschwüre entstehen. Das Mittel gegen frische Amöbendysenterie ist Emetin, ein Stoff, der aus der Ipecacuanharinde gewonnen wird und seit 1912 in Anwendung ist. Acht bis zehn Zentigramm Emetin in sterilem Wasser gelöst werden an mehreren Tagen hintereinander unter die Haut gespritzt. Nach einer Pause von mehreren Tagen erfolgt eine neue Kur. Zur Heilung sind mindestens zwei Gramm des außerordentlich teuren Stoffes erforderlich. In chronischen Fällen hilft Yatren besser als Emetin.

Gegen die Bazillenruhr, die durch Bakterien hervorgerufen wird, sind wir nicht so gut gewappnet. Hier versucht man alles mögliche, aber ohne befriedigenden Erfolg.

Beide Arten von Ruhr treten auch miteinander auf. Früher herrschte hier hauptsächlich Amöbenruhr. Jetzt aber haben wir es oft mit gemischter Ruhr zu tun, besonders bei den Leuten, die von den Holzplätzen kommen.

Welche Arbeit geben uns die Ruhrkranken, die sich nicht mehr bewegen können und alles beschmutzen, wo sie sitzen und liegen! Manchen muß sogar das Essen eingegeben werden, da sie zu kraftlos sind, den Löffel zum Munde zu führen. Doppelt schwer ist die Pflege dieser Armen, weil die Eingeborenen uns dabei nicht zur Hand gehen. Für Hantierung mit Ekel erregenden Dingen sind sie nicht zu haben. So müssen wir alles selbst tun. Findet sich einmal ein Schwarzer, der uns darin beisteht, so wird er mit Geschenken erdrückt, und in Lob erstickt.

Unsere große Sorge ist, die Verseuchung des Spitals mit Ruhr zu verhindern. Wer Wasser oder Nahrung genießt, die irgendwie durch Darmentleerung von Dysenteriekranken verunreinigt wurde, bekommt Ruhr. Wer seine Hand in verunreinigtem Wasser wäscht oder verunreinigte Erde damit berührt, kann Ruhr bekommen, wenn er mit den Fingern an den Mund kommt. Wer das Kochgeschirr in verunreinigtem Wasser putzt, kann sich ebenfalls anstecken.

Also heißt es darauf achten, daß die Dysenteriekranken nichts verunreinigen und nicht mit den anderen Kranken zusammenkommen. Ich sollte Baracken für sie allein haben. Aber ich habe sie nicht. Nicht einmal über den Platz, um sie zu bauen, verfüge ich. Das einzige, was ich tun kann, ist, in den bestehenden Baracken Bretterverschläge für die Dysenteriekranken einzurichten. Sie dauernd in diesen, der Sonne und dem Licht kaum zugänglichen Gelassen zu halten, ist unmöglich. Sowie ich sie aber an die Sonne lasse, verunreinigen sie in gewissenlosester Weise alles, wohin sie kommen. Da helfen keine Vermahnungen, da versagt jede Aufsicht. Könnte ich nur einen eingezäunten Raum für sie schaffen!

Vergebens predigen wir den Leuten des Spitals Vorsicht. Sie sollen nur Wasser gebrauchen, das an der Quelle geholt wird. Doch der Fluß ist nur zwanzig Schritt weit, die Quelle aber über Hundert. Also holt man Wasser am Fluß statt an der Quelle. Es ist verboten, mit Dysenteriekranken gemeinsame Küche zu machen. Man kocht aber doch mit ihnen und ißt aus dem Gefäß, in das sie mit ihren beschmutzten Fingern hineinfahren.

Ein wegen Fußgeschwür gepflegter Bendjabi hat unter den Dysenteriekranken einen Mann aus seiner Gegend entdeckt, dessen Lager und Kochtopf er nun teilt. Man holt ihn heraus und klärt ihn über die Gefahr auf. Am Abend ist er wieder im Verschlag der Dysenteriekranken. Immer wieder daraus entfernt, findet er immer wieder Wege hineinzukommen, „Willst du dir den Tod holen?" frägt ihn Herr Neßmann. „Lieber bei dem Bruder sein und sterben, als den Bruder nicht sehen", lautet die Antwort. Das Heimweh ist stärker als die Angst vor dem Tode. Natürlich läßt sich die Dysenterie dieses Opfer nicht entgehen.

Seitdem wir zu dritt sind und dadurch Zeit finden, das Mikroskop ausgiebig zu Rate zu ziehen, stellen wir fest, daß die Hakenwurmkrankheit (Ankylostomiasis) hier viel verbreiteter ist, als

wir glaubten. Bekanntlich wurde die Aufmerksamkeit erstmalig
auf diese Krankheit gelenkt, als beim Graben des Gotthardtun-
nels viele Arbeiter an schwerer Blutarmut zu leiden anfingen. Als
Ursache entdeckte man kleine Würmer von etwa einem Zentimeter Länge im Dünndarm. Nachher stellte sich heraus, daß
diese Krankheit überall da vorkommt, wo Menschen in feuchter
und der Kälte nicht ausgesetzter Erde hantieren, wie dies in
Tunnels, Bergwerken und heißen Gegenden der Fall ist.

Merkwürdig ist der Weg, den die Infektion nimmt. Die
Larve, aus der sich der Wurm entwickelt, lebt im Wasser oder
in feuchter Erde. Aber nicht mit dem Trinkwasser durch den
Mund, sondern durch die Haut hindurch dringt sie in den Körper des Menschen ein. Zuerst hält sie sich in der Lunge auf.
Nachher siedelt sie in den Dünndarm über, wo sie sich zum
Wurm entwickelt. Schutz gegen diese Erkrankung gibt es
nicht. Man kann sie sich ja durch Waschen der Hände in scheinbar sauberem Wasser holen.

Der Verlauf der Infektion mit Ankylostomaparasiten ist
durch Darmstörungen, zunehmende Schwäche und Blutarmut
gekennzeichnet. Ständig verliert der Kranke Blut durch die
Verletzungen, die die an der Darmschleimhaut haftenden
Würmer hervorrufen.

Wo also ein Kranker, ob weiß oder schwarz, über Blutarmut und Schwäche klagt, muß man feststellen, ob er nicht
Träger dieser Parasiten ist. Zu diesem Zwecke untersucht man
seine Darmentleerungen mit dem Mikroskop auf Eier dieses
Wurmes. Die Eier finden sich darin sehr zahlreich. Die Würmer
selbst sind viel seltener.

Wie schön, wenn sich der elende Zustand als Ankylostoma-
krankheit erklärt! Dies will ja heißen, daß das Übel verhältnismäßig einfach zu beheben ist. Durch mehrmaliges Einnehmen
von Thymol oder Tetrachlorkohlenstoff werden die Würmer
vertrieben und der Kranke blüht wieder auf. Dabei sind diese
Mittel nicht einmal besonders teuer.

Aber die Behandlung erfordert Vorsicht. Der Patient, der
Thymol bekommt, muß sich während der Kur des Alkohols

und des Fettes enthalten, weil diese Stoffe das Thymol lösen. Thymol ist ein Gift. Da es sich aber in Wasser nicht löst, geht es durch den Darm, ohne resorbiert zu werden. In Alkohol oder Äther gelöst, wird es resorbiert und entfaltet seine gefährlichen Eigenschaften. Darum wird jeder Kranke, der diese Kur bei uns durchmacht, für zwei oder drei Tage isoliert und streng beobachtet. Nicht einmal bei den Europäern kann ich sicher sein, daß sie von sich aus die Vorsichtsmaßregeln beobachten. Einer von ihnen hat deswegen einmal eine sehr üble Herzschwäche erlebt. Zum Glück hatte ich ihn, meinem Grundsatz gemäß, ständig unter Augen und konnte rechtzeitig einschreiten.

Bei Tetrachlorkohlenstoff besteht die Gefahr darin, daß das Mittel nicht rein ist, sondern noch Spuren von Schwefelkohlenstoff enthält.

Unsere durch das Zunehmen der Dysenterie sehr gedrückte Stimmung wird durch Nachrichten von schwerer Hungersnot flußaufwärts noch gedrückter. Vornehmlich sind die an Kamerun grenzenden, durch den Karawanenweg N'Djole-Boue-Makoku durchzogenen Gebiete betroffen. Die letzte Ursache dieser so schweren Hungersnot sind die Regen, die in der trockenen Jahreszeit 1924 niedergingen. Sie verhinderten, daß der umgehauene Wald trocken wurde und verbrannt werden konnte. Die Gewohnheit aber will, daß man nur da pflanzt, wo man Wald abgebrannt hat. Damit sind Holz und Gestrüpp weggeschafft und der Boden durch Asche gedüngt. Macht Regen dieses Verfahren unmöglich, so legt man einfach keine Pflanzung an, unbekümmert um die Folgen. So wurde es dort oben gehalten, so auch bei uns. In unserer Gegend hat man, als die Regen anhielten, nicht einmal den Wald umgehauen.

Dabei ist das Anlegen der Pflanzung durch die Regen gar nicht unmöglich, sondern nur beschwerlicher gemacht. Statt Holz und Gebüsch zu verbrennen, braucht man es bloß auf Haufen zusammenzutragen, um dann auf den freien Plätzen zwischen den Stämmen und den Haufen zu pflanzen. Weil man sich dazu nicht entschloß, hat man jetzt keine Pflanzungen, die Frucht tragen.

Bei uns macht sich diese Tatsache nicht so empfindlich bemerkbar, weil auf der schiffbaren Strecke des Ogowe die Versorgung mit Reis aus Europa und Indien möglich ist. Im Innern aber, wo der Reis Hunderte von Kilometern weit durch Träger herbeigeschafft werden müßte, kann er zur Ernährung der Bevölkerung nur in ganz beschränktem Maße in Betracht kommen. Darum ist dort schwere Hungersnot, während sie hier gelinde ist. Wäre beim Beginn der Hungersnot rechtzeitig Mais angepflanzt worden, so hätte das schlimmste vermieden werden können. Mais gedeiht hier ausgezeichnet und trägt im vierten Monat schon Frucht. Als aber die Nahrungsmittel knapp wurden, verzehrten die Eingeborenen den Mais, der hätte gesät werden sollen. Voll wurde das Unglück dadurch, daß die Bewohner der am schwersten betroffenen Gegenden in Gebiete zogen, in denen es noch einige Lebensmittel gab, und dort die Pflanzungen plünderten. Dadurch kamen auch diese ins Elend. Jetzt hat niemand mehr den Mut, etwas zu pflanzen. Es wäre ja doch nur für die Räuber. Willenlos sitzen die Leute in den Dörfern und erwarten ihr Schicksal.

Dieser Mangel an Spannkraft und dieses Unvermögen, sich schwierigen Verhältnissen anzupassen, sind typisch für die Eingeborenen Äquatorialafrikas und machen aus ihnen bemitleidenswerte Geschöpfe. Wohl ist keine Pflanzennahrung vorhanden. Aber im Wald und in den Steppen wäre Fleischnahrung zu holen. Zwanzig mit Buschmessern und Lanzen bewehrte Männer könnten eine Wildschweinherde umstellen und ein Tier erbeuten. Die hiesigen Wildschweine sind viel weniger gefährlich als die europäischen. Aber die hungernden Schwarzen raffen sich dazu nicht auf, sondern bleiben in den Hütten sitzen und erwarten den Tod, weil eben Hungersnot ist. Hier gilt nicht „Not macht erfinderisch", sondern „Not macht blöde".

Ein Herr aus dem Hungergebiet, so wird mir erzählt, hat einen schwarzen Jäger, der mit seinem Gewehr sonst viel erlegt. Statt bei Ausbruch der Hungersnot mit vermehrtem Eifer auf die Jagd zu gehen, hockt er mit den andern in der Hütte, um mit ihnen Hungers zu sterben, wo er sie mit der Munition, die ihm sein Herr zur Verfügung stellt, erretten könnte. Bananen und Maniok gehören zur Nahrung. Also kann man ohne sie nicht leben. Durch diese Logik hypnotisiert, liefern sich jetzt Hunderte und Hunderte dort oben dem Tode aus.

Ende Juli erneuere ich das Blätterdach meines Wohnhauses, das durch unzählige große und kleine Löcher Sonne und Regen durchläßt. Die dazu erforderlichen dreitausend Blätterziegel haben wir im Verlauf der letzten Monate zusammengebracht. Das Verdienst dabei kommt Herrn Neßmann zu, der das Talent hat, den Patienten den Blätterziegeltribut noch überzeugender ans Herz zu legen als ich.

Wo aber die dreißig Leute hernehmen, die zu dieser Dachdeckerarbeit nötig sind? Im Spital haben wir zur Zeit fast nur Schwerkranke und Ganzinvalide. Auf gut Glück entschließe ich mich, am Sonntagnachmittag in die Dörfer jenseits des Flusses zu gehen. Ob ich Leute finde? Meine Hoffnung ist gering, denn es ist die Zeit, wo alle Männer auf den Holzplätzen in den Wäldern sind. Aber siehe da, eines großen Palavers wegen sind sie in die Dörfer zurückgekommen. Ich treffe sie, wie sie unter einem großen Baume dem schwarzen Advokaten zuhören. Von Gruppe zu Gruppe gehend, überrede ich einige, mir gleich am Montag für das Umdecken des Daches zu Hilfe zu kommen. Meinen Weg fortsetzend, stoße ich auf die Ruderer von Herrn Rochowiack, die ganz trübselig dasitzen. Ein Nilpferd hat in der vergangenen Nacht, als sie auf dem Wege nach Lambarene waren, ihr Boot umgeworfen. Wäre das Unglück nicht in der Nähe einer Sandbank geschehen, so wären sie alle ertrunken, da sie aus dem Innern sind und nicht schwimmen können. Jetzt haben sie eine solche Angst vor dem Wasser und den Nilpferden, daß es mir nicht schwer wird, sie zu überreden, für ein oder zwei Tage auf meinem Dache in Sicherheit zu sein und dabei ein Geschenk zu verdienen. Bei dem Unfall ist ihre ganze Habe im Wasser verloren gegangen.

Also wird das Dach am Montag in Angriff genommen und in einigen Tagen umgedeckt. Nachher werden unsere Kanoes ans Land gezogen, um ausgebessert und neu geteert zu werden. Alle diese Arbeiten müssen noch in der trockenen Jahreszeit vor sich gehen. „Jetzt ist jeder Tag drei Tage wert", sagt Frater Silvanus von der katholischen Mission, der uns so freundlich mit Gemüse aus seinem großen Garten versorgt. Wir haben ja keinen Platz, um einen Garten anzulegen, und vorläufig auch keine Zeit, um einen zu bepflanzen. Leider sind es nur wenige Wochen, in denen uns Frater Silvanus mit Gemüse, Bohnen und Kohl beglücken kann. Der Garten trägt nur während der trockenen Jahreszeit. In der Regenzeit muß er brach liegen, weil Gemüse und Kohl in der großen, heißen Nässe nicht gedeihen.

Anfangs August geht Herr Neßmann zur Erholung auf drei Wochen nach Kap Lopez hinunter. Ein kleiner Flußdampfer nimmt ihn mit. Überall, wo sie anlegen, wird er von ehemaligen Patienten begrüßt und von neuem in Anspruch genommen. In Cap Lopez geht er zu den norwegischen Walfischfängern, die in dieser Jahreszeit dort ihrem Gewerbe nachgehen. Jetzt kommen nämlich die Wale aus dem südlichen Meere bis an den Äquator, um der Kälte zu entgehen. Auf der südlichen Halbkugel ist es zur Zeit ja Winter. Südwind bringt uns Kühle zu.

Dieser Tage trifft aus dem Innern ein Mann mit einem großen Elefantiasistumor ein, um sich operieren zu lassen. Tippoy, so ist sein Name, hat sich an die fünfhundert Kilometer weit hergeschleppt. Er kann nur in ganz kleinen Schritten gehen. Streckenweise führte sein Weg durch das Hungergebiet.

Ein Mann, den wir von einem solchen Tumor befreit hatten, jagt den Leuten seines Dorfes Schrecken ein. Wie er leichten Schrittes und verjüngt wieder unter sie tritt, meinen sie, es sei sein Geist und laufen auseinander. Er erzählt es uns selber, als er uns eine Ziege zum Geschenk und neue Patienten zum Operieren zuführt.

Ganz dankbar sind freilich nicht alle Elefantiasispatienten, die bei uns Hilfe gefunden haben. Einer von ihnen wird von Dominik angehalten, wie er sich mit einer Decke und einem Moskitonetz des Spitals am Sonntagnachmittag davonmachen will.

Anfang September kommt wieder ein Europäer mit beginnender Schlafkrankheit zu uns. Der Fall ist außerordentlich interessant, weil der Patient erst seit dreieinhalb Wochen in der Gegend ist und vorher nie in einer Kolonie weilte. Hier ist also sicher, daß die Infektion ganz kurz zurückliegt. Dabei sieht der Herr schon ganz verfallen aus. Er trägt die Leidensmaske, die für den Gesichtsausdruck bei fortgeschrittener Schlafkrankheit charakteristisch ist. Einen so stürmischen Verlauf der Krankheit habe ich noch nie beobachtet. Nach dreiwöchentlicher Behandlung fühlt er sich wie neugeboren.

Eine solche ans Wunder grenzende Heilung gibt wieder neuen Mut zur Arbeit. Wir brauchen ihn. Durch die noch immer zunehmende Dysenterie gestaltet sich die Tätigkeit im Spital immer schwieriger. Wir sind alle erschöpft und entmutigt. Vergebens suchen wir die Verseuchung des Spitals aufzuhalten. Schon haben mehrere Patienten, die wegen anderer Krankheiten kamen, bei uns Dysenterie bekommen. Einige davon konnten wir nicht retten. Auch Operierte, die gerade entlassen werden sollten, haben dasselbe Schicksal gehabt. Mit welcher Angst fragen wir jeden Morgen in der Baracke der Operierten nach, ob sich bei niemand Durchfall eingestellt hat! Wenn jemand vertrauensvoll kommt, sich unserm Messer anzuvertrauen, wird mir bange. Wird er nicht ein Opfer der Dysenterie werden?

Vergebens reiben wir uns auf, die Polizei im Spital zu machen, damit die zur Vermeidung der Dysenterie erlassenen Vorschriften einigermaßen befolgt werden. Die Verständnislosigkeit unserer Wilden für derlei Dinge macht alle unsere Bemühungen illusorisch. Eines Abends treffe ich eine Frau, die beim Landungsfloß, wo das Wasser am schlimmsten verunreinigt ist, eine Flasche füllt. Es ist die Frau eines Operierten, die Trinkwasser für ihren Mann holt. Sie benutzt die Dunkelheit, um am verbotenen Orte zu schöpfen. Die Quelle ist ihr zu weit.

Das Schlimmste ist, daß die Kranken jetzt anfangen, ihre Dysenterie zu verheimlichen. Sie wollen nicht unter Aufsicht stehen und in ihrer Freiheit behindert sein. Die andern Kranken verraten sie nicht, sondern helfen mit, uns in Unkenntnis zu erhalten. Bei einem frisch Operierten stellt sich heraus, daß er Dysenterie hat. Er hatte sie schon vorher, verheimlichte es aber, weil er wußte, daß wir keine Leute mit Dysenterie operieren.

Durch die Mehrarbeit, die uns die Dysenteriekranken bereiten, ist unser Personal ganz erschöpft. Erstaunlich ist, daß die Heilgehilfen überhaupt noch mitmachen. Mit so nervösen Ärzten zu arbeiten, wie wir es sind, ist wirklich keine Lust.

Natürlich benutzen die Bendjabis die Zeit, wo wir so viel Arbeit und Sorge haben, um sich von ihrer schlimmsten Seite zu zeigen.

Eines Tages, in der Verzweiflung über Leute, die eben wieder unreines Wasser geschöpft haben, lasse ich mich im Konsultationszimmer auf einen Stuhl fallen und stöhnte: „Was bin ich doch für ein Dummkopf, daß ich der Doktor solcher Wilden geworden bin!" Mild läßt sich Joseph vernehmen: „Ja, auf Erden bist du ein großer Dummkopf, aber nicht im Himmel." Er liebt es, Sentenzenen von sich zu geben. Wenn er uns nur in den Maßnahmen gegen die Ausbreitung der Dysenterie besser unterstützte.

In dieser schweren Zeit verläßt mich Minköe, der angehende Heilgehilfe, der vorerst noch als Vorarbeiter beim Bauen und Einrichten der Krankenbaracken mitzutun hat. Er findet, daß diese Beschäftigung unter seiner Würde ist. Auch haben ihm Leute eingeredet, daß ein so begabter Jüngling nicht als Handlanger und Heilgehilfe beim Doktor verkümmern dürfe. Also entschließt er sich, die „Höhere Schule" zu besuchen, die im November auf der hiesigen Missionsstation ihre Pforten auftun wird. Um die bevorstehende Weisheit gut aufnehmen zu können, muß er aber vorerst noch seinen Kopf ausruhen lassen.

Darum verläßt er mich schon jetzt, wo wir alle Hände voll zu
tun haben, wenn wir die dringendsten Arbeiten noch vor Einbruch der Regenzeit fertigbringen wollen. Während er die
Laufbahn der Intellektuellen beschreitet, muß ich mich nun
wieder ganz um die Beschaffung von Hartholzknüppeln und
Bambus bekümmern und tagelang an seiner Stelle Hammer
und Säge führen.

Trotz des Schmerzes, den er mir antut, bewahre ich ihm ein
gutes Andenken. Er hat mir treu gedient und sich für das, was
ich in den Tagen seiner Krankheit für ihn tat, dankbar gezeigt.

Der schwarze Zimmermann hält aus. Der Raum für die
Reserveapotheke ist fertig und auch bereits mit Schäften ausgestattet. Nun können die vielen Kisten mit den Vorräten an
Medikamenten ausgepackt werden. An Josephs Zimmer fehlen
nur noch Türen und Läden.

Bereits muß ich wieder neue Bestellungen machen. Es kann
ja über ein halbes Jahr dauern, bis sie ankommen. Überdies
setzt zur Zeit eine derartige Preissteigerung ein, daß ich gut
tue, mich baldigst und für möglichst lange mit allem Notwendigen zu versehen. Darum kaufe ich jetzt auch bedeutende
Quantitäten Wellblech ein. Mit der Zeit will ich auf allen Gebäuden des Spitals die Blätterdächer durch Wellblechdächer ersetzen. Blätterdächer müssen alle drei Jahre erneuert und ständig unterhalten werden. Im Laufe von wenigen Jahren gibt
man dann geradesoviel aus, als wenn man Wellblech genommen hätte, und hat obendrein noch die Mühe der Beschaffung
von Blätterziegeln gehabt. Wieviel Stunden brachte Herr Neßmann mit dem Parlamentieren für die Blätterziegel des Daches
unseres Wohnhauses hin! Wieviel Rudermannschaften mußten
wir ernähren und beschenken, um dieses Material herzu-
schaffen!

Mitte September gehen schon die ersten Regen nieder. Jetzt
heißt es alles Bauholz ins Trockene bringen. Da wir gerade fast
keine arbeitsfähigen Männer im Spital haben, schleppe ich
selber Balken und Bretter mit zwei Getreuen. Dabei kommt
mir ein Schwarzer in weißen Kleidern zu Gesicht, der als Be-

such bei einem Kranken sitzt. „Heda, Kamerad", rufe ich, „willst du uns nicht ein wenig helfen?" „Ich bin ein Intellektueller und trage kein Holz", lautete die Antwort. „Hast du Glück", erwidere ich; „auch ich wollte ein Intellektueller werden, aber es ist mir nicht gelungen."

VI. HERBST 1925

Zum Elend der Dysenterie kommt nun noch ein anderes: die Hungersnot. Tatsächlich existiert sie seit Beginn des Sommers. Aber sie wurde durch die Reiszufuhr verdeckt. Nun stockt diese, und alsbald ist die Not da.

Schon im Verlaufe der letzten Monate wurde der Reis knapp. Man dachte aber, daß dies vorübergehend sei. Seit Ende September ist der Ernst der Situation aber nicht mehr zu verkennen.

An dem unheilvollen Reismangel sind mehrere Umstände schuld. Zunächst einmal haben die hiesigen Kaufleute den Ausfall von Bananen und Manioknahrung, der infolge des im letzten Jahre unterbliebenen Anpflanzens unvermeidlich war, nicht richtig eingeschätzt und von vornherein viel zu wenig Reis bestellt. Sodann hat ein Schiff, das mehrere tausend Tonnen Reis für die afrikanische Westküste trug, Havarie erlitten, wobei die Ladung naß wurde und verdarb. Andere Schiffe, auch mit Reis befrachtet, verlieren, wie man meldet, durch ungünstiges Wetter viel Zeit beim Löschen auf den schlechten afrikanischen Reeden. Statt jetzt da zu sein, werden sie erst in Wochen eintreffen. Der so gegebene große Ausfall von Reis kann vor Monaten nicht gedeckt werden. Die einsetzende Panik und die damit gegebene stürmische Nachfrage nach der kostbaren Ware machen die Sache nur noch schlimmer.

Am übelsten daran sind die kleinen Holzhändler, die sich auf regelmäßige monatliche Lieferungen verließen und auf

ihren fernen Posten von dem Unheil erst erfuhren, als es schon
da war.

Die Ernährung der Kranken des Spitals ist vorläufig gesichert. Im Juni und Juli, bei den ersten Anzeichen von Reis-
knappheit und auch in Erwartung der Preissteigerung, haben
wir uns auf alle Fälle einen eisernen Vorrat von zweitausend-
fünfhundert Kilo zugelegt. Im Vertrauen auf die Treue der
Freunde in Europa wagten wir den großen Kauf. Ohne die
durch das neue Haus gebotenen Räume hätte ich nicht an die
Aufstapelung so vieler Reissäcke denken dürfen. Ohne das
Motorboot hätte ich sie nicht in der gebotenen Eile transportieren können. Sowie der Reis gekauft war, mußte er nämlich
auch abgeholt werden. Sonst lief er Gefahr, nachträglich ander-
weitig noch einmal vergeben zu werden. Mit unserem Vorrat,
um den wir allerorts beneidet werden, halten wir uns, so gut es
gehen will, über Wasser. Sowie man von ferne das Tuten eines
Dampfers oder Dämpferchens hört, fahre ich mit dem Motorboot in den großen Flußarm hinüber, wo die Faktoreien sind,
um bei der Teilung des etwa angekommenen Reises mit be-
rücksichtigt zu werden. Ach, wie oft bringt das Schiff alles
mögliche, nur keinen Reis!

Langsam erschöpft sich unser nicht mehr genügend erneuer-
ter Vorrat. Die Zahl der täglich zu beherbergenden und zu er-
nährenden Kranken ist ja von Monat zu Monat gestiegen und
nach und nach auf hundertundzwanzig und darüber hinaus-
gegangen. Dazu das Personal. Sechzig bis achtzig Kilo Reis
müssen wir im Tage rechnen, wenn nicht mehr. Bananen sind
ja überhaupt nicht mehr zu finden. Mehrmals kommt es uns
vor, daß wir nur noch für einige Tage versehen sind. Immer
aber gelingt es mir im letzten Augenblick, irgendwo etwas
Reis aufzutreiben. Das Hauptverdienst dabei kommt dem
Motorboot zu.

Wie die Auflösung des Spitals vor sich zu gehen hätte, wenn
unsere Vorräte vollständig zu Ende wären, kann ich mir nicht
ausdenken. Viele Kranke sind hundert oder hundertfünfzig
Kilometer von hier zu Hause, wenn sie nicht noch weiter weg

wohnen. Eine Möglichkeit, sie heimzuschaffen, sehe ich nicht. Ich bringe es nicht einmal fertig, geheilte Kranke so schnell, als wünschenswert wäre, loszuwerden. Gar mancher fällt uns und unseren Reisvorräten noch acht bis zehn Tage zur Last, bis sich endlich ein Kanoe oder ein Motorboot findet, das in seine Gegend fährt. Sie haben es auch gar nicht eilig, von hier fortzukommen. Draußen lauert der Hunger auf sie.

Auf den Holzplätzen sieht es schlimm aus. Auf den meisten ruht die Arbeit. Die Bendjabis ziehen im Wald herum und suchen mit Beeren, Pilzen, Wurzeln, wildem Honig, Palmnüssen und Ananas ihr Leben zu fristen. Ananas wachsen hier ja wild. Manchmal stößt der Trupp auch auf eine aufgegebene Maniokpflanzung, in der man noch nach Maniokknollen graben kann. Ende November tragen dann die Mangobäume Frucht. Sie sind überall zu finden, wo einst Dörfer standen. Im Dezember fängt der Mais, der gleich in den ersten Septembertagen gesät wurde, an, Frucht zu tragen. Auf Bananen ist vor Februar nicht zu zählen.

Erfreulich ist, wie die Holzhändler sich gegenseitig aushelfen. Gar mancher, der sich gerade einige Säcke Reis verschaffen konnte, gibt dem Nachbar davon ab, obwohl dieser sein Konkurrent ist. Ich selber helfe der Mission zu Samkita, zwei befreundeten Holzhändlern und einer englischen Faktorei aus.

Nicht wenig Reis geht leider durch Kentern von Kanoes verloren. Die kleinen Dampfer, die früher den Holzhändlern den Reis brachten, fahren nicht mehr, weil zu geringe und zu unregelmäßige Fracht für sie da ist. So schickt man denn Kanoes von weit her nach Lambarene, die der Zufälligkeit des Wetters und dem Leichtsinn der Schwarzen ausgesetzt sind.

Was für wandelnde Skelette bekommen wir jetzt ins Spital geliefert! Die Dysenterie nimmt immer noch zu. Wie zu erwarten, kommen auch Pilzvergiftungen vor. Daß auch der wilde Honig gefährlich sein könne, erfahren wir als etwas Neues. Von verschiedenen Holzplätzen werden uns in Serien auftretende schwere Erkrankungen und plötzliche Todesfälle gemeldet. Pilze kommen nicht in Frage, weil die Leute keine gegessen haben. Und doch muß es eine Nahrungsmittelvergiftung sein, weil gewöhnlich diejenigen, die miteinander auf die Suche in den Wald gehen, daran erkranken. Ein Holzhändler bringt uns auf die Spur. Er stellt fest, daß auf seinem Holzplatz die so rätselhaft Erkrankten sämtlich wilden Honig gegessen haben. Erkundigungen, die wir daraufhin einziehen, ergeben, daß es sich um Honig einer besonderen kleinen Bienenart handelt, die in hohlen Stämmen und vorzugsweise in den dort anzutreffenden Nestern einer besonderen Ameisenart haust. Der Honig ist schädlich, weil er Ameisensäure enthält. Diese kann schwere Nierenentzündung hervorrufen. Besonders gefährlich ist der Honig für die Wilden dadurch, daß sie ihn in sehr großer Menge essen und die Waben und allen anhängenden Schmutz aus dem Ameisennest mit hinunterschlingen. Zwei Kranke mit Honigvergiftung, die uns von jenem Holzplatze zukamen, können gerettet werden, weil sie bei der Verteilung zu kurz bedacht worden waren. Ihre Nierenentzündung heilt aus.

Leider fehlt uns die Zeit, dieser interessanten Frage nachzugehen. Nach Kräften verbreiten wir in dieser Gegend, daß man jenen Honig, der viel dunkler ist als der gewöhnliche wilde Honig, meiden solle. Wird sich ein Bendjabi finden, der darauf hört?

Mitte Oktober trifft Fräulein Emma Haußknecht als zweite Pflegerin ein. Bisher war sie Lehrerin im Elsaß. Ich kenne sie schon längere Zeit. Vor Jahren bereits hat sie mir ihre Mitarbeit angeboten.

Die neue Pflegerin übernimmt den Haushalt und die weißen Kranken. Damit wird Fräulein Kottmann ganz für das Spital unten frei.

Welche Beruhigung für uns, daß jetzt jemand da ist, der ein Auge auf die Kranken hat und überall nach dem Rechten sieht! Wir selber kommen ja untertags fast nicht aus dem Untersuchungszimmer und der Apotheke heraus. Jetzt ist dafür gesorgt, daß die Dysenteriekranken ihre Suppe erhalten und ihr Lager gereinigt bekommen. Jetzt wird danach geschaut, ob die Kranken haben, was sie brauchen. Alle Palaver, die im Spital vorkommen, werden nun Fräulein Kottmann vorgetragen und von ihr entschieden. Regelmäßig überwacht sie das Austeilen der Essensration, das bisher allzuoft Dominik allein überlassen blieb. Sie kümmert sich darum, daß ständig Feuer unter unserem Vorrat getrockneter Fische unterhalten wird, damit sie nicht verderben und keine Maden hineinkommen. Morgens gibt sie die für die laufenden Arbeiten erforderlichen Schaufeln und Äxte und Buschmesser aus. Abends überzählt sie, ob alle wieder zurückkamen. Auch die Aufsicht über die Kanoes liegt ihr ob. Sie hat das Getüch und die Verbandstoffe unter sich und stellt die Leute zum Waschen an. An den Operationstagen ist sie Operationsschwester.

Daß so nach und nach Ordnung in den Spitalbetrieb kommt, könnte uns neuen Mut zur Arbeit geben, wenn die durch Platzmangel, Dysenterie und Hungersnot geschaffenen Verhältnisse nicht so trostlos wären. Von Tag zu Tag wird das Übel schlimmer. Immer weiter schreitet die Verseuchung des Spitals mit Dysenterie fort. Fast jeden Tag wird ein neuer Kranker entdeckt, der sich angesteckt hat. Und immer noch werden Dysenteriekranke eingeliefert. Letzthin an einem Morgen nahmen wir sechs auf einmal auf.

Ohne daß ich etwas dagegen vermag, schlagen meine Überlegungen eine Richtung ein, in der ich ihnen nicht folgen möchte und doch muß. Die Verlegung des Spitals, gegen die ich mich seit meiner Rückkehr sträube und gegen die ich die Tatsache anrief, daß ich dafür weder Baumaterial noch Arbeitskräfte habe, wird mir nun durch andere, neu auftretende Tatsachen aufgedrängt. Was tue ich denn seit Monaten anderes, als daß ich mich darüber hinwegzusetzen versuche, daß der Platz, der für das frühere Spital von vierzig Kranken genügte, für eins von mehr denn hundertundzwanzig nicht ausreichen kann!

Weil der Platz zu klein ist, kann ich die Dysenteriekranken von den anderen Patienten nicht in erforderlicher Weise absondern. Aus demselben Grunde kann ich für die armen Geisteskranken nicht tun, was ich sollte. Die Zelle, die ich für sie habe – ein dunkles Loch ohne Fenster –, liegt inmitten der Behausungen der Kranken. Über einen abgeschlossenen Raum mit Licht und Sonne verfüge ich nicht. Lärmende Geisteskranke kann ich auf die Dauer nicht beherbergen, weil die anderen Patienten es neben ihnen nicht aushalten. Ich muß sie also gebunden in ihr Dorf zurückbringen lassen, wo sie unter Umständen zu Tode gemartert werden, während sie in meiner Pflege vielleicht gesund würden. Was ich in solchen Fällen leide, habe ich nicht einmal meine Helfer hier ahnen lassen. Hätte ich ein größeres Baugelände, so könnte ich die Geisteskranken fernab von den anderen Kranken unterbringen und meine Pflicht auch an ihnen erfüllen.

Daß wir zum Untersuchen und zur Behandlung der Kranken viel zu wenig und viel zu kleine Räume haben, nehmen meine Helfer ebenso gelassen hin wie ich, weil wir keine Ansprüche machen. Aber die Tatsache, daß hundertundzwanzig Kranke zu besorgen sind statt vierzig, und daß sich drei Ärzte betätigen statt einem, schaffen wir damit nicht aus der Welt. Vor allem fehlt ein Raum für die vielen Verbände, die täglich zu machen sind. Sie müssen im Freien vorgenommen werden, was für die Verbindenden und für die zu Verbindenden große Unzuträglichkeiten mit sich bringt und gegen alle Grundsätze der Medizin verstößt. Wir haben keinen Raum für septische Operationen, keinen für Bakteriologie, keinen für mikroskopische Untersuchungen! Unsere ganze Tätigkeit spielt sich in zwei Zimmern von vier Meter Länge und vier Meter Breite und zwei kleinen Nebenräumen ab, von denen der eine als Apotheke dient, während der andere zugleich Laboratorium und Sterilisationsraum ist. In dem Zimmer, in dem wir Kranke untersuchen, macht Joseph die Einspritzungen, wickeln zwei Schwarze Binden und putzen zwei andere Fläschchen. Das ist ein Stoßen und Drängen wie auf dem Jahrmarkt. Wie sehr unsere Arbeit durch diese Zustände beeinträchtigt wird und wie viel Ermüdung und Nervosität davon herrührt, suchen wir uns vergebens auszureden.

In den Baracken ist der Platzmangel, auch abgesehen von der Dysenteriesorge, betrüblich. Wir können die Sterbenden nicht für sich legen. Nicht einmal einen Platz für die Toten haben wir. Sie bleiben in Krankenbaracken, bis sie auf den Friedhof getragen werden.

Unser Personal kann ich nicht richtig unterbringen. Von Joseph und dem Koch Alois abgesehen, hausen sie in Winkeln und Verschlägen. Um sie zu halten, verspreche ich ihnen, daß ich sie einmal menschenwürdig wohnen lassen werde. Wie dies aber werden soll, ist mir selber dunkel. Könnte ich meinen Angestellten gute Unterkunft bieten, so fände ich, trotz der nicht leichten Arbeit, die Heilgehilfen, deren Fehlen uns in der Arbeit so behindert.

Die Feuersgefahr für unser Spital ist so groß, daß wir uns gar nicht über sie hinwegzutäuschen suchen. Unsere Krankenbaracken und alle unsere Gebäulichkeiten sind derart ineinandergeschoben, daß beim Ausbruch eines Brandes gleich alles rettungslos in Flammen stehen würde.

Soll ich da der Dysenterie zürnen, daß sie mich so unbarmherzig auf das Unzureichende meines Platzes und meiner Gebäulichkeiten stößt?

Die Hungersnot ihrerseits mahnt mich daran, daß es ein ungesunder und gefährlicher Zustand ist, wenn ein Unternehmen, wie mein Spital, nicht auf eigenem Boden steht und nicht von einem Stück Land zum Anbau von Lebensmitteln umgeben ist. Hätte ich zu Anfang des Sommers, als die Hungersnot am Horizont aufstieg, Mais anpflanzen können, so wäre ich jetzt imstande, die Kranken zu einem Teil mit Mais zu ernähren!

In meinem Spital finden sich wohl immer zwanzig oder dreißig Leute, die etwas leichte Feldarbeit verrichten können. Da sind zuerst die Begleitpersonen der Kranken, die ich ja sowieso ernähren muß. Warum sollen sie untätig dasitzen? Wenn sie durch etwas Feldarbeit ihre Ration und die ihres kranken Angehörigen zu einem Teil abverdienen, ist dies nur recht und billig. Dazu kommen soundsoviele Leichtkranke und Genesende, denen etwas Arbeit auch nichts schadet. Kranke mit Fußgeschwüren, die in Überhäutung begriffen sind, haben oft so wenig Beschwerden mehr, daß sie gut einige Stunden beschäftigt werden können. Also bleibt gar manche Arbeitskraft in meinem Spital ungenutzt, weil es kein Land hat.

Bisher hatte diese Überlegung kein so großes Gewicht. Bei vierzig Kranken kamen die verfügbaren Arbeitskräfte viel weniger in Betracht als jetzt, wo es hundertundzwanzig und mehr sind. Auch hatte der Gedanke, sich neben dem Spital noch mit einem landwirtschaftlichen Betrieb zu belasten, nichts Verlockendes, solange man sich noch irgendwie Bananen und Maniok verschaffen konnte. Jetzt aber, da Hungersnot herrscht und mehr und mehr klar wird, daß sie in diesem Lande ein chronisches Übel bleiben wird, bekommt die Sache ein anderes Gesicht. Um zu bestehen, muß das Spital mindestens einen Teil seiner Nahrungsmittel selber hervorbringen. Es geht nicht an, daß wir weiterhin immer auf eingeführten Reis angewiesen bleiben. Dieser kommt viel zu teuer. Und es ist ja nicht einmal sicher, daß immer Reis zur Verfügung steht, wie wir dies ja eben jetzt zur Genüge erfahren. Zudem ertragen die Kranken die ausschließliche Reiskost nicht. Viele kommen ja gerade als Opfer des Reises zu uns. Bananen und Mais sind also auch eine medizinische Notwendigkeit für das Spital.

Bei jeder Gelegenheit halte ich den Insassen des Spitals vor, daß ich die Gaben der Freunde jenseits des Meeres, von denen es lebt, nur unter der Bedingung annehmen darf, daß die Eingeborenen hier ihrerseits alles, was in ihren Kräften steht, für das Spital leisten, sei es in Geld, sei es in Naturallieferungen, sei es in Arbeit. Diesen Grundsatz kehren wir mit Hartnäckigkeit heraus. Den Einsichtigen wird es dargelegt, den anderen auferlegt. Ärzte und Pflegerinnen, sind wir darin miteinander einig. Wir wollen den Gebern des Werkes gegenüber ein gutes Gewissen haben. Das über Erwarten in die Weite und die

Breite gegangene Spital braucht viel. Da soll kein Groschen mehr aufgewendet werden, als nötig ist. Was die Leute der Umgegend und die Spitalinsassen leisten können, müssen sie aufbringen.

Eine Pflanzung neben dem Spital gäbe gar manchen, die sonst nichts als Entgelt für erhaltene Pflege bieten können, Gelegenheit, durch Arbeit Lebensmittel zu schaffen und damit Geld zu ersparen, das für Reis ausgegeben werden müßte.

So kommt im Verlaufe des Oktober der Entschluß bei mir zum Durchbruch, das Spital auf einen größeren Platz und auf eigenen Grund und Boden zu verlegen, und zwar möglichst bald. Bereits habe ich ja das Wellblech für die Dächer. Es sollte zum Verdecken der Baracken des alten Spitals dienen. Nun wird es für die Gebäulichkeiten des neuen verwandt. An Arbeitskräften wird es mir jetzt nicht fehlen. Wer Reis hat, findet zur Zeit Arbeiter. Wie zahm sind heute die Spitalinsassen gegen früher! Sie gehen den Dienstleistungen nicht mehr aus dem Wege, sondern bieten sich dazu an, weil die, die sich betätigen, mehr zu essen bekommen als die anderen.

Auch die zunehmende Teuerung redet ihr gewichtiges Wort mit. Ist überhaupt mit dem Falle zu rechnen, daß das Spital einmal verlegt werden muß, so ist jetzt der letztmögliche Augenblick dafür. Was in drei Monaten gebaut wird, kommt sicherlich schon bedeutend teurer, als was heute entsteht. Also muß ich jetzt an die Arbeit oder für immer auf die Verlegung des Spitals verzichten.

Den gefaßten Entschluß trage ich stumm in mir herum. Auf Fahrten, die ich allein unternehme, besehe ich das Stück Land, das für meine Pläne einzig in Betracht kommen kann. Es liegt drei Kilometer stromaufwärts von hier, auf dem gleichen Ufer, und zwar an der Stelle, wo der Ogowe sich in die beiden Arme teilt. Dort standen einst große Dörfer. N'Kombe, der „Sonnenkönig" – auch in Afrika gab es Sonnenkönige! – wohnte daselbst. Das Land war also früher stellenweise bepflanzt. Der Wald, der es jetzt bedeckt, ist verhältnismäßig jung und die Rodungsarbeit dementsprechend leicht. Weil hier früher Woh-

nungen und Pflanzungen waren, finden sich allenthalben Ölpalmen.

Eine geräumige Talmulde in der Nähe des Flusses gibt einen
guten Platz für das Spital ab. Die sanften Hügel darüber sind
für unsere Wohnhäuser wie geschaffen.

Wie gar manchmal war ich schon auf diesem Platze, auf den
mich Herr Missionar Morel schon bei meinem ersten Aufent-
halte aufmerksam machte. Gleich am Tage nach meiner Rückkehr suchte ich ihn auf und bedauerte, nicht in der Lage zu
sein, das Spital hier neu entstehen zu lassen, statt mich in
seinen Ruinen anzusiedeln. Nun komme ich wieder als einer,
der von Dysenterie und Hungersnot gezwungen wird, sich
dennoch hier niederzulassen.

Dem Gesuch um Bewilligung des Geländes kommt der Bezirkshauptmann in der freundlichsten Weise entgegen. Die zu
erledigenden Formalitäten werden Monate beanspruchen. Aber
in Anbetracht der besonderen Umstände und da wohl von
keiner Seite Einspruch zu erwarten ist, wird es mir provisorisch zur Verfügung gestellt. Ich erhalte etwa siebenzig Hektar
Wald und Busch als „Concession". Dies bedeutet, daß das
Land Staatseigentum bleibt, aber mir zum Bauen und zum Bepflanzen überlassen wird. Was davon bebaut und bepflanzt ist,
wird dann Besitz. Der Rest verbleibt dem Staate. Eine andere
Art des Landerwerbs gibt es in der Kolonie nicht.

Bei meiner Heimkehr vom Bezirkshauptmann rufe ich die
Ärzte und die Pflegerinnen zusammen und eröffne ihnen, was
im Gange ist. Zuerst sind sie starr vor Überraschung. Nachher
brechen sie in Jubel aus. Überzeugt brauchen sie gar nicht zu
werden. Sie sind es von vornherein so viel als ich. Nur wun-
dern wir uns miteinander, wo wir den Mut zu der Sache her
haben. Erstaunt schauen uns die Schwarzen an. Solches Ge-
stikulieren und Durcheinanderreden sind sie an uns nicht gewohnt.

Ich aber denke an das Opfer, das meine Frau und mein
Kind für die Verlegung des Spitals bringen müssen. Für Ende
dieses Winters erwarten sie mich zurück. Nun werde ich aber

kaum vor Beginn des nächsten nach Europa kommen. Ohne mich kann nicht gebaut werden. Für die Anlage des Spitalganzen sind meine Erfahrungen erforderlich. Sind die Bauten einmal unter Dach, so mögen andere die Inneneinrichtung übernehmen.

Daß mein Unternehmen viel größer wird, als ich es plante, und daß Dysenterie und Hungersnot dabei in der Weise mit in Rechnung gesetzt werden müssen, wie es der Fall ist, sind Tatsachen, unter die ich mich beugen muß. Die einstimmige und begeisterte Billigung meines Entschlusses durch die Helfer, die mir so treu und verständnisvoll zur Seite stehen, ist mir die Gewähr, daß ich das Richtige tue.

Schwere Arbeit steht uns bevor. Mögen die Freunde in Europa wissen, daß wir sie, als notwendig und der Sache förderlich, mit Freudigkeit tun. Mögen sie auch wissen, wie dankbar wir ihnen für alles Verstehen und Helfen sind, das sie uns in so ergreifender Weise entgegenbringen. Im Vertrauen auf sie wagen wir, was wir wagen, und unternehmen, was geleistet werden muß, wenn Weh und Leid in diesem unglücklichen Lande wirksam bekämpft werden sollen.

VII. SPÄTHERBST UND WINTER 1925. AUF DEM BAUPLATZ

Um genügend Platz für die Kranken zu haben, um die ansteckenden Kranken isolieren zu können, um Land zur Anlage eigener Pflanzungen zu besitzen, entschließen wir uns im Spätherbst 1925, das Spital drei Kilometer stromaufwärts auf einen größeren Platz zu verlegen. Nachdem der Plan gefaßt ist, kommt er uns so verwegen vor, daß wir ihn noch einige Zeit für uns behalten. Stetig haben wir Angst, er könnte zunichte werden. Wird der einzige schwarze Zimmermann, über den wir verfügen, bleiben? Wird das Baumaterial zusammengebracht werden? Wird sich nicht unerwarteterweise jemand melden, der ältere Rechte auf das von uns verlangte Gelände geltend zu machen hat?

Zunächst gilt es, das uns provisorisch zugesprochene Gelände abzustecken, um den Plan entwerfen zu können, der dem Bezirkshauptmann einzureichen ist. Mit dem Kompaß arbeiten wir uns in den Wald hinein und hauen die Wege zur Vermessung aus. Kommen wir an Sümpfe, so müssen wir uns damit begnügen, mächtige Pfähle in je zwanzig Meter Abstand in den Morast zu rammen. Stößt man auf ein Gebüsch, in dem die gefürchteten roten Ameisen wohnen, so wetteifern Schwarze und Weiße in der Schnelligkeit des Rückzugs. Diese Ameisen hausen in den Zweigen des Gebüschs und fallen in Klumpen auf die Eindringlinge herunter.

Während noch abgesteckt wird, beginnen auch schon die Rodungsarbeiten. Wir müssen ja suchen, möglichst schnell ein Stück Land urbar zu machen, um Mais anzupflanzen. Da wir, der andauernden Hungersnot wegen, voraussichtlich noch auf längere Zeit die Insassen des Spitals mit Reis aus Europa ernähren müssen, handelt es sich darum, ihnen etwas vitamin-reiche Nahrung dazu geben zu können.

Seit Jahren ist erkannt, daß nur der unenthülste Reis die notwendigen Vitamine enthält. Der enthülste – das heißt der Reis, wie er gewöhnlich in den Handel kommt – weist keine mehr auf und ist darum auf die Dauer eine gefährliche Nahrung. Vergebens suche ich mir unenthülsten Reis zu verschaffen. Er ist im Handel nicht zu haben. Ich müßte davon zehn Tonnen auf einmal aus Europa kommen lassen, um überhaupt welchen geliefert zu erhalten. Vielleicht würden ihn dann die Schwarzen gar noch zurückweisen, weil er nicht so weiß aussieht wie gewöhnlicher Reis. Nicht in jeder Hinsicht leben wir also im Zeitalter des Fortschritts. Wichtigste Erkenntnisse der Ernährungswissenschaft vermögen sich praktisch nicht durchzusetzen.

Für das Niederlegen des Waldes wird jeden Morgen alles, was im Spital Hand und Fuß regen kann, aufgeboten, mit Äxten und Buschmessern ausgerüstet und in Kanus drei Kilometer stromaufwärts nach unserem Gelände geschafft. Dieser Trupp besteht aus Männern und Frauen, die als Begleiter von Kranken bei uns weilen. Auch geheilte Kranke sind darunter, die aus Dankbarkeit einige Tage bei uns bleiben und uns bei der Arbeit helfen. Die Leute sind willig, weil diejenigen, die die Arbeit leisten, die volle Essensration bekommen, während die gewöhnlichen Spitalinsassen, soweit es sich nicht um Schwerkranke handelt, sich mit einer Zweidrittelration begnügen müssen. Es gibt aber auch Zeiten, in denen sogar an den Arbeitenden gespart werden muß.

Statt abzunehmen, wird die Hungersnot immer größer. Oft ist mein Reisvorrat fast zu Ende. Sowie man das Tuten eines von Kap Lopez heraufkommenden Schiffes hört, mache ich mich mit dem Motorboot auf den Weg, um ja rechtzeitig zur Verteilung des etwa angekommenen Reises einzutreffen. Eine Viertelstunde nach der Landung ist die kostbare Ladung schon unter die Anwesenden ausgeteilt. Gewöhnlich bringt das Schiff keinen Reis, sondern nur die Nachricht, daß ein

Schiff mit Reis demnächst eintreffen werde. Dieses gemeldete, glückhafte Schiff bringt aber dann auch keinen Reis, sondern hat Tabak, Geschirr, Gläser, Laternen und Grammophone als Ladung. Es vertröstet aber auf eines, das nun sicherlich Reis bringen werde. Wieviel Tage verliere ich in solchem Hin und Her auf dem Flusse! Wie oft fahre ich fort, weil man ein Tuten in der Ferne zu hören glaubte, was sich nachher als Täuschung erweist!

Die Leute, die arbeiten, bekommen nicht nur die Nahrung, sondern auch noch ein Geschenk. Würde ich sie fragen, was sie als Geschenk wünschen, so würden sie einmütig Tabak und alkoholische Getränke verlangen. Zur Zeit, da der Sklavenhandel in dieser Gegend blühte, stellten Tabak und Alkohol, neben Pulver und Blei, die höchsten Sachwerte dar. Diese Geltung haben sie bis heute behalten. Nur schwer haben sich die Leute daran gewöhnt, daß sie bei mir die Geschenke nicht in dieser Form erhalten. Ich gebe nur nützliche Dinge: Löffel – Gabeln werden kaum verlangt –, Becher, Teller, Messer, Kochtöpfe, Schlafmatten aus Rafia, Decken und Stoffe für Kleider und Moskitonetze. Alle zwei Tage etwa bekommen die Leute, die gut gearbeitet haben, einen Geschenkgutschein. Alle zehn Tage ist Geschenkverteilung. Für jeden Gegenstand sind soundso viele Gutscheine erforderlich. Um eine Decke zu erhalten, muß einer seine Gutscheine drei oder vier Wochen lang zusammengelegt haben. Am meisten begehrt sind Messer. Da viele meiner Leute nur ein Lendentuch haben und also über keine Tasche für ein Taschenmesser verfügen, führe ich Messer, die am Ende ein Loch zum Durchziehen einer Schnur haben. An dieser Schnur tragen sie sie um den Hals. Der Knabe, der als Begleiter einer kranken Tante mehrere Wochen im Spital war und tüchtig mit angriff, kann mit mehreren Taschenmessern um den Hals mit ihr in sein Dorf zurückkehren und dort allerlei Nützliches dafür eintauschen.

Es hält nicht leicht, die Leute morgens für die Abfahrt zusammenzubekommen. Dr. Neßmann und Dr. Lauterburg wissen etwas davon. Jeden Morgen müssen sie sich heiser rufen, bis die Kanus sich endlich füllen. Die eingeborenen Heilgehilfen können ihnen diese Arbeit nicht abnehmen. Sie haben dazu nicht genügend Autorität. Auch können sie nicht entscheiden, wer arbeitsfähig ist und wer nicht.

Haben wir viele Arbeitsfähige, so reichen die Kanus nicht aus. Dann müssen die Weiber mit dem Motorboot befördert werden. Das ist dann ein Geschnatter, daß der Lärm des Motorbootes sich dazu ausnimmt, als würde zu vollem Orchester Harmonium gespielt.

In der Regel haben wir etwa fünfzehn Arbeiter, was in Anbetracht der zu bewältigenden Aufgabe viel zu wenig ist. Damit die Arbeit einigermaßen vorangeht, muß einer von uns als Aufseher mitfahren. Sich selbst überlassen, würden die Leute fast gar nichts leisten. Warum sollten auch sie, die gerade jetzt hier sind, sich anstrengen, damit andere, die in einigen Monaten im Spital sein werden, Mais zu essen haben und gar oben in guten Baracken hausen?

Ein Tag da oben verläuft wie eine Symphonie. Lento: Verdrossen empfangen die Leute die Äxte und Buschmesser, die ich ihnen beim Landen austeile. Im Schneckentempo geht es an die Stelle, wo Gebüsch und Bäume niedergelegt werden sollen. Endlich steht jeder an seinem Platze. Behutsam werden die ersten Striche getan. – Moderato: Äxte und Buschmesser laufen in überaus mäßigem Takte. Vergebens versucht der Dirigent das Tempo zu beschleunigen. Die Mittagspause macht dem langweiligen Stück ein Ende. – Adagio: Mit Mühe habe ich die Leute wieder auf die Arbeitsstelle im dumpfen Walde gebracht. Kein Lüftchen regt sich. Von Zeit zu Zeit hört man einen Axtstreich. – Scherzo: Einige Späße, zu denen ich mich in der Verzweiflung aufraffe, gelingen mir. Die Stimmung belebt sich. Lustige Worte fliegen hin und her. Einige Leute fangen an zu singen. Es wird auch schon etwas kühler. Ein Lüftchen stiehlt sich vom Fluß herauf in das Dickicht. – Finale: Die Lustigkeit hat alle erfaßt. Dem bösen Wald, um dessentwillen sie hier stehen müssen, statt ruhig im Spitale sitzen zu dürfen, soll es übel gehen. Wilde Verwünschungen werden gegen ihn laut. Johlend und kreischend geht man ihm zu Leibe. Äxte und Buschmesser hämmern um die Wette. Jetzt aber darf kein Vogel auffliegen, kein Eichhörnchen darf sich zeigen, keine Frage darf gestellt werden, kein Befehl darf ergehen. Bei der geringsten Ablenkung wäre der Zauber aus. Die Äxte und Buschmesser kämen in Ruhe, und die Leute würden sich über das Geschehene oder Gehörte bereden und wären nicht mehr in Gang zu bringen.

Zum Glück kommt keine Ablenkung. Das Toben geht weiter. Wenn dieses Finale nur eine gute halbe Stunde anhält, war der Tag nicht verloren. Und es hält an, bis ich „Amani! Amani!" (Genug! Genug!) rufe und der Arbeit für heute ein Ende setze.

Noch steht die Sonne am Himmel. Aber der Weg vom Arbeitsplatz zum Fluß, die Heimfahrt im Kanu, das Zurück- geben des Arbeitsgerätes und der Paddeln und der Empfang der Essensration nehmen an die anderthalb Stunden in An- spruch. Und gleich nach sechs Uhr abends setzt auf dem Äqua- tor die Dunkelheit ein. Beim Scheine der Laterne die Abliefe- rung von Äxten und Buschmessern zu überwachen und die Essensration auszuteilen, strengt außerordentlich an. Zudem sollen Ärzte und Pflegerinnen bei Einbruch der Dunkelheit nach Möglichkeit mit aller Arbeit im Freien fertig sein, damit sie nicht von Moskitos gestochen werden und von Malaria ver- schont bleiben.

Wer mit den Arbeitern ist, hat am Nachmittag ständig den Himmel zu beobachten, ob sich kein Tornado ankündigt. So- wie er verdächtige Wolken sieht, muß er das Zeichen zur Heimkehr geben. Die Leute dürfen nicht naß werden, weil sie danach oft Anfälle von Malaria bekommen. Auch sollen sie nicht auf dem Fluß vom Tornado überrascht werden. Viele von ihnen stammen ja aus dem Innern und können nicht schwimmen. Beim Kentern des Bootes wären sie verloren.

Am 4. Dezember werden die Kanus bei der Heimfahrt von einem furchtbaren Tornado überrascht. Dr. Neßmann, der an jenem Tage die Rodungsarbeit leitete, hatte die Gefahr nicht rechtzeitig bemerkt. Anderthalb Stunden verbringen wir in angstvollem Warten. Endlich läßt der Sturm nach. Eines nach dem andern kommen die Kanus in schwarzer Nacht unter sintflutartigem Regen an. Sie hatten noch gerade Zeit gehabt, irgendwo das Ufer zu erreichen. Niemand ist ertrunken. Von Freude betäubt steige ich zum Doktorhaus hinauf.

Auf dem Platz, wo die Bauten des Spitals hinkommen sollen, werden Bäume als Schattenspender stehengelassen. Wo angepflanzt werden soll, müssen alle Bäume geopfert werden. Nur die Ölpalmen werden geschont. Mächtige Hartholzbäume machen uns viel Arbeit. Mehrere Mann müssen mehrere Tage arbeiten, bis ein solcher Riese fällt. Dann dauert es wieder Tage, bis er zerlegt ist.

Am einfachsten wäre es, das gefällte Holz bis zur trockenen Jahreszeit liegen zu lassen und dann zu verbrennen, wie es die Eingeborenen tun, wenn sie eine Pflanzung anlegen. Wir verzichten aber darauf, weil wir ja später froh sein werden, das viele für das Spital benötigte Brennholz nicht weit herholen zu brauchen. Also wird das Holz in großen Haufen an Ort und Stelle aufgebaut. Die ganz großen Stämme bleiben einfach liegen. Auch die mächtigen Wurzeln bleiben im Boden. Was würde es für Mühe kosten, sie herauszugraben! Man wird dann zwischen Stämme und Wurzeln pflanzen. Aus Urwald Ackerboden zu machen, der mit dem Pflug bearbeitet werden kann, ist eine Arbeit von Generationen.

Das in Haufen geschichtete Holz gibt leider einen guten Nistplatz für Schlangen. Diesen Übelstand nehmen wir in Kauf. Der Schlangen sind auf unserem Gelände ja sowieso schon so viele, daß es auf einige Hundert mehr nicht ankommt. Jeden Tag werden beim Ausroden des Waldes einige zur Strecke gebracht, darunter oft von den gefürchtetsten Arten.

Überall stößt man im Dickicht auf Ölpalmen. Sie können nicht blühen und nicht Frucht tragen, denn das Schlinggewächs liegt wie ein dichter Teppich auf ihnen. Manchmal

müssen wir Tunnels in das Schlinggewächs hauen, um uns zum
Fuße der Palmen vorzuarbeiten. Ist das Schlinggewächs am
Boden abgehauen, so heißt es warten, bis es verdorrt ist und
morsch wird. Vorher ist es unmöglich, es von den Bäumen
herunter zu ziehen. Auch dann macht es noch übergenug Mühe.
Unter Umständen brauchen wir eine Woche, um eine Gruppe
von Ölpalmen von dem Teppich, der sie zudeckt zu befreien.

Wie dankbar aber sind sie dann, wenn sie endlich von der
Sonne beschienen werden!

Lautlos spielt sich im Urwald ein unheimliches Ringen zwischen Schlinggewächs und Bäumen ab. Was sich nicht über das
Schlinggewächs zur Sonne hinaufarbeiten kann, stirbt eines
langsamen, qualvollen Todes.

Die Ölpalme (Elaeis guinensis) ist im Urwald nicht heimisch.
Man findet sie nur in der Umgebung von Dörfern oder an
Plätzen, in deren Nähe einst Dörfer standen. Vögel und Affen
haben sie hier angepflanzt. Von den um die Hütten gepflanzten
Ölpalmen trugen sie Früchte in den Wald und ließen, nach Ver-
zehrung der faserigen ölhaltigen Hülle, die Nuß mit dem Kerne
zu Boden fallen, wo dieser dann aufging.

So bleiben uns nach Entfernung des Waldes an manchen
Stellen ganze Haine von Ölpalmen. Sie sind uns wertvoll für
die Ernährung der Kranken. Im Laufe der Jahre werden wir
dahin kommen, einen guten Teil der Fettrationen an die
Schwarzen in Form von Palmöl zu verabreichen. Dieses Palmöl
bereiten wir aus der faserigen ölhaltigen Hülle der Nuß. Bekanntlich stehen die roten Palmnüsse – sie haben die Form und
die Größe von Walnüssen – zu mehreren Dutzenden rundum
auf einem gemeinsamen Fruchtstand. Das Ganze macht einen
großen Klumpen aus. Ölhaltig ist sowohl die faserige Hülle
um die Nuß herum, das sogenannte Fruchtfleisch, als auch der
harte Kern, der in der sehr harten Nuß liegt. Um das Öl aus
dem Kern zu gewinnen, bedarf es starker Pressen. Man bereitet daher dieses Öl nicht in Afrika, sondern schickt die Kerne
– die sogenannten Palmkerne – nach Europa, wo sie sich in die
verschiedenartigsten Öle und Pflanzenfette verwandeln. Haben

wir unser Palmöl aus der faserigen Umhüllung der Nuß bereitet, so werden die Palmnüsse aufgeklopft und die Kerne in
einer Faktorei gegen Reis umgetauscht. Das Aufklopfen der
Nüsse ist die Arbeit der Leute, die an Fußgeschwüren leiden
und zu keiner anderen Dienstleistung fähig sind.

Was soll ich außer Mais noch pflanzen? In Betracht kommen Bananen, Bataten, Yamwurzeln, Taro, Maniok, Erdnüsse,
Brotfruchtbäume und Reis.

Die Banane (Musa, auch Pisang genannt) ist die leichteste
und lohnendste Kultur. Zu Beginn der Regenzeit nimmt man
Nebensprossen, die zu mehreren aus dem Wurzelschaft einer
ausgewachsenen Banane hervortreiben, und steckt sie in den
Boden. In einem Jahr wachsen sie sich zu mächtigen Bananen-
stauden aus und bringen Frucht. Nachher wird die hinfort
unfruchtbare Staude abgehauen. Daraufhin entwickeln sich
ihre Nebensprossen und tragen Frucht. Ohne daß man also
neu zu pflanzen hätte, wachsen an jener Stelle fort und fort
Bananen, bis der Boden erschöpft ist.

Dies gilt aber nur von der süßen Banane. Die von den
Schwarzen ihres größeren Nährgehaltes wegen höher einge-
schätzte „Kochbanane", die man nur gekocht essen kann, verbraucht den Boden so schnell, daß die aus der alten Staude her-
vorsprießenden Seitentriebe an Ort und Stelle nicht weiter-
kommen, sondern verpflanzt werden müssen, wenn sie Frucht
tragen sollen. Dies bedeutet natürlich eine viel größere Arbeit.
Die Eingeborenen bauen nur diese, auf dem europäischen
Markte unbekannte Banane an. Nur diese kann ich den Insassen
des Spitals als vollwertige Essensration geben. Süße Bananen
nehmen sie nur als Zugabe zu Reis. Da ich aber auf lange hinaus darauf angewiesen bin, die Kranken vornehmlich mit Reis
zu ernähren, pflanze ich vorläufig die viel weniger Arbeit ver-
ursachenden süßen Bananen.

Die Batate (Ipomea), die süße Kartoffel, ist, wie die Banane
und wohl überhaupt alle Nutzpflanzen, in Äquatorialafrika

nicht heimisch, sondern wurde von den Portugiesen hier eingeführt. Man pflanzt sie wie die Kartoffeln. Nach fünf Monaten
sind die Knollen reif. Gräbt man bei der Ernte behutsam um
die Wurzeln herum und löst die Knollen sorgsam von diesen
los, so bleibt die Pflanze, darin von der Kartoffel unterschie-
den, am Leben und bringt drei Jahre hindurch, bis zur Er-
schöpfung des Bodens, Knollen hervor. Wir werden nur wenig
Bataten pflanzen. Die auf unserem Boden so zahlreichen Ratten
fressen die Knollen an, ehe sie reif sind.

Die Yamwurzel (Dioscorea, Igname) wird hier, ich weiß
eigentlich nicht recht warum, noch wenig angebaut.

Taro (Colocasia antiquorum) aus der Familie der Araceen,
ist eine Pflanze mit mächtigen Blättern. In gewissen Gegenden
Äquatorialafrikas ist ihre oft mehrere Kilos wiegende Wurzel
das Hauptnahrungsmittel der Eingeborenen. Im Ogowegebiet
wird sie noch nicht in Masse gepflanzt. In Kamerun hingegen
kann man kilometerweit durch Taropflanzungen wandeln.

Maniok (Manihot), der Kassawastrauch, eine Euphorbiacee,
ist mit der Banane wohl die ertragreichste in den Tropen ge-
deihende Nutzpflanze. Der Anbau geschieht in der Art, daß
man von einem Maniokstrauch Stengel abhaut und diese
schief in den Boden legt. Aus einem solchen Stengel entwickelt
sich langsam ein mächtiger Strauch mit großen knolligen Wurzeln. Von diesen Wurzeln kann man wegnehmen, ohne daß
der Strauch zugrunde geht. Man wässert sie, damit sie die in
ihnen enthaltene Blausäure verlieren, und bereitet aus ihnen
einen Brei, der getrocknet in Stangen geformt wird und sich
in Blättern eingeschlagen einige Tage hält. Bekanntlich wird
aus der Maniokwurzel der Tapioka gewonnen.

Auch auf Maniok müssen wir vorläufig verzichten. Die
Wildschweine lieben die Wurzel auch und graben sie aus. Am
Rande des Urwaldes ist die Kultur aussichtslos. Nur Pflanzungen, die eingehegt sind oder des Nachts gegen Wildschweine
gehütet werden, geben Ertrag.

Die Erdnuß (Arachis hypogaea; Erdpistaccie) ist eine Legu-
minose. Nach dem Abblühen biegt sich die Blütenährenspindel

nach unten um und dringt in den Boden ein. Die Früchte reifen also in der Erde. Sie bestehen aus einer faserigen, braunen Hülse, in der gewöhnlich zwei ölhaltige runde Samen sitzen. Aus diesen wird das Erdnußöl gewonnen. Als „Pistaccien" sind diese Früchte, frisch oder geröstet, auch in Europa begehrt. Die Kultur ist nur in wirklichem Ackerboden rentabel. Wir werden also höchstens einige kleine Felder davon anbauen.

Der Brotfruchtbaum (Artocarpus incisa) wird bis zu zwanzig Meter hoch. Er stammt aus Polynesien. Die Früchte sind groß wie Melonen. Leider lassen sie sich nur wenige Tage aufbewahren. An Brot erinnern sie kaum. Aber in Scheiben geschnitten und geröstet schmeckt die mehlige Masse nicht übel. Die Eingeborenen lieben sie sehr.

Aber warum pflanzen sie nicht ganze Wälder von Brotfruchtbäumen? Weil es sehr schwierig ist, Brotfruchtbäume aufzuziehen, und weil es lange Jahre dauert, bis sie einen nennenswerten Ertrag abwerfen. Man pflanzt Wurzeltriebe, die zu Beginn der Regenzeit in spärlicher Anzahl an einem Brotfruchtbaum treiben. Es ist also schwer, sich solche Wurzeltriebe in genügender Anzahl zu verschaffen. Von den also gesetzten Brotfruchtbäumen gehen aber gar viele auch bei bester Pflege ein. Trotzdem wollen wir um das Spital zahlreiche dieser kostbaren Bäume pflanzen. Überall erbetteln wir Wurzeltriebe. Auch versuchen wir, nach Anleitung eines katholischen Missionars, Wurzeltriebe aus in Stücke geschnittenen Wurzeln zu züchten.

An Reis käme für uns nur der Bergreis (Oryza montana) in Betracht. Dieser verlangt nicht, wie der gewöhnliche Reis, besondere Anlagen zur Bewässerung, sondern gedeiht auf jedem Boden, wenn er richtig begossen wird. Aber niemand pflanzt Bergreis. Warum? Der Vögel wegen. In der Nähe des Urwaldes kann man sich ihrer nicht erwehren. Für sie würde der Bergreis gepflanzt werden. Die Menschen bekämen nichts davon.

Also werden wir uns vorläufig begnügen, in der Hauptsache Bananen zu pflanzen und Brotfruchtbäume zu setzen.

Daneben sind wir aber auch genötigt, Kaffee und Kakao anzubauen. Nach den in der Kolonie geltenden Bestimmungen kann ein Stück Land nämlich erst dann Besitz werden, wenn es auch mit „wertvollen", das heißt für den Export begehrten Nutzpflanzen bestanden ist. Soll das Spital also einmal das umliegende Land zu eigen haben, so müssen wir zwischen den Bananen auch Kaffee und Kakao ziehen. Einen großen Ertrag werfen solche Pflanzungen hier, wo die Arbeiter zum ständigen Unterhalt derselben fehlen, nicht ab. Zur richtigen Enthülsung des Kaffees sind zudem Maschinen nötig. Der mit der Hand enthülste Kaffee kommt an Ort und Stelle fast so teuer wie der, den wir von Händlern in Europa kommen lassen. Immerhin aber werden wir in einigen Jahren, wenn unsere Kaffeesträucher einmal tragen, von Zeit zu Zeit Kaffee auf den Faktoreien gegen Reis eintauschen können.

Den Kakao bereitet man, indem man die Kakaobohnen gären läßt und sie hierauf trocknet. Durch Kochen entölt man die so gewonnene braune Masse. Wir geben ihn dann, in Tafeln gepreßt, den Kranken als Zulage zum Essen. Merkwürdigerweise mögen die Primitiven den Kakao nicht.

Ständig wird unsere Kakaoernte durch auf den Bäumen lebende Nagetiere bedroht sein, die die großen Kapseln, in denen die Bohnen eingeschlossen sind, anfressen und so ihre Reife verhindern. Durch das Getier, das er hegt, ist der Urwald allen Nutzpflanzen gefährlich. Selbst die hochragenden Bananen haben ihren Feind: den Elefanten. Die Elefanten lieben die Bananen über alles. Haben ihre Kundschafter eine Bananenpflanzung ausfindig gemacht, so rückt die Herde in der Nacht an und tut sich an den Früchten gütlich, wobei sie die ganze Pflanzung in den Boden stampft.

VIII. SPÄTHERBST UND WINTER 1925
IM SPITAL

Im Spital ist stetig viel Arbeit. Die Dysenterie-Epidemie hält an. Manchmal werden uns ein halbes Dutzend Fälle an einem Morgen gebracht. Viele dieser Armen sind Skelette, unrettbar dem Tode verfallen. Oft sind im Spital nicht Leute genug vorhanden, um die Gräber zu graben und die Leichen auf den Friedhof zu tragen. Dann müssen wir selber uns als Totengräber und Leichenträger betätigen.

Die Dysenterie-Epidemie hängt mit der Hungersnot zusammen. Als einzige Nahrung bekommen die Schwarzen jetzt Reis. Durch diese Kost wird ihr Darm geschädigt. Er verliert die Widerstandsfähigkeit gegen allerlei Erreger von Infektionen. Das Schmutzwasser, das der Eingeborene sonst ungefährdet trinkt, wird ihm jetzt gefährlich. Darum ist die Dysenterie die große Gefahr bei allen Straßen- und Bahnbauten in Äquatorialafrika, solange es nicht gelingt, die Arbeiter anders als mit Reis zu ernähren.

Leider werden noch fort und fort Kranke, die wegen anderer Leiden gekommen sind, im Spital mit Dysenterie angesteckt. Menzoghe, eine arme Frau, der auf ihren Wunsch der durch infizierte Verletzungen übel zugerichtete Arm abgenommen wurde, bekommt Dysenterie und stirbt. Demselben Schicksal verfällt ein armer, von seiner Familie verlassener Kranker, den ich von einer Fahrt stromaufwärts mit ins Spital heimbringe, damit er nicht verhungere. Und sie sind nicht die einzigen, die wir auf so tragische Weise verlieren! Zeitweise bin ich so niedergeschlagen, daß ich kaum die Energie zur Arbeit finde. Am liebsten möchte ich, solange die Gefahr der Dysenterie besteht, alle Leute, die zur Operation herkommen, fortschicken. Aber sie lassen sich nicht abweisen.

Im November operieren wir einen mehr als vierzig Kilo schweren Elephantiasis-Tumor. Die Operation dauert von 10½ bis 4 Uhr nachmittags. Zum Glück braucht man für diese

Fälle keine allgemeine Narkose. Als Doktor Lauterburg nach
getanem Werk den Operierten auf sein Lager trägt, tanzt ein
alter Schwarzer feierlich vor ihm einher. Er weiß keine bessere
Art, seinen Gefühlen Ausdruck zu geben. So wird König
David vor der Bundeslade einhergetanzt sein. Alle Spital-
insassen umstehen das Lager des Operierten, der die Hände der
Ärzte faßt und nicht müde wird, sie unter ständigem „Akewa!
Akewa!" (Danke! Danke!) zu streicheln.

Von kleineren, an 10 oder 20 Kilo schweren Elephantiasis-
Tumoren operieren wir mehrere in dieser Zeit. Ein Mann, den
wir im Frühjahr von einem solchen Tumor befreiten, bringt
uns eine Ziege und etliche Hühner als Geschenk und einen
ebenfalls mit einem Elephantiasis-Tumor behafteten Freund
zum Operieren.

Auch Hernien werden eine ganze Reihe operiert. Jeder, der
von seinem Leiden befreit ist, schickt uns die Leute mit Hernien
aus seiner Gegend zu.

Eingeklemmte Hernien werden jetzt eigentlich weniger eingeliefert als bei meinem ersten Aufenthalt. Dies will nicht
heißen, daß es weniger solcher Fälle gibt als früher. Weil
heutzutage fast alle Männer in der Holzgewinnung beschäftigt
sind und vielfach fern vom Dorfe in den Sümpfen weilen,
fehlen im Dorf oft die Leute, um den armen Menschen, dessen
Bruch sich eingeklemmt hat, sofort zu uns zu rudern. Statt bei
uns Rettung zu finden, stirbt er in seiner Hütte eines qualvollen
Todes.

In Unfallchirurgie gibt es immer zu tun. Als schwerster
Fall wird uns ein Eingeborener namens Mefane gebracht, dem
beide Unterschenkel durch einen aus der Nähe abgegebenen
Schuß zerschmettert sind. Er nächtigte unter dem Pfahlbauhaus
eines Europäers, ohne daß dieser darum wußte, und empfing
durch den Fußboden hindurch die Ladung eines durch Versehen losgehenden Gewehres. Hier zeigte sich wieder der Wert
des Pyoktanin (Methylviolett). Es glingt uns, nach Entfernung
der Knochensplitter, durch Austamponieren mit in Pyoktanin-
lösung getauchten und ständig feucht gehaltenen Gazestreifen

der Eiterung Herr zu werden. Bis die zerschmetterten Enden wieder miteinander verbunden sind, wird es aber noch lange dauern.

Während der Zeit, in der der Mann bei uns in Behandlung ist, müssen zwei seiner Verwandten im Spital bleiben, um ihn täglich zum Verbandwechsel in den Operationssaal zu tragen und um uns in unseren Arbeiten zu helfen. Da wir dringend Arbeiter brauchen, suchen wir überhaupt zu erreichen, daß Operierte, die Verwandtschaft besitzen, von zwei arbeitsfähigen Angehörigen begleitet sind, die uns vom Tage der Operation bis zur Entlassung des Patienten gegen Essen und Geschenke bei der Freilegung des Bauplatzes des neuen Spitals helfen. Manchmal setzen wir es durch. Aber wir dürfen nicht übermäßig darauf dringen. Es könnte ja sein, daß Anverwandte, um nicht bei uns arbeiten zu müssen, davon absehen würden, einen zu operierenden Patienten ins Spital zu bringen. Mit den Eingeborenen darf man sich nicht auf Grundsätze versteifen, sondern muß immer in Berücksichtigung aller in Betracht kommenden Umstände verfahren.

Gegen Weihnachten zu füllen sich unsere Zimmerchen für weiße Kranke. Am meisten Sorge macht uns Herr Stähli, ein Schweizer. Mit multiplen tiefen Abszessen und einem schweren Sonnenstich kommt er bei uns an. Wir versuchen alles, was in unserer Macht steht, aber ohne große Hoffnung. Der Kranke ist fast ständig benommen. Am Heiligen Abend bringen wir ihm ein mit Kerzen geschmücktes Bäumchen ans Bett und singen ihm Weihnachtslieder. Er hat einen lichten Moment und versteht, was es bedeutet. Ein glückliches Lächeln verklärt sein schmales, gelbes Gesicht.

In dieser Christnacht entsteht eine große Aufregung unter den Kranken. Ein Tobsüchtiger wird im Spital heimlich abgesetzt und richtet schwere Verwirrung an.

Am Weihnachtsnachmittag stirbt unser Schweizer Patient. Da die Beerdigung am nächsten Morgen stattzufinden hat

– Leichen lassen sich in den Tropen nicht aufbewahren – muß sogleich der Sarg in Arbeit genommen werden.

Unmittelbar nach dem Begräbnis fahre ich mit dem großen Einbaum der katholischen Mission nach einer, in einem See flußabwärts etwa sechzig Kilometer von Lambarene entfernt gelegenen Sägerei, um Balken und Bretter zu holen. Ich habe nur fünf Mann, die gerade genügen, mit ihren Paddeln das große Fahrzeug in der Strömung zu halten. Langsam treiben wir in der Nacht den Fluß hinunter; im Morgengrauen überfahren wir den See. An der Sägerei soll ich einen von unten kommenden Dampfer treffen, dessen Führer mir versprochen hat, mein mit Holz beladenes Boot nach Lambarene in Schlepptau zu nehmen. Obgleich ich einen Tag früher als verabredet zur Stelle bin, ist der Dampfer schon abgefahren. Nun muß ich mit den fünf Ruderern das mit über drei Kubikmetern Holz beladene Boot an die zwanzig Kilometer durch den See nach dem Fluß bringen und dort auf eine Gelegenheit warten, die uns stromaufwärts nach Lambarene schafft. Nach einer Woche komme ich todmüde heim. Und ach, es ist nicht die letzte Holzfahrt, die mir beschieden ist! Es besteht ja nicht nur die Schwierigkeit, in den beiden einzigen Sägereien der Gegend das bestellte Holz geliefert zu bekommen, man muß auch dafür sorgen, daß es nach Lambarene geschafft wird. Leider liegen beide Sägereien flußabwärts. Mit beladenem Kanu den Strom hinauffahren, ist fast unmöglich. Ich bin also auf Dampfer, die gelegentlich an den Sägereien vorbeifahren, angewiesen. Damit ich aber sicher bin, daß sie mein Holz laden, muß ich in der Sägerei sein, wenn sie durchkommen. Wie viele Wochen werde ich so in Reisen zur Beschaffung von Holz verlieren!

IX. DAS JAHR 1926. AUF DEM
BAUPLATZ

Von Beginn des Jahres 1926 an muß ich fast jeden Tag auf dem Platze des neuen Spitals sein. Während Fräulein Kottmann das Niederlegen des Waldes leitet, unternehme ich mit einem andern Trupp die Arbeiten auf dem Bauplatz.

Wie soll gebaut werden? Alle sind wir darin einig, daß wir im neuen Spital keine Bambushütten und keine Blätterdächer mehr haben wollen. Diese Hütten erfordern einen ständigen Unterhalt. Nach jedem Tornado müssen Löcher in den Dächern gestopft werden. Der Sturm nämlich hebt die leichten Blätterziegel in die Höhe und verschiebt sie gegeneinander, so daß ungedeckte Zwischenräume entstehen. Alle zwei oder drei Jahre muß das Dach neu gedeckt werden.

Oft war es bei uns so, daß der Arzt sich nur morgens den Kranken widmen konnte und den Nachmittag darauf verwenden mußte, die Bauten auszubessern. Und wieviel Zeit und Geld hat uns die Beschaffung der zum Unterhalt und zur Erneuerung der Gebäude notwendigen Bambusstangen und Rafiablätter gekostet!

Wo wir das Spital nun neu errichten, wollen wir also definitive Bauten, die nicht ständigen Unterhalt verlangen. Sie sin' für den Anfang viel teurer als die andern. Im Laufe von 15 Jahren aber kommt ein Blätterdach gerade so teuer wie ein Wellblechdach und hat unterdessen viel Arbeit verursacht.

An Bauten aus Stein oder Backstein ist nicht zu denken. Diese würden uns zuviel Zeit und viel zuviel Geld kosten. So entscheiden wir uns für Wellblechbaracken mit Gebälk aus Hartholz. Das Gebälk muß aus Hartholz sein, weil gewöhnliches Holz in wenigen Monaten ein Raub der Termiten wäre.

Diese Wellblechbaracken werden wir als Pfahlbauten aufführen. Warum Pfahlbauten? Das Spital kommt längs des Flusses zu liegen. Es muß in der Nähe des Wassers gebaut sein, weil die Eingeborenen gewohnt sind, in der Nähe des Wassers

zu hausen. Auch wollen sie ihre Kanus im Auge halten können. Wohl wird das Spital auf dem ansteigenden Hügel einige
Meter über dem Wasser stehen. Es muß aber auch mit ausnahmsweise hohem Hochwasser gerechnet werden. Dieses
würde meine Gebäude mitnehmen, wenn sie zu ebener Erde
stünden. Sind es aber Pfahlbauten, so fließt es zwischen den
Pfählen ab. Also Pfahlbauten des Flusses wegen.

Aber Pfahlbauten auch des Hügels wegen. Das Spital kommt
auf den Abhang des Hügels zu stehen. Gehen in der Nacht
zwei oder drei Tornados nieder, so strömen mächtige Bäche
von der Höhe herunter. Stehen meine Bauten zu ebener Erde,
so können sie ihnen gefährlich werden. Sind es aber Pfahlbauten, so fließt das Wasser zwischen den Pfählen ab.

Ich werde also ein prähistorisch-moderner Mensch und baue
das Spital als ein Pfahlbaudorf aus Wellblechbaracken.

Die Gelehrten streiten sich darüber, ob die Pfahlbaudörfer
unserer Vorfahren im Wasser oder am Rande des Wassers ge-
baut waren. Diejenigen, die das letztere behaupten, sind in der
Regel wohl im Recht. Wo der primitive Mensch in der Nähe
des Wassers oder auf dem Abhang eines Hügels eine dauerhafte
Ansiedlung vor hat, kommt er mit Notwendigkeit dazu,
Pfähle zu Hilfe zu nehmen. Diese schützen ihn vor jeglicher
Wassergefahr und, was auch sehr ins Gewicht fällt, entheben
ihn der Mühe, den Bauplatz einzuebnen. Der Weg von der
Hütte zum Steinhaus führt über den Pfahlbau.

Nun heißt es für uns, die Pfähle besorgen. Als bestens dazu
geeignet gilt eine besondere Art von hartem Holz, das ziemlich
selten vorkommt. Einer meiner schwarzen Freunde ist so lieb,
uns einen stromaufwärts gelegenen Platz anzugeben, auf dem
sich eine Reihe solcher Bäume, nicht allzuweit vom Wasser
befinden. Stromaufwärts muß der Platz liegen, weil wir mit
den mit schwerem Holz beladenen Kanus nur mit dem
Strom, nicht gegen ihn fahren können. Nur in der Nähe des
Wassers stehende Bäume kommen in Betracht, weil wir das
schwere Holz nicht weite Strecken über Land und durch
Sümpfe schleppen können.

Dr. Neßmann erhält das Amt, die Pfähle zu holen. Würden wir die Schwarzen allein schicken, so kämen sie mit einigen Stecken im Boot heim.

Der Platz liegt etwa 25 Kilometer stromaufwärts an einem Gebirgsbach mit Stromschnellen. Er ist nur zur Zeit des Hochwassers befahrbar. Also muß Dr. Neßmann die Pfähle bis zum Frühling beschaffen. Seine erste Fahrt unternimmt er am 4. Januar 1926. Nach einigen Tagen kehrt er mit 30 Pfählen zurück. Bis aber die nötige Anzahl zusammen ist, muß die Expedition noch gar manchmal unternommen werden.

Unterdessen habe ich Palmzweige abhauen lassen und zum Trocknen aufgeschichtet, um Brennmaterial zu haben. Jetzt heißt es nämlich die Pfähle ankohlen, um ihnen noch größere Haltbarkeit zu verleihen. Diese Arbeit muß ich selbst leiten. Auf sich angewiesen, würden die Eingeborenen die Pfähle verbrennen oder nicht genügend ankohlen. Auch würden sie immer nur drei oder vier Pfähle im Feuer haben. Ich werfe einen breiten Erddamm auf. Auf diesen werden 20 zuvor entrindete Pfähle so gelegt, daß sie mit einem möglichst langen freien Ende über den Damm hinaus in das Feuer hineinragen, das längs des Dammes unterhalten wird. Ist dieses freie Ende auf allen Seiten richtig angekohlt, so läßt man das Feuer ausgehen und wendet die Pfähle in der Art, daß das Stück, das bisher auf dem Damm lag, zum freien Ende wird und ins Feuer kommt, so daß der Pfahl in seiner ganzen Ausdehnung angekohlt wird. Eine besonders gute Verkohlung erreicht man, wenn man das glühende Holz, ehe man es aus dem Feuer nimmt, mit Wasser übergießt.

Geht alles gut, so bringe ich im Tage 20 bis 30 Pfähle fertig. Meine ganze Aufmerksamkeit muß ich auf die Verhütung von Unglücksfällen bei dem Hantieren mit den Pfählen richten. Die Pfähle sind zwei bis drei Meter lang und haben etwa 30 Zentimeter im Durchmesser. Sie sind aber so schwer, daß sechs bis acht Mann erforderlich sind, um einen derselben auf den Damm zu tragen. Der kritische Moment ist das Niederlegen. Beim Transport einer Last traut kein Primitiver dem andern. Er weiß, daß dieser imstande ist, ohne sich an eine Verabredung zu halten, einfach loszulassen und beiseite zu springen. Darum läßt jeder, sowie er eine verdächtige Bewegung beim andern wahrzunehmen glaubt, die Last fallen und springt beiseite, um nicht der letzte zu sein, der sich in Sicherheit bringt. Dem letzten zerschmettert nämlich die fallende Last die Füße. Was habe ich für Mühe, meine Leute dazu zu erziehen, daß keiner beiseite springt, sondern daß alle auf mein Kommando hören und die schweren Pfähle zuerst an einem Ende auf den Boden setzen und das andere dann langsam folgen lassen! Jedes verdächtige Zucken im kritischen Moment wird mit dem Verlust eines Geschenkgutscheines gebüßt. Ich selber fasse an dem Ende an, das erst zuletzt auf den Boden kommen soll. So kohle ich im Laufe der Wochen an die 400 Pfähle an, ohne daß sich ein Unfall ereignet. Was dies aber heißt, alles Unglück vermieden zu haben, kann keiner ermessen, der nicht schon mit Primitiven gearbeitet hat.

Anfang Februar muß ich für den Umzug von Herrn und Frau Missionar Morel nach Samkita hinauf. Von Europa zurückkommend sind sie nach Baraka bei Libreville versetzt und haben nun ihren Hausrat den Strom hinunter zu schaffen, um ihn von Cap Lopez nach Libreville zu verfrachten. Auf den Flußdampfer können sie für ihren Umzug nicht zählen. Es ist nicht sicher, daß er bei seiner nächsten Reise weiter als bis Lambarene fahren wird. Die Verlegenheit ist groß, da die Missionsstation Samkita nicht die zum Umzuge nötigen Kanus besitzt. Zufällig erfahre ich, daß ein kleiner Dampfer, dessen Kapitän ich kenne, den Fluß hinauffahren wird. Er erlaubt mir, mit vier Mann mitzufahren und ein großes Kanu, das mir von befreundeter Seite überlassen wurde, anzuhängen. Großer Jubel in Samkita! Der mächtige, an die vier Tonnen tragende Einbaum faßt die ganze Missionshabe. In einem Tage trägt uns der Fluß die 60 Kilometer nach Lambarene hinunter.

Zum Dank hilft mir Herr Morel, der alle Handwerke versteht, in den Tagen, wo er bei uns auf den Flußdampfer wartet, bei der nun beginnenden Bauarbeit. Unter seiner Leitung wird am 15. Februar die Bauhütte aufgerichtet und mit Wellblech gedeckt. In dieser Bauhütte wird auch ein verschließbarer Raum eingerichtet für die Werkzeuge der Leute, die mit dem Fällen des Waldes und mit den Erdarbeiten beschäftigt sind. Nun braucht man im Spital morgens bei der Abfahrt keine Zeit mehr mit dem Ausgeben der Äxte, Buschmesser, Pickel, Hacken und Schaufeln zu verlieren, und sich abends bei der Rückkehr ins Spital nicht mehr damit abzuquälen, alles Werkzeug in der Dunkelheit abzufordern, zu zählen und aufzuräumen!

Nach Errichtung der Bauhütte geht es sofort an das Setzen der Pfähle der ersten Krankenbaracke. Herr Morel unterweist mich in dieser Kunst. Die Hauptsache ist, daß das Loch, in das der Pfahl kommen soll, einen stark und gut eingestampften Belag von Steinen erhält, und so eine Unterlage bietet, die nicht nachgibt. Senkt sich ein Pfahl unter der Last des Hauses, so kommt der Bau ja aus dem Lot.

Weiter ist beim Setzen der Pfähle darauf zu achten, daß sie in genau ausgerichteten Linien stehen und daß ihre Schnittflächen oben eine Ebene bilden. Ist das letztere nicht der Fall, so macht das Auflegen der Balken große Mühe, da diese, je nachdem die Pfähle zu kurz oder zu lang sind, bald unterlegt, bald eingeschnitten werden müssen.

Ich setze die Pfähle ziemlich nahe aneinander. Von Mitte zu Mitte gerechnet, beträgt der Abstand etwa anderthalb Meter. Je nach der Breite des Baues sind also vier oder fünf oder sechs Reihen von Pfählen erforderlich.

Setzt man die Pfähle so nahe zusammen, so hat man den Vorteil, daß man für die darüber zu legenden Balken mit Stärken von 10 bis 15 Zentimetern auskommt, statt solche von 20 Zentimetern zu brauchen. Auch kann man kurze Stücke verwenden. Der Nachteil, daß mehr Pfähle erforderlich sind, fällt nicht so sehr ins Gewicht, da das Mehr an Pfählen in

jedem Falle nicht so teuer kommt, als die Verwendung stärkerer
Balken. Für das Gebälk der Wandungen und des Daches
komme ich für gewöhnlich mit Balken von acht auf acht Zentimeter aus. Nur muß ich dann das Ganze gut verstreben, daß
es unter dem Drucke der Tornados nicht spielt. Für unsere
Wohnhäuser werde ich Balken von 10 auf 10 Zentimeter verwenden.

Warum denn im Urwald so Holz sparen? Weil gesägtes
Holz, besonders Hartholz, im Urwalde gerade so teuer ist wie
in Europa, wenn nicht teurer!

Die erste in Angriff genommene Baracke wird 25 Meter
lang und 5 Meter breit. Sie soll zwei Räume zur Unterbringung
der Operierten enthalten und dazu noch etliche Zimmer für
schwarze Krankenpfleger.

Ich halte daran, die eingeborenen Krankenpfleger gut unterzubringen. Wie schwer leide ich darunter, daß sie im alten
Spital in Löchern hausen müssen. Sie sollen Zimmer mit
Fußböden aus Holz und mit Drahtgittern gegen Moskitos bekommen. Um der Annehmlichkeit des Wohnens willen werden
sie dann bei mir bleiben, auch wenn die Arbeit schwer und der
Lohn nicht besonders hoch ist.

Ich habe es eilig, diese erste Baracke unter Dach zu bringen.
Sie wird mir erlauben, Monenzalie, den schwarzen Zimmermann und seine Gehilfen, mit einem Teil der Arbeiter, auf
dem Bauplatz unterzubringen. Dadurch werden zwei Stunden
im Tag, die sie bisher mit dem Hin- und Herfahren auf dem
Strome verloren, für die Arbeit gewonnen sein.

Um diese Zeit gibt mir der Pater Superior der Mission in
N'Djole zwei seiner im Bauhandwerk einigermaßen erfahrenen
Handwerker ab. Er kann sie für einige Monate entbehren, da
er seine Arbeiten – er baut eine Kirche – erst im Sommer wieder
in Angriff nehmen wird. Dazu finden sich noch zwei schwarze
Zimmerleute ein, die ein mir befreundeter Europäer, der sie
zur Zeit bei seinen Bauten entbehren kann, an mich gewiesen

hat. Ihr Handwerk verstehen sie nur ganz unvollkommen; auch werden sie wohl nicht länger als drei oder vier Monate bleiben. Aber damit ist für mich schon viel gewonnen.

Ende Februar soll Dr. Neßmann nach Hause fahren, seines Militärdienstes wegen. Am 22. Februar trifft sein Ersatzmann, Dr. Trensz, ein, ebenfalls ein elsässischer Pfarrerssohn. Kaum hat er ausgepackt, so wird er von Dr. Neßmann auf seine letzte Fahrt zum Beschaffen von Pfählen mitgenommen. Er muß die Sache lernen, weil das Holen von Pfählen nun ihm zufallen wird.

Zuweilen versuche ich es, die Bauarbeiter für einen Nachmittag oder gar einen ganzen Tag sich selbst zu überlassen. Ich brauche so notwendig Zeit, um Korrespondenz zu erledigen, Bestellungen auszuarbeiten und wieder Fühlung mit dem Betrieb des Spitals zu nehmen. Jedesmal aber habe ich den Versuch zu bereuen. Bin ich nicht da, so wird entweder nichts geleistet oder es wird so gearbeitet, daß man wieder von vorne anfangen muß. An einem Nachmittage, an dem ich nicht zur Stelle bin, bringt es einer der neuen Zimmerleute fertig, 20 kostbare Balken nach falschen Maßen zu zersägen. Monenzalic, mein alter Zimmermann, bemerkt den Fehler, weist den Mann aber nicht zurecht, „weil er nicht der Herr für ihn ist".

Ich habe nach Europa geschrieben, man möge mir im Elsaß oder in der Schweiz einen jungen Zimmermann ausfindig machen und mir ihn möglichst schon für den Beginn der trokkenen Jahreszeit senden.

Nebenbei gibt es auch im alten Spital noch Bauarbeit. Im März reißt ein Tobsüchtiger, den man mir in einem Block eingeschlossen gebracht hatte, die Zelle für Geisteskranke ein und bricht aus, allenthalben Schrecken im Spital verbreitend. Schweren Herzens muß ich ihn den Leuten, die mir ihn gebracht haben, zurückgeben. Was wird aber aus solchen gefährlichen Geisteskranken, wenn sie im Dorf behalten werden müssen? Es sind ja keine Räume da, die ihnen als Gewahrsam dienen können. Aus den Bambushütten brechen sie jederzeit aus. Also werden sie ständig in Fesseln gehalten, was sie nur noch mehr erregt. Das Ende ist dann, daß man sich ihrer entledigt. Man läßt sie hungern, man vergiftet sie oder wirft sie gebunden ins Wasser. Weil ich nicht Raum für gefährliche Geisteskranke habe, mußte ich in den letzten Monaten mehrere dieser Armen zurückweisen. Wie habe ich gelitten, sie ins Elend, vielleicht in den Tod zu senden!

In aller Arbeit und Sorge für das neue Spital tröstet mich das eine, daß ich dort sichere Räume für mehrere Geisteskranke haben werde und keine mehr abzuweisen brauche, weil ich nicht genug Zellen besitze oder die Zellen nicht fest genug sind. Damit ich aber für die Zwischenzeit wenigstens einen oder zwei gefährliche Geisteskranke aufnehmen kann, baue ich die zerstörte Zelle im alten Spital neu. Sie bekommt zwei Türen: eine massive Innentür und eine durchbrochene Außentür. Ist der Kranke einigermaßen ruhig, so braucht er nicht im dunkeln Raum zu sitzen. Die Innentür wird offen gelassen; durch die durchbrochene Außentür empfängt er dann Licht und Luft und hat Ausblick auf den Landungsplatz und den Fluß. Kaum ist die Zelle fertig, so kommt auch schon ein Insasse für sie an. Wie froh bin ich, daß ich die provisorische Arbeit nicht scheute und dem Gleichnis zum Trotz einen neuen Lappen auf das alte Kleid flickte.

Während die Zimmerleute an der Fertigstellung der ersten Baracke arbeiten, setze ich die Pfähle für die folgenden Bauten. Wochenlang bin ich durch diese harte Arbeit in Anspruch genommen. Oft handelt es sich darum, den schweren Pfahl, damit er in die richtige Stellung kommt, nur um 1 oder 2 Zentimeter zu drehen oder zu verschieben. Da darf ich ihn von den Schwarzen nicht anfassen lassen. Sie können keine Bewegung berechnen und würden mir ihn ganz verschieben oder ganz verdrehen. Es bleibt mir nichts anderes übrig, als in das Loch zu treten, den schweren Pfahl zu umklammern und ihn in der erforderlichen Weise zurechtzurücken.

Je größer die Löcher sind, desto leichter ist das Setzen der Pfähle, weil man den erforderlichen Spielraum hat. Ich lasse die Löcher jetzt einen halben Meter breit machen. Die Tiefe bemißt sich nach der Höhe der Pfähle. Etwa ein Drittel des Holzes muß in der Erde stehen.

An einem Tage setze ich, wenn alles gut geht, etwa ein Dutzend Pfähle. Mit der Zeit ziehe ich mir als einzigen einigermaßen brauchbaren Helfer in dieser Arbeit einen jungen Mann namens Tatie heran. Er ist für eine Osteomyelitis des Unterkiefers im Spital und muß sich mehreren aufeinanderfolgenden Operationen unterziehen. In der Zeit zwischen den Operationen hilft er mir aus. Er versteht sogar schon mit der Wasserwaage umzugehen, mit der wir feststellen, ob alle Pfähle oben eine Ebene bilden.

Das neue Spital wird ein wirkliches Dorf. Es soll ja für zweihundert Kranke samt ihren Begleitern Raum bieten. In dem am weitesten flußabwärts gelegenen Teil wird es aus drei Reihen parallel verlaufender Gebäude bestehen. Weiter flußaufwärts fällt die vordere Reihe weg, damit die große Baracke, in der die Ärzte ihres Amtes walten, einen freien Platz vor sich hat und Luft vom Fluß her empfängt.

Alle Gebäude sind ungefähr in der Richtung von Ost nach West orientiert, damit die Sonne immer über ihrem Giebel dahinzieht und sie nie die Flanke trifft. Wir sind ja fast auf dem Äquator. Die Sonne weicht also nur wenig nach Norden oder Süden ab. Die Wände eines von Ost nach West orientierten und mit vorspringendem Dach gedeckten Gebäudes werden also nur um Weihnachten oder um den Johannistag herum von der Sonne getroffen werden. In einem so orientierten Gebäude ist es daher bedeutend weniger heiß als in einem, das in der Richtung Nord-Süd orientiert ist, auf dessen Wänden die Morgen- und die Abendsonne aufliegen. Diese Bauregel sollte in den Tropen viel mehr beachtet werden, als es gewöhnlich geschieht.

Mit Absicht baue ich also lange, schmale, von Ost nach West orientierte Gebäude. Diesen kann die Sonne am wenigsten an-

haben. Auch ist das für tropische Bauten so wichtige Problem
von Licht und Luft unter weit vorspringenden Dächern viel
leichter bei schmalen als bei breiten Bauten zu lösen. Die
Räume liegen in meinen Bauten also nicht nebeneinander, sondern hintereinander.

Im Verlaufe des Frühlings setze ich die Pfähle für das ganze
Spitaldorf. Außer dem in Vollendung begriffenen Bau von 25
auf 5 Meter wird es noch vier Baracken zählen; eine von 13½
auf 6½ Meter, eine von 23½ auf 6½ Meter; eine von 36½
auf 4½ Meter; eine von 22½ auf 8 Meter.

Zugleich mit den Bauten für die schwarzen Kranken nehme
ich ein Haus zur Unterbringung der weißen Kranken in Angriff. Es kommt stromaufwärts des Spitaldorfes zu liegen. Seine
Länge beträgt 22 Meter; in der Breite wird es 8 Meter haben.
Es wird auf 48 Pfählen ruhen.

Am 26. April kommt Hans Muggensturm, ein junger Schreiner aus St. Gallen, an. Nun atme ich auf; aber noch nicht ganz.
Die große Frage ist ja, ob er mit den Schwarzen umzugehen
weiß. Besitzt er diese Gabe nicht, so kann er nur einen Teil von
dem leisten, was er leisten sollte. Nach einigen Tagen zeigt es
sich, daß er sie besitzt.

Worin besteht diese Gabe? In der richtigen Verbindung von
Festigkeit und Güte, in dem Vermeiden unnötiger Reden und
in dem Vermögen, ein heiteres Wort im richtigen Augenblick
zu finden.

Der europäische Helfer übernimmt jetzt die Aufsicht über
die drei Zimmerleute und ihre Gehilfen. Ich selber kann mich
nun ganz dem Setzen der Pfähle, der Bereitung des Baugelän-
des und der Beschaffung des Materials widmen. Daß alle Arbeiten gut ineinandergreifen und Holz und Wellblech, Schrauben und Nägel immer zur Stelle sind, wird jetzt meine Hauptaufgabe.

Nun kann ich die nötigen Reisen zur Beschaffung von Holz
unternehmen, ohne daß die Arbeit auf dem Bauplatz stillesteht.

Die Zeit drängt. In der trockenen Jahreszeit – Ende Mai bis
Mitte September – müssen die hauptsächlichsten Gebäude des

Spitaldorfes unter Dach kommen. Im Herbst, bei Beginn der Regenzeit, wollen wir dann an den inneren Ausbau und an die Inneneinrichtung gehen.

Während der trockenen Jahreszeit beginnen wir mit dem Graben eines Brunnens unten am Spital.

Im Herbst setze ich die Pfähle unseres Wohnhauses auf dem Hügel. 105 Pfähle sind für den 31 Meter langen und 8½ Meter breiten Bau erforderlich.

Der Garten, den wir im Frühjahr flußaufwärts vom Spital angelegt haben, trägt uns Bohnen und Kohl. Leider wird der tiefer liegende Teil desselben bei dem ausnahmsweise frühen Herbsthochwasser überschwemmt, so daß wir um einen Teil des Ertrages kommen.

X. DAS JAHR 1926. IM SPITAL

Im Spital ist in den ersten Monaten des neuen Jahres soviel Arbeit, daß die beiden Ärzte sie kaum bewältigen können. Ständig werden 120 bis 160 schwarze Patienten beherbergt. In der Hauptsache handelt es sich um Fälle von Malaria, Frambösia, Dysenterie, Lepra, Schlafkrankheit. Fast ein Drittel der Patienten ist, wie gewöhnlich, wegen tropischer phagedänischer Geschwüre bei uns. 15 bis 20 Pritschen sind mit Leuten belegt, die operiert sind oder auf die Operation warten.

Besonders viel haben wir in den ersten Monaten des Jahres mit Unfallchirurgie zu tun. Ein Mann stürzt von einem hohen Baum, auf dem er Honig holen wollte, und wird mit einer schweren Fraktur eingeliefert. Ein anderer haut in der Nähe eines Dorfes einen Baum um, auf dem er Honig vermutet, um die süße Gabe in aller Bequemlichkeit zu ernten. Der Baum fällt auf eine Hütte und erschlägt eine arme Frau. Von einem Holzplatze wird uns ein Mann eingeliefert, der unter einen rollenden Baumstamm geriet. Trotz der Schwere der Verletzung wird er geheilt.

Längere Zeit weilt ein schwarzer Jäger bei uns, dem ein
Gorilla die Hand mit seinen furchtbaren Zähnen zerrissen
hatte. Er schoß auf das Tier, das ihm plötzlich auf dem Pfade
begegnete, und schätzte sich glücklich, daß es flüchtete, statt
auf ihn loszugehen. Der Gorilla aber lauerte ihm, als er desselben Weges zurückkam, hinter einem Baume auf. Es ent-
spann sich ein Kampf, bei dem der Jäger mit knapper Not dem
Tode entging.

Weniger glücklich endet für einen andern Schwarzen die Begegnung mit einem Elefanten. Der Elefant kommt in der Nähe
von Samkita auf einen Platz, wo gerade Mahagoni gefällt wird.
Beim Anblick der Menschen zieht er sich gemächlich zurück.
Nun gedenken die Holzfäller das Tier nach der Art ihrer Vor-
väter zu erlegen, indem sie ihm nachschleichen und ihm mit
dem Buschmesser die Achillessehnen der Hinterfüße durch-
schneiden. Wieviel tausend Elefanten sind in den Wäldern
Zentralafrikas in früheren Zeiten auf diese hinterlistige Art
wehrlos gemacht und zu Tode gemartert worden. Aber den
Schwarzen bei Samkita fehlt die Übung, über die die Vorfahren verfügten. Der Elefant merkt den Anschlag und geht
auf sie los. Den Nächststehenden wirft er in die Luft und bohrt
ihm die Stoßzähne in den Leib, worauf er ruhig weitertrabt.
Die Verletzungen waren so schwer, daß wir den Armen nicht
retten konnten.

Auch Unfälle durch unvorsichtige Schützen ereignen sich
im Urwald. Eines Morgens wird uns ein Eingeborener gebracht, den ein anderer, als er im Gebüsch nach Wurzeln grub,
für ein Wildschwein hielt und in den Rücken schoß. Der un-
glückliche Schütze, N'Zigge mit Namen, begleitete sein Opfer.
Leider ist der Verletzte nicht zu retten. Alsbald nach dem Tode
desselben läßt N'Zigge eiligst Frau und Kind kommen. Er und
die Seinen sind ja jetzt ihres Lebens nicht mehr sicher. Ich behalte ihn im Spital. Ich selber begleite ihn zum Bezirkshauptmann, wo der Fall verhandelt wird, damit er nicht unterwegs
getötet werde. Da es sich um fahrlässige Tötung handelt, wird
er nur dazu verurteilt, der Familie des Getöteten eine beträcht-

liche Geldsumme zu zahlen und ihr eine Ziege zu geben. Wo es sich um vernichtetes Leben handelt, muß immer etwas Lebendiges als Entgelt gegeben werden. Um in Sicherheit zu sein und das Geld zu verdienen, bleibt N'Zigge, ein lieber, stiller Mensch, mit den Seinen bei uns und hilft uns beim Fällen des Waldes. Mit der Zeit wird er unser bester und treuester Arbeiter.

Einmal werden ein halbes Dutzend Verletzte auf einmal bei uns eingeliefert. Es sind die Opfer einer Schlacht, die auf einem Holzplatze im Walde zwischen den Arbeitern stattfand.

In furchtbarem Zustande treffen bei uns zwei Eingeborene ein, die bei einem Straßenbau, 150 Kilometer südwärts von uns, mit Dynamit Steine sprengten und sich nicht rechtzeitig in Sicherheit brachten. Der eine stirbt einige Tage nach der Ankunft im Spital. Der andere wird gerettet.

Zu Beginn des Jahres werden mehrere Geisteskranke gebracht. Einige von ihnen muß ich zurückweisen, weil ich keinen Platz für sie habe.

In einer Reihe von Fällen handelt es sich um vorübergehende Geistesstörungen, sei es durch Schlafkrankheit, sei es durch Gifte, die Aufregungszustände bewirken.

Ein geistesgestörter Schlafkranker mit Namen N'Tsama kommt am Anfang des Jahres zu uns. Er ist zum Gerippe abgemagert. Wir behandeln ihn mit Tryparsamid, dem neuen Schlafkrankheitsmittel des Rockefeller-Instituts, das wir eben zu Versuchszwecken erhalten haben. Langsam legt sich seine Aufgeregtheit. Als geistige Störung bleibt ein unheimlicher Drang zum Stehlen zurück, der das arme Menschenkind üblen Mißhandlungen von seiten der geschädigten Spitalinsassen aussetzt. Da er, wie es bei Schlafkranken oft der Fall ist, einen gesteigerten Appetit hat, lockt er meine Hühner an sich, als Opfer für seinen Kochtopf. Gar manches ist seiner List erlegen. Wie so viele andere Kranke holt N'Tsama sich Dysenterie und schwebt dann zwei Monate lang zwischen Leben und Tod. Er

ist so schwach, daß er nicht mehr allein essen kann. Man muß
ihn füttern. Endlich, gegen das Frühjahr zu, erholt er sich von
der Dysenterie. Die Behandlung mit Tryparsamid kann wieder
aufgenommen werden. Langsam verschwindet der Trieb zum
Stehlen. N'Tsama ist nun stark genug, um herumzugehen. Den
ganzen Tag steht er am Ufer und fischt, fängt aber nicht viel.
Einmal, als Bretter ausgeladen und zum Spital hinaufgeschafft
werden sollen, rufe ich den fischenden N'Tsama im Scherz zur
Arbeit auf. Er nimmt ein Brett auf den Kopf und trägt es.
Darob erhebt sich großer Jubel im Spital. Nun ist für alle offen-
bar, daß man auch Schlafkranke im letzten Stadium, die früher
dem Tode verfallen waren, dem Leben zurückgeben kann. Zu
Beginn des Sommers bittet N'Tsama, beim Ausroden des Waldes mithelfen zu dürfen und bleibt nun als Arbeiter bei uns.
„Der Doktor ist mein Vater", sagt er, „und das Spital ist mein
Dorf". Von der Schlafkrankheit hat er nur eine gewisse Ermüdbarkeit und Reizbarkeit behalten. Darum darf er nur da
arbeiten, wo einer von uns mit dabei ist, einmal, damit man
ihm nicht zuviel zumutet, und sodann, damit die andern ihn
nicht durch Neckereien erregen.

Diese Heilung ist mit 6,5 g Tryparsamid erreicht worden.
Seither haben wir noch viele schöne Erfolge mit diesem Mittel
gesehen.

„Bayer 205", das Mittel der Bayerschen Farbwerke, und das
amerikanische Tryparsamid bedeuten beide eine große Errungenschaft in dem Kampfe gegen die Schlafkrankheit. Beide
haben sie ihre eigentümlichen Vorzüge und ihre Nachteile.
Das Tryparsamid ist in den vorgeschrittenen Fällen wirksamer
als Bayer 205. Aber es hat den Nachteil, daß es, wie das früher
gebrauchte Atoxyl, in manchen Fällen den Sehnerv schädigt
und Erblindungen zur Folge haben kann. Trotz aller aufge-
wandten Vorsicht haben auch wir einen Fall von Erblindung
zu verzeichnen.

Mit wieviel größerer Zuversicht stehen wir nun im Kampfe
gegen die Schlafkrankheit als früher! Bei drei Europäern haben
wir im Laufe der Monate beginnende Schlafkrankheit festzu-

stellen. Alle werden gerettet. Ohne zur Erholung nach Europa zu müssen, können sie nach beendeter Kur gleich wieder in ihre Arbeit zurück.

Und wie manche Schwarze, die wir früher hätten aufgeben müssen, weil sie im letzten Stadium zu uns kamen, werden nun geheilt!

Eines Tages habe ich auf den Faktoreien zu tun. Abseits vom Wege sehe ich einen Eingeborenen schlafend liegen. Niemand weiß Bescheid über ihn. „Er liegt schon einen Tag hier und wird wohl ein Betrunkener sein", sagen mir die Schwarzen, die ich befrage, und gehen ihres Weges weiter. Ich lade ihn in mein Boot und bringe ihn ins Spital. Dort offenbart das Mikroskop, daß er in der heißen Sonne nicht den Schlaf des Betrunkenen, sondern den des Schlafkranken schlief. Als er nach Wochen die Sprache wieder findet, stellt sich heraus, daß er von der Küste herauf kam und nach seiner Heimat im Innern wollte.

Kurz nacheinander bekommen wir mehrere Vergiftungen zu sehen. Der schwarze Holzhändler, der mir die Stelle zeigte, wo ich die Pfähle für meine Bauten fand, bemerkt, daß sein aufgeweckter Knabe anfängt zu torkeln und stumpfsinnig vor sich hinbrütet. Ich vermute sogleich, daß es sich um eine Giftwirkung handelt. Der Knabe wird isoliert, muß gepulverte Holzkohle einnehmen und bekommt nur Speise verabreicht, deren Zubereitung genau überwacht wird. Langsam erholt er sich. Wahrscheinlich vergiftete ihn jemand, um Rache an seinem Vater zu nehmen.

Ein mir bekannter schwarzer Holzhändler wird in seltsamem Zustand eingeliefert. Er scheint bei klarem Bewußtsein, aber er kann nicht sprechen und nicht schlucken. Seine Muskeln weisen eine merkwürdige Steifigkeit auf. Seine Glieder zittern ständig, wenn auch ganz leicht. Er zeigt kataleptische Erscheinungen, indem er die Arme in der Haltung behält, die man ihnen gegeben hat. Durch Zeichen verlangt er eine Feder, um

zu schreiben, aber vermag es nicht. Da er jede Nahrung aus-
spuckt, wird er wochenlang mit dem Schlauch durch die Nase
ernährt. Die Rettung hängt davon ab, ob es uns gelingt,
die Spannung der Muskulatur wirksam zu bekämpfen. Der
Kranke wird mit Chlorhydrat und intravenösen Einspritzungen von Medikamenten, die die Muskelstarre lösen sollen,
behandelt.

Was hat Dr. Trensz, der hier den ersten Fall einer solchen
Vergiftung sieht, mit diesem Manne für Arbeit! Nach drei
Monaten kann er als geheilt entlassen werden. Von dem, was
im Spital mit ihm geschah, hat er keine Erinnerung.

Dieser Holzhändler hatte sich kurz zuvor mit Familienange-
hörigen, die an seinem Geschäft beteiligt waren, wegen Geld-
sachen entzweit. Also werden es diese gewesen sein, die ihm
das Gift gaben! So darf man in Afrika nicht schließen. Für den
Kenner der Mentalität der Eingeborenen ist wahrscheinlich,
daß ein Feind, der ihm schon lange nachstellte, oder jemand,
der ihn aus dem Wege haben wollte, die Gelegenheit dieses
Zwistes wahrnahm, um ihn zu vergiften, weil er sich sagte, daß
der Verdacht auf die mit ihm in Hader befindlichen Familien-
mitglieder fallen würde.

Wie unheimlich ist doch Äquatorialafrika durch die vielen
Dramen, in denen das Gift seine Rolle spielt!

In manchen Fällen handelt es sich um versehentliche Vergiftungen. Der Kranke, der beim Fetischmann Hilfe sucht, bekommt zuviel von dem gefährlichen Stoffe, mit dem dieser um-
geht. Im Frühjahr wird uns ein solcher Patient in einem furchtbaren Zustand gebracht. Er kann nicht stehen, nicht sprechen
und nicht schlucken. Viel Arbeit und Mühe müssen wir darauf
verwenden, ihn dem Tode zu entreißen.

Gleichzeitig ist ein Fetischmann bei uns mit einem schweren
Zungengeschwür. Als Erreger dieses Geschwüres entdecken
wir fusiforme Bazillen und Spirillen, wie sie sich auch bei den
tropischen phagedänischen Fußgeschwüren finden. Wir behandeln den Fetischmann als Kollegen. Unsere Politik geht
darauf aus, uns mit den Fetischmännern gut zu stellen, daß sie

selber die Kranken, bei denen ihre Kunst versagt, an uns weisen.

Daß auch europäische Medikamente mit Vorsicht gehandhabt werden müssen, erfahren wir mit dem gegen die Ankylostomawürmer gebrauchten Tetrachlorkohlenstoff. Er ist gar nicht so harmlos, wie er gewöhnlich gepriesen wird. Bei Leuten, die irgendwie eine nicht ganz gesunde Leber haben, sollte er nicht angewandt werden. Jeder Patient ist also auf seine Leberfunktion zu untersuchen, ehe man die Kur mit ihm vornimmt. Im allgemeinen kommen wir dazu, das Chenopodiumöl dem Tetrachlorkohlenstoff auch in der Behandlung der Schwarzen vorzuziehen. Nur muß man darauf sehen, reines und unverfälschtes Öl geliefert zu erhalten.

Große Genugtuung bereitet uns das „Terpentin-Stahl", ein schweizerisches Präparat, das eine Mischung von Terpentin und Chinin darstellt. In intramuskulären Einspritzungen leistet es uns große Dienste bei verschiedenen eitrigen Prozessen, besonders bei hartnäckiger Furunkulose.

In der Behandlung der phagedänischen tropischen Geschwüre haben wir wieder einen Fortschritt zu verzeichnen. Von dem früher geübten Auskratzen des Geschwüres in der Narkose sind wir, wie ich im letzten Bericht dartat, abgekommen, weil es zuviel Arbeit macht, zuviel Äther kostet und auch, weil manche Patienten sich vor dem Einschläfern fürchten. Eines Abends hört man, wie einer, der zur Reinigung seines Geschwüres eine Narkose durchgemacht hat, den andern erzählt: „Ja, der Doktor hat mich töten wollen! Er hat mir ein Gift in die Nase gegeben, und schon war ich tot. Aber er hatte nicht genug Gift, und so bin ich wieder lebendig geworden."

Statt durch Auskratzen, reinigten wir nun das Geschwür durch energisches Betupfen mit einer Sublimatpastille. Dies ist aber sehr schmerzhaft. Um den Armen solche Qual zu ersparen, versuchen wir es mit Berieselung. Durch die verschiedensten Versuche uns durchtastend, gelangen wir nun zu

einem Verfahren, das uns in jeder Hinsicht befriedigt. Die
große Errungenschaft ist, daß wir nun jede Berührung des
Geschwüres nach Möglichkeit vermeiden und dabei den desinfizierenden Stoff dennoch viel besser durch die dichte Lage
des nekrotischen Gewebes hindurch auf den Grund des Geschwüres zu bringen vermögen, als es früher der Fall war. Mit
einem Gazetupfer wird der Eiter abgewischt und das nekro-
tische Gewebe, soweit es sich löst, abgeschoben. Dabei wird
jedes Reiben und Aufdrücken vermieden, da es für den Patienten äußerst schmerzhaft ist. Nachher wird das Geschwür mit
abgekochtem Wasser abgespült. Dann tritt der fallende Wassertropfen in Tätigkeit. Er leistet die Hauptarbeit. Ein Gramm
Quecksilberoxycyanur wird in sechs oder sieben Litern Wasser
aufgelöst. Von dieser Lösung lassen wir nun jeden Morgen je
nach der Größe des Geschwüres fünf bis zwanzig Minuten
lang fortgesetzt Tropfen aus einer Höhe von 50 bis 75 Zentimetern auf das Geschwür fallen. Im Anfang verursachen Tropfen aus solcher Höhe arge Schmerzen. Für die ersten Tage läßt
man dann die Tropfen nur aus einigen Zentimetern Höhe auf-
fallen. Diese Tropfen bahnen sich einen Weg durch den dicken
nekrotischen Belag des Geschwüres. Beim Zerplatzen reißen sie
es auseinander. Die desinfizierende Flüssigkeit dringt bis auf
den Grund des Geschwüres.

Dazu kommt wahrscheinlich noch eine anregende Wirkung,
die das stetige Hämmern der Tropfen auf das Geschwür ausübt. Jedenfalls reinigt sich das Geschwür im Verlaufe weniger
Tage. Es bekommt eine schöne rote Farbe und zeigt eine Hei-
lungstendenz, die wir in dieser Lebhaftigkeit bei keinem andern
Verfahren feststellen konnten.

Handelt es sich um große und sehr rasch fortschreitende
phagedänische Geschwüre, so wird das Geschwür morgens
und abends der Wirkung der Tropfen ausgesetzt. Auch erhöhen
wir dann die Konzentration der Lösung und nehmen ein Gramm
Quecksilberoxycyanur auf drei oder zwei Liter Wasser.

Was man auf das Geschwür streut, um es in der Zwischenzeit zu verbinden, ist von untergeordneter Bedeutung. Wir

nehmen gewöhnlich Jodoform, Dermatol und Salol zu gleichen Teilen gemischt.

Auch wenn die Überhäutung des Geschwüres schon beginnt, wird die Behandlung mit den fallenden Tropfen stetig fortgesetzt, aber mit immer schwächeren Lösungen, um jede Schädigung des neugebildeten Gewebes zu vermeiden. Zuletzt nehmen wir zehn bis zwölf Liter Wasser auf ein Gramm Quecksilberoxycyanur.

Ist das Geschwür gereinigt, so versuchen wir, wenn es sich um große Flächen handelt, die Überhäutung durch Vornahme der Hauttransplantation zu beschleunigen. Gelingt sie, so wird die Heilung gut um ein Drittel abgekürzt.

Bisher verwandten wir für die Transplantation das gewöhnliche Thierschsche Verfahren, bei dem lange Streifen möglichst dünn abgetragener Haut auf die zu überhäutende Fläche gelegt werden. Oft ist aber die Fläche noch nicht ganz rein. Es bildet sich Eiterung unter dem Hautstück und verhindert dessen Anwachsen. Darum gedenken wir uns jetzt dem Dawisschen Verfahren zuzuwenden, bei dem eine Reihe von kleinen runden Hautstücken von etwa einem halben Zentimeter im Durchmesser als Inseln in Abständen von einem halben Zentimeter auf die Fläche gelegt werden. Bildet sich Eiterung, so kann sie diesen kleinen Stückchen nicht so gefährlich werden wie den großen Lappen nach dem Thierschschen Verfahren. Auch erweisen sich diese Stücke widerstandsfähiger als die langen dünnen Thierschschen Lappen.

Die Behandlung durch den fallenden Tropfen gibt auch bei andern Geschwüren als den spezifisch tropisch phagedänischen gute Resultate. Bei vielen hat man oft mit einer Lösung von einem halben Gramm Kupfersulfat auf einen Liter Wasser guten Erfolg. Überhaupt kann man für dieses Verfahren alle möglichen desinfizierenden Stoffe in verdünnter Lösung verwenden.

Äußerst wertvoll in der Bekämpfung der mannigfachen Geschwüre ist uns eine neue schweizerische Spezialität, das Breosan, das wir hauptsächlich in Salben verwenden. Besonders bei frischen Geschwüren verschiedenster Art ist der Erfolg überraschend. Die sogenannten Craw-Craw-Geschwüre der Europäer, deren Herkunft noch im Dunkel liegt und bei denen wir als mikroskopischen Befund des öfteren Staphylococcen in Reinkultur fanden, behandeln wir jetzt fast ausschließlich mit diesem Mittel. Ich selber habe es an mir erprobt. Früher ging bei mir jede Hautabschürfung am Fuße unfehlbar in ein Geschwür über, mit dem ich wochenlang zu tun hatte. Stieß ich auf dem Bauplatz mit dem Fuß gegen einen Balken oder scheuerte mein Schuh, so wußte ich, daß dies ein Geschwür bedeutete. Seitdem ich jede Schürfung sofort mit Breosan behandle, bin ich von Fußgeschwüren vollständig frei. Prinzipiell geben wir jetzt jedem Europäer Tuben mit Breosansalbe für seine Reiseapotheke ab und haben uns damit viel Dank erworben.

Große Sorgen machen uns die zum Glück nicht allzu zahlreichen Fälle, wo die typischen tropischen phagedänischen Geschwüre das umgebende Muskelgewebe in der Tiefe infizieren. Für gewöhnlich bleibt ja bei diesen Geschwüren die Infektion auf das Geschwür selber beschränkt. Das gesunde und das kranke Gewebe setzen sich scharf gegeneinander ab. Breitet sich die Infektion aber ausnahmsweise unter der Haut, zwischen den Muskeln oder längs der Sehnenscheiden aus, oder dringt sie in die Knochen ein, so liegt der Fall sehr ernst. Wird die üble Wendung sogleich in den ersten Tagen festgestellt, so kann weitgehende Spaltung der Gewebe mit dem Messer noch Hilfe bringen. Andernfalls aber ist kaum noch etwas zu machen. Die Infektion breitet sich immer weiter aus. Der Fall endet tödlich. Darum muß derjenige, der die phagedänischen Geschwüre behandelt, stetig seine Aufmerksamkeit auf eine etwaige beginnende Unterminierung des Randes des Geschwüres richten. Ist eine solche bemerkbar, so will dies heißen, daß schleunigst mit dem Messer eingegriffen werden muß.

Unerklärlich bleibt, daß phagedänische Geschwüre fast nur am Unterschenkel vorkommen und daß Frauen – wenigstens im Ogowegebiet – fast nie davon befallen werden.

Bei der Behandlung der leider immer noch zahlreichen Dysenteriekranken macht Dr. Trensz eine wertvolle Feststellung. Bekanntlich gibt es zwei Arten von Dysenterie: Die durch Amöben – das heißt einzellige Lebewesen – verursachte, und die auf eine Infektion mit Dysenteriebakterien zurückgehende. In dem von ihm mit primitivsten Mitteln eingerichteten, bakteriologischen Laboratorium unternimmt es nun Dr. Trensz, Kulturen von dem Kote der Kranken anzulegen, in dem keine Amöben gefunden wurden. Statt der erwarteten Dysenteriebazillen stellt er aber Vibrionen fest, die dem Choleravibrio sehr nahe verwandt sind und sich von ihm nur durch eine verschiedene Agglutination unterscheiden. Was also als Bazillendysenterie angesehen wurde, ist nach dieser Feststellung in den meisten Fällen durch einen Paracholeravibrio hervorgerufene schwere Cholerine.

Untersuchungen des Wassers zeigen, daß dieser Vibrio in den Gewässern des Ogowe heimisch ist. Er wird also Vibrio Gabunensis genannt. Dr. Trensz gedenkt ihm eine längere wissenschaftliche Arbeit zu widmen. Vielleicht handelt es sich bei der Dysenterie, die in Äquatorialafrika regelmäßig unter den bei Straßen- oder Bahnbauten beschäftigten Arbeitern ausbricht, in einer großen Zahl der Fälle, wo Amöbendysenterie nicht nachweisbar ist, nicht um Bakteriendysenterie, sondern um diese Cholerine. Von jeher hatte ich die unaufgeklärten Fälle von Dysenterie in Anlehnung an die Choleratherapie mit in Wasser gelöster weißer Tonerde behandelt und dabei gute Erfolge gesehen. Nun erklärt die Feststellung von Dr. Trensz, warum mit dieser Behandlung etwas erreicht wurde. Es handelt sich ja um eine der Cholera verwandte Krankheit.

Die Züchtung der Vibrionen im Laboratorium erlaubt Dr. Trensz, einen Impfstoff herzustellen, mit dem solche Fälle von Cholerine in zwei bis drei Tagen geheilt werden können.

Für gewöhnlich sind diese in dem Wasser enthaltenen Cholerinebakterien dem Eingeborenen nicht gefährlich. Erst wenn sein Darm durch Reisnahrung an Widerstandskraft verloren hat, gewinnt die Infektion Macht über ihn.

Daß wir Ärzte in Lambarene jetzt zu dritt sind, erlaubt also, daß wissenschaftlich gearbeitet wird und Feststellungen gemacht werden, die von großer Bedeutung für die Behandlung der Kranken sind.

Der Arzt, der im Urwald allein arbeitet, wird von dem täglichen Betriebe so in Anspruch genommen, daß ihm weder Zeit noch Energie bleiben, rätselhaften Fällen auf den Grund zu gehen. In jedem Tropenspital sollten also mindestens zwei Ärzte sein.

Zu kleine ärztliche Betriebe rentieren sich im Urwalde ebensowenig wie zu kleine Missionsstationen.

Weil wir mehrere Ärzte sind, können auch die notwendigen Reisen unternommen werden, ohne daß der Betrieb des Spitals darunter leidet. Fast jeden Monat ist jeder von uns einige Tage unterwegs. Anfangs Juni unternimmt Dr. Lauterburg eine mehrwöchentliche Reise zu Wasser und zu Lande in die Gegenden südlich von Lambarene. Schon fangen wir an uns zu ängstigen, weil er über Erwarten lang ausbleibt und keine Nachricht von ihm eintrifft. Eines schönen Tages aber sehen wir ihn, zwar „gemagret", wie man in Bern sagt, und abgerissen, aber gesund und glücklich dem Kanu entsteigen. Als erster Arzt durchwanderte er jene Gegenden und gewann sofort das Vertrauen der Eingeborenen, die das Spital von Lambarene vom Hörensagen kannten.

Sein Bericht bestärkt uns in dem Plane, solche größeren Reisen regelmäßig zu unternehmen. Es wohnen ja so viele Kranke in der Ferne, die nicht in das Spital kommen können. Die Reise ist zu weit oder sie ist durch Stromschnellen erschwert, wie dies gerade für die Gegenden südlich von Lambarene der Fall ist. Oft fehlen auch die Leute, um den Kranken zu uns zu bringen. Können so viele, die unser bedürfen, nicht zu uns kommen, so müssen wir zu ihnen gehen.

Damit das Spital seinen vollen Segen entfalte, sollte ein Arzt mit einer gut ausgestatteten Reiseapotheke und den notwendigsten Instrumenten eigentlich stetig unterwegs sein, um den Kranken, die an Ort und Stelle behandelt werden können, die nötige Pflege angedeihen zu lassen, und diejenigen, welche der Spitalbehandlung bedürfen, mit sich nach Lambarene zu bringen.

Zur Ausführung dieses Planes ist es aber nötig, daß wir drei Ärzte in Lambarene sind: einer für den gewöhnlichen Dienst, einer für die Chirurgie, einer für die Reise. Hoffentlich finde ich die erforderlichen Ärzte und Mittel.

Neben der Bakteriologie kommt das Operieren nicht zu kurz. Gar manche Träger von Hernien oder Elephantiasis-Tumoren finden in diesen Monaten durch das Messer von Dr. N'Tschinda-N'Tschinda, wie Dr. Lauterburg bei den Eingeborenen heißt, Befreiung von ihrem Leiden.

Die Operierten sind in der Regel sehr dankbar. Freilich kann es auch geschehen, daß ein Operierter durch alle Dankbarkeit nicht abgehalten wird, sich in der Nacht heimlich davonzumachen und das ihm vom Spital geliehene Moskitonetz als Andenken mitzunehmen. Solches muß Dr. N'Tschinda-N'Tschinda an einem Kranken mit einer mächtigen Hernie erleben, der ihm viel Arbeit verursacht hatte. Die Freude, einen Menschen gerettet zu haben, läßt er sich dadurch aber nicht trüben.

Vorsichtigerweise verlangen wir, daß das Geschenk für die Operation – gewöhnlich Bananen oder andere Früchte, Setzlinge von Brotfruchtbäumen, Bananensetzlinge, geräucherte Fische – uns von den Angehörigen gebracht wird, während der Operierte noch im Spital liegt. Stellt uns der Operierte in Aussicht, daß er selber nach seiner Entlassung das Geschenk bringen werde, so ist zu befürchten, daß er durch seines Herzens Wankelmütigkeit oder durch die Umstände daran verhindert wird. Einer, dem es wirklich ernst mit seinem Versprechen ist, will mir bis zu seiner Rückkehr mit dem Geschenk seine zweite Frau als Pfand lassen. Ich verzichte, da das Pfand schwer zu hüten ist.

Daß die geschichtlichen Anschauungen in Äquatorialafrika sich nicht immer mit den in Europa gangbaren decken, erfahren wir beim Verbinden eines kranken Knies. „Du bist ein rechter Bismarck", sagt der Bettnachbar zu dem Knaben, der den schmerzhaften Verbandwechsel ausgehalten hat, ohne einen Laut von sich zu geben. „Was weißt denn du von Bismarck?" frage ich. „Bismarck? – Bismarck war ein sehr tapferer Franzose", lautet die Antwort.

Mit dem Operieren von älteren Leuten – das heißt von Leuten von über 50 Jahren – muß man in Äquatorialafrika außerordentlich vorsichtig sein. Sie ertragen das Liegen nicht. Oft verlieren sie nach der Operation den Appetit und kommen in Schwächezustände, die sehr gefährlich werden können. Durch unsere Erfahrungen sind wir dahin gekommen, ältere Leute nur dann zu operieren, wenn der Eingriff zur Erhaltung des Lebens absolut notwendig ist.

Seit April ist Fräulein Martha Lauterburg, die Schwester von Dr. Lauterburg, als Pflegerin bei uns. Sie kam zugleich mit Hans Muggensturm an. Die neue, sehr erfahrene Pflegerin übernimmt den Dienst im Spital, so daß Fräulein Kottmann sich nun ganz den Arbeiten in der Pflanzung, im Garten und auf dem Bauplatz widmen kann. Für eine Reihe von Monaten hilft uns noch ein Europäer bei der Beaufsichtigung der Leute, die den Wald fällen.

Fräulein Emma Haußknecht führt die Haushaltung. Es ist dies wohl das schwerste Amt in unserm ganzen Betriebe. Welche Mühe hat sie mit dem Koch, daß er das Essen sorgfältig und sauber zubereite und nicht durch Verwendung von ungekochtem Wasser unsere Gesundheit gefährde. Fast täglich ist für 12 bis 15 Europäer zu kochen. Besonders kompliziert wird der Haushalt dadurch, daß fast jeder Tag Wäschetag ist und ständig Wäsche geflickt werden muß. Auch die Unterhaltung der Zimmer der europäischen Kranken liegt Fräulein Haußknecht ob. Für diese Arbeit stehen ihr zwar die Boys zur Verfügung, die mit ihrem kranken Herrn gekommen sind. Aber was gehört dazu, dieses halbe Dutzend Boys in Zucht zu halten!

Dazu kommt noch die Sorge um die Hühner und die Ziegen. Um nicht ständig alle Milch um teures Geld aus der Schweiz zu beziehen, versuchen wir eine Herde Ziegen aufzuziehen. Zwar geben diese verwilderten Ziegen kaum ein halbes Glas Milch im Tage. Wir hoffen aber einmal, die Rasse zu veredeln.

Selten erscheint Fräulein Haußknecht, die Vielbeschäftigte, allein auf dem Plan; ständig hängt ihr Fifi, das Schimpansenbaby, an der Schürze. Vor einem Jahre, als sie kaum einige Tage alt war, wurde Fifi zu uns gebracht. Ein schwarzer Jäger, hatte ihr die Mutter erschossen. Anfangs fürchtete sich Fräulein Haußknecht vor dem furchtbar häßlichen Geschöpf und wagte es nicht anzufassen. Aber das Mitleid siegte über alle ästhetischen Hemmungen. Nun hat Fifi das Zahnen überstanden und vermag schon allein mit dem Löffel zu essen.

Seit einiger Zeit hat sie als Spielgefährtin ein etwas älteres Schimpansenkind, das uns ein Europäer bei seiner Heimkehr nach Europa überließ, um es in guten Händen zu wissen.

Langsam bürgert sich die Gewohnheit ein, daß Europäer, die auf Urlaub nach Hause fahren, ihre Hunde bei uns abgeben. Sie wagen sie nicht den Schwarzen anzuvertrauen, weil diese aller Nachlässigkeiten und Grausamkeiten gegen Tiere fähig sind.

Daß aber auch in den Wildesten der Wilden das Mitgefühl gegen die arme Kreatur geweckt werden kann, darf ich beim Setzen der Pfähle erleben. Ehe der Pfahl ins Loch kommt, sehe ich nach, ob nicht Ameisen, Unken oder andere Tiere hineingeraten sind und hole sie mit der Hand heraus, daß sie nicht vom Pfahle zermalmt werden oder nachher beim Einstampfen von Stein und Erde zugrunde gehen. Denen, die mit mir am Werke sind, erkläre ich dieses Tun. Einige lächeln verlegen; andere lassen den oft so gehörten Spruch gleichgültig über sich ergehen. Eines Tages wird ein ganz Wilder, der mit mir Pfähle setzte, zu Frau Russell abkommandiert und haut mit anderen Gebüsch um. Als dabei ein Kröte sichtbar wird, will sein Nachbar sie mit dem Buschmesser erschlagen. Er aber fällt ihm in den Arm und entwickelt vor ihm und der aufhorchenden Mannschaft die Theorie, daß die Tiere auch vom lieben Gott geschaffen seien, und daß dieser den Menschen, die sie gedankenlos quälen oder töten, ein großes Palaver machen werde. Dieser Wilde war der letzte, von dem ich angenommen hätte, daß mein Tun und Reden beim Setzen der Pfähle ihm Eindruck machen werde.

Lebhaft beschäftigen sich die Schwarzen mit einem europäischen Zauberkünstler, der die ganze Westküste bereist und auch in Cap Lopez Vorstellungen gibt. Er hält auch Sprechstunden ab, in denen er ihnen, gegen Honorar, die Zukunft enthüllt und über verlorene Gegenstände Auskunft gibt. Bisher wußten nur die Schwarzen, die europäische Zeitungen lesen, um den üppigen modernen Aberglauben der Weißen. Wie gar manchmal bin ich von „Intellektuellen" schon über die in den Zeitungen stehenden Anzeigen der Hellseherinnen und Wahrsagerinnen der europäischen Hauptstädte befragt worden! Nun sendet der europäische Aberglaube gar seine Vertreter zu den Schwarzen hin!

Wie stehen wir, die wir unter den Eingeborenen gegen ihren Aberglauben auftraten, nun vor ihnen da!

„Die Weißen haben ja auch Zauberer", sagt mir ein Eingeborener. „Warum haben die Missionare und du uns das verheimlicht?"

Die Siegesfahrt des europäischen Aberglaubens in die Kolonien ist ein Ereignis von ungeheurer Tragweite. Unsere durch den Krieg schon arg erschütterte geistige Autorität empfängt hierdurch einen neuen furchtbaren Stoß. Die einsichtigen Eingeborenen nehmen Anstoß daran, daß es bei uns noch Aberglauben gibt; der heidnische Aberglaube aber triumphiert ob des unerwarteten Bundesgenossen, der ihm über das Meer her zu Hilfe kommt.

Schon jetzt beutet der gewerbsmäßige europäische Aberglaube die Schwarzen aus. Eingeborene aus unserer Gegend, darunter auch Heilgehilfen meines Spitals, haben einen Prospekt von Roxroy Studios, 42, Emmastraat, Haag (Holland) zugeschickt bekommen. Sie sollen unter Beifügung von

50 Franken einige von ihren Haaren einsenden und ihren Geburtstag angeben, damit man ihnen das Horoskop stelle und ihnen den „Ki-Magi" Talisman sende, der dem für sie in Betracht kommenden Zeichen des Zodiaks entspricht. In der Antwort sollen sie angeben, ob sie einen Talisman für Erfolg in den Geschäften, oder für Glück in der Liebe, oder für gute Gesundheit, oder für Glück im Spiel wünschen. Es wird auch einer angeboten, der Erfolge auf allen Gebieten gewährleistet. Dieser kostet aber bedeutend mehr als die anderen.

Voll Freude, daß sie der Vorteile dieses geheimnisvollen Wissens teilhaftig werden sollen, kommen zwei meiner Heilgehilfen zu mir herauf; gleich soll ich ihnen einen Vorschuß geben, damit die gewünschten Angaben und das verlangte Geld mit wendender Post abgehen können. Einer stellt bedauernd fest, daß er seinen Geburtstag nicht weiß. Aber er hofft, daß der Astrolog ihm nach dem beigelegten Haar das Horoskop stellen kann. Ich fürchte, daß sie trotz meiner Aufklärung und trotz des verweigerten Vorschusses auf den Prospekt geantwortet haben.

Im Laufe des Sommers verläßt uns Joseph. Der Lohn, den er bei mir bekommt, genügt ihm nicht. Er hat geheiratet und will nun seine Frau – eine tüchtige und kluge Frau – durch Kleider, die er ihr aus Europa kommen läßt, so verwöhnen, wie die zwei oder drei eingeborenen Holzhändler, die es zu etwas gebracht haben, ihre Frauen verwöhnen. Dies kann er mit dem Heilgehilfengehalt nicht durchführen.

Also will er selber Holzhändler werden. Der Abschied von dem Gehilfen der ersten Zeit tut mir weh. Wir bleiben gut Freund. Wo einer dem andern einen Dienst leisten kann, tut er's. Den Titel „Erster Heilgehilfe von Doktor Albert Schweitzer" behält er bei.

Zum Glück haben wir uns einige neue schwarze Heilgehilfen herangezogen. Der Tüchtigste unter ihnen ist Bolingi, dem die Pflege der Operierten anvertraut ist.

Während des Sommers müssen wir manchmal den schwarzen Heilgehilfen mehr Selbständigkeit lassen, als uns lieb ist, weil wir durch Nebenarbeiten in Anspruch genommen sind.

Im Juni gehen uns die Bretter aus. Die Sägerei von N'Gômô hat zufällig keine Baumstämme der in Frage kommenden Sorte auf Lager. Also erbettle ich mir bei befreundeten Holzhändlern Stämme, die zum Export nicht groß oder nicht gut genug sind und binde sie zu einem großen Floß zusammen. Unter Emil Ogoumas, des alten treuen Freundes Leitung, wird es zwischen den Sandbänken hindurch nach N'Gômô bugsiert.

Kaum ist diese Arbeit getan, so geht es an das Ausbessern und das Teeren der Kanus. Dabei helfen Europäer, die als Genesende bei uns sind, freundlich mit.

Unruhige Tage bereitet uns der Postdampfer im Juli, dadurch, daß er sich auf den Sand setzt. Zwei Missionarsfamilien mit ihren Kindern sind von flußaufwärts nach Lambarene gekommen, um sich nach Europa zu begeben, und erwarten nun als Gäste der Missionare und des Doktorhauses die Ankunft des Flußdampfers, der sie ans Meer bringen soll. Es ist bekannt gegeben, daß er wegen der auf der Sandbank geholten Verspätung nur kurz am Landungsplatz anlegen wird. Mehrmals verladen wir die Leute samt Kindern und Habe und bringen sie an den 7 Kilometer entfernten, im großen Flußarm gelegenen Anlegeplatz. Mehrmals bringen wir sie wieder heim, weil der Flußdampfer irrtümlich gemeldet war und in Wirklichkeit noch auf der Sandbank sitzt. Als er sich endlich losmacht und an das Meer herunterkommt, ist die Post nach Europa schon abgefahren. Die Missionarsleute müssen mit ihren Kindern drei Wochen dort unten warten.

Nebenher müssen wir uns alle auch als Anstreicher betätigen. Damit das Holz besser hält, wird jedes Gebäude des neuen Spitals alsbald gestrichen. Die Farbe bereiten wir, indem wir in eine gut durchsiebte Kalklösung Tischlerleim, in warmem Wasser gelöst, hineingeben. Richtig zubereitet und aufgetragen leistet diese Farbe in den Tropen fast denselben Dienst wie die viel teurere Ölfarbe. Nur für die Partien, wo der Regen bei den Tornados anschlägt, verwenden wir Ölfarbe.

Anfangs glauben wir, Schwarze zum Anstreichen heranbilden zu können. Ihre Hauptleistung besteht darin, daß sie die wenigen Pinsel, die wir besitzen, mit Virtuosität ruinieren. Bekommt ein Primitiver einen Pinsel in die Hand, so hat dieser nach zwei Tagen keine Haare mehr. Wie sie dies anstellen, weiß ich nicht. Aber sie bringen es fertig. Da die Kalk-Leimfarbe sehr sorgfältig aufgetragen werden muß, bleibt uns nichts anderes übrig, als selber zu streichen. Ärzte und Helferinnen wetteifern in der ungewohnten Kunst.

Viele Tage hat Fräulein Kottmann mit 80 Säcken Reis zu tun, die beim Transport im Boote naß wurden. Zuerst muß Raum geschaffen werden, daß die Säcke nebeneinander statt aufeinander gelegt werden können. Dann heißt es jeden Sack an der feuchten Stelle aufschneiden, die nassen Körner herausholen und ihn wieder zunähen. Zwei Hand voll feuchten Reises lassen in diesem heißen Klima den ganzen Sack verderben. Wieviel Zeit geht überhaupt bei uns mit der Sorge um den aufgestapelten Reis verloren!

Ständig müssen wir noch an die zwei Tonnen Reis auf Lager haben. Die Hungersnot nimmt zwar ab, aber nur weil jetzt genügend Reis aus Europa ankommt. Wären wir auf die Früchte des Landes angewiesen, so stünde es übel um uns. Bananen und Maniok sind noch fast nicht zu haben. Was wir uns davon beschaffen können, reicht gerade hin, um einige Kranke, die den Reis absolut nicht ertragen, zu erhalten. Erst nach Neujahr, wenn die neu gepflanzten Bananen Frucht tragen, wird das Land seine Bewohner wieder ernähren können.

Besondere Arbeit nehmen wir aus Mitleid mit den Palmbäumen auf uns. Der Platz, auf den unser Wohnhaus kommen soll, ist mit Ölpalmen bestanden. Das Einfachste wäre, sie abzuhauen. Eine Ölpalme hat hier keinen Wert. Es gibt ihrer so viele. Wir bringen es aber nicht übers Herz, sie der Axt zu überantworten, gerade jetzt, wo sie, vom Schlinggewächs befreit, ein neues Dasein beginnen. Also verwenden wir unsere Mußestunden darauf, diejenigen, die noch versetzbar sind, vorsichtig auszugraben und anderswohin zu verpflanzen, was eine große Arbeit ist. Auch große Ölpalmen – bis zu 15 Jahren – lassen sich versetzen.

Daß man mit Tieren Erbarmen hat, verstehen meine Schwarzen. Daß ich ihnen aber zumute, die schweren Palmbäume zu transportieren, damit sie am Leben bleiben, statt umgehauen zu werden, erscheint ihnen eine verfahrene Philosophie.

Ständig beherbergt das Spital Europäer. Zu Beginn des Jahres kommen zwei europäische Kinder bei uns zur Welt. Um zur Entbindung nach Lambarene zu kommen, legt die eine der Damen einen weiten Weg vom Süden her am Meere entlang zurück. An die 14 Tage wird sie von den Schwarzen durch Wälder und Sümpfe getragen, bis sie endlich in Cap Lopez ist und die Reise mit dem Flußdampfer fortsetzen kann. Für ihre Heimfahrt mache ich ein Motorboot ausfindig, das gerade in die südwärts von Cap Lopez gelegene Lagune von Fernand Vaz fährt. Dort ist eine katholische Missionsstation, in der sie Unterkunft findet, bis ihr durch Boten benachrichtigter Mann sie mit Trägern abholt.

An einem Sonntagabend zu Beginn des Frühjahrs bringt uns ein Europäer Kunde, daß in der Nähe seines Holzplatzes, zwei Tagereisen flußabwärts von Lambarene, an einem entlegenen See ein Weißer in der Nähe seiner Hütte durch einen vom Sturm entwurzelten Baum getroffen worden sei. Früh am Morgen macht sich Dr. Lauterburg mit dem Boten auf den Weg, um dem Verletzten die erste Pflege angedeihen zu lassen und ihn, wenn möglich, heraufzubringen.

Nach einigen Tagen kommt er mit ihm im Spital an. Es handelt sich um eine infizierte Beckenfraktur und um eine schwere Shockwirkung. Nach zehn Tagen stirbt der Arme, ohne das Bewußtsein wieder erlangt zu haben. Mir fällt die Aufgabe zu, der Frau, die er mit zwei Kindern in Europa hinterläßt, die traurige Kunde zu melden. Wie schwer sind solche Briefe zu schreiben!

Wenige Tage darauf kommt eine schwerkranke Europäerin aus dem Innern mit ihrem Mann, einem Beamten, nachts, in strömendem Regen bei uns an. Weiße Kranke werden ausquartiert, damit ein Zimmer für sie frei wird. Nachdem sie untersucht und versorgt ist, heißt es, sich der 50 Schwarzen annehmen, die den ganzen Tag im Regen ruderten und nichts zu essen hatten. Sie kommen nämlich aus dem Hungergebiet. Was muß ich reden und schelten, daß die Spitalinsassen ihnen in den überfüllten Baracken Platz machen und ihnen Holz für ihre Feuer abgeben. Dann heißt es das ganze Gepäck der Europäer beim Scheine der Laterne aus den beiden großen Kanus ausladen, es unter Dach schaffen und eine Wache dabei aufstellen. Zuletzt wird dann reichlich Essen ausgeteilt. Müde und naß steigen wir nach Mitternacht zum Doktorhaus hinauf.

Da die Kranke transportfähig ist und nach Hause verlangt, suche ich des andern Morgens, am Sonntage, dem 7. März, eine Gelegenheit, sie nach Cap Lopez zu schaffen. Der Kapitän eines kleinen Kauffahrteidampfers, der gegen Mittag fahren sollte, läßt sich erbitten, bis gegen Abend zu warten, um uns Zeit zu geben, die Kranke und das Gepäck hinüberzuschaffen. Da sich das Gerücht verbreitet, der gewöhnliche Flußdampfer sei vielleicht durch Havarie verhindert, rechtzeitig zur Abfahrt des Europadampfers am Meere einzutreffen, entschließt sich Dr. Neßmann, der mit dieser Post heim soll, auch den kleinen Flußdampfer zu nehmen. Während er mit Hilfe der Kollegen und Helferinnen schnell seine Kisten und Koffer packt, bin ich den ganzen Tag auf dem Fluß, um sein und der kranken Dame Gepäck auf den Dampfer zu schaffen. Zuletzt werden die Dame mit ihrem Mann und Dr. Neßmann hinüber geschafft. Mit Fackeln geleiten die Spitalinsassen den scheidenden Arzt an das Boot. Der Abschied beim Dampfer ist kurz. Kaum haben wir ihn und seine Sache ausgeladen, müsen wir uns davonmachen, um womöglich noch vor dem aufziehenden Tornado nach Hause zu kommen.

Fast die Hälfte der weißen Kranken leidet an Malaria. Auch zwei Fälle von Schwarzwasserfieber werden eingeliefert. Dazu bekommen wir in diesen Monaten eine ganze Reihe von Sonnenstichen zu sehen, darunter zwei schwere Fälle.

Aus dem Innern trifft ein Kaufmann ein, der durch chronische Amöbendysenterie ganz heruntergekommen ist. Er glaubt sein Geschäft im Stiche lassen zu müssen, um sich in Europa zu erholen. Nach einigen Wochen ist er hergestellt und kann auf seinen Posten zurückkehren. Da ich Kanus benötige und in seiner Gegend die besten Kanus angefertigt werden, will er mir aus Dankbarkeit zwei Kanus zukommen lassen. Er sendet sie ab, aber sie kommen niemals an.

Von der Missionsstation Ovan, die im Innern, 300 Kilometer von Lambarene, im Hungergebiet liegt, kommt Frau Missionar Rusillon, um sich im Spital zu erholen. Sie kann es nicht fassen, wieder in fast normalen Verhältnissen zu leben. Auf die erste Kunde von der Schwere der Hungersnot auf dieser Missionsstation unternahmen es die hiesigen Missionare und wir, durch die verschiedensten Gelegenheiten Lebensmittel dort hinauf gelangen zu lassen. Nun erfahre ich, daß ein Säckchen mit 40 Kilo Reis, das ich einem meiner europäischen Patienten anvertraut hatte, als erste Gabe, und gerade zur rechten Zeit dort anlangte. Was vorher abgesandt wurde, kam erst später an oder ging verloren.

In der trockenen Jahreszeit entdeckt der Führer eines Bootes, in welchem Dr. Trensz und Fräulein Lauterburg bei einbrechender Nacht von einer Fahrt zurückkehren, mit seinen scharfen Augen einen merkwürdigen Gegenstand auf einer Sandbank in der Nähe des Spitals. Er läßt auf die Sandbank zuhalten. Der Gegenstand ist ein bewußtloser, gelähmter Europäer mit seinem Gepäck. Es stellt sich heraus, daß er aus dem Innern kommt, wo er Arbeiter anwarb, und daß seine Mannschaft – neu angeworbene Leute aus dem Innern – es einfacher fand, ihn auf der Sandbank abzusetzen, statt ihn ins Spital zu bringen. Im Spital erholt sich der Arme soweit, daß er einige Wochen später nach Europa geschafft werden kann.

Im allgemeinen entschließen sich die Europäer viel zu spät, das Spital aufzusuchen. Oft kommen sie an, wenn es zum Helfen fast zu spät ist. Die Verantwortungen, die sie auf dem Holzplatz oder auf den entlegenen Faktoreien haben, sind so schwer, daß sie sich nur im äußersten Notfall entschließen, ihren Posten zu verlassen. Wem sollen sie die Vorräte und die Waren, für die sie haftbar sind, anvertrauen? Wer wird dafür sorgen, daß die Stämme rechtzeitig in die Sümpfe und Seen und Waldbäche gerollt werden auf das erwartete Hochwasser hin, das erlauben soll, sie in den Ogowe zu schaffen? Sich ins Spital begeben, ohne daß ein Ersatzmann zur Stelle ist, heißt oft nicht weniger, als sich dem Ruin aussetzen. Rührend ist dann, wie sich die Europäer in solchen Fällen im Urwalde gegenseitig aushelfen und Nachbarpflichten aneinander erfüllen, auch wenn sie weit auseinander wohnen und sich in beschwerlicher Wanderung zueinander begeben müssen.

Oft auch verlassen die Europäer das Spital zu früh. Ein junger Mann, der infolge Malaria und einer Herzkrankheit ziemlich übel daran war, besteht darauf, auf seinen Posten flußaufwärts zurückzukehren, weil sich gerade eine Gelegenheit bietet, dorthin zu kommen. Alles Bitten und Warnen ist umsonst. Nach drei Wochen kommt Nachricht, daß er schwer krank darniederliege. Dr. Trensz rüstet sich alsbald zu ihm hinauf zu fahren. Im Momente der Abfahrt erhält er Kunde, daß der Kranke gestorben ist.

Im Herbst ringen wir um das Leben zweier meiner liebsten Bekannten. Der eine ist ein Herr Bannelier, bei dem nach einer Fahrt im Regen eine akute, rapid verlaufende Tuberkulose auftritt; der andere ist der Pater Bouvier, Superior der katholischen Missionsstation zu N'Djole, der mit Herzschwäche, schwerer Cholerine und einem rätselhaften Fieber zu uns kommt. Beide liegen wochenlang bei uns. Bei beiden versagt unsere Kunst. Der Tod dieser lieben Menschen geht uns sehr nahe.

Im Spätherbst kommt Frau Missionar Morel aus Libreville zu uns, um sich bei uns von einer schweren Malaria zu erholen.

XI. IM NEUEN SPITAL. 1927

Zu Beginn des neuen Jahres sind so viele Gebäude im neuen Spital fertiggestellt, daß die Kranken darin untergebracht werden können. Zwar fehlt an der Inneneinrichtung noch gar vieles. Aber es gilt die kleine, trockene Jahreszeit zum Umzug zu benutzen. Auch müssen die Gebäude des alten Spitals frei werden, damit wir das darin enthaltene Material zur Vollendung des neuen Spitals verwenden können. Im Urwald hat ja jedes alte Brett und jeder alte Balken einen großen Wert.

Am 21. Januar geht der Umzug vor sich. Dr. Lauterburg, seine Schwester und Fräulein Haußknecht besorgen das Einladen im alten Spital. Fräulein Kottmann und Hans Muggensturm nehmen die Leute und ihre Sachen im neuen Spital in Empfang. Ich selber bin den ganzen Tag auf dem Fluß und schleppe mit dem Motorboot die beladenen Kanus ins neue Spital hinauf und bringe die leeren zurück. Auch einige weiße Patienten helfen mit ihren Motorbooten aus.

Mitten im Umzug landet ein Europäer mit seiner Frau im neuen Spital. Die Dame kommt, um ihre Niederkunft zu erwarten. Zum Glück habe ich mit solcher Tücke des Schicksals gerechnet und drei Zimmer mit je zwei Betten im Hause der weißen Kranken fertig einrichten lassen. Eine Viertelstunde nach ihrer Ankunft ist die Dame schon untergebracht. Der Umzug kann weitergehen.

Am Abend unternehme ich die letzte Fahrt und bringe die letzten Kranken, unter ihnen die Geisteskranken, hinauf. Die Geisteskranken verhalten sich ganz ruhig. Man hat ihnen erzählt, daß sie im neuen Spital in Zellen mit Fußböden aus Holz wohnen werden. Deshalb meinen sie in einen Palast versetzt zu werden. In ihren bisherigen Zellen hatten sie die feuchte Erde als Fußboden.

Den ersten Abend im neuen Spital werde ich niemals vergessen. Von allen Feuern und aus allen Moskitonetzen schallt mir entgegen: „Das ist eine gute Hütte, Doktor, eine gute Hütte!"

Zum ersten Male, seitdem ich in Afrika wirke, sind meine Kranken menschenwürdig untergebracht. Was habe ich in diesen Jahren darunter gelitten, sie in dumpfen, dunklen Räumen zusammenpferchen zu müssen! Voll Dank schaue ich zu Gott empor, der mich solche Freude erleben ließ. Tiefbewegt gedenke ich der Freunde des Spitals in Europa. Im Vertrauen auf ihre Hilfe durfte ich die Verlegung des Spitals wagen und die Bambushütten durch Wellblechbaracken ersetzen.

Am Tage nach dem Umzug kommt Dr. Trensz von einer Reise zurück. Er ahnt nicht, daß das Spital schon hier oben ist und will weiter stromabwärts fahren. Nur zögernd schenkt er der Kunde, die ihm vom Ufer aus zugerufen wird, Glauben und läßt sein Kanu auf das Land zuhalten.

Von nun an wohnen Dr. Lauterburg, Dr. Trensz und Fräulein Lauterburg im neuen Spital, im Hause der europäischen Kranken. Hans Muggensturm hat sein Quartier schon im Herbst dort oben aufgeschlagen.

Wir andern bleiben vorerst noch im alten Doktorhaus auf der Missionsstation. Hier wird gekocht. Ein Kanu – der „Speisewagen" genannt – bringt das Essen den schon im neuen Spital Wohnenden hinauf.

Drei Tage nach dem Umzug setzt ein solcher Zustrom von europäischen Kranken ein, daß wir kaum wissen, wie sie unterbringen.

Nachdem die Apotheke eingeräumt ist, gehe ich sogleich an das Abbrechen der Gebäude, die im alten Spital unser Eigentum sind. Einige seiner Bauten gehören der Mission und waren uns nur überlassen. Wie muß ich aufpassen, daß die Schwarzen mir die Bretter und Balken beim Abbrechen nicht beschädigen! Welche Arbeit, alle Nägel aus dem Holze zu ziehen und sie gerade zu klopfen, damit sie wieder verwendbar werden!

Die beim Abbruch gewonnenen alten Bretter dienen hauptsächlich zum Bau der Pritschen in den Krankenbaracken des neuen Spitals. Dieser Arbeit steht Dr. Trensz in seinen Mußestunden vor. Die Pritschen werden, wie im alten Spital, in zwei

Reihen übereinander angelegt. Praktisch, wie er ist, ersinnt Dr. Trensz eine Bauart, die es ermöglicht, die Pritschen zur Reinigung abzuheben, damit sie vor den Baracken gewaschen und in die Sonne gelegt werden können.

Aber ehe die letzte Pritsche vollendet ist, muß er den Hammer niederlegen und nach Europa fahren. Er hatte sich nur für ein Jahr freimachen können. Am 18. Februar verläßt er uns. Später, so hoffen wir mit ihm, wird er sich wieder dem Spital zu Lambarene widmen können.

Als sein Ersatzmann kommt am 23. März Dr. Ernst Mündler aus der Schweiz an. In seiner Begleitung befindet sich Frau C. E. B. Russell aus Kanada, die uns auf einige Monate als helfender Besuch in unsern Arbeiten beistehen will.

Am 4. Mai trifft eine schottische Ärztin ein, ebenfalls als helfender Besuch für einige Monate. Früher war sie auf einer amerikanischen Missionsstation im belgischen Kongo. Sie widmet sich den Dysenteriekranken und den Schlafkranken und betätigt sich im Laboratorium.

Frau Russell findet alsbald ihren Beruf. Sie übernimmt das Kommando der Leute, die den Wald niederlegen und in der Pflanzung arbeiten. Dadurch wird Fräulein Kottmann für andere Tätigkeit frei.

Die Schwarzen gewinnen ihren neuen weiblichen Aufseher bald lieb und gehorchen ihm gern. Merkwürdigerweise hat über die Primitiven die weiße Frau die größte Autorität.

Als unzertrennlicher Begleiter zieht ein zahmes Äffchen, das ich ihr bei ihrer Ankunft schenkte, jeden Morgen mit Frau Russell in den Wald. Wenn es auch auf den Bäumen herumspaziert, so kommt es doch immer wieder treu zu seiner Herrin zurück.

Da wir mehr zu tun haben, als wir bewältigen können, nehmen wir dankbar das Anerbieten eines Herrn Karl Sutter an, uns auf unbestimmte Zeit auszuhelfen. Herr Sutter ist Schweizer und war bisher im Holzhandel tätig. Mit Frau Russell ist er im Walde und in der Pflanzung beschäftigt. Wir wollen während der trockenen Jahreszeit ein großes Stück Wald ausroden.

Zum Glück sind unterdessen einige Zimmer unseres Wohn-hauses auf dem Hügel fertig geworden, sonst wüßten wir nicht, wo die Neuen alle unterbringen.

Zu Beginn des Sommers kommt auch die Küche neben dem Wohnhaus unter Dach. Nun kann oben gekocht werden. Bald sind auch der Hühnerstall und der Ziegenstall fertig, so daß der Umzug des Getiers stattfinden kann.

Während die Ärzte die Inneneinrichtung des Spitals vollen-den und Hans Muggensturm das Wohnhaus auf dem Hügel fertigstellt, setze ich die Pfähle eines auf fünf Zimmer berech-neten Hauses auf dem Abhang des Hügels gegen das Spital zu. Es soll einmal den Ärzten als Wohnung dienen. Das Haus auf dem Hügel ist in erster Linie für die Pflegerinnen bestimmt. Daneben enthält es noch einen Raum für kranke europäische Damen, unsere gemeinsamen Wohn- und Eßzimmer und über-dies noch Vorratsräume. Im afrikanischen Haus gibt es weder Speicher noch Keller. Alles muß in Zimmern untergebracht werden.

Neben allen diesen Arbeiten geht noch das Setzen des Zau-nes einher, der das Spital samt den Wohnhäusern und dem Garten gegen den Wald abschließen soll. Er hat eine Länge von an die 500 Meter. Die Frage der Pfosten für die Umzäunung ist leicht gelöst. Es finden sich hier im Wald nämlich Bäume, die, abgehauen und in die Erde gesteckt, alsbald Wurzel schla-gen und weiter wachsen. So schaffen wir uns einen Zaun mit lebenden Pfosten. Zwischen die Pfosten kommt Drahtgitter. Diese große Arbeit der Einfriedigung von Gelände unternehmen wir im Hinblick auf die Ziegenzucht, die wir vorhaben. Unsere Tiere dürfen sich nicht gegen den Wald hin verlaufen, sonst werden sie die Beute der Leoparden.

Wie sieht es nun im neuen Spital aus? Die große Baracke von 22½ auf 8 Meter enthält den Untersuchungs- und Behand-lungsraum, den Operationssaal für die gewöhnlichen Opera-tionen, einen kleinen Operationssaal für infizierte Fälle, die

Apotheke, einen Raum für die Reserven an Medikamenten, einen Raum für Getüch und Verbandstoffe und ein Laboratorium.

Die Fenster dieses Gebäudes sind – wie auch die Fenster unserer Wohnhäuser und des Hauses für die europäischen Kranken – mit Moskitogittern bezogen. Die Ärzte können also, wenn es nötig sein sollte, auch abends in dieser Baracke arbeiten, ohne der Gefahr, sich mit Malaria anzustecken, ausgesetzt zu sein. Unter dem Wellblechdach befindet sich – wie auch in dem Hause der europäischen Kranken und in unsern Wohnhäusern – noch ein Bretterdach, damit die Räume möglichst kühl bleiben. Zwischen dem Bretterdach und dem Wellblechdach ist ein Zwischenraum von 25 Zentimetern. Luft ist bekanntlich der beste Isolator.

Vor dieser Baracke, gegen den Fluß zu, steht ein kleiner Bau von 5½ auf 5 Meter. Ein Teil dieses Baues ist Waschküche; ein anderer dient als Verbandraum für die Fußgeschwüre. Gegen die Baracke zu, in der die Ärzte und die Pflegerinnen arbeiten, ist dieser kleine Bau offen, damit wir, ohne unsere Arbeit zu verlassen, die Wäscherinnen und die Heilgehilfen bei ihrem Tun beaufsichtigen können.

Die langgestreckte, dem Fluß am nächsten gelegene Baracke dient hauptsächlich für Dysenterie- und Geisteskranke.

Für die Isolierung der Dysenteriekranken ist gut gesorgt. Ihre Räume sind nach dem Spital zu geschlossen und haben ihren Zugang vom Flusse her. Vom Flusse selber aber sind diese Kranken durch einen Zaun getrennt, damit sie das Wasser nicht verunreinigen können.

Für die Geisteskranken sind acht Zellen und ein offener Aufenthaltsraum vorgesehen. Daß ich so gut für sie sorgen kann, verdanke ich einer Stiftung, die die Guildhouse-Gemeinde zu London zum Andenken an ihr verstorbenes Mitglied Mr. Ambrose Pomeroy-Cragg für diese Ärmsten der Armen in meinem Spital gemacht hat.

In der weiter gegen den Hügel hinauf gelegenen Baracke befinden sich neben Räumen für Kranke auch solche zur Aufbewahrung von Lebensmitteln und Geräten. Unter diesem Pfahlbau wird das Essen an die Spitalinsassen ausgeteilt.

In der am höchsten auf dem Hügel gelegenen Baracke ist die Unterkunft für Familien, die mit Kindern gekommen sind, und für Frauen und Mädchen, die sich allein im Spital befinden.

Eine flußaufwärts in derselben Höhe wie diese gelegene Baracke beherbergt die Operierten.

In allen Krankenbaracken sind Wohnräume für die Heilgehilfen, die die Aufsicht darin führen.

Im ganzen Spital können, wenn die Leute geduldige Schafe sind, von denen viele in einen Stall gehen, wohl 250 Kranke mit ihren Begleitern unterkommen. Gewöhnlich ist es mit 140–160 Kranken belegt.

Flußaufwärts vom Spital, gegen das Wasser zu, steht ein Schuppen von 14 auf 6 Meter für die Kanus. Nur die Kanus, die ständig in Gebrauch sind, dürfen im Wasser liegen. Die andern halten sich besser, wenn sie am Land unter Dach sind.

In diesem Bootschuppen ist auch Platz für die Rudermannschaften der europäischen Kranken, deren Unterbringung uns im alten Spital oft so viele Umstände bereitete.

Nachdem das Dringendste für die Inneneinrichtung des Spitals getan ist, können Dr. Lauterburg und Dr. Mündler sich wieder ganz den Kranken widmen. Wie viel leichter ist das Arbeiten im neuen Spital als im alten! Jetzt endlich haben wir genug Platz, genug Luft, genug Licht. Wie angenehm empfinden es die Ärzte, daß die Räume, in denen sie arbeiten, bedeutend kühler sind als die, in denen sie sich bisher betätigten!

Gedämpft wird ihre Freude an dem Beruf dadurch, daß wir im Frühjahr zwei junge Europäer an schwerer Malaria verlieren. Der eine hatte anfangs nur einen ganz harmlos scheinenden Anfall. Um sich zu erfrischen, trank er zwei Gläser Bier. Am folgenden Tage stieg das Fieber an und war nicht mehr zu bemeistern. Dies ist der zweite Fall, in dem ich eine zum Tode führende Verschlimmerung von Malaria auf Biergenuß hin festzustellen Gelegenheit habe. Wie die Fälle zu erklären sind, bleibt dunkel.

Während die beiden Ärzte den Betrieb des neuen Spitals organisieren, rüste ich mich zur Heimfahrt. Es ist 3½ Jahre her, daß ich Europa verlassen habe. Alles ist jetzt soweit geregelt, daß ich den Helfern und Helferinnen das Spital für einige Zeit überlassen kann.

Ein Geisteskranker, N'Tschambi mit Namen, der zur Zeit frei herumgehen darf, hat das Gerücht vernommen, daß ich nach Europa fahren werde. Mit Tränen in den Augen kommt er auf mich zu. „Doktor", sagt er, „hast du auch Befehl gegeben, daß mich niemand von hier fortschicken darf, wenn du in Europa bist?" „Gewiß, N'Tschambi. Niemand darf dich von hier fortschicken, sonst bekommt er ein großes Palaver mit mir." Ergriffen drückt er meine Hände. Tränen fließen über seine Wangen herunter.

N'Tschambi wurde uns vor einigen Monaten in Ketten gebracht. In geistiger Umnachtung hatte er eine Frau getötet. In der Zelle wurde er nach und nach ruhig. Nun ist er so weit, daß er unter Aufsicht frei herumgehen und sich auch beschäftigen darf. Er schleift die Äxte und geht mit Frau Russell in den Wald und hilft beim Fällen der Bäume. Sowie man bemerkt, daß er unruhig wird, kommt er zur Beobachtung wieder in die Zelle. Seine stetige Angst ist, das Spital, wo er so gut aufgehoben ist, verlassen zu müssen. Er weiß, welches Los seiner im Dorfe wartet. Auch fürchtet er, in der Besinnungslosigkeit neue Untaten zu begehen. Wie froh bin ich, ihm und anderen, die in demselben Elend sind, eine Zuflucht auf lange bieten zu können!

Am 21. Juli schlägt die Stunde des Abschieds von Lambarene. Mit mir reisen Fräulein Kottmann und Fräulein Lauterburg. Fräulein Kottmann geht nach dreijähriger Arbeit auf einige Monate zur Erholung nach Europa. Fräulein Lauterburg kehrt nach Hause zurück, um sich zu verheiraten.

In Cap Lopez müssen wir mehrere Tage auf den Dampfer warten, der uns nach Europa bringen soll. Er ist im Kongo auf eine Sandbank geraten und hat Mühe, davon los zu kommen. Am 29. Juli schiffen wir uns ein. Langsam strebt das Schiff im Sonnenschein aus der Bucht hinaus. Mit den beiden treuen Helferinnen schaue ich auf das entschwindende Land zurück. Ich kann es noch nicht fassen, daß ich nicht mehr im Spital bin. Alle Not und alle Arbeit dieser drei Jahre zieht vor meiner Erinnerung vorüber. In tiefer Bewegung gedenke ich der Helfer und Helferinnen, die meine Not und meine Arbeit teilten, und der Gemeinden und der Freunde in Europa, als deren Beauftragter ich hier ein Werk der Barmherzigkeit gründen durfte. Freude über das Gelingen kommt nicht auf. Ich fühle mich gedemütigt. Ich frage mich, womit ich es verdient habe, daß ich solches Werk treiben und in solchem Werke Erfolg haben durfte. Und immer wieder bricht das Weh durch, daß ich nun für eine Zeit aus dieser Arbeit fort muß und von Afrika, das mir zur Heimat geworden, mich losreißen soll.

Es scheint mir unfaßlich, daß ich die Schwarzen auf Monate verlasse. Wie lieb gewinnt man sie, trotz der Mühe, die sie einem machen! Wieviel schöne Züge entdeckt man an ihnen, wenn man sich durch die mancherlei Torheiten des Naturkindes nicht aufhalten läßt, den Menschen in ihm zu suchen! Wie erschließen sie sich uns, wenn wir die Liebe und die Geduld haben, auf sie einzugehen!

Immer undeutlicher wird der ferne grüne Streifen, hinter dem unsere Gedanken Lambarene suchen. Steht er noch am Horizont? Ist er schon im Meere untergegangen?

Nun ist kein Zweifel mehr... Es ist nur noch Wasser zu sehen. Wortlos drücken wir drei uns die Hände und gehen daran, unser Gepäck in der Kabine zu verstauen, um das Weh des Abschieds zu betäuben.

ALBERT SCHWEITZER IM VERLAG C.H.BECK

Kultur und Ethik
Mit Einschluß von »Verfall und Wiederaufbau der Kultur«
3. Auflage. 1981. 372 Seiten. Leinen
(Beck'sche Sonderausgaben)

Friede oder Atomkrieg
Vier Schriften
Mit einem Vorwort von Erhard Eppler
3. Auflage. 1984. 100 Seiten. Paperback
(Beck'sche Reihe, Band 241)

Das Christentum und die Weltreligionen
Zwei Aufsätze zur Religionsphilosophie
Mit einer Einführung in das Denken Albert Schweitzers
von Ulrich Neuenschwander
2., unveränderte Auflage. 1984. 125 Seiten. Paperback
(Beck'sche Reihe, Band 181)

Die Weltanschauung der indischen Denker
Mystik und Ethik
Nachdruck 1987 der 3., neugefaßten Auflage.
XII, 218 Seiten. Paperback
(Beck'sche Reihe, Band 332)

Die Ehrfurcht vor dem Leben
Grundtexte aus fünf Jahrzehnten
Im Auftrag des Verfassers herausgegeben von H. W. Bähr
5. Auflage. 1988. 167 Seiten. Paperback
(Beck'sche Reihe, Band 255)

Straßburger Predigten
Herausgegeben von Ulrich Neuenschwander
2. Auflage. 1986. 175 Seiten. Paperback
(Beck'sche Reihe, Band 307)

Aus meiner Kindheit und Jugendzeit
151. Tausend. 1985. 60 Seiten. Broschiert